中文社会科学引文索引
（CSSCI）来源集刊

城市史研究

（第46辑）

URBAN HISTORY
RESEARCH

任吉东　主编
任云兰　执行主编

天 津 社 会 科 学 院　中 国 城 市 史 研 究 会　主 办

社会科学文献出版社
SOCIAL SCIENCES ACADEMIC PRESS (CHINA)

《城市史研究》编委会

目　录

1

Contents

Ecology and Environment

中国古代"天下之中"的演变

——以洛阳为中心的考察

杨会宾

内容提要 在历史文献中,"天下之中"称谓多指洛阳,也有定陶、北京、开封、汝南、南襄盆地等说,但其影响远不及洛阳之说。包括国际范围内的印度说和阿拉伯说,一般只是以自我为中心观念的体现。洛阳"天下之中"称谓始于西周,贯穿中古,绵延至明清,其内涵由地理意义上之"土中"延伸为政治、经济、文化等一切之"中",其内涵之丰富、延续时间之长、影响之深远,与余处不同。

关键词 中国古代 "天下之中" 洛阳

"尚中"是中华传统文化的重要理念和精神,中庸、中和、中正是人们追求的理想状态和境界。"中"的观念由来已久。唐兰在《殷虚文字记》中说:"余谓中者最初为氏族社会中之徽帜……盖古者有大事,聚众于旷地,先建中焉,群众望见中而趋附。群众来自四方,则建中之地为中央矣(若为三军,则中军也)。然则中本徽帜,而其所立之地,恒为中央,遂引申为中央之义,因更引申为一切之中(如上下之中,前后之中,大小之中等)。"① 这一考释至为精辟,认为由旗帜确立地中,由政治中心拓展为一切之中。"中"的观念对古代政治统治、建都选址和诸子学说等产生了深远影响。"天下"一词出现也很早。从西周到春秋,"天下"一词由主要指天以及周王国诸侯(诸夏)之政治地理范围扩展到其他地区。战国时

---

① 唐兰:《殷虚文字记》,中华书局,1981,第53~54页。

期，狭义的"天下"等于九州、中国，广义的"天下"等于九州加上四夷。①"天下"一词自先秦发轫，讫于明清，世代沿用，由最初的地域空间概念发展为国家政权概念，再到体现人文情怀的概念。学界龚胜生②、王子今③、李久昌④、王星光⑤、胡阿祥⑥、张新斌⑦等从不同角度对"天下之中"进行了阐释，笔者以洛阳为中心做进一步考察分析。

一　文献所见洛阳"天下之中"的演变

文献对洛阳地位的评价甚多，如地理意义上的"兆唯洛食，实曰土中""四险之地，六达之庄""河山控戴，形胜甲于天下"；政治层面的"崤函帝宅，河洛王里""汉晋旧京"；经济角度的"天下朝市""天下大凑""水陆兼会"；文化上的"河图洛书""衣冠渊薮""衣冠礼乐"等。在众多形象描述中，以"天下之中"最为贴切和精准。这一称谓就洛阳自身来说最具综合性，与其他古都比较，则又是洛阳鲜明的特色和个性。"天下之中"最早始于洛阳，周公首创这一概念并赋予洛阳。《史记·周本纪》云："成王在丰，使召公复营洛邑，如武王之意。周公复卜申视，卒营筑，居九鼎焉。曰：'此天下之中，四方入贡道里均。'作《召诰》《洛诰》。"⑧《尚书·召诰》曰："王来绍上帝，自服于土中。"⑨"土中"可视为天下之中的简称或别称。1963年陕西宝鸡出土的制于成王初年的何尊铭文曰："惟武王既克大邑商，则廷告于天曰：余其宅兹中或（国），自之乂民。"⑩ 更是将"中国"一词授予洛邑。

① 张其贤：《"中国"与"天下"概念探源》，《东吴政治学报》2009年第3期。
② 龚胜生：《试论我国"天下之中"的历史源流》，《华中师范大学学报》（哲学社会科学版）1994年第1期。
③ 王子今：《秦汉时期的"天下之中"》，《光明日报》2004年9月21日，第B3版。
④ 李久昌：《"天下之中"与列朝都洛》，《河南社会科学》2007年第4期；《周公"天下之中"建都理论研究》，《史学月刊》2007年第9期。
⑤ 王星光：《"天下之中"与古代中原生态环境的变迁》，中国经济史论坛网站，http://economy.guoxue.com/? p = 6735。
⑥ 胡阿祥：《"天下之中"及其正统意义》，《文史知识》2010年第11期。
⑦ 张新斌：《"天地之中"与"天下之中"初论》，《中州学刊》2018年第4期。
⑧ 《史记》卷4《周本纪》，中华书局，1959，第133页。
⑨ 阮元校刻：《十三经注疏·尚书正义》卷15《召诰》，中华书局，1980，第212页。
⑩ 马承源：《何尊铭文初释》，《文物》1976年第1期。

战国时期，"天下之中"的意义被延伸拓展，成为建都立国的指导思想。《周礼·大司徒》云："地中，天地之所合也，四时之所交也，风雨之所会也，阴阳之所和也；然则百物阜安，乃建王国焉。"①《荀子·大略篇》载："欲近四旁，莫如中央，故王者必居天下之中，礼也。"②《吕氏春秋》云："古之王者，择天下之中而立国。"③"天下之中"概念还影响了九州观念的产生和由内而外、居中以御四方的统治秩序，形成了那个时代的天下观和华夷秩序。这种华夷秩序固然有种族亲疏之别，但更强调"德化"的进程和文化的认同。④《春秋公羊传》记载："《春秋》内其国而外诸夏，内诸夏而外夷狄。王者欲一乎天下，曷为以外内之辞言之？言自近者始也。"⑤《逸周书·作雒解》记载，周公"及将致政，乃作大邑成周于土中。城方千七百二十丈，郛方七百里。南系于洛水，地因于郏山，以为天下之大凑"。⑥ 至此，洛阳又有了"大凑"即大都会的美誉。

秦汉时期，洛阳"天下之中"形象得到进一步彰显。汉初，在定都抉择时，娄敬说："成王即位，周公之属傅相焉，乃营成周洛邑，以此为天下之中也，诸侯四方纳贡职，道里均矣，有德则易以王，无德则易以亡。"⑦《史记·货殖列传》："昔唐人都河东，殷人都河内，周人都河南。夫三河在天下之中，若鼎足，王者所更居也，建国各数百千岁。"⑧ 司马迁将三河统言为天下之中，而洛阳处于支点和中心地位。《汉书·地理志》云："昔周公营雒邑，以为在于土中，诸侯蕃屏四方，故立京师。"⑨ 班固《东都赋》曰："迁都改邑，有殷宗中兴之则焉；即土之中，有周成隆平之

① 阮元校刻：《十三经注疏·周礼注疏》卷10《大司徒》，第704页。
② 王先谦：《荀子集解》卷19《大略篇》，沈啸寰、王星贤点校，中华书局，1988，第485页。
③ 吕不韦编，许维遹集释《吕氏春秋集释》卷17《审分览·慎势篇》，梁运华整理，中华书局，2009，第460页。
④ 〔日〕堀敏一：《隋唐帝国与东亚》，韩昇、刘建英编译，云南人民出版社，2002，第11页。
⑤ 阮元校刻：《十三经注疏·春秋公羊传注疏》卷18"成公十五年十一月"条，第2297页。
⑥ 黄怀信等：《逸周书汇校集注》，上海古籍出版社，2007，第525～529页。
⑦ 《史记》卷99《刘敬列传》，第2716页。
⑧ 《史记》卷129《货殖列传》，第3262～3263页。
⑨ 《汉书》卷28下《地理志下》，中华书局，1962，第1650页。

制焉。"又云："处乎土中，平夷洞达，万方辐凑。"① 班固强调了周公洛阳营建都城的政治意义，认为东汉都洛效法盘庚迁殷、周都洛邑，必然会使汉朝中兴、太平昌盛。崔骃《反都赋》云："背嵩函之固，即周洛之中。"② 张衡《东京赋》亦载："区宇乂宁，思和求中。睿哲玄览，都兹洛宫。"③《后汉书·杜笃传》云："成周之隆，乃即中洛。"④

魏晋南北朝，由于国家长期分裂动荡，洛阳"天下之中"负面作用凸显，但其政治文化的正统地位仍是各政权的共识，也是它们积极争夺的对象。《博物志》云："周在中枢，西阻崤谷，东望荆山，南面少室，北有太岳，三河之分，雷风所起，四险之国也。"⑤ 晋永嘉五年（311），洛阳为刘聪所陷，王弥谓曜曰："洛阳天下之中，山河四险之固，城池宫室无假营造，可徙平阳都之。"曜不从，焚烧而去，弥怒曰："屠各子，岂有帝王之意乎！"⑥ 北魏孝文帝志在一统，迁都前与任城王元澄说："国家兴自北土，徙居平城，虽富有四海，文轨未一，此间用武之地，非可文治，移风易俗，信为甚难。崤函帝宅，河洛王里，因兹大举，光宅中原。"⑦ 他认为，建都于此方可实现对洛阳为中心的黄河中下游流域的有效统治，实现"制御华夏，辑平九服"的政治抱负。

隋唐时期，洛阳长期作为都城或陪都，"天下之中"形象再度得到强化。隋炀帝即位后，即决定在洛阳营建新都，其诏曰："洛邑自古之都，王畿之内，天地之所合，阴阳之所和。控以三河，固以四塞，水陆通，贡赋等。"⑧ 唐太宗营建洛阳宫，原因在于"洛阳土中，朝贡道均，朕故修营，意在便于百姓"。⑨ 唐高宗《建东都诏》曰："此都中兹宇宙，通赋贡于四方；交乎风雨，均朝宗于万国。"⑩ 武则天以洛阳为神都，认为洛阳

① 严可均校辑《全上古三代秦汉三国六朝文》，《全后汉文》卷24，中华书局，1958，第604、605页。
② 费振刚等辑校《全汉赋》，北京大学出版社，1993，第296页。
③ 严可均校辑《全上古三代秦汉三国六朝文》，《全后汉文》卷53，第765页。
④ 《后汉书》卷80上《文苑列传》，中华书局，1965，第2595页。
⑤ 张华撰，范宁校证《博物志校证》卷1，中华书局，2014，第8页。
⑥ 《晋书》卷100《王弥传》，中华书局，1974，第2611页。
⑦ 《魏书》卷19中《任城王传》，中华书局，1974，第464页。
⑧ 《隋书》卷3《炀帝纪上》，中华书局，1973，第61页。
⑨ 《旧唐书》卷75《张玄素传》，中华书局，1975，第2641页。
⑩ 董诰等编《全唐文》卷12《建东都诏》，中华书局，1983，第147页。

"况成王定鼎,此则余基,永言朝贡,实归中壤";①"绍隆周之睿业,因丕洛之鸿基。相彼土中,实惟新邑。五方入贡,兼水陆之骏奔;六气运行,均霜露而调序"。② 既有帝王高倡旗帜,《文苑英华》《全唐文》《全唐诗》中出现众多关于洛阳"天下之中""土中"的描述也就不足为奇了。

唐末五代,政治中心逐渐东移。北宋以汴梁为东京,以洛阳为西京。尽管都城在开封,但洛阳仍是人们心中的"天下之中"。宋真宗曰:"周公大圣人,建都据形胜,得天地之中,故数千载不可废。"③ 邵雍《洛阳怀古赋》云:"洛阳之为都也,地居天地之中,有中天之王气在焉。"④ 李格非曰:"洛阳处天下之中,挟崤渑之阻,当秦陇之襟喉,而赵魏之走集,盖四方必争之地也。"⑤ 苏东坡有诗称:"洛邑从来天地中,嵩高苍翠北邙红。"马端临《文献通考·经籍考》曰:"譬如洛居天下之中,行者四面而至。"⑥ 洛阳凭借帝都底蕴和陪都之余晖,成为人们怀古、感叹历史沧桑的凭吊对象。洛阳"天下之中"形象一直延续到明清。明太祖命徐达,"先取山东,次及河洛"。顾祖禹列举各时期洛阳受到关注情况后,不由感慨,"盖英雄举事,特以洛阳为标准矣"。⑦ 乾隆十五年(1750),乾隆游历嵩山,题词云:"近四旁惟中央,统泰华恒衡,四塞关河拱神岳;历九朝为都会,包伊瀍洛涧,三台风雨作高山。"同样不可否认的是,洛阳"天下之中"称谓宋以后较少见于正史,多在经传注释和地理方志中出现,显然是作为一种知识传承和文化记忆存在。

值得注意的是,宋以后,洛阳"天地之中"的说法越来越多,⑧"天下之中"反而不显。梳理文献,唐以前并无"天地之中"叫法。乐史《太平寰宇记》引"李淳风曰:'今洛阳告成县以土圭测天地之中也。'然则四夷

---

① 董诰等编《全唐文》卷95《置鸿宜鼎稷等州制》,第981~982页。
② 董诰等编《全唐文》卷95《以郑汴等州为王畿制》,第982~983页。
③ 李焘:《续资治通鉴长编》卷65,景德四年二月乙酉,中华书局,1980,第1446页。
④ 邵伯温:《邵氏闻见录》卷19,李剑雄、刘德权点校,中华书局,1983,第211页。
⑤ 邵博:《邵氏闻见后录》卷25,刘德权、李剑雄点校,中华书局,1983,第201页。
⑥ 马端临:《文献通考》卷210《经籍考》,中华书局,1986,第1726页。
⑦ 顾祖禹:《读史方舆纪要》卷48《河南三·河南府》,贺次君、施和金点校,中华书局,2005,第2216页。
⑧ 参见张新斌《天地之中与"天下之中"初论》,《中州学刊》2018年第4期。张新斌所引文献称洛阳为"天地之中"者,经笔者梳理分析多为两宋、元明清时期的经传注释或地理方志。

之所距，推此可知焉"。① 李吉甫《元和郡县图志》有"天地之中"称谓，但同书又有"天下中"的表述，② 可见两者可统而言之，并无区别。至于宋以后"天地之中"之流行，笔者认为这极可能是随着洛阳都城地位衰落，后世遂舍弃"天下"这一政治属性较强的词语而转向偏重地理方位的"天地"表述。也就是说，宋以前"天下之中"与此后"天地之中"已经有了微妙却又本质的区别。

二 洛阳"天下之中"的内涵和影响

从上述文献梳理来看，洛阳"天下之中"这一概念内涵丰富，极具张力和涵盖力。其逻辑关系是，由地理天文意义上之"土中"延伸至政治、经济、文化等各方面。这和"中国"一词概念的扩张是一致的，"中国"一词最初指地理上位于各个政治体中央的成周城或商国，后扩展为周王王畿、三晋、中原、诸夏、九州，由政治地理意义扩展为文化意义（文明）和族类认同。③ "天下之中"不断层累，强化了洛阳神圣性、正统性的地位。

一是"崤函帝宅，河洛王里"④ 的政治中心。洛阳是我国建都年代最早、建都朝代多、建都时间最长的古都。李久昌认为，我国历史上的夏、商、西周、东周、西汉、东汉、曹魏、西晋、北魏、隋、唐、后梁、后唐、后晋等14个朝代，先后在此建都，合计时间长达1693年，如果加上新莽、后赵、北周、后汉、后周、宋、金等陪都时期，则有21个朝代，长达2191年。⑤ 日本学者气贺泽保规在梳理洛阳、长安定都情况后指出："在大约1600年的漫长时期，洛阳占据首都的地位，而定都关中则总

① 乐史：《太平寰宇记》卷172《四夷总序》，王文楚等点校，中华书局，2007，第3293页。
② 李吉甫《元和郡县图志》卷5《河南道一》河南府序言曰："《禹贡》豫州之域，在天地之中，故三代皆为都邑。"同书卷1《关内道一》京兆府序言曰："周之都洛，以为此天下中。"（贺次君点校，中华书局，1983，第129、2页）
③ 张其贤：《"中国"与"天下"概念探源》，《东吴政治学报》2009年第3期。
④ 顾祖禹《读史方舆纪要》卷48《河南府》有"班固云：'崤、函帝王之宅，河、洛为王者之里'"，但《汉书》和《两都赋》不见此语。左思《三都赋》有"崤函有帝皇之宅，河洛为王者之里"，北魏、隋唐沿用此表述。
⑤ 李久昌：《古代洛阳都城空间演变研究》，博士学位论文，陕西师范大学，第71页。

共只有 970 年左右。我们这里首先必须确认这一事实，长安与洛阳作为政治中心的时间差约为一倍之多。"① 他进而提出应该重新评估中古洛阳的历史地位。五大都城遗址、众多陵墓石刻和丰富馆藏文物彰显其厚重历史文化，见证了千年帝都的兴衰沉浮。由于长期作为都城，国家政治制度、都城制度、职官和选举制度等在这里产生演变，对后世影响深远。

二是"天下朝市"② 的经济中心。唐代中叶以前，以洛阳为中心的河洛地区经济，代表了当时中国北方经济发展的总体水平。③ 周灭商后，周公以"四方入贡道里均"营建洛邑，官方朝贡体制必然带动民间贸易，洛阳成为经济商贸中心，由此形成了喜欢经商的民风习俗，至隋唐时期亦然。《史记·货殖列传》载："洛阳东贾齐、鲁，南贾梁、楚。"④《汉书·地理志下》分析"周地"风习时指出，其"巧伪趋利，贵财贱义，高富下贫，喜为商贾，不好仕宦"。⑤《汉书·食货志下》记载，王莽"于长安及五都立五均官"，"五都"即洛阳、邯郸、临淄、宛、成都，而"洛阳称中"。⑥ 东汉、魏晋时期，洛阳在全国经济格局中居于主导地位。《后汉书·仲长统传》云："船车贾贩，周于四方；废居积贮，满于都城。"⑦《三国志·魏书·傅嘏传》注引傅子曰"商贾胡貊，天下四（方）会"。⑧ 北魏迁都洛阳后，作为丝绸之路东方起点，洛阳成为著名的国际商业都会。《洛阳伽蓝记》记载："自葱岭已西，至于大秦，百国千城，莫不款附。商胡贩客，日奔塞下，所谓尽天地之区已……天下难得之货，咸悉在焉。"⑨《隋书·地理志》称："洛阳得土之中，赋贡所均，故周公作洛，

① 〔日〕气贺泽保规：《中国中古洛阳的历史地位——兼论从墓志资料看到的"洛阳学"之可能性》，张占仓主编《洛阳学研究——洛阳学国际学术研讨会论文集》，2017，第526页。
② 《史记》卷70《张仪列传》："臣闻争名者于朝，争利者于市，今三川、周室，天下之朝市也。"（第2282页）
③ 薛瑞泽：《汉唐间河洛地区经济研究》，陕西人民出版社，2001，第1页。
④ 《史记》卷129《货殖列传》，第3265页。
⑤ 《汉书》卷28《地理志下》，第1651页。
⑥ 《汉书》卷24《食货志下》，第1180页。
⑦ 《后汉书》卷49《仲长统传》，第1648页。
⑧ 《三国志》卷21《魏书·傅嘏传》，中华书局，1959，第624页。
⑨ 杨衒之撰，周祖谟校释《洛阳伽蓝记校释》，中华书局，2010，第117页。

此焉攸在。其俗尚商贾，机巧成俗。"① 隋唐时期，洛阳地处陆路交通和大运河枢纽，国家粮仓集中分布在河洛一代，加之统治者采取迁徙富商大贾等行政干预措施，使得洛阳进入商业发展的鼎盛期。洛阳三大市场有数万商贾，不仅有内地商人，还吸引了来自西域和中亚的胡商。目前，洛阳出土的唐代粟特人墓志已达 60 方，从石刻资料看，商人数量相当大，并且呈现汉化倾向。②

三是衣冠渊薮、人文荟萃的文化中心。道学肇始于此，儒学渊源于此，经学兴盛于此，佛学首传于此，玄学形成于此，理学诞生于此。③ 河洛文化作为中华民族的主体文化、主流文化、根文化，④ 具有传统性、开放性、综合性、先导性四个特点。⑤

"河图""洛书"被认为是中华文明的源头，伏羲因之而作八卦，周文王作《易经》。周公营建洛邑后，制礼作乐，建立了和井田制、宗法制配套的封建秩序，华夏礼仪之邦由此奠基。老子作为东周守藏室之史，作《道德经》。孔子适周问礼于老子，对开创儒家学说产生重要影响。东汉时期，洛阳太学兴盛，出现了贾逵、马融、许慎、郑众等一批经学大师。何晏、王弼在洛阳开创"玄学"，竹林七贤兴"玄学"，影响到南朝学风，并与佛学相互吸收滋养。北宋时期，邵雍在洛阳安乐窝著书立说，成为宋明理学的开山鼻祖。程颢、程颐师承周敦颐，长期于洛阳传道解惑，开创洛学，后被陆九渊、朱熹、王守仁发挥，代不乏人。东汉明帝时期，佛教首传洛阳，兴白马寺。白马寺被誉为中国佛教"祖庭""释源"。隋唐时期，佛教慈恩宗、华严宗、律宗、禅宗、密宗等重要宗派在洛阳产生发展，玄奘、法藏、神秀、义净和开元三士善无畏、金刚智、不空等高僧大德活跃于洛阳，对政局产生一定影响。

文学方面，《诗经》是我国文学和诗歌的源头，很多篇章产生于河洛地区。如果做一下《诗经》地望的统计，河洛地区应该是首屈一指的。⑥

① 《隋书》卷 30《地理志中》，第 843 页。
② 毛阳光：《隋唐洛阳——隋唐时代丝绸之路起点》，三秦出版社，2015，第 128～139 页。
③ 张新斌：《河洛文化与洛阳学》，《中州学刊》2016 年第 12 期。
④ 徐金星等：《河洛文化论衡》（上），中国文史出版社，2014，第 23 页。
⑤ 李学勤：《河洛的历史地位与河洛文化的性质》，《寻根》1994 年第 1 期。
⑥ 戴逸：《关于河洛文化的四个问题》，《寻根》1994 年第 1 期。

从贾谊的"西汉鸿文"到著作等身的"小说家"虞初，再到"建安七子"慷慨悲凉、刚健沉雄之风骨，从张衡的《二京赋》号称"长篇之极轨"，到左思的《三都赋》曾使"洛阳纸贵"，所谓"汉魏文章半洛阳"。北朝温子昇、邢邵和魏收被称为"北地三才"，对南北文学融合交流起到重要推动作用。这一时期还出现了郦道元《水经注》、杨衔之《洛阳伽蓝记》、贾思勰《齐民要术》三部散文奇书。隋唐时期，由于帝王倡导和科举制推行，诗歌成为文学的主要形式，于是"父教其子，兄教其弟"，"五尺童子耻不言文墨焉"。① 陈子昂的文学革新、诗圣杜甫与诗仙李白的"洛阳相会"、韩愈的古文运动、元稹和白居易的"元白体"、诗鬼李贺和"小李杜"的创作等，引领唐代文学不断发展。史学方面，史官文化发源于河洛地区，周代即有太史、小史、内史、外史。司马迁"见父于河洛之间"，受命发愤撰写《史记》。班固的《汉书》、陈寿的《三国志》、司马光的《资治通鉴》等都创作于洛阳。

因为洛阳"天下之中"的特殊地位和影响，人们普遍以洛阳盛衰作为天下治乱的晴雨表。正如唐人李庚《东都赋》云，洛阳"世治则都，世乱则墟；时清则优倡，政弊则戚居"。② 于邺云："古来利与名，俱在洛阳城。"③ 司马光《过故洛阳城》云："若问古今兴废事，请君只看洛阳城。"④ 李格非更是一语中的，"洛阳之盛衰，天下治乱之候也"。⑤ 洛阳"天下之中"还延伸出中州、中原称谓，成为今天河南省别称。如《三国志·吴书·全琮传》载："是时中州士人避乱而南，依琮居者以百数。"⑥ 张衡《东京赋》云："文德既昭，武节是宣，三农之隙，曜威中原。"⑦ 诸葛亮《出师表》："今南方已定，兵甲已足，当奖率三军，北定中原。"明清时期，也多称河南为"天下之中"。洛阳文化学者刘彦卿通过实践考察，发现全国范围内以"洛阳"命名的区县有1个、乡镇10个（现存7个），行政村和自然村78个，由洛阳衍化的地名近40个，另有以"洛"或"洛

① 杜佑：《通典》卷15《选举典三》，王文锦等点校，中华书局，1988，第358页。
② 李庚：《东都赋》，《文苑英华》卷44，中华书局，1966，第199页。
③ 彭定求：《全唐诗》卷725《过洛阳城》，中华书局，1960，第8317页。
④ 傅璇琮等主编《全宋诗》第9册卷502，北京大学出版社，1992，第6072页。
⑤ 邵博：《邵氏闻见后录》卷25，第201页。
⑥ 《三国志》卷60《吴书·全琮传》，第1381页。
⑦ 严可均校辑《全上古三代秦汉三国六朝文》，《全后汉文》卷53，第766页。

阳"为前缀的"洛阳名物"不下百处。① 这种文化地理现象也反映了古都洛阳的深远影响。

三 其他城市和地区"天下之中"的考察

文献中，也有其他城市和地区被称为"天下之中"，大致和经济、政治、地理和文化因素有关，下面分别进行分析。

第一，经济方面，是历史上较早出现的定陶说。定陶现为山东省菏泽市定陶区（2016 年撤县设区）。战国末期，范蠡功成身退，乃乘扁舟，浮于江湖，变名易姓居于宋国陶。"朱公以为陶为天下之中，诸侯四通，货物所交易也。"② "陶"，《正义》引《括地志》云："即陶山，在齐州平（阳）〔陵〕县东三十五里陶山之阳也。今南五里犹有朱公冢。"③ 陶的繁荣主要得益于开凿菏水连接了济泗南北两大水系，鸿沟水系的兴建又起到了锦上添花的作用。④ 由于陶地处交通要道，这里也成为魏国、齐国、楚国和秦国的争夺对象。要之，这个"天下之中"只是范蠡的一家之言，⑤主要强调其商贸和经济都会地位。随着鸿沟水系湮废和黄河改道，西汉中叶陶便衰落萧条，在历史上再无什么影响。

第二，政治方面，有长安、开封和北京说。《史记·韩长孺列传》有"梁王念太后、帝在中"。"中"，张守节《正义》曰："谓关中也。又云京师在天下之中。"⑥ 以长安为天下之中，显然是出于首都政治中心的地位考虑。北宋时期一般仍称洛阳为天下之中。开封陷落后，建炎元年（1127）、二年，主战派宗泽建议迁都长安，并先后 24 次上乞回銮疏。在这些奏疏中，宗泽反复强调开封是宋两百年大一统基业所在，是首善之区。在第四

---

① 参看刘彦卿《天下洛阳——洛阳城外的洛阳往事》，中国炎黄文化出版社，2016，第
　2～8 页。
② 《史记》卷 129《货殖列传》，第 3257 页。
③ 《史记》卷 129《货殖列传》，第 3258 页。
④ 史念海：《释史记货殖列传所说的"陶为天下之中"——兼论战国时代的经济都会》，
　《人文杂志》1958 年第 2 期。
⑤ 龚胜生：《试论我国"天下之中"的历史源流》，《华中师范大学学报》（哲学社会科学
　版）1994 年第 1 期。
⑥ 《史记》卷 108《韩长孺列传》，第 2858 页。

次奏请中，他谈道："臣闻圣人中天下而立，定四海之民。夫中原天下之中也，京师又中原之中。"① 在第十四次上书中，又云："恭惟太祖皇帝肇造区夏，以今京师为天下中，故创业垂统，欲传之亿万世。太宗、真宗、仁宗、英宗、神宗、哲庙，奕世圣人，传以相授，皆以京师为本根之地。所以高拱穆清，坐视天民之阜，必于天下之中也。"② 这两次上书后被李心传收录到《建炎以来系年要录》中。开封在明初地位比较重要，是当时的"北京"。这次得"天下之中"和城隍信仰有关。城隍神是古代中华民族宗教文化中普遍崇祀的重要神祇之一，明清时期演变为和地方官对应的冥官等级体系。洪武二年（1369），朱元璋大封天下城隍，分为五个等级。在京都应天府者，封王爵。北京开封、临濠、太平、和、滁等五府州皆封王，正一品。其余各府州县，府为威灵公，秩正二品；州为灵佑侯，秩三品；县为显佑伯，秩四品。"开封城隍制词，改其后曰：'眷此名城，天下之中，定帝王之宅，金汤既甲于列郡，神号宜盛于他邦，可封曰承天鉴国司民显圣王。'"③

时移世易，元明清时期以北京为首都，北京随之也有了"天下之中"的美誉。元人李洧孙《大都赋》曰："天如盖倚而笠欹，帝车运乎中央。北辰居而不移，临制四方。下直幽都，仰观天象，则北乃天之中也。"④ 明人陈敬宗《北京赋》曰："惟圣皇之建北京也，绍高帝之鸿业，启龙潜之旧邦。廓天地以宏规，顺阴阳而向方。准四裔以布维，揭八表而提纲。灿星分于箕宿，映黄道之开张。壮天险于居庸，亘重关于太行。会百川于辽海，环河岳于封疆。拱北辰兮帝居，陋巩固于金汤。均万国兮会同，而适居天下之中央也。"⑤《皇朝文献通考》云："京师为古燕蓟之域，地势雄厚，沧海环其左，太行峙其右，喜峰、古北诸关口卫其后，据九州之上

---

① 宗泽：《宗忠简集》卷1，《景印文渊阁四库全书》第1125册，台北：台湾商务印书馆，1983～1986，第14页。
② 宗泽：《宗忠简集》卷1，《景印文渊阁四库全书》第1125册，第20页。
③ 《明太祖实录》卷38，洪武二年春正月丙申朔，台北：中研院史语所校印本，1962，第755～757页。
④ 于敏中等：《钦定日下旧闻考》卷6《形胜二》，《景印文渊阁四库全书》第497册，第99～100页。
⑤ 陈元龙：《御定历代赋汇》卷36《都邑》，《景印文渊阁四库全书》第1419册，第789页。

游，南面而临天下，自古天府之国无过于此……以形势论之，古称河雒为九州之中，而今之京师实又居天下之中。"①

第三，地理方面，有汝阳说、南襄盆地说、名山（太行山、嵩山、终南山、昆仑山）说、盘陀国说和湖北说。

汝阳②说。今驻马店管理的区县在历史上除泌阳县外，其他都属于现在汝南县为府治的汝宁府。这一地区秦属颍川郡，汉至隋称汝南郡。刘宋将司州从义阳迁至汝南，号其城曰"悬瓠"。唐初置豫州，天宝初改汝南郡，乾元初复为豫州，宝应初避代宗讳改蔡州，宋元因之，元朝至元三十年（1293）升为汝宁府，明清沿袭。此处"屏蔽淮、泗，控带颍、洛"，"自昔襟要处也"。③"宋元嘉中，后魏太武帝率兵围汝南，郡守陈宪守拒四十余日，魏人积尸与城齐，不拔而退。"④ 唐中叶，淮西抗命，"蔡州不被王化者几四十年"。唐末，秦宗权、朱温借此称霸。

汝阳"天下之中"称谓出现于宋代，其得名主要源于当地一个不起眼的小土山——天中山。宋代刘敞《天台山记》记载："《汝阳地理书》有天台山，在今县北三里所，其高尺余，传自古至今，莫有能损者。其上土，其下石也。亦曰天中山，以为豫州于四方最中，汝南故刺史治，于豫州亦最中，是山于汝南又最中，盖处天地三万里之极。自古考日景、测分至者，皆莫正于此，以是名之……有山之名，无山之情，而民不厌以山称之，盖得四方之中，《易》所谓地中之山，谦尊而光，卑不可逾者也。"⑤ 刘敞，北宋史学家、经学家、散文家，《宋史》有传，庆历六年（1046）以大理评事通判蔡州。其作为父母官，宣传一下当地名胜，也在情理之中，但如上文所述，宋代以洛阳为西京，洛阳天下之中是主流看法和普遍认知，天文意义上的地中在阳城（今登封告成镇），刘敞不是不知，只是

---

① 稽璜等：《皇朝文献通考》卷 269《舆地考》，《景印文渊阁四库全书》第 638 册，第 11113～11114 页。
② 《读史方舆纪要》卷 50《河南五·汝宁府》记载汝阳县沿革："周沈国地，汉置汝阳县，属汝南郡。晋因之。东晋初置汝阳郡治焉，刘宋因之。后魏亦属汝阳郡。隋初属豫州，开皇十六年改置溵水县，属陈州。大业初又析上蔡县地别置汝阳县，即今县也。自唐以后，皆为郡治。"这与今洛阳市下辖汝阳县并非一处。
③ 顾祖禹：《读史方舆纪要》卷 50《河南五·汝宁府》，第 2357 页。
④ 李吉甫：《元和郡县图志》卷 9《河南道·蔡州》，第 237 页。
⑤ 刘敞：《公是集》卷 36《天台山记》，《景印文渊阁四库全书》第 1095 册，第 613～614 页。

故意忽略罢了。《元和郡县图志》《太平寰宇记》《元丰九域志》等对于各府（州）县山川、古迹都有记载，但并未提及汝南天台山。豫州居天下中本就是洛阳居天下中的延伸，或者豫州本就指洛阳（宋代朱熹《朱子语类》有"周公定豫州为天地之中"），从豫州之中再延伸汝阳天下之中，逻辑上就讲不通了。但刘敞这一说法对后世影响较大。南宋潘自牧撰写的《记纂渊海》即有"天中山在汝阳县北，以在天地之中，故名"。① 明嘉靖十二年（1533）汝宁知府廖自显建立天中书院。确山人陈耀文将他编写的类书命名为《天中记》。明末方以智以博学闻名，他在《通雅》中对此提出批评："汝阳之天中山，天之中也。舆地以河南为中，而汝宁又居河南之中，故汝阳县北三里，有山曰天中，云测影植圭，莫准于此。或曰：'此地夏至日中无影。'非也，此地距北陆黄道十度，日暑恒在北，广州则无影耳。"② 清顾祖禹《读史方舆纪要》载："天中山，在城北三里。亦名天台山，高止尺余，上土下石，以在天地之中，故名。自古考日景，测分数，以此为正云。"③ 但在谈到阳城废县沿革时，又曰："《志》云：城中有测景台，周公定此地为土中，立土圭测景，汉唐皆因之。"④ 其实，阳城天文意义上的地位不可撼动，汉唐一直到元，都有官方测量活动，《元和郡县图制》等历代地志多有记载。顾祖禹关于天中山的记载不过是沿袭摘录刘敞说法，因未做考证，才会出现两处天中测影自相矛盾的情况。

汝阳天中山名声大噪还与颜真卿有关，民间和清代康熙年间《汝阳县志》中称颜真卿留有《天中山碑》。驻马店当地一些学者还对明清两通《天中山碑》做了考证。⑤ 但以笔者看，《天中山碑》并非颜真卿手书。其一，开元十年（722），唐玄宗命太史监南宫说在登封周公测影台立石表，这无疑是官方对地中的认可和宣示；两年后，又命僧一行、李淳风等在诸

---

① 潘自牧：《记纂渊海》卷19《郡县部》，《景印文渊阁四库全书》第930册，第878页。
② 方以智：《通雅》卷13《地域·方域》，《景印文渊阁四库全书》第857册，第615页。
③ 顾祖禹：《读史方舆纪要》卷50《河南五·汝宁府》，第2359～2360页。
④ 顾祖禹：《读史方舆纪要》卷48《河南三·河南府》，第2263页。
⑤ 参见刘建平《颜真卿〈天中山碑〉初探》，《驻马店师专学报》1986年第2期；刘清珍《"天中"与"天中文化"再探》，《天中学刊》2006年第1期；杨新锋《〈天中山碑〉考》，《天中学刊》2008年第4期。现汝南县城存有横、竖两通碑刻，两碑均刻有"周公营洛建表测景，豫州为天地之中，汝南又为豫州之中"字样。竖碑刻于明嘉靖年间，横碑立于道光元年（1821），一般认为是据竖碑翻刻，且有150余字隶书跋文。

州开展大规模的日晷测量。以颜真卿之博学，不可能将汝南视为地中。其二，从碑刻内容看，颜真卿应该知道其政治上的敏感性。当时李希烈急于称帝，使问仪式，对曰："老夫耄矣，曾掌国礼，所记诸侯朝觐耳。"① 如果颜真卿写下昭示汝南天下之中的话语，岂不正被李希烈利用，以宣示其正统地位。以颜真卿之刚烈，受胁书写亦不可能。另外，由于颜真卿入淮即受到严密监视，尤其是周曾、康秀林反正失败后，被遣送到蔡州龙兴寺，看管更严，因此也不存在受人请托书写之可能。当时兵荒马乱，消息隔绝，朝廷也搞不清楚，遂有两个卒年之载。② 其三，如果确为颜真卿书写，如此盛事，为何唐宋文献包括刘敞《天台山记》并不记载，到明清时期才悄然冒出此说呢？总之，从文献内容和当时历史背景看，《天中山碑》不可能为颜真卿所书。

南襄盆地说。③ 这一说法出现在明代，龚胜生列举了明代学者丘濬、章潢、李濂、章焕的观点。从明代四位学者的文本分析，丘濬、章潢均认可古称洛阳天下之中的常识，丘濬以明代疆域变化实际提出荆襄、唐邓应为"我朝天下之中"；李濂、章焕以穰县（今邓州）为天下之中均出自明清时期所修《邓州志》，难免溢美。南阳、襄阳一带北连中原，西面通武关、巴蜀，东接江淮，地理位置确也比较重要。历史上，楚王问鼎中原、刘邦入关、光武肇兴、三国鏖战、南北朝对峙、唐代中后期漕运、元灭南宋关键战役，都与这里息息相关。东汉时期，南阳有"南都""帝乡"之称。东晋南朝时期，荆襄地区是军事重镇，决定着下游政局和朝代命运。王敦、桓温和桓玄之乱与萧炎夺取政权都是顺江而下，建康无还手之力，唯有束手听命。唐初突厥屡犯边境，唐高祖派宇文士及"按行樊邓，将徙都焉"。④ 唐末吐蕃内扰，襄阳人朱朴建议迁都自己家乡，理由是"江南土薄水浅，人心嚣浮轻巧，不可以都；河北土厚水深，人心强愎狠戾，不可以都。惟襄、邓实惟中原，人心质良，……此建都之极选也"。⑤ 朱朴，两

---

① 《新唐书》卷153《颜真卿传》，中华书局，1975，第4860页。
② 唐雯：《盖棺论未定：唐代官员身后的形象制作》，《复旦学报》（社会科学版）2012年第1期。
③ 龚胜生将荆襄、唐邓等提法概括为此说。参见其《试论我国"天下之中"的历史源流》，《华中师范大学学报》（哲学社会科学版）1994年第1期。
④ 《新唐书》卷215《突厥上》，第6032页。
⑤ 《新唐书》卷183《朱朴传》，第5385～5386页。

唐书有传。两唐书都认为朱朴"为人木强",没有什么才能,《旧唐书》甚至说"在中书与名公齿,笔札议论,动为笑端",① 他的这个建议不被重视也在情理之中。关于其迁都之议,《旧唐书》只字未提。《新唐书》以"文省"为宗旨,但《朱朴传》篇幅相当于《旧唐书·朱朴传》的五倍,且不惜笔墨摘录其论迁都情况,颇有深意。在欧阳修、宋祁看来,尽管朱朴"无他能",但这篇关于迁都的上书还是颇有价值的。笔者认为从春秋笔法和历史借鉴角度审视,至少包含欧阳修、宋祁对宋定都开封的隐忧并由此提供其他选择的可能性。如此,60 多年后的靖康二年(1127),当开封陷于金时,李纲迁都南阳的建议才水到渠成,不那么突兀。

名山(嵩山、太行山、终南山、昆仑山)说。这类说法主要考虑到大山是比较明显的地理坐标。嵩、洛自古为一体,嵩山得名中岳,与洛阳天下之中地位有关。《史记·封禅书》中云:"昔三代之(君)〔居〕皆在河洛之间,故嵩高为中岳,而四岳各如其方。"② 唐代陆长源《嵩山会善寺戒坛记》载:"嵩高得天下之中也,所谓名山福地,异人灵迹,往往而有。"③ 明代徐霞客曰:"嵩当天地之中,祀秩为五岳首,故称嵩高。"④ 太行之说也和洛阳相关。周武王定都洛邑时云:"我南望三涂,北望岳鄙。"司马贞《索隐》引杜预云:"岳,盖河北太行山。"张守节《正义》载:"《括地志》云:'太行、恒山连延,东北接碣石,西北接岳山。'言北望太行、恒山之边鄙都邑也。"⑤ 南宋王应麟云:"太行,在汉属河内郡,孴王、山阳之间,在今属怀州,在天下之中,故指此山以表地势焉。"⑥ 吕祖谦云,太行"今属怀州,在天下之中,故指此山以表地势焉"。⑦ 清代觉罗石麟亦云:"秦汉之间,称山北、山南、山东、山西者,皆指太行,以其在天下之中,故指此山以表地势。"⑧ 终南山之说仅见于清代毕沅:"终南,周之

① 《旧唐书》卷 179《朱朴传》,第 4662 页。
② 《史记》卷 28《封禅书》,第 1371 页。
③ 董诰等编《全唐文》卷 510《嵩山会善寺戒坛记》,第 5185 页。
④ 徐弘祖:《徐霞客游记》卷 1 下,《景印文渊阁四库全书》第 593 册,第 89 页。
⑤ 《史记》卷 4《周本纪》,第 129 ~ 130 页。
⑥ 王应麟:《通鉴地理通释》卷 2,《景印文渊阁四库全书》第 312 册,第 19 页。
⑦ 吕祖谦:《大事记解题》卷 9,《吕祖谦全集》第 8 册,浙江古籍出版社,2008,第 568 页。
⑧ 觉罗石麟:《山西通志》卷 23,《景印文渊阁四库全书》第 542 册,第 720 页。

名山，一名中南"，"在天下之中，居都之南也"。① 昆仑山地中说由来已久，《博物志》卷1则引《河图括地象》曰："地南北三亿三万五千五百里。地部之位起形高大者有昆仑山，广万里，高万一千里，神物之所生，圣人仙人之所集也。出五色云气，五色流水，其泉南流入中国，名曰河也。其山中应于天，最居中，八十城布绕之，中国东南隅，居其一分，是奸城也。"② 《艺文类聚》记载："《龙鱼河图》曰：'昆仑山，天中柱也。'……《水经》曰：'昆仑墟在西北，去嵩高五万里，地之中也。'"③

盘陀国说。《洛阳伽蓝记》卷5载："汉盘陀国正在山顶。自葱岭已西，水皆西流，世人云是天地之中。"④ 汉盘陀国为西域古国，《梁书》称渴盘陁国，《大唐西域记》称揭盘陀国，其位置在今新疆维吾尔自治区喀什地区塔什库尔干塔吉克自治县附近。此说是伴随着佛教东传，中原与西域、印度文化交流产生的。此地因处于古丝绸之路交通要道和鲜明地理分界上，海拔又高，故称之。

到了清末又有湖北"天下之中"的说法，这主要与湘军首领胡林翼抚鄂治吏、对抗太平天国相关。胡林翼认为："窃惟鄂居天下之中，水陆四达，平时富商巨贾往来聚集，竞尚繁华。间阎耳濡目染，相习成风，变本加厉。"⑤《清朝经世文编续编》卷87《兵政十三地利下》，胡林翼谈到湖北防御形势，云"鄂居天下之中，邻氛四警，戒备尚疏，兵力之所不能周"。⑥

文献中也有提到冀州、成都、济南、梧州等为天下之中，均是以自我为中心的认识，影响也极为有限，不再赘言。

第四，文化角度，有浙闽和湖南说。明代地理学家王士性认为："自昔以雍、冀、河、洛为中国，楚、吴、越为夷，今声名文物，反以东南为盛。"⑦ 明末清初思想家黄宗羲曰："天旋地转，今浙、闽为天地之中，然则我百粤其邹、鲁与？是故星临雪应，天道章矣，哲人降生，人事应矣，

---

① 毕沅：《关中圣迹图志》卷2，《景印文渊阁四库全书》第588册，第491页。
② 张华撰，范宁校证《博物志校证》卷1，第7页。
③ 欧阳询：《艺文类聚》卷7《山部总载》，汪绍楹校，上海古籍出版社，1965，第130页。
④ 杨衒之撰，周祖谟校释《洛阳伽蓝记校释》，第179页。
⑤ 《胡林翼集》（一），岳麓书社，1999，第340页。
⑥ 盛康辑《清朝经世文编续编》卷87，台北：文海出版社，1972，第3053页。
⑦ 王士性：《广志绎》附录《王太初先生杂志·地脉》，周振鹤点校，中华书局，2006，第330页。

于焉继孔子绝学，以开万世道统之传，此岂人力也哉！"① 魏源在《南学会叙》（《清朝经世文新编续集》卷17《会党》）中云："湖南天下之中，而人才之渊薮也。"②

视野再拓展一下，从世界范围看，有印度说和阿拉伯说。印度"天下之中"与佛教教义及其传播有关。三国东吴孙权曾派中郎康泰出使扶南，恰逢天竺回访扶南的使者陈、宋二人"以月支马四匹报（扶南王范）旃"，因具问天竺土俗，"佛道所兴国也……左右嘉维、舍卫、叶波等十六大国，去天竺或二三千里，共尊奉之，以为在天地之中也"。③ 佛教认为，世界的中心是须弥山，须弥山四周有七重香海、七重金山。第七重金山外有铁围山所围绕的咸海，咸海中有东毗提诃洲、南赡部洲、西瞿陀尼洲、北拘卢洲等四大洲，中国、印度只是南赡部洲的一小部分。这个设计过于宏大，不好把握。因此，三国吴月氏优婆塞支谦译《佛说太子瑞应本起经》把佛祖释迦牟尼的故乡伽毗罗描述为天地中央："伽毗罗卫者，三千日月，万二千天地之中央也。佛之威神，至尊至重，不可生边地，地为倾邪，故处其中，周化十方。往古诸佛兴，皆出于此。"④ 加上天竺"夏至之日，方中无影"，这给中国传统洛阳为天下之中、测影一尺五寸等知识观念带来了巨大挑战，连精于天文的何承天也"无以抗言"。⑤ 待佛教世俗化、本土化之后，有关谁是中心的讨论不再是核心问题，天竺中心说逐渐消散。⑥ 此外，古代印度流传"四天子说"，认为赡部洲为四天子所统领，中国、突厥、拂菻（拜占庭）、印度政治统治和国情各有特色，对应东人主、北马主、西宝主和南象主。⑦ 这种观念也隐含着印度中心论。从政治文化的角度讲，古代印度人似乎不太计较哪里是"中心"和谁在"中心"。有趣的是，中国人即使讲到印度的事，往往也试图确定一个中心。⑧ 这种尚中情

---

① 黄宗羲：《明儒学案》卷6，沈芝盈点校，中华书局，1985，第97页。
② 甘韩编《清朝经世文新编续集》卷17，台北：文海出版社，1972，第1309页。
③ 《梁书》卷54《诸夷·中天竺国传》，中华书局，1973，第798~799页。
④ 《佛说太子瑞应本起经》，支谦译，《大正藏》第3册，河北省佛教协会印行，2005，第473页中。
⑤ 《释伽氏谱》，《大正藏》第50册，第87页下。
⑥ 孙英刚：《神文时代：谶纬、术数与中古政治研究》，上海古籍出版社，2014，第40页。
⑦ 玄奘、辩机原著，季羡林等校注《大唐西域记校注》卷1，中华书局，2000，第42~43页。
⑧ 王邦维：《"洛州无影"与"天下之中"》，《四川大学学报》（哲学社会科学版）2005年第4期。

结根深蒂固，直至清代，四库馆臣还专门对东晋《法显传》"天竺中心说"提出批评。[①]

阿拉伯被认为是世界中心，与"五王"说的形成传播有关，相关资料主要见于分别成书于 10 世纪初以及中叶的阿拉伯文献《中国印度见闻录》、马苏第《黄金草原》。最初的说法是"四王"即阿拉伯、罗马、中国以及伊拉克的国王，[②] 这显然源于古代印度的"四天子"说。[③] 后来又加上了突厥王，成为"五王"。9 世纪末，连中国皇帝（一般认为是唐朝末年的僖宗）也认同这种秩序和观念，认为伊拉克王是"诸王之王"，中国皇帝是"人类之王"，突厥王是"猛兽之王"，印度王是"象之王"，拜占庭王为"美男之王"。[④] 此话出自中国皇帝之口，颇让人生疑，但当时东西方文明的交流认知和世界观念或许超越我们的想象。要之，无论是古代印度"四天子"说，还是阿拉伯人的"四王""五王"说，都反映了一种以自我为中心的地理观和世界观念。[⑤]

余 论

综上所述，"天下之中"观念源远流长，弥漫于中国古代社会。洛阳"天下之中"称谓始于西周，贯穿中古，绵延至明清，其内涵由地理意义上之"土中"延伸为政治、经济、文化等一切之"中"。历代都洛的史实强化了"天下之中"形象，并赋予其不同的时代内涵。从"昔三代之（君）〔居〕皆在河洛之间"[⑥] 到秦之重镇、汉国之大都，从王莽新室东都到东汉礼制之都，从北魏佛国之都到武周神都，从五代夷夏归心之地到北宋文化和园林之都等，洛阳"天下之中"形象伴随其都城政治地位升降和中华文化的演进而嬗变，对中古中国产生了深远影响。从根本上说，国内

---

① 《四库全书总目》卷 71，史部地理类四"外纪"，中华书局影印本，1981，第 630 页。

② 《中国印度见闻录》，穆根来等译，中华书局，1983，第 11 ~ 12 页。

③ 〔法〕伯希和：《四天子说》，见冯承钧译《西域南海史地考证译丛三编》，商务印书馆，1962，第 84 ~ 103 页。

④ 《中国印度见闻录》，第 103 ~ 104 页。

⑤ 王永平：《"五王"与"四天子"说：一种"世界观念"在亚欧大陆的流动》，《世界历史》2015 年第 3 期。

⑥ 《史记》卷 28《封禅书》，第 1371 页。

其他城市和地区号称"天下之中"也多是受到洛阳影响。从其名称由来分析，以地理因素居多，因为地理位置无论是时间还是空间都是个相对概念，不太敏感，也不易引起纷争。政治角度多和都城变迁有关，是少数人牵强附会或出于某种政治目的而言。经济角度只有"定陶"，且仅是范蠡一家之言。文化角度出现较晚，已经到了明清和近代，是这一时期东南沿海和湖南经济文化领先的体现。

以现在看，甘肃省兰州市附近是我国大陆的几何中心所在。[①] 当然，在中古时代是难以做到精确测量的。不论国内还是国外，也不论哪个朝代，"天下之中""天地之中"这些称谓，多是以自己为中心而形成的一种观念，因为天下原本是没有中心的。但洛阳"天下之中"内涵丰富，穿越时空，深刻影响后世和国人的思维方式、行为方式，是一个值得深入探讨的课题。

作者：杨会宾，洛阳师范学院历史文化学院、河洛文化研究中心

（编辑：熊亚平）

---

① 阎泽川辑录《华夏中心在何处?》，《文史月刊》2014 年第 3 期。

正太铁路对沿线山西城镇格局的
影响（1907～1937）[*]

郭　婷

内容提要　作为华北近代铁路网重要组成部分的正太铁路，不仅使山西丰富的煤、铁、粮食和棉花等资源快捷地参与到省外乃至国际市场的商品交流之中，促进了沿线经济的发展，而且使沿线城镇的主要功能、空间布局和网络结构等产生了差异性的改变。与京汉、陇海铁路对郑州的影响相比，正太铁路对其沿线城镇的影响，有着明显的运营特色和个性差异。

关键词　正太铁路　山西城镇格局　近代铁路

伴随近代工业革命的全球性扩张，铁路对于中国交通方式和城市景观的影响也日趋明显。华北作为中国近代铁路运输网络最稠密的地区之一，其对沿线城市和乡村社会经济变迁的影响，自然成为学界关注的重要课题。其中，原创度较高的学术成果，包括熊亚平对铁路兴起与华北乡村社会变迁的多视角梳理，以及对华北铁路沿线集镇差异化发展动因的多层面分析；[①] 江沛、熊亚平有关正太和京汉铁路通车与石家庄崛起动因的分析；[②] 刘晖对京汉、陇海铁路发展与郑州城市化进程的研

---

* 本文为国家社科基金重大项目"大阪产业部近代中国及'海上丝路'沿线调查资料整理与研究"（项目编号：18ZDA188）、用友基金会第三届"商的长城"重点项目"日本大阪府立贸易馆近代中国商贸调查数据整理与研究"（项目编号：2019－Z04）之阶段性学术成果。本文在写作过程中，得到樊如森教授的精心指导，诚致谢忱！

[①] 熊亚平：《铁路与华北乡村社会变迁（1880～1937）》，人民出版社，2011，第308页；熊亚平：《华北铁路沿线集镇的"差异化发展"（1881～1937）》，社会科学文献出版社，2018，第342～349页。

[②] 江沛、熊亚平：《铁路与石家庄城市的崛起：1905～1937年》，《近代史研究》2005年第3期。

究；① 等等。上述研究通过不同的学科视角和史料解读，系统剖析了华北近代铁路网的构建历程，以及铁路交通对沿线地区城乡社会变迁、城镇现代化转型和区域经济发展的促进作用，具有重要的学术积淀价值。

山西铁路是华北铁路网的重要组成部分，关于铁路与山西城镇具有代表性的研究如下。江沛、李丽娜通过对正太、京绥和同蒲铁路通车后，太原、榆次、大同、平遥、太谷、忻县、阳泉等城镇兴衰变迁的个案考察，揭示了以铁路为代表的现代交通运输体系对于山西经济近代化的重要推动作用，文章侧重于阐述铁路通过与未通过的城镇兴衰对比，凸显铁路开通对近代山西城镇整体格局变化与重组的关键性作用。② 张国华认为正太铁路开通刺激了阳泉煤炭资源的开发，由此带动了该地商业、金融业、邮政和教育的发展。③ 李丽娜指出铁路开通带来商业繁荣、新式工业兴起与社会结构的改变，进而促进太原近代化进程。④这些研究均以不同城镇作为切入点，探讨了铁路对于山西城镇近代化的整体影响。

本文除了肯定铁路交通对沿线城镇近代化的决定性推动作用外，更侧重于把握正太铁路沿线城镇在铁路交通兴起后，由于地理位置、历史因素与资源储备等各异，显现出沿线城镇功能、城镇内部空间结构与社会结构的差异化；并通过对比京汉、陇海铁路对郑州的影响，探讨正太铁路沿线城镇的区域特色。

一 正太铁路开通对沿线城镇功能的差异化影响

1907 年正太铁路几经周折终于开通运营，其东起正定（石家庄），途经阳泉、寿阳、榆次，到达太原（见图 1），全长 243 公里，山西境内长170.7 公里。正太铁路沿途设有 35 座车站，其中石家庄、井陉、娘子关、

---

① 刘晖：《铁路与郑州城市化进程研究（1905～1954）》，商务印书馆，2018，第 294～297 页。

② 江沛、李丽娜：《铁路与山西城镇的变动：1907～1937》，《民国档案》2007 年第 2 期。

③ 张国华：《正太铁路与阳泉城市的崛起（1907～1937）》，《山西高等学校社会科学学报》2011 年第 6 期。

④ 李丽娜：《铁路与太原城市近代化进程：1907～1937》，《晋阳学刊》2008 年第 5 期。

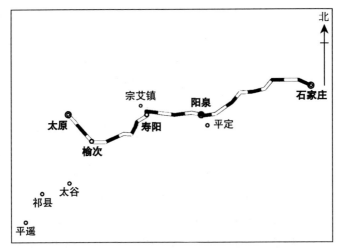

图 1　1907～1948 年正太铁路运行线路

资料来源：根据《中国分省新地图》第 38 图《山西省》（亚光舆地学社，1948）重新绘制。

阳泉、寿阳、太原等为较大车站，[①] 其通车促进了铁路沿线城镇——太原、榆次、寿阳与阳泉的城市功能转型。

（一）由传统治所向现代经济中心转移的太原

明清时期，太原（阳曲）[②] 是"都城－治所"模式下传统的省级政治中心，然而，它却不能完全被认为是区域经济中心。1907 年以后，随着正太铁路通车，山西的贸易和金融中心由太谷和平遥转移到了太原，使太原逐渐转变为经济职能与政治职能合二为一的城市。

首先，铁路运输使货物往来增加，商品流通量增大。"进入山西的货物大部分来自天津……转送到山西中部和南部的货物，从天津经过京汉线运输到石家庄，再由正太铁道运往太原、太谷、榆次等省内中心市

---

① 正太铁路管理局车务处：《正太铁路便览》，1911，第 2 页。

② 1913 年，废太原府，以明清太原府治阳曲县为省会，管辖省城及附郭区域。1920 年阎锡山政府设置市政公所，辖境包括太原城内外，大概以大北门、水西门、大南门、小东门等城门为界，面积 150 平方公里。1927 年太原确定市的建制，辖境同前太原市政公所。辛亥革命后，太原市设在当时的阳曲县城，习惯上称阳曲县城为太原或太原府，主要是为了与当时的太原县城区别开来。太原县城位于太原府城外西南方向，为今天晋源镇所在地。本文所指的太原为设在阳曲县城的太原。

场。"① 从天津输入晋省的货物以棉布、烟草、海味、药材、肥皂、煤油、火柴、五金、毛织等日用品杂货为大宗，石油、玻璃、电灯等工业革命的产品次之。从山西本地输出的货物以杂粮、生铁、煤炭、汾酒为大宗，这些货物通过正太线运往石家庄，在石家庄再经京汉线分销到各地。正太线上的太原作为货物的重要中转地，很快成长为天津港腹地的二级市场，成为连接省内各县与石家庄、天津的主要节点。

随着转运贸易的发达与大宗货物集散，作为货物存储的堆栈业蓬勃兴起。太原所设堆栈公司，皆兼营转运业务，截至20世纪30年代仍存者有元盛、庆泰裕、兴顺利三家，皆向正太铁路租定堆栈、代客转运并保存货物。正太铁路太原站中，元盛栈租有三号货仓，庆泰裕和兴顺利各租有一号，其余则由营记火油公司、祥记公司、义聚公司、晋丰公司、保晋公司各分租一号。② 此时，依托正太铁路太原站，有三家公司经营堆栈、仓储及转运业务，此外亦有其他公司租用仓库，便捷货运。

仓储业兴起，人员与货物的大量聚集，带来资金的聚拢，现代金融业也应运而生。具有现代金融业性质的银行银号将总部设在了太原，太原取代明清山西金融中心祁县、太谷、平遥三地，成为新的区域性金融中心。钱庄最早于1913年在太原设立，银号于1921年以后产生，银号与钱庄在业务上无多大差异，皆营存放及汇兑，唯组织上略有不同，大致银号多为股份公司，合资独资者少，钱庄则多为合资或独资之组织，鲜有股份公司者。③ 太原在1937年前后有银号17家、钱庄19家，较大的银号有晋绥地方铁路银号、绥西垦业银号、晋北盐业银号等，银号已初具现代银行的雏形。现代银行也出现在太原，1913年大清银行改名为中国银行，设分行于太原，1923年改为支行。该行的全年汇兑业务亦以天津为主要通汇地点。另一家山西省银行于1919年由原官钱局改组而成，代理省库金，发行代兑券。④ 晋胜银行成立于1913年，发行大小银元票，办理汇兑、存款、放款等业务，汇兑主要面向直隶。⑤ 其余的金融机构还有钱庄19家，当铺9

---

① 东亚同文会编印《支那省别全志》第17卷《山西省》，1920，第657页。
② 实业部国际贸易局编印《中国实业志·山西省》，1937，第三七丙页。
③ 《中国实业志·山西省》，第四一丙页。
④ 《中国实业志·山西省》，第四〇丙页。
⑤ 《山西省之金融及商业》，《民国日报》1919年10月30日，第6版。

家，质铺 7 家。山西省金融资本大半聚集于此。

值得注意的是，这一时期的银行银号除了业务种类不同，通汇地点也发生了变化。随着正太铁路贯通，人员物资流动频繁，山西商货大部分通过正太铁路运往石家庄，再转运至天津。太原之银号、钱庄、银行等主要面向的通汇地点是天津。1934 年"全年汇兑，汇出共 22258956 元，汇入共 17815895 元，出超 4443061 元。以天津最主要通汇地点，良以天津为北方进出口之总门户，太原商货往来，类多出入天津，故以天津为主，计汇出占总额 34.7%，汇入占 30.7%"。① "太原银号钱庄之汇兑，以外省为主，占 95.42%，省内甚少，仅 0.56%，其他省外省内共占 4.02%。太原商货进出，以天津为总枢，故汇兑以天津为主，全年汇额占全体 85.61%；次为绥远，占 5.97%；复次为北平，占 1.53%；更次为包头，占 1.09%；其余各地均不及 1%。"② 资金的流动方向路线就是贸易的流动方向路线，随着正太铁路贯通，大宗货物沿着铁路运输，资金融通也在太原与天津之间展开，不再是晋商票号模式下的格局分布，而是以铁路为纽带的港口－腹地商业贸易与金融流通关系。太原因此逐渐成为山西金融资本的中心。

可见，正太铁路通车之后，随着商品运输、商品销售流通、仓储业以及新式金融业的兴起，太原除了承担山西区域内传统行政和军事的职能外，它作为铁路节点，凭借其地理位置成为等级较高的集散市场，兼具区域金融与商业中心的职能，城市职能逐渐由军事与行政职能向经济与行政职能转变。

（二）演进为棉花转运市场和棉花加工基地的榆次

传统时代，榆次是"都城－治所"模式下太原的卫星城，与其他城镇并无区别，商业交通亦表现平平。正太铁路通车后，铁道从榆次县城北穿过，晋南和陕甘各地货物转运至石家庄、天津或者北京，均在榆次站完成，货栈业兴起。截至 1924 年，榆次站附近运输棉花的货栈有 12 家。

在正太铁路通车之前，北上的棉花由平遥商人办理外运，棉花集散地在平遥。正太铁路通车以后，"山西棉花凡由山西南部输至天津者，先以

---

① 《中国实业志·山西省》，第四一丙页。
② 《中国实业志·山西省》，第四五丙页。

马车装至正太路之榆次车站，再装火车运至石家庄……"① 经石家庄运往天津市场，晋南棉花产地是初级市场，榆次是山西全省的重要集散地，运往天津的棉花都经由这里运出，榆次成为出晋省棉花的二级转运市场，天津即是终级市场。

刚通车之际，晋省棉花在榆次中转后，全部运往省外。自1924年榆次晋华纱厂设立后，从晋南运输到此的棉花，一部分便由当地晋华纱厂消化，剩余通过正太铁路运输到石家庄。晋华纱厂就位于正太铁路榆次站所在的榆次北关车站附近，1924年正式开工，"（民国）十五年添购纱机800锭，十七年添加纱机20000锭，改用电气发动。十八年又增加股本为三百万元。十九年添购纱机8144锭。……现每年需用棉花一百一十万担，大都向当地花商批购，或派员赴本省南部各产地如曲沃、洪洞、临汾、荣河、翼城、文水、汾阳等县采办。…… 每年计产八支至三十二支棉纱30900包，……二十支至三十二支二股及三股线900包"。② 晋华纱厂在建成之后规模便不断扩张，榆次本地所产的棉花全部供应该纱厂，不足的部分还要由其他地区补齐。1926年的调查显示，榆次本地所产2000担棉花全部用于本地消费，剩余晋省棉花在天津市场上市的约达273200担。③

榆次因棉花中转而兴，乘势设立晋华纱厂，纱厂逐年扩张，更加吸引棉花运销，带动了榆次周边的贸易与金融。晋华纱厂设立之后，煤油业、纺纱业、电气业、制粉业、银行业等也在榆次兴起，榆次的工商业出现蒸蒸日上、日趋繁荣的景象，到1930年已有400多家商号企业，取代太谷、祁县、平遥成为晋中盆地的重要工商业市镇。

（三）成长为新兴商业中心的寿阳县城

清中叶，寿阳宗艾商人也是晋商代表之一。远走东北和内蒙古的商人，携带充裕的资金返回宗艾，带动宗艾镇商业发展。到晚清时期，镇上商号达300多家，行业涉及钱行、纺织、颜料、骡马、烟酒、糖茶等，经商范围遍布省内，甚至远至铁岭、天津、归绥、汉口等，宗艾俨然寿阳当

---

① 《山西省棉产概况》，《天津棉鉴》第4卷第1～6期合刊，1933年9月～1934年2月。
② 《中国实业志·山西省》，第八九丙页。
③ 侯振彤译编《山西历史辑览》，山西省地方志编纂委员会办公室，1987，第32～33页。

地商业中心。"宗艾帮"垄断寿阳商业，一直持续到正太铁路通车前。^① 可以说，清中叶驿路交通网络导致寿阳县境内传统商业市镇在宗艾镇，行政中心在寿阳县城，使寿阳县出现了两个功能不同的中心城镇。

正太铁路贯穿寿阳全境，寿阳火车站建在寿阳县城东关。铁路建成运营后，寿阳商业中心由宗艾转移至县城。截至1921年，寿阳县城商号增至400多家，行业俱全。除了本土商号外，代理美、英等国产品美孚石油、亚细亚石油的祥记煤油公司、义聚煤油公司也入驻寿阳县城。[②] 不少商号依托寿阳站经营对外埠贸易。"自正太铁路通车后，粮食大量外运河北，不少商业家便专营粮食，到民国八九年，粮行由六七家猛增至二十多家，同时全县各集镇粮商也大大崛起。"[③] 铁路使寿阳县城商业空前繁荣。

铁路通车之前，外省货物通过水旱两路运往获鹿或者石家庄，再由高脚转回宗艾，或者用骆驼和骡子运回宗艾。现代交通出现后，铁路枢纽成为商业中心，寿阳县城因火车站的修建与铁路贯通，交通运输条件比宗艾便捷许多，吸引客商资本放弃宗艾，纷纷在寿阳县城开设商号，寿阳商业格局从此改变。商业中心转移到县城，寿阳成为行政、商业中心合二为一的新兴城镇。

（四）发展为现代工矿业城镇的阳泉

阳泉位于平定州西北部，有大小阳泉村之分，隶属于平定州。正太铁路在选建站点时，本要选在明清传统重要驿站——平潭，但是由于种种原因，最终选在了距离平潭不远处的"沙江口"这个荒滩，因为"沙江口"属于小阳泉村范围，故称之为阳泉站。[④] 今天的阳泉市就是在阳泉站的基础上不断扩建，形成了城镇风貌，由小山村发展为工矿型城镇。

---

① 寿阳县志编纂委员会编《寿阳县志》，山西省人民出版社，1989，第266~267页。

② 《寿阳县志》，第268页。

③ 《寿阳县志》，第267页。

④ 正太铁路车站选址勘测时，本来选在平潭，但是平潭的地形特殊，前方是桃河，后方是狮垴山，附近矿井很多，空间扩展范围有限。另外有乡民认为，铁路会切断命脉，祸及子孙后代，最终将火车站址选在了平潭以东约2公里处的"沙江口"。山西省政协《晋商史料全览》编辑委员会、阳泉市政协《晋商史料全览·阳泉卷》编辑委员会编《晋商史料全览·阳泉卷》，山西人民出版社，2006，第412页。

正太铁路通车的同年，保晋公司创办。保晋公司全称为山西商办全省保晋矿务有限总公司，以采煤为主。保晋公司设立之初总部在太原，在平定设分部。1916年崔廷献任总经理后，将总公司地点移至平定县属之阳泉，东距石家庄约138公里，西距太原约144公里，位于正太铁路之中点。该公司交通与山西省其他各煤矿相比，实属便利。这一时期，崔廷献着手改造和扩建重点矿井，变更经济核算单位，请准核减铁路运费，扩大销路。到1919年，保晋公司将阳泉煤矿区划分为六个矿厂（包括七处矿区）。第一、二矿厂位于桃河南岸的正太铁路南侧，东距阳泉火车站3公里，井口至正太铁路由轻轨铁路相连，煤车从井下出地面后可直接推至矿厂道岔装车。第三矿厂位于桃河北岸，亦铺设轻便铁道直通正太路之赛鱼站。第四矿厂地处偏僻，仍采用畜力等方式运输。[①]

乘着正太铁路通车之便，除了保晋公司这类大型企业，其他小矿商也纷纷来到阳泉，比如建昌、广懋、富昌和全顺等公司。据统计，截至1935年，阳泉除了保晋矿务局，还有各类大小矿井300余座，资本在万元以上的矿井数十家。[②]

除了煤炭，阳泉还有着丰富的铁矿资源，含铁量较高，易于冶炼。在正太铁路通车之前，平定铁锅的出口地九成是直隶和东北，一成是山东和河南。正太铁路通车后，从1917年开始阳泉的铁及铁制品大部分转销天津。路线主要是，阳泉的铁通过正太铁路运往石家庄，再转换平汉线[③]运往长辛店（北京）、丰台、天津等地；或者仍然由正太铁路运往保定，从保定府运往天津，但是此条路线减水期是不通的。此外，山西的铁器还行销日本。[④]

除了大量生铁通过正太线运往省外，还有许多工业制成品也通过铁路就近输出。保晋公司在1916年开始筹备创建铁厂，1917年保晋铁厂选址在桃河北岸平潭垴村，与保晋总公司隔河相望，距阳泉火车站一里多远，

① 阳泉矿务局矿史编写组编《阳泉煤矿史》，山西人民出版社，1985，第52～55页。
② 《第五次中国矿业纪要》，实业部地质调查所、国立北平研究院地质学研究所，1935，第421～422页。
③ 京汉铁路，始建于1898年，起自北京正阳门车站，终点为汉口玉带门站，国民政府定都南京后，改北京为北平，改京汉铁路为平汉铁路，1928～1949年该线路称平汉铁路。本文中平汉铁路和京汉铁路都指该线路。
④ 《支那省别全志》第17卷《山西省》，第589页。

1919 年机器设备安装完毕，1921 年开始陆续生产。[①] 除了生铁、熟铁、火砖和磁料外，还有洋炉、蒸汽机、磅秤、煤车、绞车、水泵等煤矿机械和设备，这些产品均通过铁路销往省内外。[②]

在原料产地设立工业企业，选择靠近铁路运输节点的区位设厂，可以减少工业产品的双向运输费用，降低成本，提升工业制成品在市场上的竞争力。这是工业型城镇发展的普遍特征之一。交通运输也促进了人员与商品的集中，大规模商业活动出现，带来了市场兴盛，有力地推动了阳泉的城镇建设与发展进程。

通过正太铁路，从太原可直达石家庄（正定），在石家庄中转，经平汉路北上北平、天津，南下上海。阳泉位于正太线中间位置，优越的地理位置、丰富的煤铁资源，这些都为阳泉近代化的发展提供了便利的先决条件。煤炭外运、铁器外销与各类煤铁工业制成品生产销售，促进了阳泉经济现代化的发展。基于此，阳泉的金融和城市建设展开。阳泉的范围不断扩大，成长为晋东盆地重要的工矿业城镇。

一般而言，自然条件、资源禀赋、产业体系、历史发展、政治环境等要素均会对城市功能定位产生重要影响。自然条件是城镇发展的前提，资源禀赋与产业体系是城镇发展的物质支撑，历史发展与政治环境是决定城镇功能的重要一环。这些要素不尽相同，造成了城镇在发展过程中功能定位的差异化，而城镇之间的差异与职能分工，决定该城镇在区域分工中的地位与作用。故上述四座城镇虽均位于正太铁路沿线，但由于资源优势、地缘优势与政治历史基础的不同，在城市功能定位中表现出迥异的特征。

二　铁路开通对城镇内部空间格局的差异化影响

城市内部空间结构包括人和人所从事的各种经济和社会活动在空间上的表现，"是在一定的经济、社会背景和基本发展动力下，综合了人口变化、经济职能的分布变化以及社会空间类型等要素而形成的复合性城市地域型式"。[③] 随着铁路开通、火车站的建设与经济发展，正太铁路沿线城镇

---

① 《阳泉煤矿史》，第 58 页。
② 《阳泉铁厂近况》，《工商半月刊》第 5 卷第 19 期，1933 年。
③ 冯健：《西方城市内部空间结构研究及其启示》，《城市规划》2005 年第 8 期。

的内部空间结构与传统农业社会相比，发生了翻天覆地的变化，均突破了传统城镇方正格局，在扩展中形成了各具特色的城镇模型。

（一）太原

清代太原（阳曲）县城，北到大北门、小北门一线，南至迎泽门、承恩门一带，西临西海子、南海子，东止于大东门、小东门街。[①]

正太铁路太原站设在太原东南城门承恩门外，旁边的路起名正太路（今改名为迎泽大街），围绕太原站，逐渐开设太原汽车公司、汽车合作社、新南市场等，开辟出新南和自新各条街道，而原本这片地方是满族人坟地。除此之外，还有新建新民中学校、新中里、晋丰面粉公司、晋华卷烟公司及中华基督教会等。[②] 随着铁路通车与车站设置，货栈、旅店、餐饮行业等相继出现，汽车运输公司和其他商贸公司，以及各类文化设施涌现，原本的荒地发展为拥有准确名字的新街巷，太原车站附近逐渐形成了新商圈。与此同时，太原的城市空间也发生了变化。

至1935年，太原的四境，东起东门外之西人义地，西迄汾河边，南界大营盘，北至飞机场，东西宽20余里，南北长30余里，面积700余平方里。[③] 城镇空间得到极大扩展。

从图2可以看出，铁路通车与火车站的修建使太原城镇空间大大扩展。由于铁路纵向穿过太原，铁路东侧地势较高，故新兴商业活动主要在正太铁路沿线西侧展开。基于太原县城原本方正的内部空间结构，西面有汾河为界，太原的城镇空间主要向北向南扩展。

（二）榆次

榆次在太原东南方位，位于正太铁路干线上，东距石家庄217公里，西距省城26公里。清光绪年间，榆次县城的商业中心在南门里，北门当时还是一片荒滩。

---

① 道光《阳曲县志》卷3《建置图·街巷图》，1932年重印本，第226~235页。

② 太原市地方志编纂委员会编《太原市志》（一），山西古籍出版社，1999，第97~99、102~103页。笔者根据《太原市志》所附清代街巷图、1935年太原市城关街巷详图得出。

③ 山西民社辑《太原指南》，北平民社，1935，第1页。

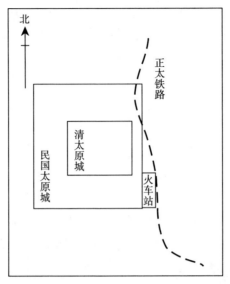

图2 太原新老城区、火车站与铁路相对位置

资料来源：《太原市志》（一），第97～99、102～103页。笔者根据《太原市志》所载清代街巷图、1935年太原市城关街巷详图以及《太原指南》，绘制出清代和民国时期太原城关位置、正太铁路以及太原火车站的相对空间位置。

　　正太铁路建榆次火车站于县城北关后，1914年北门外栈房街、粮店街等逐渐兴建，从县城北门到火车站本没有路，往来旅客为了抄近道，在天坛与奶奶庙之间的荒滩上踩出一条小道来。1914年随着榆次车站客货运业务量增大、客商往来增加，原在王胡、什贴等驿站铺递的客栈纷纷迁往榆次北关，沿着这条小道建起了裕兴栈、大兴栈、中西饭店等客栈，随后又有永成栈、亨达店、广利栈等货栈相继兴起，1919年以后其他栈店也蜂拥而至，这条旅客走出来的小路便成了栈房街。榆次北门外车站的兴建，吸引了烟酒店、粮店等商号，1930年以后，在原东大街新建了晋丰源烟店、永记烟店、德生利粮店，1931年以后原散落在乡镇的万升粮店、复兴厚粮店、晋吉煤店等商号也迁于此。这里粮店云集，成为榆次县城重要的农产品、日用品集散地。1930年在北门外开辟"中山市场"，方便小商贩经营。① 在榆次北关原本是荒滩和驿道的地方，榆次火车站落成与正太铁路

---

① 中国人民政治协商会议山西省榆次市委员会文史资料研究委员会编《榆次文史资料》第7辑，1986，第35～41页。

通车后，形成商业大街，成为榆次的商业中心。

从图3可以看出，铁路线与旧城区之间的地带催生了新的商业区，榆次城市空间形态改变，商业中心转移，且十分显著的是以榆次火车站为中心形成了新的商业中心。由于正太铁路横穿榆次县城北关，新商业区位于铁路线以南、与旧城区衔接区域。新中国成立以后，榆次不断扩大城区范围，向正太线北侧持续扩张。

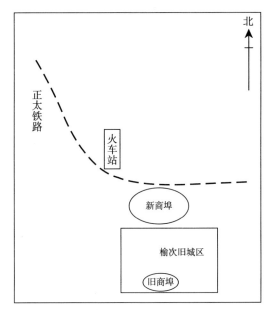

图3　榆次城区、新旧商埠、火车站与铁路相对位置

资料来源：榆次市志编纂委员会编《榆次市志》，中华书局，1996，第55～58页。此图系笔者根据《榆次市志》所附地图、所记载城区变迁绘制。

（三）阳泉

阳泉的城镇空间格局则完全是以正太铁路干支线和正太铁路阳泉站为中心向外扩散而形成的。

正太铁路阳泉站建成后，附近出现了饭馆、地摊、商铺等，随后保晋、广懋、建昌等公司成立，车站周边形成了一条狭窄的商业街道。车站以西开设几家餐饮小店，其中保定人赵德胜开设了饭铺"德胜居"，于是人们就按照"德胜"二字将车站以西这条街命名为德胜街，往来商旅途经此处，热闹非凡。① 随着一批店铺、商号在阳泉站周围落地生根，至1920年阳泉火车站南北逐步形成了上站与下站②商业市场。保晋公司在阳泉站北2公里处创办了保晋铁厂，各类小企业也纷纷在此开办。法国人阿尔隆出任娘子关到寿阳段的工务段段长，负责铁路养护工程，到阳泉后，在阳泉车站后面修建了住宅，取名"崇德里"，成为最早到此定居的外国人。③此后崇德里附近不断出现各式建筑，成为阳泉街巷之一。

之后阳泉街道不断向南北扩展延伸，以阳泉车站为中心形成了集市，设立了公司，开辟了住宅，人口流动骤增，车站不再仅仅是交通地物，逐渐演变为今天阳泉市镇的雏形。阳泉这座城市也从小山村的荒滩逐步建设为晋东重要的工业城市。

通过图4可以看出，桃河和正太铁路横穿阳泉而过，城镇主要是围绕火车站与铁路线展开。作为新兴崛起的工矿业城镇，阳泉的城镇空间格局完全打破了传统时代的方正格局，以火车站为中心与以铁路线为轴的扩散形成不规则城镇格局，是其城镇内部空间结构的鲜明特征。

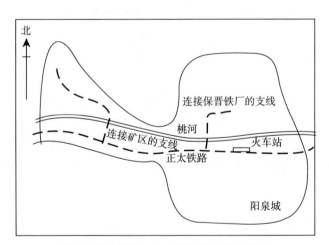

图4　阳泉城区、火车站与铁路相对位置

资料来源：阳泉市地方志编纂委员会编《阳泉市志》上册，当代中国出版社，1998，第78～88页。此图系笔者根据《阳泉市志》所附《阳泉市政区图》《阳泉市城市主要街道图》，以及所记载建制沿革绘制。

----

① 政协阳泉市委员会文史资料研究委员会编《阳泉文史资料》第5辑，1986，第133页。

② 时人按照地形，将铁路以南叫作上站，铁路以北称为下站。

③ 《阳泉文史资料》第5辑，第133页。

正太铁路穿城而过与火车站的兴建，使沿线城镇空间整体格局发生变化，城镇商业中心转移与城镇范围扩展，城镇景观面貌焕然一新。太原、榆次与阳泉无一不是围绕火车站形成了新的商贸中心，火车站附近的区域快速发展，促使整个城镇空间向外延展。各个城镇基于传统时代的城镇、铁路走向、土地利用状况与城镇农矿产品市场网络，在城镇空间向外扩展过程中表现出了不同的特征，从而在城镇近代化过程中形成了各具特色的城镇内部空间结构。

三　正太铁路开通与沿线城镇社会结构变化

正太铁路开通引发的城镇社会结构改变，可以从两方面来看。一方面，就城镇内部人员总体结构来看，市民结构发生了变化。以1935年的太原为例，职业人口占总人口63.12%，以工商业人口最多，有36000余人，占全部职业人口的40.41%（见表1）。而在铁路开通前的1900年，太原城市总人口仅有3万人，其中从事工商业人口近3000人。[①] 可见，铁路开通带来工商业的发展和工商业人口的增加，进而引发了社会结构的变化。

表1　太原职业人口之职业分配（1935年7月）

单位：人

行业	男性	女性	总计
农业	6049	1082	7131
矿业	388	0	388
工业	15994	4194	20188
商业	16154	297	16451
交通运输业	2410	15	2425
党务	2110	7	2117
政务	4445	72	4517
军务	6688	0	6688

---

① 许一友、王振华：《太原经济百年史》，山西人民出版社，1994，第19页。

续表

行业	男性	女性	总计
营务	891	0	891
自由职业	4590	1728	6318
人事服务	5636	6568	12204
其他职业	8626	2719	11345
总计	73981	16682	90663

资料来源：《中国实业志·山西省》，第八丙～九丙页。

另一方面，就铁路本身带来的职业人口变化来看，正太铁路修筑与运营后，其管理与职制日趋完备。而铁路管理者与铁路工人的出现，又为社会结构的改变注入了新的活力。

正太铁路"工程总管下分工务处，设处长、副处长各一人，区分六段，段设段长并管工、监工等员，均系外籍人，各分段内尚有绘图员、测量员、专司工程设计及翻译、会计等员，与点工司事均系华人，石家庄有总办事处及总机厂"。[1] 行车总管理处包括监督局、管理处、总务处、车务处、机务处、工务处等六部门，华人与外籍管理人员各半。[2] 这是正太铁路局的管理人员结构，由于外资的参与，管理人员华洋掺杂。

正太铁路上铁路工人具体分属总务处、车务处、机务处和工务处，分职员与雇役两种雇佣形式，均为华人（见表2）。

表2 正太铁路工人职业分配之人数（1909～1924）

单位：人

年份	总务处		车务处		机务处		工务处		总人数
	职员	雇役	职员	雇役	职员	雇役	职员	雇役	
1909	29	23	419	46	859	98	638	88	2200
1910	28	24	378	55	839	74	651	88	2137
1911	29	21	378	55	822	92	628	83	2108
1912	33	22	439	58	957	138	632	79	2358
1913	27	22	512	61	973	130	668	83	2476

---

[1] 交通铁道部交通史编纂委员会编印《交通史路政编》第12册，1935，第4032页。

[2] 《交通史路政编》第12册，第4033页。

年份	总务处		车务处		机务处		工务处		总人数
	职员	雇役	职员	雇役	职员	雇役	职员	雇役	
1914	26	22	514	64	928	114	653	86	2407
1915	29	34	528	62	904	100	624	99	2380
1916	28	32	470	60	875	89	583	98	2235
1917	27	31	484	60	848	87	566	89	2192
1918	28	32	502	60	847	97	565	107	2238
1919	31	31	507	60	873	119	572	102	2295
1920	34	33	532	67	909	118	593	97	2383
1921	39	34	532	65	975	155	596	99	2495
1922	46	49	566	71	1014	121	582	74	2523
1923	51	50	641	81	994	147	585	83	2632
1924	54	50	647	82	996	140	545	70	2584

资料来源：《交通史路政编》第 12 册，第 4036～4040 页。

由表 2 可见，机务处人数最多，主要负责机车驾驶、维修、管理、调度等任务，总务处工人最少，主要负责后勤事务。在长达 16 年的时间中，工人总数始终维持在相对稳定的状态。

除管理人员与各处工人外，正太铁路开通运营后，其警务由地方办理，在山西省设有正太铁路巡警公所，由其担任沿路警务，路局有弹压委员 3 人、护勇管带 1 人及护勇若干人（1924 年之前官兵约 45 人），专司与地面接洽及维持厂内及沿线各站秩序之事。消防事务由员工共同负责，设队长 1 人，由总机厂厂长兼领，共有水龙 5 架，并于路局围墙内设救火轨道。于石家庄设诊所 2 处，有医生、看护若干，1920 年在阳泉设分所，1923 年在太原设分所。[①]

铁路工人这一群体的兴起，引发沿线城镇社会结构的改变。随着时代变迁，铁路工人亦逐步登上政治舞台。"在石家庄，较早接触和接受马克思主义的是正太铁路总机器厂工人孙云鹏。"[②] 1922 年劳动组合书记部在北京香山卧佛寺召开了全国铁路工人代表会议。会后石家庄正太工业研究

---

① 《交通史路政编》第 12 册，第 4043～4045 页。
② 共青团石家庄市委员会编《风雨共青路——石家庄青年运动八十年》，新世纪出版社，2002，第 6 页。

会传习所改为正太铁路总工会，下设三个分工会：石家庄为第一分工会；阳泉为第二分工会；太原为第三分工会。① 铁路工会在沿线城镇相继设立，组织工人参与铁路大罢工等政治运动。

为数不少的铁路工人出现，全新的工人力量崛起，冲击了沿线各地的原有社会结构，工会与工人活跃于中国的舞台上。

四　正太铁路对沿线城镇发展影响的个性差异

（一）正太铁路的窄轨运营特色及其危害

在近代，关于铁路轨距，国际上以直线轨距为1435mm的称标准轨距，大于1435mm的称宽轨距，小于1435mm的称窄轨距。② 京汉铁路与陇海铁路均采用1435mm标准轨距，而同蒲铁路与正太铁路采用的是1000mm的轨距。③

由于正太与京汉铁路的机车和车厢不能互相过轨，因而给此处货物联运带来了很多困难。正太铁路有明确规定："货物到石家庄时，须改装京汉火车发往他处者，应由寄货或收货之商家自行料理给费。其请给京汉车辆，也应由该商家自行料理。""倘因寄货之商家，未曾预先筹备，货车到石家庄时，不能于十二点钟以内改装，以至停留车辆者，每车每延十二点钟，罚洋三圆，不及十二点钟，亦作十二点钟算……"④ 这就要求有需要转运的货物在规定时间转运走，如不能实现，运输成本就会相应增加。其实，对于铁路轨距不同的危害，早前清廷就有官员奏对，"惟两路轨道宽窄悬殊，过递之间，不能衔接，以致该煤矿运煤由正太路至石家庄时，必须改换火车方可前进。不但装卸周折，而煤斤受损，整块半成碎末，利益之亏耗甚多"。⑤ 可见，路轨不一致提高了运输难度，增加了运输的资金和

---

① 中共石家庄市委党史征编室编《正太铁路工人斗争史（1919~1949）》，1985，第23~24页。
② 孙志敏等编《交通百科词典》，航空工业出版社，1993，第12页。
③ 支那驻屯军司令部乙嘱託班『正太鐵道調査報告』1页。
④ 《交通史路政编》第12册，第4132页。
⑤ 甘厚慈辑《北洋公牍类纂续编》卷19《矿务·井陉矿务局李道、德顺汉提督纳根禀拟开通河道便运路文并批》，宣统二年刊本，台北：文海出版社，1999，第1384页。

人力成本，导致严重的货物损耗，也造成了正太铁路与京汉铁路以及全国铁路网无法便捷对接，影响了运输的效能。

结果，石家庄虽处于铁路交会处，但是无法做到直接连接和转线，京汉、正太二线亦分别设置火车站于石家庄。而同样处于京汉与陇海铁路交会处的郑州，则由于轨距一致，两条铁路线在郑州火车站交会，可以相互连接与转线，从而顺利实现货物联运。

（二）正太铁路对沿线城镇影响的个性差异——兼与郑州城市化进程的比较

京汉、陇海铁路开通，促使郑州成为交通功能型城市，其主要发展动力源，同样为铁路交通及其带动的商业。对此，刘晖教授在其著作《铁路与郑州城市化进程研究（1905～1954）》中有详细的论证。京汉、陇海线在郑州交会，推动郑州交通运输业的发展，而铁路的大规模运输，使郑州成为区域商贸流通集散的中心，优越的交通区位因素，使得郑州的城市工商业快速发展。城市工商业发展与繁荣促使城市人口快速增长，运输业发达又促使铁路工人群体成为郑州城市重要组成部分。郑州作为因铁路而兴的城市，其城市空间扩展鲜明地打上了铁路的印记。由于铁路开通，郑州城市功能围绕铁路展开，布局依铁路设计，使得郑州的城市空间形态沿铁路线呈放射状，其城市商业中心在火车站，与行政中心分离。① 总之，近代郑州的城市发展与铁路运输密切相关，铁路强有力地推动了郑州的城市化进程。

但是，由于正太和京汉两条铁路的运营情况，特别是其沿线自然资源与社会状况的不同，它们对沿线城镇的影响程度，以及各城市除铁路以外的其他主导因素，还是有明显差异的。比如正太铁路的开通，虽然促使阳泉成为工矿业城镇，但其主要发展动力，却是来自煤铁资源的大规模开发；同样，正太铁路也促使太原转型成为区域型中心城镇，但主要是由于政策带来商业繁荣。

当然，各条铁路在运营状况和对沿线城镇影响存在差异的同时，它们

---

① 刘晖：《铁路与郑州城市化进程研究（1905～1954）》，商务印书馆，2018，第234、292页。

之间也有着一定程度的联合，最大限度地维持了华北地区近代铁路网的统一与协作，共同推动了区域交通与经济的现代化进程。例如作为郑州重要工商业之一的棉纺织业，在铁路开通后就与山西城镇发生了日趋密切的联系。民国时期山西的棉花有两条运输路线：一条北上，由榆次通过正太线到达石家庄，再在石家庄转京汉铁路分几路，一路北运天津，一路南运郑州；另一条南下，棉花先运过黄河，再经陇海线运往郑州，再由郑州运往汉口或者上海。

必须承认的一点是，铁路建设有力推动了沿线城市的近代化，体现了华北交通枢纽型城市在近代的普遍状态。刘晖教授对于京汉、陇海铁路与郑州城市近代化转型的研究，同笔者有关正太铁路与山西沿线城镇近代化转型的考察，在探索路径和研究结论等方面有异曲同工之妙。当然，通过上述比较，也可以更加深刻地体会到华北不同地区铁路交通的共同之处与个性差异。

结　语

综上所述，近代铁路比起传统驿路和水路，运输优势十分明显，具有载货量大、速度快、费用低、不受季节影响等特点。铁路承担中长距离的客货运输任务，是大宗商品运输的最佳方式，促进了沿线自然资源的有效开发利用；铁路交通使得工业所需要的原料和成品数量更大，流动更稳定更快速，加速工业可持续发展，进而刺激农业和商业进一步发展；同时铁路交通的站点所在地具有集聚人流与物流的区位优势，为当地发展工商业提供了便利条件。[①] 铁路交通的便捷必然给沿线城市带来变革，近代华北铁路交通的兴起与火车站的兴建，极大地影响了华北传统城镇的城市功能转变、空间布局与城镇结构变化，促进了铁路沿线城镇经济社会的快速发展。

作为华北近代铁路网重要组成部分的正太铁路，同样承担了商品货物流通运输载体的角色，为山西地区与沿海通商口岸天津之间的贸易往来提供了便利，以棉花、煤铁、粮食等大宗商品的运输为特色，使得山西腹地

---

① 谷中原：《交通社会学》，民族出版社，2002，第88~92页。

农产品能更广泛深入地参与到与国际市场对接的运销体系中。但是，其带来的一系列变化，在不同的时空范围内表现形式不一。正太铁路沿线的太原、榆次、阳泉与寿阳，传统时期的城市功能定位、自然条件、资源储备、产业特征不同，激发出的城市功能和城镇内部空间布局，便呈现了显著性差异。铁路运输业不仅带动工商业发展，也催生了铁路工人，使得沿线城镇的社会结构发生了较大变化。

另外，正太铁路窄轨运行 30 余年，与京汉线在石家庄交会却不衔接。这与京汉、陇海线相交于郑州对比，运输成本上涨，运输效率下降，客观上影响了其功能的充分发挥。由此可见，路轨一致与管理运营一元化，也是提升运输效率，使铁路交通运输业更快发展的有效途径。

作者：郭婷，复旦大学历史地理研究中心

（编辑：熊亚平）

感知城市：20 世纪二三十年代
郑州城市印象初探*

郑伟斌

内容提要 感受是社会文化史研究的一个趋向。20 世纪二三十年代，视觉、听觉、嗅觉、城墙构筑了郑州城市印象的几个侧面。沙尘弥漫、高楼林立给时人留下了至为深刻的视觉印象。各地"叫卖声"的汇聚，使郑州的"城市之音"更为多元化，汽笛、机器、广播机和收音机等的声音开始出现在郑州的街头巷尾，人们得以从听觉上感知郑州的现代性。由于民众的卫生观念不强，随地便溺、污水横流的状况较为普遍，臭气熏天成为时人对郑州的嗅觉体验。时人对郑州城墙的关注，凸显了城墙内外传统与现代不同生活环境的差异，尽管城墙具有分割内外的功能，但通过人口的流动，城外的现代生活方式对城内传统的生活方式产生了冲击。

关键词 近代 城市 郑州 日常生活史

著名新文化史家彼得·伯克认为新文化史扩展的领域包括政治的文化史、暴力的文化史、情感的文化史和感觉的文化史，他认为，"在对情感的历史发生兴趣的同时，对感觉的历史所抱的兴趣也不断上升"。① 可见，感觉史是新文化史开辟的一个重要领域。相较于西方学界，中国学界对感觉史的研究起步较晚，今后仍是需要进一步拓展的领域。在这一研究领

---

* 本文系教育部人文社会科学研究一般项目"南京国民政府巡视制度研究（1927～1949 年）"（项目批准号：22YJC770034）、国家大学生创新创业项目"近代黄河流域的城市水患及治理研究"（项目批准号：S202212949001）和郑州师范学院青年骨干教师培养项目"近代郑州地方史料的搜集、整理与研究"（项目批准号：QNGG－20145）项目成果之一。

① 彼得·伯克：《什么是文化史》，蔡玉辉译，北京大学出版社，2009，第130页。

域，韩晓莉认为社会文化史大致经历了理解文化、阐释意义、重视感受三个阶段，"重视感受，关注人的心灵世界已成为新时期社会文化史拓展的重要方向"。① 李金铮认为，"日常生活是人类尤其是普通民众惯常的经历和感受"，他强调研究者应重视个人的生活经历和心灵感受，从而更好地实现见史见人的目标。② 在城市史研究领域，以往的研究较多聚焦于城市的社会经济层面，对于普通民众的感受则较为忽略。邱仲麟利用明清时期士人对北京的描述，使我们对明清时期的北京有了较为全面的认识。③ 以上学者的研究思路颇值得借鉴。在郑州的城市史研究中，朱军献④、谢晓鹏⑤、刘晖⑥等学者对近代郑州的社会经济状况进行了可贵探索。这些研究虽对民众的城市感受较少涉及，但无疑为本论题的开展提供了丰富的社会经济背景资料。本文以 20 世纪二三十年代的郑州为中心，利用游记、方志、回忆录、期刊等多种史料，对时人的郑州印象进行初步勾勒。

一　视觉印象

沙尘弥漫给时人留下了极为深刻的视觉印象，郑州所处的华北地区沙尘天气较为集中。郑子政曾对 20 世纪 30 年代我国的沙尘天气进行过研究，他认为"霾日数分布之大势，有自沙漠区域沿阴山以北、太行以东折而向南，如舌垂伸，渐南而日数渐减之趋向"，⑦ 可见沙尘天气的区域分布自西北、华北向东南递减，华北仅次于西北，沙尘天气较为集中。

郑州所处的沿黄地区黄沙遍布，沙尘天气较华北其他地区更甚。《分省地志·河南》载，"近河之地，常见白沙茫茫，寸草不生，旱干之日，

① 韩晓莉：《从理解文化到重视感受——社会文化史研究的回顾与反思》，《史学理论研究》2020 年第 6 期。
② 李金铮：《众生相：民国日常生活史研究》，《安徽史学》2015 年第 3 期。
③ 邱仲麟：《风尘、街壤与气味：明清北京的生活环境与士人的帝都印象》，《清华大学学报》（新竹）第 34 卷第 1 期，2004 年 11 月。
④ 朱军献：《因革之变：中原区域中心城市的近代变迁》，山西人民出版社、山西经济出版社，2013。
⑤ 谢晓鹏主编《近代郑州城市变迁研究（1908~1954）》，河南人民出版社，2016。
⑥ 刘晖：《铁路与郑州城市化进程研究（1905~1954）》，商务印书馆，2018。
⑦ 郑子政：《华北之霾与沙阵》，《气象学报》第 18 卷第 1~4 期（合订本），1944 年，第 51~57 页。

扬尘蔽天。东北土质疏松，冬春多风，每见天地晦冥，日光变色，居民村屋，干枯尘秽，皆现晦暗敝败之象。有时车马奔驰，扬尘若雾，更觉混沌可厌"。① 地方人士记载，郑县"土地多沙，每遇风起，则尘飞迷人眼目"。② 康熙年间，时任郑州学正徐杜作《郑州揽胜赋》："客有寓于郑者，见其道满沙砾，地多卤渍，每当风吹，则墙齑纷坠；至于没砚棘毫而不可挥洒，乃不胜其长喟焉。"③ 沙砾满街，沙尘飞扬能够淹没砚台，提笔都不能写字，可见风沙之大。

20世纪二三十年代，郑州境内共形成了东北沙区、东南沙区和黄泛道沙区三大沙区，因此郑州被称为"中原的一块小沙漠"。④ 20世纪20年代，日人林重治郎来到郑州，发现郑州"一到晴天，则黄尘四起，无法睁眼行走"。⑤ 有游客写道："大风顺太行山由蒙古吹到河南，青天染成了黄天。日月无光，鼻喉首先遭殃。无处不飞尘，没有清净地方，水也成了黄泉。"⑥ 黄卓秋的记载更为生动，"我留郑匝月，未见天公洒过半点雨，大风起处，沙尘飞扬，莫辨咫尺。在北地出门，第一要件，就是'风镜'，有时整天刮风，你若是跑街转来，保你一身一脸，两个鼻子、两只耳朵里'满载而归'，用脸巾擦过去，立即表现黄而且黑的成绩"。⑦

与同处黄河流域的济南、西安等地相比，郑州的风沙尤为突出。有人认为，"郑州沙土飞扬，更大于济垣"。⑧ 有儿童从西安搬家到郑州，他记述道："到郑州以后，最不痛快的是时常刮风，沙土满天，房屋里也吹进来，叫人不敢睁开眼。本地人不说刮风，就叫刮土。"⑨ 可见郑州风沙让这位从西安初来的定居者颇不适应。

沙尘弥漫极为影响市内交通。有资料称，"郑州的街道，既不整洁，又很污秽，在天晴的时候，车马经过已是尘土飞扬，所以遇到大风，便

---

① 吴世勋：《分省省地志·河南》，中华书局，1927，第45～46页。
② 王世翰：《郑县重修省志采访材料》，1933，河南地方志办公室编纂《河南历代方志集成·省志卷》第161册，大象出版社，2018，第6页。
③ 郑州市地方史志编纂委员会编《历代咏郑诗选》，内部刊物，1986，第192页。
④ 西庇：《郑州（地方印象）》，《新生周刊》第2卷第11期，1935年，第10页。
⑤ 徐有礼：《郑州日本领事馆史事综录》，香港：天马出版有限公司，2005，第65页。
⑥ 光：《郑州的零碎》，《社会周报》（上海）第1卷第13期，1934年，第254页。
⑦ 黄卓秋：《郑州见闻片片录》，《新闻报》1930年1月10日，第5版。
⑧ 刘丕基：《西北之行（郑州通讯）》，《励进月刊》第10期，1933年，第4页。
⑨ 吴力仁：《从西安到郑州》，《正中儿童》第12期，1946年，第11页。

伸手不见五指了；尤其是下了雨，道路泥泞，可以没脚，真是寸步难行"。① 林重治郎亦指出，"路面极为凹凸不平，特别是雨天，由于排水不畅，路面积水泥泞不堪，难以行走。而一到晴天，则黄尘四起，无法睁眼行走"。②

1928 年，浙籍著名教育家侯鸿鉴在郑州旅行，他的旅行日记多次记录了郑州的风沙，为我们了解民国时期郑州风沙提供了鲜活的资料。5 月 31 日，他和朋友聚餐，第一次遇到郑州风沙，他写道："下午二时，骤起狂风，顷刻间黄沙蔽空，室内外皆黑暗，所谓天昏地暗不见人也。"他还和朋友们开玩笑，"始则天地玄黄，今则黄天后土矣"，"闻者大笑"。③ 随后，郑州的风沙却让他叫苦不迭，他专门写了《咏风灾》和《大风歌》，记述了他所思所感。在《咏风灾》中他写道："狂飙怒吼遥空黯，尘土高扬掩户忙。瀚海倒翻天地闭，沙场鏖战树云黄。"在《大风歌》中他又这样写道："疾风陡起势奔狂，尘土高卷四飞扬。天昏地黑声遥吼，云遮日没色苍黄。屋宇摇摇骜欲倒，树枝吹折苗圃伤。"④ 风沙肆虐致使街道闭户，飞沙走石足以摧折树枝，可见风沙之大。由于风沙过大，"出门晦暗道莫辨"，"目迷鼻塞沙漱齿"。天昏地暗、沙尘扑面，直至鼻孔和齿缝中皆有沙子。沙尘天气严重影响民众出行，所以"街无行人，家家闭户"。他外出晚餐，在返回寓所途中，"沙尘扑面不能行"，不得不"雇一车返寓"。返回寓所后，虽可稍避风沙，但室内沙土痕迹亦随处可见。"寓卢尘积书案旁"，"卷帘然（原文如此，疑为'燃'——引者注）烛闪冷焰，拂几煮茗饮泥浆"。尽管关门闭窗、卷下门帘，烛光依旧随风闪烁，桌子上、茶杯中皆有尘土覆盖，他进而感叹"南北气候似参商"。5 月 31 日的大风，从"下午二时，骤起狂风"到"夜半始定"，风沙持续了 10 个小时左右。6 月 2 日，他作《陇海公园晚步》一诗，在诗中他称自己为"肮脏风尘客"，称郑州的天为"无聊暗淡天"。可见，风沙肆虐、尘土飞

---

① 《郑州市政筹备处为修筑马路事敬告本市同胞书》，《郑州市政月刊》第 2 期，1928 年，第 1 页。
② 徐有礼：《郑州日本领事馆史事综录》，第 65 页。
③ 侯鸿鉴：《郑州旅行记》，出版社不详，1928，第 7 页。
④ 侯鸿鉴：《郑州旅行记》，第 7 页。

扬让他印象颇深。①

6月10日，侯鸿鉴第二次遇到风沙。"下午，偕薛云山同游胡公祠，适起大风，飞沙拔树。"风沙陡起打乱了他的旅行计划。"迷目风沙又四扬，六街寂寂未周行"，"几番昏黑乾坤幻，栋折榱崩孰解忧"。风沙肆虐致使街道闭户，飞沙走石足以摧折树枝。6月10日的大风，从下午"飞沙拔树"到次日诗中的"疾风昨夜帚尘垢"，时长与5月31日的风沙相近，亦见风沙持续时间之长。②

6月21日，他写道，"余与陈君共餐廿四天，凡进（原文如此——引者注）大风沙三次"。③可能对郑州的风沙已渐感麻木，侯鸿鉴并未详述第三次风沙的情况。"风信连番廿四天"则是抱怨风沙频次之高。风沙给侯鸿鉴留下了深刻记忆，以致"昨宵客梦暗黄昏"，④风沙景象甚至会不时进入梦境，可见根植记忆之深。

风沙等气候不适，触动了侯鸿鉴的归思。7月3日，"是晚庭中露坐，仰见明月，忽动归思，想九峰五湖之山色波光，较之此间之尘土飞扬，炎威逼迫，环境真有天壤之别也"。⑤郑州的风沙肆虐与江南的草长莺飞形成了鲜明对比，他不禁感叹，"同此大寰间，环境抑何异"，"始知地狱间，天堂其在此"。⑥在他看来，郑州的风沙肆虐和无锡的山河秀丽形成鲜明对比，郑州的居住环境远不如无锡。

除黄沙弥漫外，高楼林立是郑州留给时人的另一突出视觉印象。现代化的消费文化，强调感官体验消费氛围的营造。高楼为可视化的消费空间，最易吸引顾客瞩目，因此商家在打造建筑高度上不遗余力。早在1912年，王兆丰、王晋卿等人筹资招股，在火车站对面的智仁里西购地20余亩，建立了饮马池综合商场，"由王延如招标建筑楼房4座，中嵌三层大楼一座，上下营业房计400余间……1916年3月竣工，定名东亚第一商场"。⑦这三

---

① 侯鸿鉴：《郑州旅行记》，第8页。
② 侯鸿鉴：《郑州旅行记》，第11页。
③ 侯鸿鉴：《郑州旅行记》，第14页。
④ 侯鸿鉴：《郑州旅行记》，第19页。
⑤ 侯鸿鉴：《郑州旅行记》，第21~22页。
⑥ 侯鸿鉴：《郑州旅行记》，第22页。
⑦ 王瑞明：《郑州最早的百货商场》，中国人民政治协商会议河南省郑州市委员会文史资料委员会编《郑州文史资料》第1辑（总第15辑），1994，第140页。

层大楼，是郑州当时最高的建筑。至 30 年代，郑州一些商户的建筑已达到四五层楼之高。华阳春，"凡四层楼房……第四层为华阳春饭庄，下三层为澡堂"。大同路之万年春，"与华阳春相等，价目则较高。四层系戏院"。① 1931 年新开业的华安饭店，"据（原文如此——引者注）五层高楼一座，其屋顶兼营饮冰室，其楼下则为新式之浴池"。②

高楼与现代化的消费氛围密切相关，楼层越高，现代化设施越完备，现代化的消费氛围越浓厚。例如被誉为"郑州最高的建筑"的华阳春饭庄，③ 内设中西餐厅、浴池、旅社等，"并且安装有当时郑州唯一的一部电梯"，④ 亦号称"郑州最豪华的饭店"。⑤ 当时报纸称，"小吃住兼有，设备齐全，并备汽车接送，餐厅更是讲究，招聘南北司厨，西洋庖师，专售英法大菜，各色洋面，特设雅座，雇来貌美女子。招待贵客，至伺候周到，呼应灵通"。⑥ 有人回忆："据说工作人员有二三百人，服务人员穿白色服装，当时这是华北有名的大饭店，听人说北平还没有这样高级的设备。"⑦ 此语虽有夸张之嫌，但可见华阳春饭庄对时人影响之大。

当时坐拥最多高楼的大同路尤其引人瞩目。大同路，是从吕祖庙到火车站之间逐渐形成的一条大道，最初被称为马路大街、大通路，后来根据孙中山"世界大同"的理念，改名为大同路。⑧ 有游客将大同路比喻为"郑州的心脏"或"郑州之精华"。有游客称："当然这儿也有所谓马路的，那也在城外。站在车站的天桥上向下望，就看见一个略湾的树干般的路，就是有名的大同路了。郑州最高的建筑华阳春、百货店、国货公司……都在这条路上。总之，大同路是郑州的心脏，毫无疑义地操着整个

① 《郑州的社会》，《大公报》1931 年 7 月 2 日，第 5 版。
② 孙肖泉：《郑州旬日》，《旅行杂志》第 5 卷第 10 期，1931 年，第 62 页。
③ 西庇：《郑州（地方印象）》，《新生周刊》第 2 卷第 11 期，1935 年，第 10～11 页；《30 年代郑州最高的建筑》，郑州市人民政府办公厅、郑州市地方史志办公室编《郑州之最》，2000，第 23 页。1938 年 2 月 14 日，这座建筑遭日本飞机炸毁。
④ 王培元主编《郑州建筑业志》，河南人民出版社，1988，第 45 页。
⑤ 汪爱英主编《二七区文物志》，河南人民出版社，2010，第 317 页。
⑥ 赵富海：《老郑州：商都老字号》，河南人民出版社，2009，第 100 页。
⑦ 中国人民政治协商会议河南省郑州市委员会文史资料委员会编《郑州文史资料》第 10 辑《郑州绿化　园林专辑》，1991，第 42 页。
⑧ 丁晓飞：《大同路上的郑州之最》，中国人民政治协商会议郑州市二七区委员会编《二七区文史资料》第 3 辑，2007，第 152 页；张玲：《铁路与郑州城市地理变迁（1904～1954）》，硕士学位论文，天津师范大学，2015，第 17～18 页。

儿的经济命脉。"① 孙肖泉称，"豫省之精华在郑州，而郑州之精华，则又聚集于车站一带，以故车站附近有规模较伟之马路，及四五层高楼之商店"。② 可见，无论是"郑州的心脏"还是"郑州之精华"的说法，皆与大同路高楼林立有关。

人们往往通过建筑高度来感受城市的现代化，形成关于现代化的认知图谱。有游客发现，"车站附近大通路一带，已建新式高大洋楼，阛阓连云，金碧辉煌，豫省商业之盛，此当首屈一指，开封、洛阳视之，均有逊色"。③ 可见高楼可谓现代化的标尺，人们是从郑州首屈一指的建筑中来感受郑州在省内位居第一的经济地位。一些游客也将郑州和南京、天津、北平等大城市进行类比，亦是基于大同路的高楼林立、街市繁华。如何庆云认为，"大同路为郑市最大最好之马路……与南京之花牌楼大街，极相类似"。④ 也有游客称，"郑州第一条最堂皇的大同路两旁洋楼也居然有天津租界的气概"。⑤ 近代著名旅行家石万里则发现，"每至夕阳下，大同路及福寿街一带顿形活跃，接肩摩踵，熙来攘往，行人之多，几可与北平前外（原文如此，应指'前门外'——引者注）相比拟"。⑥

二　听觉感知

20 世纪二三十年代，郑州成为五方杂处之地。各地"叫卖声"的汇聚，使郑州的"城市之音"更为多元化，汽笛、机器、广播机和收音机等的声音开始出现于郑州的街头巷尾，人们得以从听觉上感知郑州的现代性。

20 世纪二三十年代，郑州凭借交通枢纽的重要地位，吸引了大量外来移民。据日本商人林重治郎调查估计，1929 年郑州城墙以内和火车站附近的人口合计已有 5 万余人。这些早期的迁入者主要为来自各地的商

---

① 西庇:《郑州（地方印象）》,《新生周刊》第 2 卷第 11 期, 1935 年, 第 229 页。
② 孙肖泉:《郑州旬日》,《旅行杂志》第 5 卷第 10 期, 1931 年, 第 61 页。
③ 《旅行郑州之见闻录》,《新闻报》1924 年 6 月 6 日, 第 2 版。
④ 何庆云:《陕西实业考察记》, 杭州新新印刷公司, 1933, 第 3 页。
⑤ 光:《郑州的零碎》,《社会周报》（上海）第 1 卷第 13 期, 1934 年, 第 254 页。
⑥ 石万里:《漫述郑州》,《市政评论》第 3 卷第 7 期, 1935 年, 第 18 ~ 19 页。

人，最初天津商人较多，其后汉口商人以及怀庆商人逐渐超过前者而占优势，另外还有不少外国人，如日本等国的商人也在郑州从事商业活动，郑州当地商人反而较少。① 到 1930 年时郑州人口增加到 8 万余人，因为主要是外省来的商人，所以大多集中在运输便利、人流量集中的车站附近。②

外来移民的涌入，使郑州的口音也更为多元化。例如，有洛阳口音的"绿豆面条儿、浆面条儿"，③ 有武陟口音的叫卖声"油茶……"④ 火车站附近是各地叫卖声的汇聚之所，"经常是'烧饼、油条、胡辣汤……'满街一片叫卖声，热闹得很"。⑤ 街头小贩不仅来自省内各地，亦有来自京津江浙等地的。有人回忆，卖梨膏糖的江南商贩用手风琴和江南小调吸引顾客。"手风琴声和小调很动听，引得大家开怀大笑。此时，他们便把箱子里的梨膏糖拿出来兜售，人们被这动听的音乐和腔调吸引，当然免不了要掏钱买几块梨膏糖。"⑥ 郑州妓女分为苏扬帮、北京帮、土条三种，各帮在服饰和口音上皆有区分，但服饰并不如口音区分明显。正如游客描述，"在服装方面，虽然有短发，打偏，盘钻，旗袍，短褂，时髦西式女服，中国旧式女衣，围裙的，宽裤的，天足的，缠足的，等等式样，究不如听话可以分别，想（原文如此——引者注）苏扬帮说：'啊啦弗晓的''你这没有良心的东西呀！'北京帮说：'呦哟''您瞧''您吃么？'土条说：'来拉么乖！''日他姐''大叉丫来'等等"。⑦ 可见，各地口音的汇聚，使郑州的"城市之音"更为多元化，昭示着区域中心城市的地位。

除叫卖声外，汽笛声、机器声、广播机和收音机的声音亦成为郑州"城市之音"的组成部分。1918 年，上海实业家穆藕初集资白银 200 万两在郑州豆腐寨买地创办豫丰纱厂，该厂成为近代华北地区重要的棉纺厂。

---

① 徐有礼：《郑州日本领事馆史事综录》，第 64 页。
② 张其昀：《本国地理》上册，中山书局，1932，第 28 页。
③ 史金腾：《记忆中的老郑州》，中州古籍出版社，2018，第 24～25 页。
④ 史金腾：《记忆中的老郑州》，第 134～135 页。
⑤ 《郑州民俗志》编纂委员会编《郑州民俗志》，首都经济贸易大学出版社，1997，第 125 页。
⑥ 史金腾：《记忆中的老郑州》，第 24～25 页。
⑦ 邵渭清：《郑州之形形色色》，《军铎》第 1 期，1929 年，第 74～75 页。

该厂工人上工以拉汽笛为准，拉三遍汽笛不到的，就不准入厂。正如当时工厂流行的顺口溜所言，"头桄（汽笛）叫，二桄到，三桄不到没人要"。① 因此，豫丰纱厂的汽笛声成为工人上工的信号。这种声音对工人的时间观念具有规训意义，也成为游客经常能够听到的声音。有游客记载，"吾人客居，每日间可闻三次汽笛呜呜之声，当知三千许工人，正鱼贯出入于纱厂之门矣"。②

普通纺纱工对于机器轰鸣声的感受至为深刻。有游客称，"我曾到豫丰参观过两三次，据说厂里的大小工人，每天都要在机器的喧闹声中，在油气夹杂着棉绒的空气里，继续不断的做十二个钟头的苦工"。③ 长时间的机器轰鸣，使纺纱工感觉疲惫而又恐惧。一位女工描绘道："站在这巨大的机械旁边，整天的在它的暴吼中，脑子也要震空似的。"④

广播机、收音机等现代化媒介开始盛行，其所播放的声音亦出现在郑州的街头巷尾。广播机、收音机主要是商店为广告宣传而设，"各商店亦多设有广播机，以广招徕"。⑤ 一些商店装置的收音机，"不时的高唱着皮黄昆曲，招引许多闲散的游民，听着，噪着，挤着"。⑥ 火车站附近的鼎沸声音固然是经济繁荣的标志，但对有些游客来说却显得过于聒噪。

以往学者更愿意直接或间接采用视觉方式去获取地方性知识，形成地方意象，而声音这类难以用明确语言表达的鲜活内容往往被遮蔽了。历史学家大卫·加里奥（David Garrioch）指出："城市一直都是喧嚣之地。然而总体来说，城市历史学家对城市声音关注极少。"⑦ 这提示我们在城市史的研究中要重视对城市声音的捕捉和挖掘。

---

① 邵其政主编《中共郑州党史》上卷，中共党史出版社，1995，第37页。
② 孙肖泉：《郑州旬日》，《旅行杂志》第5卷第10期，1931年，第63页。
③ 茅盾编《中国的一日》，《生活书店》第11卷，1936年，第42页。
④ 琴仙：《我怎样尝到了女工的生活》，读书生活社编《生活纪录》，上海读书生活出版社，1936，第7~8页。
⑤ 石万里：《漫述郑州》，《市政评论》第3卷第7期，1935年，第19页。
⑥ 寿芝：《郑州》，《中学生文艺季刊》第1卷第1期，1935年，第83~84页。
⑦ 大卫·加里奥：《城市的声音：现代早期欧洲城镇的声音景观》，王敦等译，《文学与文化》2017年第4期。

综上所述，各地口音汇聚和现代化设备发出的声音等共同构筑了时人听觉上对郑州的感知，一定程度上昭示着郑州的"现代性"。

三　嗅觉体验

20 世纪二三十年代处于郑州现代城市建设初期，民众卫生观念不强致使街道污秽、污水横流，臭气熏天成为时人对郑州的嗅觉体验。

当时民众没有形成良好的卫生习惯，随意投放秽物，导致沟渠淤塞，臭气熏天，影响市容。有资料载，"查各街各家之水沟，原恐阴雨连绵、道路泥泞、排泄雨水而设置，乃近来各家竟将本旨尽失，秽物、污水随意倒于沟内，致街衢两旁臭气熏天，行人掩鼻"。[1] 林重治郎亦指出，"城内人家稠密，纯中国式街道，狭隘而且脏乱。惟有东西大街商店栉比鳞次，稍为整洁，进入深巷又是脏乱不堪"。[2]

民众随意大小便是城市臭气熏天的重要原因，"尝有行人急不择地，任意便溺"。[3] 据 1928 年官方调查，有些地方甚至成为随意大小便的汇聚地，如第一区大东厂后北口，"路西有垃圾堆，白日即有人在此小便"，第三区第二分署的福兴里洞口，"常有人在此小便"。[4] 随地便溺加重了臭气。当时老城内人稠街窄，垃圾山、污水坑及臭水沟等遍布，"道路污秽"，"不堪入目"。[5]

河北沿附近商业繁盛，是普通民众的重要交易市场。"郑州无业穷民，向以河北沿为买卖生活之区，其间破旧衣服、铜、铁、木、石等废烂器物，皆可向彼处易钱谋食；而回民之剧贫无业者，遂乘机搭盖席棚，售卖蔬食粝粥，沽酒市脯，日以继夜，喧嚣不息；而书场、剧院、杂耍、玩艺，尽虱其间。"[6] 由于该市场主要面向城市贫民，因此卫生状况较差，在夏季更为明显，"每当溽暑，秽气熏腾"。[7] 居住在金水河两岸的商民，每

---

① 《郑州市各街巷污秽地点之调查》，《市政月刊》（郑州）第 1 期，1928 年，第 4 页。
② 徐有礼：《郑州日本领事馆史事综录》，第 64～65 页。
③ 许骧云：《对于郑州市政之管见》，《市政月刊》（郑州）第 3 期，1928 年，第 7 页。
④ 《郑州市各街巷污秽地点之调查》，《市政月刊》（郑州）第 1 期，1928 年，第 5～6 页。
⑤ 《吴贼治下之郑州》，《民国日报》（汉口）1927 年 1 月 16 日。
⑥ 关西抱璞子：《郑州市政之约言》，《市政月刊》（郑州）第 2 期，1928 年，第 4 页。
⑦ 《整理郑州市政工程计划及进行情形》，《中国建设》第 5 卷第 2 期，1932 年，第 94 页。

每将煤渣秽物尽掷于河，屡禁不止，以致金水河臭气逼人。"那时的金水河流经市区繁华地段，小商小贩密集，河道内的垃圾遍布，熟皮行、骡马行排污，澡堂供水，造成河道壅塞阻碍，金水河成了一条经常泛滥的排污泄洪沟，浊水横流、蚊虫成群、臭气熏天。"①

火车站附近构成了近代郑州现代化的消费空间，其主要面向城市中上层人士，卫生状况较城内为佳，石万里称这一区域"市面极整洁"。② 但到了夜晚，污秽的情况便很严重。有游客发现，北伐将士阵亡纪念碑附近，"围着的，并不是观览的行人，而是污垢颠倒的卧尸，光着身的乞丐，蓬首垢面的乞妇，纷杂在老的壮的中间"，"身旁的隙地，堆满了不少的屎橛和瓜皮，被尿浸透的湿地，也是点缀在周围，那种污秽、惨败的情况，确是比牛马的生活还恐不如！"③ 同时，该游客也注意观察一些现代化的消费场所，"近旁的太平洋饮冰室消暑解热底场所，电扇，沙发，藤椅，冰冻汽水，牛奶咖啡，冰淇淋，橘子水等等的高上食品和使人快意的用具，无不应有尽有，这只是供给有闲阶级的绅士太太大小姐们的享受"。④ 可见，除空间差异外，气味的享有亦有阶层上的"区隔"，与底层民众习惯的臭气熏天相比，中上层人士更多地享有香气。

臭气熏天加重了蚊蝇滋生。"郑州筑室不浚阴渠，茅厕不设坑井，污水泼于通衢，以致苍蝇丛生。"⑤ 这种情况即便在稍好的旅馆也较为普遍，如大金台旅馆"厕所太狭隘，苍蝇太多，臭气触鼻，令人作呕"。⑥ 这种状况到20年代末仍未改观。1928年，各旅馆仍是"臭气薰逼，苍蝇□〔挣〕飞"。⑦ 一些小餐馆的情形也不容乐观。有游客细致地描述了一些小餐馆门口苍蝇滋生的情景，"商店多半已经关门了，几家小规模的饭馆，门外摆着不少的猪肉、羊肚、熏鹅、卤鸡子等等的熟菜，蝇子当然是'嘉宾满

---

① 史金腾：《记忆中的老郑州》，第102页。
② 石万里：《漫述郑州》，《市政评论》第3卷第7期，1935年，第18页。
③ 屏南：《郑州之夜（地方印象）》，《新生周刊》第1卷第33期，1934年，第654~655页。
④ 屏南：《郑州之夜（地方印象）》，《新生周刊》第1卷第33期，1934年，第655页。
⑤ 关西抱璞子：《郑州市政之约言》，《市政月刊》（郑州）第2期，1928年，第3页。
⑥ 王桐龄：《陕西旅行记》，文化学社，1928，第3页。
⑦ 《郑州市市长赵守钰整理市政重要讲话》，《市政月刊》（郑州）第1期，1928年，第116页。此外可参见《郑州市旅馆调查情形》，《市政月刊》（郑州）第2期，1928年，第90~93页。

座'的光顾，整个的菜摊，恐怕都被苍蝇扰乱了，我想味里一定也含有鸡香，因为有苍蝇的媒介呢"。①

四　城墙内外的"二重世界"

郑州城墙起自商代，分为内城墙和外城墙。汉代，郑州北城墙向南收缩，面积约为原城墙的三分之二。此后，由于行政建制和经济水平没有太大变化，郑州城墙格局相对稳定。1919年，旅郑日人林重治郎对郑州内外城墙的描述较为具体，"四周有城墙环绕并有四门……城墙的状况是外部用砖头垒积而上，内部自然粘土，墙壁宽一间乃至两间，墙面甚是凹凸不平，地势随南北低而渐次低下"。② 1928年，冯玉祥下令拆除郑州外城墙，共拆下700多万块城砖，砖石最终用以郑州的市政建设，内城墙仍得到保留。③ 郑州有俗语谓："城砖拆了修马路，留下光杆黄土墙。"④

城墙不仅是物质实体，而且具有象征意义。城墙为界，城内、城外形成了截然不同的二重世界。20世纪二三十年代，多数游客对城墙内外的不同情境感触颇深。

首先，城墙内外的发展速度不同，城外车站附近发展很快，城内发展较为缓慢，快慢节奏的不同强化了人们对现代、传统二重世界的观感。1906年，随着平汉铁路的建成通车，郑州城外的车站附近成为工商业的聚集地。至20世纪30年代，郑州车站一带已迥异于昔日。"郑州城距车站凡二里有奇，此二里中之巨大繁华市场，在光绪三十年间尚属一青葱无际之田园。自京汉路落成，西门达车站一路，由摊贩而铺面，几经进展和变化，乃成今日巍壮美丽之洋楼。"⑤ 短短二三十年间，车站附近景观，从"青葱无际之田园"，至少经历了摊贩、铺面到洋楼三个阶段的变化，可见

① 屏南：《郑州之夜（地方印象）》，《新生周刊》第1卷第33期，1934年，第655页。
② 徐有礼：《郑州日本领事馆史事综录》，第65页。
③ 张玉峰、庞倩华、刘旭东：《民国时期郑州城市的变迁——以拆除明清城墙为考察对象》，《郑州航空工业管理学院学报》（社会科学版）2020年第3期。
④ 光：《郑州的零碎》，《社会周报》（上海）第1卷第13期，1934年，第254页。
⑤ 《郑州的社会》，《大公报》1931年7月2日。

变化之迅速。著名文人张恨水亦有描述："在三十年前郑州火车站边，不过是几十家草棚子而已。现在可了不得，那中山路，一望也是几层楼的高大洋房。马路虽不十分宽，却很是平整。中国、交通、上海各大银行，这里都有分行，决不是三十年前草棚子里的住客所梦想得到的事。"① 张恨水也认为郑州发展之快远超预期。20 世纪 30 年代，城外车站一带已高度现代化，旅馆、浴池、商店、饭店、工厂等现代化设施均集中在这一区域。城内则仍旧维持着浓重的乡土气息。与城外的高楼相比，城内则是以草房、土房为主。"茅草土房到处皆是，瓦房已极少见"，"街道还十之九是土坡"。② 由此，城墙内外呈现出全然不同的景象。有观光者感叹，城内城外相差年岁，"似在二十年上下也"，"名城里则为乡下，谓车站为城镇，亦无不可"。③ 有人则认为城墙内外的差距远不止 20 年，"真的你如果由城外到了城里，看着那低矮窳败的房子、土头土脑的人，会觉得隔了一道土的城墙已隔了一个世纪"。④ 这种说法虽有夸张成分，但无疑反映了作者对城墙外现代化场景的赞许以及对城墙内发展滞后的不满。

其次，城内城外的人口结构明显不同，城外以外来人口为主，城内则以本地居民为主。1905 年 5 月，京汉铁路通车伊始，王锡彤在郑州停宿，他发现郑州火车站附近，"视之大小壤壤凡营业者，皆湖北人，本处人若罔闻之，可怪也！"⑤ 王锡彤判定车站附近的商贩多是湖北人，并对郑州本地人对商机的迟钝颇感不解。20 世纪 20 年代，有资料称，"自京汉、汴洛铁路通后，客栈最为发达，争强斗胜，层出不穷，于是有新式栈房数十家之多。……据调查所得，约计各栈之东伙厨役，及其家属衣食于此者，当在一千五百人之谱。此项人开封湖北居多数"。⑥ 可见，开封人紧随湖北人，在旅馆业上和湖北人展开竞争。至 30 年代，城外的常住人口多从事铁路行业，"以在平汉、陇海两路公务人员为最多数"。⑦ 铁路职员也以外地

---

① 张恨水：《西游小记（一）》，《旅行杂志》第 8 卷第 9 期，1933 年，第 7 页。
② 子冈：《郑州的妇女》，《申报每周增刊》第 1 卷第 24 期，1936 年，第 573 页。
③ 孙肖泉：《郑州旬日》，《旅行杂志》第 5 卷第 10 期，1931 年，第 63 页。
④ 西庇：《郑州（地方印象）》，《新生周刊》第 2 卷第 11 期，1935 年，第 10 页。
⑤ 王锡彤：《抑斋自述》，郑永福、吕美颐整理，河南大学出版社，2001，第 118 页。
⑥ 《胡朴安　中国风俗》（下），吉林人民出版社，2013，第 520～521 页。
⑦ 孙肖泉：《郑州旬日》，《旅行杂志》第 5 卷第 10 期，1931 年，第 61 页。

人为主，"一般的较高级的职员，全非本地人，江浙的尤其多"。① 有人描述，"在陇海花园路里，在国货公司、××公司里，也看得见一些旗袍拽地、浓施脂粉的都市型的姑娘，他们说着一些娇柔的家乡话，或是不道地的郑州白"。② 城内则以本地居民为主，除务农外，他们也在车站附近做一些杂活，"看得见挑砖的女工，小脚吃力地拐着，和男工一起吆喝，小贩中也多女的，他们大多住在城里"。③

最后，城墙内外的生活方式和观念不同，城外的生活方式较为现代，城内的生活方式仍比较传统。逛街成为市民娱乐休闲的重要方式。"每至夕阳下，大同路及福寿街一带顿形活跃，接肩摩踵，熙来攘往。"④ 城内市场交易则以传统集市为主，赶集和赶会是城内居民购买生活日用品的主要形式。"在早上，粮食的市集很热闹，以玉米、小米、高粱为大宗。每隔一些日子，城内有一次赶集，在一座无名的破塔下举行"，⑤ "城内房屋不甚高大，街道亦甚狭隘，店铺多在西城一带，且多临街设筐以售杂粮者，殆即上古日中为市之制欤"。⑥ 城墙内外民众的消费观念也极不相同，"居于内城者，崇尚简朴，墨守旧规，职业趋重手工及经商；在车站商埠居住者，多为各机关及陇海、平汉两路之职员，及富商大贾，故生活优越，崇尚浮华；且因省籍之不同，而习俗亦各异"。⑦ 可见，城外弥漫的是消费至上的奢靡风气，城内依旧是崇尚俭朴的农耕遗风，分别代表了现代和传统的生活风气。

需要强调的是，尽管郑州以城墙为界形成了现代与传统的二重世界，但这只是概而言之。城墙的分界意义并非僵化的，因为城墙虽是固定的，但生活在城墙内外的人群却是流动的。所以，城外的现代化生活方式和生活观念会对城内民众产生影响。前已论及，城内居民除从事手工业及经商外，也在车站附近做一些杂活。因此，城外的生活方式会对他们产

① 子冈：《郑州的妇女》，《申报每周增刊》第1卷第24期，1936年，第572页。
② 子冈：《郑州的妇女》，《申报每周增刊》第1卷第24期，1936年，第572页。
③ 子冈：《郑州的妇女》，《申报每周增刊》第1卷第24期，1936年，第573页。
④ 石万里：《漫述郑州》，《市政评论》第3卷第7期，1935年，第18~19页。
⑤ 子冈：《郑州的妇女》，《申报每周增刊》第1卷第24期，1936年，第573页。
⑥ 《郑州二日记》，《交通大学北京学校毕业纪念册》1921年12月，第84页。
⑦ 胡果初：《郑州站办事处设立之经过及郑州地方风俗名胜》，《欧亚航空公司开航四周年纪念特刊》，1935年，第99~100页。

生冲击。逛街一般为中上层市民的休闲方式，但一些下层民众也对现代化的商场和产品感兴趣。有人发现，"那每家商店的门前都有什么'买一尺送一尺''不顾血本大牺牲''大赠航空奖券'等等的廉价漫画挂着；……招引许多闲散的游民……但他们中十之八九是无购买力的"。① 可见，近代商场虽为中上层人士而设，但底层民众仍然可以通过他们的方式感受现代化。连玲玲认为，百货商场的建筑、橱窗、柜台、声光化电等共同构筑了可视化的消费空间，这种消费空间虽多为中产阶级享有，但一般民众亦可通过各种形式体验，这种可视化的消费空间具有公共化的特征。因此，"视觉营销的'公共化'也导致欲望的民主化"。② 尽管它的目标客户是中产阶级，但是它的橱窗展示却提供了一个让市井民众感受现代性的想象基础，并且刺激人们对物品的欲望和心理需求。

结　语

如何感受一座城？这是城市史学者提出的一个极富价值的问题。以往关于城市史的研究已积累了丰厚的研究成果，但对城市感受的研究还较为缺乏。本文以郑州为例，从视觉、听觉、嗅觉、城墙内外的"二重世界"等几个侧面对 20 世纪二三十年代的郑州进行初步探索。

沙尘弥漫和大同路上的高楼林立给人留下了极为深刻的视觉印象。各地"叫卖声"的汇聚，使郑州的"城市之音"更为多元化，汽笛、机器、广播机和收音机等的声音开始出现在郑州的街头巷尾，人们得以从听觉上感知郑州的现代性。由于民众的卫生观念不强，随地便溺、污水横流的状况较为普遍，臭气熏天成为时人对郑州的嗅觉体验。时人对郑州城墙的关注，凸显了城墙内外传统与现代不同生活环境的差异，尽管城墙具有分割内外的功能，但通过人口的流动，城外的现代生活方式对城内传统的生活方式产生冲击。

如何增强城市史研究的活力，马敏认为，"将'感觉史'概念引入城

---

① 寿芝：《郑州》，《中学生文艺季刊》第 1 卷第 1 期，1935 年，第 83～84 页。
② 连玲玲：《打造消费天堂——百货公司与近代上海城市文化》，社会科学文献出版社，2018，第 165 页。

市文化史研究，就是一个可以尝试的选择”。具体而言，他认为可对城市之味、城市之声、城市之形与魂等方面进行深描，从而使城市文化史研究更富活力。① 这样的提倡与本文研究主旨是一致的。

作者：郑伟斌，郑州师范学院历史文化学院

（编辑：熊亚平）

---

① 马敏：《让城市文化史研究更富活力》，《史学月刊》2008 年第 5 期。

· 城市治理 ·

庚子事变后天津的交还与接收

杨兴隆

内容提要 庚子事变时期，八国联军攻占天津并建立起临时管理机构——都统衙门。《辛丑条约》签订后，都统衙门仍对天津城厢及周边地区实行军事殖民统治，天津交还遂成遗留问题。天津交还问题由于受外国多方势力及战后交涉局势的影响而迁延不决，久未议定。在袁世凯、外务部等多方外交努力下，清政府最终于 1902 年 8 月 15 日完成了对天津的接收。天津的交还与接收，其历史意义不仅仅标志着天津的治理管辖权重回中国政府，更在于为清末新政在天津的实施提供了机缘、动力与条件。

关键词 庚子事变 天津交涉 都统衙门 袁世凯

庚子事变后的天津交还问题，源自 1900 年 7 月 14 日八国联军攻陷天津，并于 7 月 30 日建立起管理天津的临时行政机构——都统衙门。① 自此，八国联军在天津城厢、城北、城南、军粮城及塘沽五个地区建立起军

---

① 1900 年 7 月 30 日八国联军在天津成立临时行政机构，建立"天津城临时政府委员会"（Conseil du gouvernement provisoire de la cité Tientsin），其中文名称起初定为"总督衙门"。1900 年 8 月 14 日"临时政府"召开第 10 次会议，决定以"都统衙门"为"临时政府"的正式中文名称。都统衙门全称为"暂行管理津郡城厢内外地方事务都统衙门"。1900 年 11 月 20 日"临时政府"召开第 71 次会议，将临时行政机构名称修改为"天津中国城临时政府委员会"（Conseil du gouvernement provisoire de la cité chinoise de Tientsin）。有关都统衙门中外文名称的修改，参见《天津城行政条例》及"临时政府"第 10、71 次会议，刘海岩等编《八国联军占领实录：天津临时政府会议纪要》上册，天津社会科学院出版社，2004，第 1、14、88 页。

事统治。《辛丑条约》签订后，都统衙门仍旧坚持对天津城及其周边地区行使行政、司法及治安管辖权，各国也不愿将这一机构裁撤，天津的交还问题由此产生。关于庚子事变后天津的占领与交还问题，学界多围绕都统衙门的军事统治、机构设置、城市管理等方面予以研究，[1] 而关于天津交还与接收的交涉研究却着墨甚少。[2] 现有的关于天津交还的研究论著仅就天津的具体交涉问题而谈，未能与《辛丑条约》签订后的国际国内局势及东三省接收、关内外铁路交还等交涉问题相关联，未免失之偏颇，难以全面厘清影响天津交涉的因素。本文在前述学人研究的基础上，联系天津交涉前后的国际国内时局，综合利用档案与报刊资料，对天津交涉与接收问题进行具体考察，以期加深对这一段历史的认识。

一　李鸿章病逝与袁世凯初署直隶总督

1901 年 9 月 7 日，奕劻、李鸿章作为全权代表与十一国代表签订《辛丑条约》。和约虽经签订，但大局尚未稳定，交涉仍在进行，诸多遗留问题有待解决。在签订《辛丑条约》后，奕劻、李鸿章于 9 月 22 日上奏清廷，上呈画押条款全文。在奏折中，奕劻、李鸿章专门提及条约签订后所遗留的天津交还问题，"今虽将京城内外撤兵日期填注约内，而各国在天津所设暂理地方之都统衙门仍复不肯遽撤，各使有俟奉天牛庄交还时一体交还之说"。面对条约初签，诸多后续工作亟待开展的局势，奕、李二人主张"容少迟再行设法另案磋商，以期早日收回，

---

① 相关论文见林树惠《天津都统衙门——帝国主义者的侵略机构》，《历史教学》1952 年第 6 期；廖菲《八国联军设立的天津都统衙门》，《历史教学》1984 年第 6 期；陈瑞芳《略论天津"都统衙门"的军事殖民统治》，《南开史学》1987 年第 2 期；刘海岩《八国联军占领期间天津若干问题考析》，《历史档案》2005 年第 2 期；周利成《八国联军与都统衙门》，《百年潮》2006 年第 9 期；任云兰《都统衙门时期天津公共环境卫生管理初探》，《天津社会科学》2009 年第 6 期；任云兰《20 世纪初都统衙门对天津的城市管理探析》，《城市史研究》第 27 辑，天津社会科学院出版社，2011；童舜尧《清末天津都统衙门的城市公共基础设施建设及其启示》，《武汉理工大学学报》（社会科学版）2015 年第 6 期。

② 所见的相关论文仅有张利民《接收天津都统衙门的中外交涉》，中国义和团研究会编《义和团运动与近代中国社会国际学术讨论会论文集》，齐鲁书社，1992；刘海岩《庚子八国联军都统衙门与天津政权的归还》，《历史教学》2005 年第 9 期；宋博《试析袁世凯与接收天津都统衙门》，《河北广播电视大学学报》2018 年第 4 期。

免多窒碍"。①

9月30日清廷发布上谕，就奕、李二人折中所提交还天津事宜做出批示，"现在和议业经画押，各国在津所设都统衙门自应一律撤回，及早交还。着奕劻、李鸿章速行设法竭力磋商，务期早日收回，以免窒碍"。② 虽然清廷力主速行设法早日收回，但此时主导交涉工作的全权大臣李鸿章已是重疾在身，去日无多。据周馥回忆，李鸿章于弥留之际，"口不能言，瞠目而视久之，额汗如雨，猛出一言曰：'天津如何？'仅有四字，自此以后无一言矣"。③ 11月7日李鸿章病逝于北京贤良寺，身为直隶总督兼北洋大臣，死前未能亲见治所天津的交还与接收，不能不说是李鸿章的一大遗憾。

李鸿章病逝后，直隶总督兼北洋大臣这一重要职位出现空缺。就在李辞世后的第二天，11月8日清廷对直隶总督一缺做出部署，"直隶总督兼充北洋大臣，着袁世凯署理，未到任以前着周馥暂行护理"。④ 11月9日，袁世凯回电军机处，除表示叩谢天恩及上报军事部署外，专门言及"交涉事件，尤须择要清理"。⑤ 11月12日，袁世凯在给两宫的谢恩折中又提到"直隶系近畿首要之地，北洋为通商繁剧之区，兵燹甫平，疮痍未复，交涉善后，诸费经营"。⑥ 可见对于刚刚任职直隶总督的袁世凯而言，处理《辛丑条约》签订后所遗留下的各类交涉与善后事件成为头等大事。此时天津尚在八国联军所建都统衙门统治之下，清政府未能恢复管辖权，而天津作为直隶总督治所所在，亦为通商繁剧的大埠，是整个直隶地区的政治、经济中心，对于新上任的直隶总督袁世凯而言，收回天津成为一项亟

---

① 《和议会同画押折》，顾廷龙、戴逸主编《李鸿章全集》第16册《奏议十六》，安徽教育出版社，2008，第327页。
② 中国第一历史档案馆编《光绪宣统两朝上谕档》第27册，广西师范大学出版社，1996，第185页。
③ 该说系周馥在与各国公使商谈交还天津问题时对各使所言，详细内容见于《时事要闻》，《大公报》1902年7月6日，第4版。然而在周馥年谱中对于李鸿章死前状况的描述未见有关于天津的内容，参见《周悫慎公全集》第36册，1922年周氏刻本，第3页。故此说恐有借题发挥之嫌，未必可信。
④ 《光绪宣统两朝上谕档》第27册，第203页。
⑤ 《致行在军机处电》，骆宝善、刘路生主编《袁世凯全集》第9卷，河南大学出版社，2013，第654页。
⑥ 《调署直隶兼北洋大臣谢恩折》，骆宝善、刘路生主编《袁世凯全集》第10卷，第1页。

须解决的问题。时在天津的日本人内藤湖南密切关注着天津交还的局势，认为李鸿章病逝后，"最为紧迫需要处理的问题就是中俄条约以及天津交还"，内藤断定各国及都统衙门不会轻易交还天津，因此对于袁世凯而言，"新任后的第一个难关就是天津交还的问题"。①

11月20日，袁世凯办理完交卸山东巡抚相关事宜，于21日由济南启程赴直隶上任，27日到达省城保定，正式接任直隶总督一职。对于天津交还问题，袁世凯不敢懈怠，于11月29日致电军机处，任职后首次谈到该问题，"天津尚未交还，世凯责在地方，似应暂时赴京，面晤各使，相机商办"。② 经与庆亲王奕劻商定，袁于12月3日赴京办理相关交涉事宜。袁世凯在署理直隶总督之初，刚到保定任职就抛下手中繁杂政务，赶赴北京办理天津交涉事宜，足见天津交涉问题的急迫性与重要性。

袁世凯抵达北京后便与各国公使商谈交还天津事宜，然而诸使"惟谓天津系驻兵通道，载在公约，应由各国管辖，须俟中国一切复元，天津各项工程完竣，始可议还"，各国以天津为驻兵通道为由企图进行长期占据，显然并无立即归还之意，经袁世凯反复与之商谈辩论，也仅得到"须经会议电该政府请示，且现属封河，亦非急切所能退还"等意见不明晰的回复。③ 经过初步与各国公使的商谈，袁世凯分析认为"此事美、日颇愿赞成，余多观望。在津各国都统，贪津税捐，不无留恋"。④ 当时在天津交还问题上各国态度不一，驻京公使与在津的都统武官之间也存有不同意见，交还天津一事背后所包含的复杂的国际国内因素以及不明朗的交涉局势让袁世凯判定"交还天津，至速须在明春"，唯有"切实催索，或可早定还期"。⑤ 因初接直隶总督之任，手中尚有大量行政事务亟待处理，袁世凯遂于12月10日致电军机处，表示"交还天津，各使会议计需时日，势难在此久候"，拟第二天即回省任事，并对交涉天津一事做出后续部署安排，"另派道员唐绍仪留京，随时禀商全权，向各使商索，

① 《内藤湖南全集》第3卷，筑摩书房，1971，第343~344页。
② 《致行在军机处》，骆宝善、刘路生主编《袁世凯全集》第10卷，第45页。
③ 《致行在军机处电》，骆宝善、刘路生主编《袁世凯全集》第10卷，第50页。
④ 《致行在军机处电》，骆宝善、刘路生主编《袁世凯全集》第10卷，第50页。
⑤ 《致行在军机处电》，骆宝善、刘路生主编《袁世凯全集》第10卷，第51、50页。

冀可兼顾"。①

　　除了与各国公使联络商议外，袁世凯此时还尝试通过与都统衙门联系来商定收复天津之事。袁曾通过津海关道唐绍仪向都统衙门递交了一封亲笔信，要求确定归还天津的具体日期，但随即被告以"讨论这一问题不属本委员会的职权范围，应由各国政府决定"，②并强调"天津政权的移交问题，本委员会无权与他进行讨论"。③这样一来，天津的交还问题只能通过外交途径与各国政府商谈解决。总体来说，李鸿章离世与袁世凯初署直隶总督后的时局为"议和事尚未全毕，两宫在西安未回銮，各国兵未退"。④就此时而言，收回天津的条件还未成熟。

　　此时收回天津的时机未到，不仅在于清政府在签订《辛丑条约》、时局刚稳定之后开启天津交还问题的谈判议程，更在于这一问题面临来自不同国家、不同权力方面的重重阻力。在《辛丑条约》谈判之时，联军统帅瓦德西就不止一次地表现出对交还天津的抵触，在他看来，都统衙门的存在是正确而合理的，从军事占领状态到问题的长远解决，"将有一段必须采取特别措施的过渡时期"，在这一时期，"天津临时政府也将继续行使它的职权"。⑤瓦德西的想法显然也是各国联军长官的共识。在1901年5月给驻京外交公使团团长葛络干的一封信中，瓦德西就提到，"就我本人和各军队司令官的意见而言，只要有相当数量的外国军队驻扎天津，天津地区的行政机构就应该由军事当局管辖，这是绝对必要的"，⑥而其中的一层用意在于，"把行政机构置于军事当局的管辖之下，这是一个迫使中国政府遵守它业已签署的诺言的最有效手段"。⑦1901年7月，法国远征军司令华伦少将在主持联军司令官会议时也认为，都统衙门"这一组织已经取得

---

① 《致行在军机处请代奏电》，骆宝善、刘路生主编《袁世凯全集》第10卷，第50页。
② 刘海岩等编《八国联军占领实录：天津临时政府会议纪要》下册，第563页。
③ 刘海岩等编《八国联军占领实录：天津临时政府会议纪要》下册，第566页。
④ 《感怀平生师友三十五律》，《周悫慎公全集》第11册，第12页。
⑤ 《陆军元帅瓦德西伯爵致葛络干函》，天津社会科学院历史研究所编《1901年美国对华外交档案：有关义和团运动暨辛丑条约谈判的文件》，刘心显、刘海岩译，齐鲁书社，1984，第169页。
⑥ 《瓦德西伯爵致葛络干函》，《1901年美国对华外交档案：有关义和团运动暨辛丑条约谈判的文件》，第238页。
⑦ 《瓦德西伯爵致葛络干函》，《1901年美国对华外交档案：有关义和团运动暨辛丑条约谈判的文件》，第239页。

显著的进展，在今后一段时间内，各国派遣军似乎希望让它继续发挥作用"。① 各国外交使臣虽不乏有人认为天津的政权应当尽快移交给清政府，但总的来说，此时"外交代表们认为，这个问题要提交他们各自的政府，应当留待以后讨论"。② 综合各方形势而言，《辛丑条约》签订后，交还天津问题虽已初启，但因牵涉利益各方阻力环生，局势错综复杂，相关交涉的辗转与艰辛是可以预见的。

二 初议天津交还问题与交还无期

1902 年 1 月 7 日，慈禧与光绪从西安回到北京，两宫回銮后政局有所稳定，清政府也开始处理天津交涉的问题。2 月 22 日，清政府外务部正式向德、英、法、俄、日、意六国提交照会，首次提出解决天津交还问题的要求。根据已签订的《辛丑条约》，外务部认为"天津等处诸国留兵驻扎，仅止保守由京至海畅道，而于中国治理地方之权，并不稍有侵碍"，然而天津的现状却是都统衙门尚未裁撤，天津也尚未交还，"于中国自行治理之权，诸多不便"，因而向各国驻华公使提议"撤回驻津兵队，交还地方，俾中国于该处善后事宜，得以从容布置"。③

在接到外务部照会后，各国使臣照复称将"与各国武员并同议和约条款之诸公使共商"。④ 3 月，各国公使议定交还天津条款四则，内容系不得再修城墙，不得重筑大沽炮台，铁路赔款 85 万两白银，天津不得驻重兵。⑤ 驻兵问题是外国诸使所列归还天津条款中极为重要的一项内容，因关系地方治安、国土安全与国家主权，必然引起中方的高度重视。对于不许华兵驻守天津城一节，"当道颇不以为然，力争不已"，袁世凯反应尤为

①《由华伦少将主持的联军司令官会议记录》，《1901 年美国对华外交档案：有关义和团运动暨辛丑条约谈判的文件》，第 375 页。

②《葛慕干致华伦将军函》，《1901 年美国对华外交档案：有关义和团运动暨辛丑条约谈判的文件》，第 379 页。

③《外务部和会司拟为请交还天津治权事致各使照会稿》，中国第一历史档案馆编辑部编《义和团档案史料续编》下册，中华书局，1990，第 1317 页。

④《外部奏照录各使交还天津照会进呈御览折》，王彦威、王亮辑编《清季外交史料》第 6 册，湖南师范大学出版社，2015，第 2818 页。

⑤《中外大事记·还津定议》，《经济丛编》第 2 期，1902 年。

激烈，其至曾表示如不删去此条，自己则"永驻保定，决不莅津"。① 在天津能否驻兵这一关键问题上，中方与各国公使反复磋磨，互不相让，可以说贯穿交涉始终。各国公使议定还津四则条款后，袁世凯于 3 月 14 日致电外务部，针对不许驻兵一节予以申诉，认为"天津系中国地方，各国均有驻兵，反不许地主自行其权，殊非公道"，且从现实考量，"我如无兵，断难治理"，要想维持地方治安，则"两三千兵必不可少"。② 3 月 23 日，袁世凯又与英国驻华公使萨道义商议交还天津问题，萨道义以"天津地方不用兵守"作为交还天津的前提条件，袁世凯再次提出需用两三千兵方能维持地方治安，萨使遂告以"须令该兵离天津十英里外驻扎方可允许"，最终双方"辩论良久，尚未定议"。③ 此后各国公使对中方驻兵一事态度不一，英、日、美三国"均已允许"，德、法、俄三国则"不公然相争"，唯"意奥西则极力抗议"，有报论推测此系"实有唆之使然者"。④ 各国意见不一致使迟迟无法议定交还问题。5 月各公使在讨论天津驻兵问题时又将相关条款中"华兵不得在距津三十机鲁密特之内驻扎现改为华兵不妨驻于距津三十机鲁密特之内"。⑤ 6 月各公使再次商改相关条款，同意华兵 300 名驻于天津城内，但关于此前距津 30 公里内驻兵的条款因都统衙门方面的反对，各国驻使不得不再次讨论。驻兵问题至此仍未解决，袁世凯也不得不改变之前坚决反对禁止驻兵的立场，"至于三十基罗迈当（公里）内不驻兵一条亦不得不允"。⑥ 仅驻兵一项就从 2 月到 6 月反复商议，迁延数月而未决，整个天津的交涉与议还过程之曲折、磋商之艰难自然更其于此。天津驻兵一事的交涉作为天津交涉问题的缩影，透过其间可以看出影响交还天津进程的因素除了所议条款内容外，各国政府、公使及都统衙门统领的态度、意见与举动也产生了不可忽视的重要影响。

　　各国政府对于天津交还问题的不同态度使天津的归还变得困难重重。

① 《力争设兵》，《申报》1902 年 5 月 24 日，第 1 版。
② 《致外务部电》，骆宝善、刘路生主编《袁世凯全集》第 10 卷，第 132 页。
③ 《议还天津》，《南洋七日报》第 26 期，1902 年。
④ 《中外大事记·交涉多艰》，《经济丛编》第 5 期，1902 年。
⑤ 《中外大事记·北洋交涉》，《经济丛编》第 6 期，1902 年。
⑥ 《中外大事记·还津交涉》，《经济丛编》第 8 期，1902 年。

袁世凯曾向外务部抱怨"迭次会议，每有一二国梗阻拖延"，[①] 此中所提"一二国"可能即指德、俄两国。其中德国对于交还天津最持反对态度。早在开启交还天津议题之前，德国对于天津交还问题就讳莫如深，前述瓦德西元帅竭力维护都统衙门的态度即为典型。此外，德国政府方面也与军方持一致态度。1901年4月，外交团在谈及都统衙门问题时，"希望一俟形势允许和不有害于军事占领，临时政府就应把中国当局在正常时期所应有的权力归还他们"，然而，"德国公使拒绝对这个问题发表意见"。[②] 在具体讨论交还天津问题后，英国驻华公使曾允诺于1902年5月1日交还，其他各国公使也表示听从众意，"惟德国未允遽退"。[③] 1902年3月，曾传出"天津之地已由袁宫保与各国公使议定签字，准于五月二十六日与铁路一并交还"[④] 的消息，然而随后又因"德使坚执不允"[⑤] 停议。3月27日，德国外交部对交还天津问题公开表示，"本国统领以为交还天津不独于兵事有妨，且于政治有碍，所关甚巨，宜从审慎"，甚至直言"天津断不能即日交还中国"。[⑥] 据闻，德国激烈反对交还天津的原因之一系当时都统衙门所主持的开浚白河的工程尚未竣工，而白河一旦浚通，各国船只即可从大沽口直抵天津，进而威慑北京，"于兵事大为有益"。[⑦] 故从军事角度考虑，德国不愿轻易裁撤都统衙门，归还天津。

此外，俄国对于交还天津也持抵触态度。据称，"各使在北京会议时，若俄使、德使、法使皆借辞推托，且俄使于此始终不赞一辞，尤令人莫测其意"。[⑧] 周馥在会同全权大臣办理天津交涉时，数次遭到法国的梗阻与牵制，其背后缘由经王之春探知系俄国主使。因天津交还牵涉关内外铁路归还与东三省撤兵等一系列问题，俄国当然不愿将已经占领的东北地区再退还回去，但又不便明说，"故使法人出而抗拒之，以遂其隐愿"。[⑨] 由此观之，交

---

① 《致外务部电》，骆宝善、刘路生主编《袁世凯全集》第10卷，第334页。

② 《柔克义致海函》，《1901年美国对华外交档案：有关义和团运动暨辛丑条约谈判的文件》，第173页。

③ 《还津纪闻》，《万国公报》第159期，1902年。

④ 《中外大事记·还津定议》，《经济丛编》第2期，1902年。

⑤ 《中外大事记·还津缓议》，《经济丛编》第3期，1902年。

⑥ 《德外部论交还天津及驻兵上海事》，《外交报》第2卷第4期，1902年。

⑦ 《德外部论交还天津及驻兵上海事》，《外交报》第2卷第4期，1902年。

⑧ 《还津定议》，《外交报》第2卷第15期，1902年。

⑨ 《外交纪事·还津汇志》，《选报》第22期，1902年。

还天津问题的背后还勾连出 20 世纪初西方各列强在远东势力范围的争夺与纠葛的复杂态势。俄国自庚子战乱后占据东北，招致各国关注，倘若东三省问题没有解决好，其中牵扯利益问题，各国便会援引利益均沾一说。对中方而言，"设或稍有迁就，各国势必群起效尤，则瓜分之祸立见"。① 有时论分析，中方在天津交还问题上与各国公使一再商谈却始终无法达成定议，"大约即梗于东三省一事，惟各公使不欲明言耳"。② 受东北问题的牵扯，天津的交还也随即陷入胶着状态。袁世凯初次向各国公使要求裁撤都统衙门时，各国政府即"以中国尚有种种交涉未了，须俟驻津各国统领会议及北京各国交涉一律完结后，方可照允"。有分析认为，其"所云尚有未了者，明明指东三省而言"。③ 在初议天津交还问题时，英、日等国以交还牛庄等地作为商谈交还天津的前提条件，张之洞即指出"英人不交还天津，明系因俄约效尤"。④ 由此，东三省问题成为交还天津的一条重要暗线，"各国之兵分驻天津，必欲观俄人之举动以为进退，则俄人一日不还东三省，各国之兵必一日不撤"。⑤ 1902 年 1 月 30 日，英日两国为抵制俄国在远东的扩张结成英日同盟，随后俄国又与法国结成俄法同盟，列强围绕远东问题展开或明或暗的争夺，受此影响，天津交还问题悬而未决。

除了各国政府、驻华公使的意见外，联军司令官及都统衙门的各国武官对于归还天津的抵抗态度也产生了恶劣影响，甚至一度左右着交还的局势与日程。值得注意的是，军方的强硬态度甚至往往与各国政府的态度相左。1901 年 4 月 24 日，各国外交代表在讨论都统衙门问题时认为，"关于天津临时政府，一旦形势许可，并且在这项措施不影响军事占领的情况下，就应将它的权力移交中国当局"。⑥ 但联军统帅瓦德西在回复外交团的函中却重申自己的意见，"只要有相当数量的外国军队在北

---

① 《俄约要盟贻害请将东三省开门通商折》，赵德馨主编《张之洞全集》第 4 册，武汉出版社，2008，第 42 页。
② 《续议交还天津事》，《南洋七日报》第 21 期，1902 年。
③ 《近期中外交涉情形节略》，《义和团档案史料续编》下册，第 1269 页。
④ 《致江宁刘制台》，赵德馨主编《张之洞全集》第 10 册，第 307 页。
⑤ 《论力抗俄议》，《申报》1902 年 1 月 7 日，第 1 版。
⑥ 《柔克义致海函·附件》，《1901 年美国对华外交档案：有关义和团运动暨辛丑条约谈判的文件》，第 177 页。

京驻扎，临时政府就应维持"。① 此外，各国驻津武官也多不愿将天津管辖权交还中国，遂在"天津问题"上横加干涉，致使天津的交还日期一延再延，所订条款一增再增。自 1902 年 3 月由各国公使所议定的四项条款因德方坚执不允而作罢后，4 月，都统衙门又拟出六条约款，较之前增改了中国兵船不得停泊大沽、天津附近 18 英里不得驻华兵、天津城内设巡捕及必须完成开浚白河的工程等数款，并商定中方如接受相关条款，交还天津日期拟定于 7 月 1 日。5 月，各国借口景廷宾在直隶起义，因地方骚乱引发时局动荡，将归还日期再次迁延。都统衙门此时又开会拟出 12 项条款，新增多项苛刻要求，如天津警察巡捕不得超过 2500 人、北京至山海关铁路未经联军司令官允许不得交还、停泊大沽口的中国兵船不得超过一艘、白河不得布置水雷等。② 6 月又传出所订条款达 28 条之多。③ 限制条款越来越多，内容也愈来愈严。袁世凯认为，《辛丑条约》中所议的交还天津一事本来并无另订条款的规定，然而"驻津武官横生枝节，胪列多款"，"名许交还，实欲延宕"。④ 外务部也持相同的看法，认为各国驻华公使对于天津交还问题商谈数月仍无定议，主要"因驻津武官从中梗阻"。⑤ 都统衙门的若干要求，就连各国政府都深感太过严苛，多次商议删改。英方政府就曾向中国驻英公使张德彝表示："各武员所议之款，本政府亦以为于中国有碍，业已饬令酌改。"⑥ 然而，即便面对各国政府的反对态度，"各国司令官仍坚执不允，各公使亦无能相强"。⑦

天津交涉夹杂着东三省等交涉问题，列强在华势力的冲突纠葛，以及各国政府与联军统帅、驻津军事将领间的意见冲突，诸多因素汇聚成的复杂态势使得天津交涉一度陷入泥潭，裹足不前。从 1902 年 2 月外务

① 《柔克义致海函》，《1901 年美国对华外交档案：有关义和团运动暨辛丑条约谈判的文件》，第 235 页。
② 《还津另约》，《外交报》第 2 卷第 11 期，1902 年。
③ 《外交纪事·还津条款》，《选报》第 19 期，1902 年。
④ 《致外务部电》，骆宝善、刘路生主编《袁世凯全集》第 10 卷，第 325 页。
⑤ 《发出使德国荫大臣日本蔡大臣英国张大臣法国裕大臣俄国胡参赞并转驻意参赞电》，故宫博物院文献馆编印《清光绪朝中日交涉史料》卷 66，1932，第 11 页。
⑥ 《致外务部电》，骆宝善、刘路生主编《袁世凯全集》第 10 卷，第 336 页。
⑦ 《还津近议》，《集成报》第 42 期，1902 年。

部向各国提出交还天津照会，直至 6 月，天津交涉仍无定议，其中缘由除上述诸方因素外，主观原因系各国虽无由长期占领而不得不交还天津，却又不愿交还，于是多方梗阻，设法阻拦。当时的报刊分析认为，各国不愿交还天津原因有三，"各国武员已视天津为战利之所获，其不愿交还者一；各国政府以为天津可以制北京之死命，其不愿交还者二；各国官商以为庚子之变颇受津城兵匪之苦，深恐交还之后复蹈故辙，其不愿交还者三"。虽怀不愿交还之心，却处不得不还之势，"乃窃交还之名而行不交还之实"，最终导致交还天津的局势"愈议而期愈远，愈议而款愈多也"。①

三 转机下的多方斡旋

"天津问题"在各国之间经历了数月的反复商谈，悬而未决，当局者更因"天津问题"之解决遥遥无期而"万分焦灼，一筹莫展"。② 1902 年 4 月 8 日，中俄两国签订《交收东三省条约》，并于 6 月 29 日在圣彼得堡完成换约。4 月 29 日，中英两国签订《交还关内外铁路章程》，6 月 1 日，英国交还山海关内外铁路。随着东三省等一系列相关交涉问题的解决，天津交还的诸多阻力得到消除，时机渐渐成熟，"天津问题"由此迎来转机。

袁世凯敏锐觉察到东三省等交涉问题解决后所出现的契机，相机采取外交手段，以谋求天津交还的实质性进展。6 月 30 日，袁世凯向外务部呈递咨文，表示天津交涉问题"迄今数月，仍未定议"，天津作为直隶总督治所，"未还以前，办事诸多为难"，请外务部催促各国公使"早定日期，交还天津"。③ 同日，袁世凯致电驻俄公使胡惟德，请其转恳俄方政府"首倡公议，迅商各国，饬在华各员，遵照公约，早日交还，毋再互诿延宕"。④ 除俄国外，袁世凯又联系驻英、美、日、德等国公使，请各使加催各国交还天津。各国公使很快采取外交行动。7 月 2 日，驻美公使伍廷芳

---

① 《外交纪事·还津汇志》，《选报》第 22 期，1902 年。

② 《时事要闻》，《大公报》1902 年 7 月 4 日，第 2 版。

③ 《咨外务部文》，骆宝善、刘路生主编《袁世凯全集》第 10 卷，第 315 页。

④ 《致驻俄公使胡惟德电》，骆宝善、刘路生主编《袁世凯全集》第 10 卷，第 315 页。

复电袁世凯，称已与美外交部切实商谈，美方表示"所订条款殊失公道，美已转达各国"。伍廷芳还从美国方面得知英、日两国也同意交还天津，已经电饬驻使商改相关条款，"不日当可转圜"。^① 7月4日，袁世凯又接到驻俄公使胡惟德复电，称经过与俄方反复申论，已"允商各国，力赞厥成"。^② 同日，驻日公使蔡钧也回复称日方已致电驻华公使内田康哉及英国政府力助此事，并表示"德虽刁难，请公暂忍，稍迟，必交还"。^③ 此时，天津的交涉问题总算迎来一线曙光。

为了加快推进交还天津的日程，袁世凯一面与驻英、美、俄、德、日等国公使联系，通过外交手段催促各国政府切实解决，一面又与外务部保持日常联络，交换重要情报，希望通过与外务部的共同努力推动"天津问题"的解决。各国公使与袁世凯并无统属关系，这样的交涉并不属于正常程序，也非制度内的常例，只是因涉及领土主权重大问题而不得已采用的非常手段。袁世凯在给外务部的电文中也曾表示权宜中的无奈，"凯职司地方，只可托各使加催，究非交涉常例。仍恳大部电饬各使协力催索，当可有济"。^④

在袁世凯致电各国公使，希望通过外交手段促使各国早日达成交还天津之举的同时，清廷外务部也做出相应动作，加快与各国交涉"天津问题"。7月5日，外务部向驻德、日、英、法、俄、意六国公使发电，要求各使"切恳外部径饬武官遵照原约迅速交还，勿再延宕"。^⑤ 同日，外务部又向各国发出外交照会，再次提出交还天津的要求。在袁世凯、外务部等方面合力推动的同时，清廷也开始着力解决"天津问题"。6月25日，慈禧在召见新任山东巡抚周馥时因"天津地面久未索还，甚为震怒"，^⑥ 遂谕令周馥"在京与各国使臣速议交还天津及津榆铁路事宜"，^⑦ 暂缓赴

---

① 《致外务部电》，骆宝善、刘路生主编《袁世凯全集》第10卷，第325页。
② 《附录1·驻俄公使胡惟德复电》，骆宝善、刘路生主编《袁世凯全集》第10卷，第316页。
③ 《致外务部电》，骆宝善、刘路生主编《袁世凯全集》第10卷，第333页。
④ 《致外务部电》，骆宝善、刘路生主编《袁世凯全集》第10卷，第325页。
⑤ 《发出使德国荫大臣日本蔡大臣英国张大臣法国裕大臣俄国胡参赞并转驻意参赞电》，《清光绪朝中日交涉史料》卷66，第11页。
⑥ 《中外近事·东抚留京》，《大公报》1902年7月4日，第3版。
⑦ 《周悫慎公全集》第36册，第6页。

任。7月5日，慈禧又面谕加派广西巡抚王之春会同山东巡抚周馥与各国议还天津。①

　　在袁世凯、外务部及中央政府等多方努力下，加之天津交涉的国际环境逐步向好，天津交还问题迅速取得实质性进展。连一向对交还天津持阻挠反对态度的德国此时也已转变态度，表示"必用全力与各国切商早还天津"。②7月7日，各国公使聚议"天津问题"，传闻所议内容"均尚公允，颇有头绪，不日可知照外部"。③ 至7月12日，中方与驻华各使终于将交还天津的条款一律议结，并约定"不另立约，彼此照会外部定案"。④ 根据7月12日会议所定方案，各国公使于7月14日正式向中方发起照会，表示应允将都统衙门裁撤，"惟中国国家应先特为声明，允照以下所拟各节办理始可"。⑤ 照会中所列条件主要为中方不得在距天津20华里内驻军设兵，直隶总督在天津城内所置亲兵不得超过300名，不得重修炮台，不得重筑城墙，凡经都统衙门审判过的案件不得重审翻案等，各国允诺将于中方接受以上各节起四个礼拜内裁撤都统衙门，交还天津。照会中虽不乏不平等性条款，但相较之前都统衙门所订严苛的28条已然和缓很多，"凡一切苛琐要求删除几尽"。⑥ 在得悉照会内容后，袁世凯于7月16日致电外务部，认为此次条款是经各方反复磋商的结果，已经"较各武官原议初稿轻减甚多"，若再辩论，恐怕又生枝节，导致迁延无日，因此主张先行允诺各节，等天津交还后"再相机设法依次辩明，冀可两全"。⑦7月17日，在请示上意的奏折中，奕劻禀称"此事经臣等与各该使臣屡次磋商，据称已将格外要求情事一概删除，无可再减"。⑧ 在接到允依议施行的上意后，外务部随即于7月18日照复各国，对于前次照会所提各节"奉旨照准"，并请各国使臣转行都统衙门于四个礼拜内裁撤都署，交还

---

① 《还津喜电》，《申报》1902年7月16日，第1版。
② 《致外务部电》，骆宝善、刘路生主编《袁世凯全集》第10卷，第336页。
③ 《致外务部电》，骆宝善、刘路生主编《袁世凯全集》第10卷，第334页。
④ 《还津定议》，《外交报》第2卷第15期，1902年。
⑤ 《各国全权致外部请示天津交于何项官员接收照会》，王彦威、王亮辑编《清季外交史料》第6册，第2993页。
⑥ 《外交纪事·还津汇志》，《选报》第22期，1902年。
⑦ 《致外务部电》，骆宝善、刘路生主编《袁世凯全集》第10卷，第346页。
⑧ 《奕劻等奏为录呈各使交还天津照会请旨遵行事折》，《义和团档案史料续编》下册，第1527页。

天津，同时定明由北洋大臣率天津地方官员亲往接收，"嗣后遇有应行商酌之处，即由北洋大臣随时向各国驻津文武官员分别商办"。① 至此，关于天津交还的问题终于落下帷幕，以中方与各国间互致照会的形式确定了交还天津的方式、时间和对接人员，余下的工作便是天津的归还与接收了。

四 天津的交还与接收

7月18日外务部照会各国允准交还天津的各项条件后，天津的交涉工作正式结束，所余交还与接收工作遂转至天津地方办理，主要参与方也从之前的外务部与各国公使转变为袁世凯下属的天津文武官员与都统衙门。

在7月初天津交涉的局面逐渐明朗之时，袁世凯便着手对天津的接收提前做出部署。7月14日，袁世凯在给好友徐世昌的信中提到对于天津交接的态度及处理方案。袁首先谈到直隶总督赴津问题，强调自己不可不到又不可早到。不可不到，系因总督前往，"方合交涉公例"，袁世凯特别表明"必须到场，非他人所能代收也"，这固然是为符合公例，但更重要的当然是为宣示主权，彰显对于天津地方的统治管辖权。而倘若早到，将致"我之号令不得施行，且反须受人管理，遵守各国政令，殊损国体"。因此袁世凯打算先一日或接收当天乘专车赴津，率同津郡文武官员分头接收。在接收官员的安排上，袁世凯认为"可先派府、县、津道、关道先期前往查看各项情形，会查各项用款，并筹备一切"，但又强调先期查看事宜须与各国商明，"彼允即派，不允则止，自可不生枝节"。在天津地方治安方面，袁世凯早已在保定预先训练巡警，一俟天津交还即行开往。在袁世凯看来，接收天津"最要事惟在预备多项员弁分头接管弹压，使地方安静，井井有条，彼族即无可借口矣"。②

---

① 《外部复各国公使天津请交北洋大臣接收照会》，王彦威、王亮辑编《清季外交史料》第6册，第2995页。

② 《复国子监司业徐世昌函》，骆宝善、刘路生主编《袁世凯全集》第10卷，第344~345页。袁世凯从多方面考虑接收事宜，总体来说是持小心谨慎的态度，既不贻人口实，致损国体，又要彰显主权，安排得当。

根据 7 月往还照会所定的四礼拜内交还天津之说，交还天津的具体日期最终被定在 1902 年 8 月 15 日。7 月 30 日，都统衙门各区各部门长官被要求通知下属职员"临时政府"于 8 月 15 日解散。① 当天，都统衙门还具体讨论了移交权力时应采取的相关措施，如秘书长负责起草收支情况等 50 份清单，库务司负责准备机动款项和正在施工项目用款的支票以便移交直隶总督，各区各部门长官负责清查动产不动产和现有设备以便移交中国政府，等等。② 随后，都统衙门还安排 8 月 4 日接待天津地方官员，并于 8 月 8 日与中方进行分部门分区商谈移交工作。③ 8 月 7 日，都统衙门发布告谕，"现奉各国统帅饬，于华历七月十二日将都统衙门裁撤，所有地方一切事宜交与中国官员办理"。④ 接收天津日期甫定，袁世凯即札饬各司道府县于 8 月 4 日至 15 日"分划地段陆续接收"，⑤ 并派津海关道、天津道、长芦盐运使、天津知府、天津县令、天津巡警局总办等各级文武官员于 8 月 4 日齐赴都统衙门拜会各国都统，面商交收天津的详细事宜。经双方议妥，由中方于 8 月 8 日分派各员先行洽谈料理接收都统衙门各司局机构，具体安排为：北宁铁路总办梁如浩接库务司，天津巡警局员曹嘉祥接巡捕官，天津洋务局员吴仲贤及西员巴士接工程局，天津洋务局员钟进成、王良登、吴大铨接文案司，北洋医学堂总办屈永秋接卫生局。⑥ 至此初步完成了天津的行政权交接。8 月 12 日，都统衙门发审司司员易孟士奉命将所有司法案件的底卷当面点交给天津县知县章焘，司法工作也相应完成交接。8 月 11 日，经袁世凯预先训练好的 2000 名巡警由保定调至天津。经天津司道各官员与都统衙门商议，决定将之前都统衙门所任用的华人巡捕 1000 名也予以保留，共同担负天津的治安工作，并于 8 月 14 日起由"巡警队与华巡捕逐段接管"。⑦ 此外，袁世凯在天津城 20 里内设置八处保甲局，"皆遴选明干有为者经理地方词讼及捕盗之事"，一旦发现有严重扰乱地方者，"即由局审明确供，禀请正法，不另由县核转"，以期迅速肃清地

---

① 刘海岩等编《八国联军占领实录：天津临时政府会议纪要》下册，第 756 页。
② 刘海岩等编《八国联军占领实录：天津临时政府会议纪要》下册，第 760 页。
③ 刘海岩等编《八国联军占领实录：天津临时政府会议纪要》下册，第 764、767 页。
④ 刘海岩等编《八国联军占领实录：天津临时政府会议纪要》下册，第 837 页。
⑤ 《本埠·交代有期》，《大公报》1902 年 8 月 4 日，第 4 版。
⑥ 《时事要闻》，《大公报》1902 年 8 月 5 日，第 3 版。
⑦ 《本埠·逐段交接》，《大公报》1902 年 8 月 15 日，第 5 版。

方，维持稳定。①

在行政、司法、地方治安等各方交接工作按部就班开展时，袁世凯于 8 月 9 日从保定赴京，14 日请训后，15 日上午乘专车赴津。袁世凯在 11 时 20 分抵达天津后，立即率领天津文武各官员至都统衙门处办理接收事宜。经各都统当面呈交会议记录一册、财务账目一册、支票两张、尚未执行的判决清册、尚未完工的工程项目清册，以及未到期的各类合同清册等文件卷宗后，袁世凯与各都统画押签字，正式完成接收工作。② 当日，袁世凯发布告示，宣布"本大臣现莅天津接收地面办理一切事宜"。③ 至此，都统衙门结束了对天津长达两年多的统治，天津的交还与接收宣告结束。

五　天津接收后各方的反应

经过战乱的摧残与漫长的交涉，天津虽然收复，但百废待兴，诸项恢复整顿措施亟待开展。天津接收后，其后续发展问题引发各方关注。列强对于天津交还之后的发展持高度关注的态度。一方面，对于交还天津一节，各国希望清廷从庚子事变中吸取教训，并以此除旧布新，开启新政肇端。如日本驻华公使内田康哉在与中方交涉交还天津时曾特别表达希望清廷"切速变法，一新外人耳目，要求自减矣"。④ 另一方面，西方又对交还天津后国内政局的不确定性表现出忧虑，"今日者联军撤矣，天津交还有期矣，恐当轴诸公疮愈忘痛，旧态复萌"。⑤《益闻西报》在天津交还前对天津的后续政局发展就持难以定言的谨慎态度，"但交还之后华官如何治理，非吾人之所敢知也"。⑥

天津的交还与接收固属外交方面的成果，但在经历了收复天津的短暂欢愉后，多数国人回归理性，对此持相当警醒之态度，转而关注善后

---

① 《时事要闻》，《大公报》1902 年 7 月 22 日，第 3 版。
② 刘海岩等编《八国联军占领实录：天津临时政府会议纪要》下册，第 792 页。
③ 《紧要告示照录·直督告示》，《大公报》1902 年 8 月 15 日，第 5 版。
④ 《致外务部电》，骆宝善、刘路生主编《袁世凯全集》第 10 卷，第 333 页。
⑤ 《大公报出版弁言》，《大公报》1902 年 6 月 18 日，第 2 版。
⑥ 《译件》，《大公报》1902 年 7 月 22 日，第 5 版。

与革新事宜。在天津交还前夕，《大公报》发表评论《论天津善后事宜为各国所最注目者》，对于天津交还后的时局表达了隐隐担忧，"兹者津郡还矣，都署撤矣，而士有暄然忧之隐然虑之者，盖天津善后事宜为至大至重之事，各国所最注目者"。① 有时论尖锐地指出，"中国政府日日求交还天津，从不思一交还后之天津当如何计画可以得长治久安之策"。② 更有人在这样"强邻眈眈，战祸亟亟"的时局下，发出"危哉天津也，艰哉天津也"的悲观言论。③ 在天津交还当天，《大公报》特发论说《天津收复与诸乡人书》，敬告天津诸乡民，"今蒙此大耻可不谋所以善其后乎？抑吾乡人勿以土地收复沾沾焉为可喜也！"对时局直接提出批评，"今之所谓交还者名而已，官司固如故也，胥吏固如故也，假权势以行其压制之术，借征敛以遂其侵牟之计者，亦莫不如故也"，警醒诸乡民"中国一日不强，则吾津一日不安"，勉励诸人"积惧成奋，积奋成强"。④

对于当局者而言，如何在危机之后完成新秩序的建立，无疑是至关重要的。面对天津交还后纷繁复杂的善后事宜，袁世凯也感到颇难处理。接收天津后，袁世凯在给清廷汇报情形的奏折中言及"现虽收回地方，而应办善后各事棼如乱丝，稍一不慎，弊端立见，且不免贻人口实，措理良非易易"。⑤ 值此百废待兴、除弊革新之际，刚刚撤除的都统衙门恰恰为统治当局提供了最直接有效的示范。可以明显看到，在接收天津地方政权之后，天津地方当局对于都统衙门时期的城市管理措施多有继承和延续。其中固然有迫于形势不得已为之的被动之举，如天津电车电灯公司的设立。该公司起初是比利时世昌洋行于1902年经都统衙门批准设立，在交还天津之际，都统衙门更是将清政府承认其与电车电灯公司签订的协议作为移交政权时中方必须接受的条件之一。⑥ 天津电车电灯公司成立之后，袁世凯就表示此事"天津未曾交还之前业经呈明联军都统衙门批准承办，照案移

---

① 《论天津善后事宜为各国所最注目者》，《大公报》1902年8月7日，第2版。
② 《天津交还后问题》，《大公报》1902年7月15日，第2版。
③ 《天津交还后问题》，《大公报》1902年7月16日，第2版。
④ 《天津收复与诸乡人书》，《大公报》1902年8月15日，第2～3版。
⑤ 《署直督袁世凯奏报接收天津地方情形折》，王彦威、王亮辑编《清季外交史料》第6册，第3029页。
⑥ 刘海岩等编《八国联军占领实录：天津临时政府会议纪要》下册，第624页。

交接收以后按照条款接续请办，势难固拒"。① 然而，都统衙门的管理措施更多的是为清廷官员提供了治理经验和制度借鉴。如都统衙门时期所设立的巡捕局、卫生局和工程局等市政管理性质的机构，在交还天津后都得以延续。鉴于都统衙门所设警察系统在维护天津治安方面所取得的突出成效，以及接收天津后稳定地方的现实需要，袁世凯在接收天津时除了预调在保定训练的2000名巡警外，"其各国原设之华捕一千余人，亦暂行酌留"。② 接收天津后，袁世凯随即将两方人员合并，组建天津巡警总局，负责维护治安、稽查户籍、管理道路交通和卫生等重要事务。1902年8月20日，天津卫生总局发布告谕，宣称"卫生局务前由法国梅大夫办理，现已一律移交本局接办"，③ 随后又谕令"各绅董务将各地段仍照都署前办章程，实力洁净街道，燃点更灯"。④ 在整治城市卫生、管理医院、预防瘟疫等方面继续仿效都统衙门，发挥积极作用。9月3日，天津工程总局也发布成立告谕，表明"本局奉北洋大臣札饬设立专局，业经禀报开办在案"。⑤ 在天津接收之后，新设立的工程局在修建道路、兴建工程、查验房契、发放凭照等事务上同样表现突出。袁世凯在接收天津之后，通过仿照西方管理经验，在地方继续设立巡警局、卫生局、工程局等市政管理机构，有效地推进了庚子事变后天津城区的重建工程，也实现了权力的平稳过渡，这些措施受到了国外舆论的好评。如《益闻西报》在天津交还后不久就对天津治理方面取得的成果大加赞扬，认为"天津交还后，巡警更加整顿，道路更见整洁，实出人意料之外，倘中国到处皆然，何患不自强而为天下强国耶"。⑥

在历经庚子国难与漫长交涉后，战乱与屈辱内化为改革的动力。执政者在经历了国难的阵痛后，面对纷繁的善后事宜、除旧布新与秩序重建工作，面对维护自身统治需求与国内外舆论要求改革的双重压力，也催生出相应的革新想法与诉求。袁世凯在收复天津后即向朝廷力陈"拟趁此衰乱

① 《直督袁奏比商承办天津电车电灯公司折稿》，《大公报》1905年6月29日，第3版。
② 《天津交还前往接收情形折》，骆宝善、刘路生主编《袁世凯全集》第10卷，第410页。
③ 《本埠·卫生局谕》，《大公报》1902年8月20日，第4版。
④ 《本埠·传谕绅董》，《大公报》1902年8月23日，第4版。
⑤ 《本埠·工程局示》，《大公报》1902年9月3日，第4版。
⑥ 《译件》，《大公报》1902年9月22日，第5版。

之后，将从前各项积习痛于刷除，务期弊去利兴"。① 由此，以收复天津为契机，在随后的天津秩序重建中以善后为开端，继之以更为彻底的新政改革。袁世凯将天津作为改革的试验田，在警政、司法、实业、教育、市政建设、地方自治等诸多方面开启了天津的清末新政，其影响范围遍及北洋乃至全国。因此，天津的交还与接收，其历史意义不仅仅标志着天津的治理管辖权重回中国政府，更在于为清末新政在天津的实施提供了机缘、动力与条件。

作者：杨兴隆，中国社会科学院大学历史学院，
天津博物馆历史研究部

（编辑：任云兰）

---

① 《署直督袁世凯奏报接收天津地方情形折》，王彦威、王亮辑编《清季外交史料》第6册，第3029页。

近代城市转型中的火灾及其应对机制[*]

——以杭州为中心

王庆国

内容提要 火灾是城市生活的重大安全隐患，近代杭州火灾频繁，造成了严重的社会和经济损失。火患的频发，虽有自然原因，但更主要的是由于近代城市在转型和发展过程中，人口、房屋增加，城市规模迅速扩大，导致城市空间密度增大，加上居民仍保持传统乡村生活方式，缺乏城市生活所应具备的消防意识。为应对火灾，官、民两种消防组织应运而生，共同参与到防火、救火之中，双方各有不足，互为补充，呈现出多维互动、动态共生的特点，成为延续与重构城市消防组织的重要载体，两者在近代城市转型中维护了杭州城的稳定与繁荣。

关键词 近代城市转型 火灾 杭州 城市消防

近年来随着城市社会史研究的兴起，越来越多的学者开始关注近代社会转型过程中的城市问题，如城市菜场新式公共空间创建，下水道在城市排水生态系统中的作用，城市道路和城市生态转型中的关系，从传染病医院窥视近代城市的特征，警察与近代城市治安管理的关系，城市娱乐业发展的特征和影响等，都是对近代城市问题研究的新成果。[①] 然而，对城市

---

[*] 本文系浙江省教育厅一般科研项目"变与不变：民国时期杭州城市民办消防事业研究"（Y202044424）的阶段性成果。

[①] 张卫良、王刚：《杭州新式公共空间的创建：以菜场为中心的考察（1908～1937）》，《杭州师范大学学报》（社会科学版）2019年第3期；郭世强：《西安城市排水生态系统的近代转型——以民国西安下水道为中心》，《中国历史地理论丛》2016年第4期；陈琍：《上海城市生态的近代转型——以晚清上海道路为中心》，《中国历史地理论丛》

转型中火灾防控机制的研究较为缺乏，有关近代杭州城市火灾和应对机制几乎没有专门的研究。有鉴于此，本文从档案、报刊、地方志等资料出发，以晚清民国时期杭州的火灾情况为个案，探讨近代城市转型中的火灾及其社会应对机制。

一　传统向近代转型中的城市火灾

光绪二十一年（1895）《马关条约》签订后，杭州开埠通商，城市规模不断扩大，城市人口迅速增加，各类社会公共问题日渐凸显，火灾便是其中之一。

近代杭城火患连年不断，异常频繁，甚至一夜发生火灾两三起，一周之内发生火灾四五起。报刊中常见对于火灾的报道。如 1927 年 1 月，杭州一夜之间连发两起火灾，火势异常猛烈，蔓延迅速，共延烧30 余家，房屋 80 余间。[①] 1931 年，联桥大街五味和茶食栈突然发生火警，经各义龙到场施救，始告熄灭，"因连次遭火，迁移南首，此次又遭第六次火患"。[②] 再如，"杭州自入春以来，天气炎热，气候亢旱，火警频闻，昨晚今晨一日夜之间，竟发生火警六起"。[③] 据资料初步统计，"1928年到 1936 年，杭州共发生火灾 1090 起，平均每年 121 起"，[④] 1932 年和1933 年两年间国内主要城市火灾发生次数，汉口 135 起，天津 105 起，青岛 148 起，广州 136 起，济南 85 起，长沙 77 起，[⑤] 而宁波在 1912～1937

2007 年第 3 期；熊亚平、任吉东：《从传染病医院看近代中国城市转型——以 1901～1937 年间的天津传染病医院为例》，《福建论坛》（人文社会科学版）2020 年第 11 期；李自典：《警察与近代北京城市治安管理——以 1901～1937 年为中心的考察》，《北京社会科学》2010 年第 4 期；何王芳、姜文楠：《民国杭州城市娱乐业发展的特征和影响（1911～1937）》，《民国档案》2021 年第 2 期。

① 《一夜之间两大火灾》，《新闻报》1927 年 1 月 3 日，第 10 版。
② 《五味和栈六次火警》，《申报》1931 年 11 月 1 日，第 12 版。
③ 《一昼夜间火警六起》，《申报》1935 年 3 月 11 日，第 9 版。
④ 《杭州市民国十七年火灾次数逐月比较表》，《市政月刊》（杭州）第 2 卷第 10 期，1929 年，第 38～39 页。
⑤ 胡启扬：《民国时期的汉口火灾与城市消防（1927～1937）》，博士学位论文，华中师范大学，2012。

年 25 年内仅发生火灾 217 起，[①] 平均每年发生火灾不到 9 起。由此可见，近代杭州火灾发生的频率之高，在浙江省内绝无仅有，即使放在当时全国范围内也是极为罕见的。此外，随着时间推移，近代杭州火灾发生频率有增长趋势，1931 年杭州发生火灾 81 起，1932 年 108 起，1933 年 87 起，1934 年 158 起，1935 年 128 起，1936 年 101 起，这 6 年中，前三年发生火灾 276 起，后三年发生火灾 387 起，增加 111 起，增幅为 40%。[②]

频繁的火灾，已严重危害到近代杭州城市公共安全，阻碍了近代杭州的城市发展，具体表现如下。

第一，频繁火灾造成了较大人口伤亡。火灾无情，一旦发生必然造成人口伤亡。《杭州市政季刊》1937 年特刊刊载了 1931～1936 年杭州火灾导致的死伤人数，分别为：1931 年 7 人，1932 年 15 人，1933 年 13 人，1934 年 29 人，1935 年 27 人，1936 年 23 人。[③] 其中 1934 年杭州发生火灾 158 起，死伤人数亦最多。此外，一些火灾造成了严重的人员伤亡。如 1933 年 11 月，杭州水师前周衙弄五号张阿标家夜里发生大火，张阿标及其七旬老母、九岁侄子、五岁侄女和五岁儿子均被严重烧伤，大火殃及邻居尹末氏家，致使其四岁甥女惨遭焚毙，张阿标五岁侄女后因伤势较重不治身亡，此次火灾造成两死四伤的惨剧。[④] 1935 年 1 月，东街路石板巷口，郭社林家因遗火失慎，时处深夜，郭一家均在梦中，至消防救火队闻警赶到施救，火已左右延烧。此次大火"共焚去房屋十九间，损失二万余元，郭某之妻俞氏、儿子松泉、女儿顺金，均不及逃出葬身火窟，郭本人头部灼伤甚重"。[⑤] 一月之后，新民路金鸡岭与永宁桥间也突发大火，"烧死两男两女，叶春祥全家葬身火窟"。[⑥]

第二，突来的火灾，致使大量房屋被毁，受灾民众生计愈加困顿不堪，灾民流离失所，无家可归。杭州火灾所损毁的财物中，以房屋最多。据有关统计，1934 年杭州共发生各类火警 158 次，火灾延烧 504 户，被烧

---

① 华明月：《1912～1937 年宁波火灾与城市消防探析——以〈申报〉记载为例》，《浙江档案》2018 年第 5 期。

② 《近年来杭州市火灾损失比较表》，《杭州市政季刊》（特刊），1937 年，第 1 页。

③ 《近年来杭州市火灾损失比较表》，《杭州市政季刊》（特刊），1937 年，第 1 页。

④ 《水师前大火焚毙两命》，《申报》1933 年 11 月 20 日，第 7 版。

⑤ 《深夜大火焚毙三命》，《申报》1935 年 1 月 6 日，第 10 版。

⑥ 《新民路金鸡岭口大火》，《之江日报》1935 年 3 月 2 日，第 6 版。

房屋共 859 间，起火房屋种类多为住宅，158 次中有 106 次，占 67%。[①] 火灾造成平民百姓大量的财产损失，多年积蓄毁于一旦，灾后往往一贫如洗。1930 年 11 月 26 日，孩儿巷口鞋店，"又肇火警，延烧及拆毁房屋三十八间，损失数万元"。[②] 火灾之后，受灾民众中"最可怜者小住宅小店，经此浩劫，衣食住堪虑"。[③] 1949 年松木场发生火灾，"被灾住户多为从事竹器及茶店业，贫民占半数，铜元路被焚茅屋十间，难民十二户，均为摊贩、小工、车夫等，生活均甚贫困"。[④]

第三，火灾导致大量商铺被焚毁，造成严重的经济损失，冲击城市工商业。杭州是近代重要城市之一，住房林立，商业也极为繁华，突如其来的大火在焚烧了大量住宅的同时，对商业发展也造成了巨大冲击。1922 年 11 月 14 日，杭州火车站附近的一场大火，"延烧商铺约六十余家，延及杭州城最为繁盛之部分"；[⑤] 寿安路忽遭火警，"延烧路坊巷衖共计八处，焚去商店一百八十八户，被灾住户共一百十三家"，"全部损失约达六百数十万元"；[⑥] 教仁路大火，"历时三小时始熄，计焚去大街店铺住户三十九家，房屋五十间，附近粮道山东廊庙亦被波及十余家"；[⑦] 1926 年 8 月 10 日凌晨二时许，"庆春门外某姓家失慎，三时许肃仪巷某商号又兆焚如，延烧忠清巷口四拐角，共焚商号五十余家，计市房百余间"；[⑧] 1930 年，同春坊孩儿巷不慎发生火灾，"大火燃烧四小时，焚毁殷实商店四十号，计二十七店家，损失已在四十万元以上"；[⑨] 1934 年杭藩司前教仁路，"十六日晨零时半起大火，延烧两边店屋多至五十余家，经急救后，直烧至晨三时后始渐熄"。[⑩] 这样的案例举不胜举，甚至不少原本繁华的街区，历经火灾之后也一蹶不振或化为灰烬。如 1917 年 1 月 11 日，"拱宸桥大马路火灾共烧房屋百二十三幢，损失约数十万金。该埠自省垣新市场羊市街开辟市场

---

① 《杭州火灾统计》，《警光周刊》第 2 卷第 7 期，1935 年，第 9～11 页。
② 《杭州孩儿巷口大火》，《时报》1930 年 11 月 26 日，第 4 版。
③ 《杭州板儿巷大火纪详》，《申报》1928 年 1 月 6 日，第 9 版。
④ 《两处火灾贫户，市府办理急赈》，《杭州市政季刊》第 2 卷第 2/3/4 期，1949 年，第 27 页。
⑤ 《杭州车站火灾》，《新闻报》1922 年 11 月 14 日，第 3 版。
⑥ 《杭市空前之巨灾》，《申报》1929 年 5 月 7 日，第 9 版。
⑦ 《教仁路空前大火》，《申报》1934 年 11 月 17 日，第 9 版。
⑧ 《此间亢旱干燥火警频仍》，《申报》1926 年 8 月 10 日，第 7 版。
⑨ 《杭州大火之浩劫》，《申报》1930 年 11 月 27 日，第 8 版。
⑩ 《杭市大火》，《申报》1934 年 11 月 17 日，第 8 版。

以后，商业骤衰，年不如年，今番一炬，难图恢复"。① 再如，1932 年 1 月
4 日，"杭城适逢元旦佳节，异常干燥，义民巷口之□□火腿公司，突发火
警，因天气燥烈，一经延烧，火势异常猛烈，……适值东北风急，一时火
烈风猛，大小商店，尽化灰烬"。② 此外，一些原本颇为繁盛的企业因遭火
灾而陷入困境。如 1934 年青年路大火，"浙江印刷公司全部被焚，损失十
余万，许多托印有价值文件均被毁"。③

第四，杭州有着悠久历史，名胜古迹保留不少，频繁火灾还破坏了杭
州古建筑，造成古迹文物损失重大。如西湖风景区著名的灵隐寺，1936 年
11 月 13 日午后二时许，惨遭火灾，罗汉堂被悉数焚毁，"堂内泥塑的五百
尊罗汉，每尊各具神态，系明末清初塑像名手所塑造，距今已三百年以
上，颇称名贵。今不幸悉数焚如，实为该寺无法补偿之损失"。④

由上可知，随着近代杭州城市规模的不断扩大，在走向近代化的过程
中，火灾事故不仅发生频繁，而且造成巨大危害。

二　火灾发生的内因：近代城市转型的困境

火灾之所以如此频繁发生，与近代杭州城市的转型密不可分，主要
表现在以下四个方面。其一，晚清至民国时期，杭州处于中西交会、新
旧转型的过渡期，城市规模的不断扩大致使城市建筑过于紧密，而房屋
所用材料却基本没有改变，民房建筑仍多以木材为主要材料，加上人口
居住密集，屋宇连绵，从而导致一旦发生火灾，很难扑灭，甚至房屋连
片受损。"居民皆编竹为壁，久则干燥，易于发火，又有用板壁者，夫竹
木皆酿火之具，而周回无墙垣之隔，宜乎比屋延烧，势不可止。"⑤《晶报》
1929 年 8 月的一篇报道详细叙述了杭州房屋建筑材料与发生火灾之间的
联系：

① 《杭州快信》，《时报》1917 年 1 月 11 日，第 3 版。
② 《元旦火警四起》，《益世报》1932 年 1 月 4 日，第 2 版。
③ 《杭青年路大火》，《申报》1934 年 8 月 2 日，第 9 版。
④ 《杭州灵隐寺火灾》，《佛学半月刊》第 140 期，1936 年，第 19 页。
⑤ 沈兰彧：《火灾私诫》，《古今图书集成·历象汇编·庶征典》卷 101《火灾部》，中华书
　　局、巴蜀书社，1985 年影印本。

这几个月来，杭州时常闹着失火，一烧就是好几十家，损失达数十万，这是杭州的消防队办的不好吗？据他们杭州人说，所造的房子，却是有很大的关系。他们向来的老法子，所砌的墙头，都是老泥墙。他们贴近墙头，都用贴壁板，这贴壁板易于惹火，因此每遇失火，动辄延烧至数十家，至于巨宅广厦，他们的隔离，全靠着所谓风火山墙，有高的风火山墙，那火就烧不过去，但是他们那些铺面房屋，栉比鳞次，一连数百家，都没有一垛风火山墙。①

加上街道建设缺乏合理规划，狭窄紧促，了无间隙，发生火灾，救火设施无法及时有效进入火场，致使火灾迅速蔓延。临平镇东大街漱芳茶园大火，即因"临平商业繁华，人口稠密，街道狭窄，取水困难，无法扑灭"。②

其二，城市人口不断增加，民众在涌入城市生活的同时，却没有树立起近代防火救灾的消防观念，在生产生活中经常误引火灾。如1934年4月10日，里龙舌嘴五十六号，"忽因午炊失慎，致肇焚如，经消防队闻警驰往灌救，历一时半始熄；藩司前一百卅二号的元润酱园，于九日晨零时二十分，因电灯走电失火，延及张顺兴柴店等房屋共三间，损失二千余元"；③同年7月，王天祐家"因晚炊不慎，致兆焚如，一时火光烛天，不堪收拾"。④许多居民因缺乏防火意识，乱丢烟头或倾覆油灯，从而引发火灾。1918年，"望江门直街上板儿巷口，信仁昌南货店因伙友误将火油灯泼翻，喊救不及，致肇焚如"。⑤1935年3月，袁家塘沈文魁家突遭焚如，火光四射，经查"因厕所内烟蒂遗火失慎，邻居闻警惊醒，火势猛烈，秩序大乱"；⑥同年4月，下板儿巷长发南货店，"因煤油灯打翻起火，顿时烈焰飞腾，火势极为猛烈"。⑦此外，酒醉误事，火烛乱抛，也往往误

---

① 《杭州易引火灾之原因》，《晶报》1929年8月6日，第2版。

② 《临平镇大火》，《申报》1933年5月26日，第8版。

③ 《一日间火警两起》，《申报》1934年4月10日，第9版。

④ 《湖墅小河大火》，《申报》1934年7月7日，第11版。

⑤ 《火灾类志》，《申报》1918年3月22日，第7版。

⑥ 《厕所烟蒂，酿成火灾》，《之江日报》1935年3月9日，第6版。

⑦ 《下板儿巷昨晨大火》，《申报》1935年4月23日，第8版。

发火灾。武林门外丁连昌家，"因煎酒不慎，突然起火"。①

其三，江南地区多敬祀鬼神，封建迷信盛行，很多人家虽居城市，但还保留着传统乡村生活方式，家中安置佛堂，燃烧冥纸，燃香点灯，有的甚至将终年不灭的香烛供于堂前，这成为诱发火灾的重要因素。"十九日上午三时半，杭城贯桥直街二十号篾作店内，因燃点香烛敬神，夜间狂风大起，烟火吹入篾篓器内，一时烈焰飞腾，延烧左右邻居九十八家。"② 另外，杭城庙宇众多，佛事兴旺，火烛管理不慎，也经常引发火灾。"十三日为普南房值日，值管僧九成，不慎将烛火置于床铺的稻草堆上。起火后，该僧没有及时呼人灌救，导致火穿屋顶，始为寺中职僧察见，及报警来救，已只能防护佛殿，及毗连之报本堂，而整个罗汉殿遂化为灰烬。"③

笔者整理了1931年到1936年杭州火灾发生的原因（见表1）。六年间杭州共发生火警662起，其中居民烹调饮食是造成火灾次数最多、最常见的因素，共引起火灾236起，约占火灾总数的36%；其次为吸烟，计引发火灾128起，约占19%；其他不知名的原因计引起火灾152起，约占23%。除上述原因之外，夏季夜间蚊香失火、房屋电线漏电、灰堆余火复燃等均为诱发火灾不可忽视的因素，而这些因素导致的火灾，大多与居民缺乏日常防火意识相关。

表1　1931~1936年杭州市火灾原因统计

单位：起

年份	烹调饮食	倾覆油灯	走电	敬神	吸烟	烤火	其他	总计
1931	32	6	7	4	12	2	18	81
1932	43	6	6	1	18	1	32	107
1933	31	9	11	1	12	4	19	87
1934	55	10	11	3	38	16	25	158
1935	47	4	8	4	34	8	23	128
1936	28	4	5	5	14	10	35	101
总计	236	39	48	18	128	41	152	662

资料来源：《近年来杭州市火灾原因统计表》，《杭州市政季刊》（特刊），1937年，第1页。

---

① 《一日间火警三起》，《申报》1934年3月22日，第9版。
② 《杭州贯桥大火》，《申报》1929年7月20日，第10版。
③ 《杭州灵隐寺罗汉堂火灾》，《微妙声》第2期，1936年，第94页。

其四，城市发展的同时，消防事业却发展滞后，导致救火不及时。杭州开埠后，城内店铺林立，商业兴旺，城市经济获得空前发展，"外国的租界带来了一些西方的都市文明，诸如宽敞精致的马路、洋式建筑、医疗卫生、排水系统、电灯、电话、自来水、救火设备，以及市政管理技术等"。① 但杭州城规模不断扩大的同时，近代都市消防设施和消防服务却发展缓慢，没有跟上城市发展的步伐。低质量的住宅与棚户区随意搭建，杂乱无章，防火间距不足，缺乏消防设施，一旦火灾发生，火势便迅速蔓延。如三元坊大火，"为空前之浩劫，是皆由于消防设备不全，致有星火燎原之患"。② 杭州第五公所也曾报告："本区火患频仍，每患即不易扑灭，顿成巨灾，考其蔓延之由，消防龙头缺乏，取水不易，确系主要之点。"③

由此可见，近代杭州频繁发生火灾是城市发展与转型中出现的困境，其作为近代城市转型中的典型问题，必然也要在城市近代化的过程中加以解决。

三　政府多元应对火灾机制的建立

火灾的频繁发生，严重影响社会经济的发展，给城市居民正常的生产和生活秩序埋下了极大隐患。面对频发、多变、严重的火灾，杭州民众积极应对，地方政府和民间社会相互配合，采取防范措施，逐步建立和完善了一套有效的火灾应对机制。"杭州市区之负消防之责者，厥维两大巨头，其他多为旧式之义龙，自卑卑不足道。所谓两大巨头，一即省会公安局所办之消防总队，一为商界所办之各界救火联合会。"④

（一）建立城市消防机构

开埠前，杭城没有设置专门的救火兵丁，消防工作基本沿袭前朝做

---

① 苏云峰：《中国现代化的区域研究：湖北省（1860～1916）》，台北：中研院近代史所，1981，第96页。

② 《杭州市自来水厂》，《杭州市政季刊》第1卷第1期，1933年，第49页。

③ 《拨本市第五区公所呈请添设消防龙头等情令仰遵办由》，杭州市档案馆藏，档案号：L0025－001－0095－044。

④ 《杭州消防界之大波动》，《上海报》1936年5月10日，第2版。

法，救火任务主要由当地驻军承担。从守城部队中挑选身强力壮、行为敏捷者组成救火队，平时出操训练，有火警发生时承担救火工作，并配有专门的救火器材。光绪十三年（1887），杭州织造署购置洋式水龙车一架，雇用夫役50余名，用来救护衙署火灾，"杭州府署新制水龙两架，洋龙一架，运水人夫二十余起，云梯、杠索、长钩、短斧一律俱全。择于上月二十二日祭龙，排列旗灯，大□游行街市，颇壮观瞻，有备无患于此见之"。①

杭州开埠通商后，城市规模日益扩大，传统市政设施以及消防管理相对落后，对新出现的社会问题显得心余力绌，由此催生了要求革新市政建设的声音。光绪十九年（1893）八月，杭州府署组建消防队；光绪三十二年（1906），浙江省城保甲总局改组为省城警察总局（后改称巡警总局），开始裁撤绿营官牟兵马，将腾出的薪粮转作巡警之用。② 1913年4月，浙江省会警察厅设立消防科和消防队，救火兵丁承担的救火职责，由警察总局下设的消防队负责。消防队驻鞔鼓桥，分成4队，分别驻扎太平坊、龙吟巷、贡院前和湖墅左家桥。由此，初具现代化的专业消防队伍取代了传统的救火兵丁承担起杭州城的消防任务。

1927年杭州建市，市公安局下设消防科。1929年1月，市长周象贤鉴于杭州缺少精良的救火车装备，曾委派市工务局向上海怡和机器公司购定大号透明的泵浦救火车，并配有多种新式火龙灭火器。③ 同年5月，杭州市公安局改组，撤销消防科，将其职能归入行政科，设置消防队，下分6个分队。到1930年，消防队的规模进一步扩大，"即有长警（消防队队员）一百二十人，救火车三辆，洋龙四架"。④ 全面抗战爆发后，杭城消防成员分散，消防事业陷于停顿，救火机已完全散失，省会警察局成立时，"仅有各界救火会拨用的帮浦一具，队员十余人"。⑤ 为保证杭州公共安全起见，省会警察局积极扩充消防设备。此外，为防火患于未然，杭州市政

---

① 《新置水龙》，《申报》1893年10月10日，第2版。
② 光绪《杭州府志》卷175《巡警》。
③ 《市政府购办救火车》，《时报》1929年1月6日，第4版；《杭州快信》，《申报》1929年1月7日，第9版。
④ 浙江省通志馆编《重修浙江通志稿》卷14《民族》，1983年复印本，第57页。
⑤ 《省会警察局扩充消防设备》，《杭州新报》1939年1月27日，第3版。

府恢复成立消防队组织，消防队设队员十余人，并委任黄浩川为队长，在火灾扑救中统一指挥和协调救火工作。①

（二）建立火灾预防制度

火灾的防控，预防是第一位，而提高民众的防火意识在火灾预防机制中居首位。为有效预防火灾发生，政府组织民众进行防火宣传，夜晚更夫在街头巷尾敲更以提醒居民防范火灾。民国肇始，"现代国家的管理职能开始发挥作用，一些受过西方教育或影响的人士出任城市的管理人员，采取西方城市的管理方法"。② 国民政府有针对性地制定消防管理的法律制度，逐步完善火灾预防机制。1931 年杭州市政府专文刊发救火与预防火患的文章，对城市房屋建筑条例的制定和执行、房屋建筑材料的使用、房屋用途的限制进行了规定，并开展防火教育。③ 1935 年浙江省会公安局以杭州近来火患频仍，事关人民切身利害，特地统计 1 月和 2 月的火灾情况，布告民众预为防范。"本局长思患预防，特将一、二两月火灾统计，印发布告，供人观览，庶几触目惊心，免致焦头烂额，事关切身利害，当不待谆谆告诫也，此布。"④ 此外，浙江省民政厅也根据杭州各市县火灾报表统计出起火多为炉灶设置或者使用不当，以及棚户搭建没有限制，特饬令各县，"嗣后店户炉灶之设，应依照本省市县建筑规则，平时尤须劝令妥慎使用，至棚户之间，或棚户与普通家屋商铺毗连搭建，最易燎原，均所不许"。⑤

对易燃易爆品的管控，也是预防火灾的有效举措。1915 年 9 月，浙江省会警察厅颁布《管理煤油、火柴营业规则》，加强对煤油、火药、硝磺等易燃易爆物品的管理。1929 年，杭州市公安局下发《省会消防整顿设施具体办法》，规定"应将火灾惨状、防火要则、救火办法或绘图或作标语，定期运动广为宣传，唤起民众自知警惕，随时注意预防"。同时规定建筑

---

① 《杭州市消防设施力谋充实》，《杭州新报》1939 年 5 月 15 日，第 3 版。
② 张卫良、王刚：《杭州新式公共空间的创建：以菜场为中心的考察（1908～1937）》，《杭州师范大学学报》（社会科学版）2019 年第 3 期。
③ W. B. Munro：《救火与预防火患（续）》，顾彭年译，《市政月刊》（杭州）第 4 卷第 10 期，1931 年，第 1～6 页。
④ 《火头的是扫帚星》，《之江日报》1935 年 3 月 17 日，第 6 版。
⑤ 《民政厅令各县防止火患妥拟办法》，《之江日报》1935 年 6 月 25 日，第 5 版。

房屋必须使用不燃材料，房屋之间必须建有风火墙，房间内壁一律使用砖墙，"杭州市政府工务局……对于新建筑的房子，加以取缔，使之不用泥墙而用砖瓦，并少用贴壁板引火之物，且即铺面房屋，每隔五家，必有一垛风火山墙"。①《杭州市建筑须知》则明确，"凡起造地面或地下各种房屋及其他关于市容或公共安全之各项工程，变更建筑物用途及储藏易燃物料，建造轻质材料临时茅屋棚厂及雨篷，均须向市政府工务局申请许可证，相邻房屋间应筑实叠砖防火墙等"，②进一步严格对市区建筑的防火管理。针对杭城部分杂货店兼售煤油、火药等危险品，店铺缺乏相应的消防设备，火灾危险性较大的状况，1934 年 11 月 23 日，杭州市政府第 144 次会议通过《杭州市管理煤油营业规则》，规定凡在杭州售卖煤油，无论专业、兼业还是零售、整售，均须于开业十日前声请该管警署查明，呈由公安局核转市政府核准，给予营业执照，方准营业。此外，该规则还要求堆栈地点不得设在街市繁盛的地方，存油堆栈以及售卖煤油各商铺内必须置备消防器具及清灰、沙土等物以备不测；存放煤油场所须随时检查，不得于煤油附近堆放火柴、纸张等易于引火之物；等等。③

在城市繁荣地带增设消防设备，以备火灾发生后能够及时、有效防控。随着杭州城市化的不断发展，商场、仓房、茶室等公共场所迅速增加，杭州自来水厂联合市消防队在繁盛街市，择要设置平面和竖柱两种消防龙头，并逐年增加，"共安装平面消防龙头 140 余处，竖柱消防龙头 130 余处，合计 280 余处"。④为预防火灾发生，杭州市政府派员加大对消防设备的检查力度，年久失修不能使用的及时更换，发现问题及时提出整改意见。"中正街 318 号第三仓库，对于消防方面应时加留意，应装设消防龙头一具，以策安全。"⑤杭州统一码头因消防设备缺乏，发生大火，造成巨大损失。为防止火灾再次发生，杭州洽大祥绸布庄向市消防队申请安装消

① 《杭州易引火灾之原因》，《晶报》1929 年 8 月 6 日，第 2 版。
② 杭州市档案馆编《民国时期杭州市政府档案史料汇编（1927~1949）》，杭州档案馆，1990，第 128 页。
③ 《杭州市管理煤油营业规则》，《杭州市政季刊》（特刊），1935 年，第 12 页。
④ 《本厂函送本市消防机关消防龙头地点表》，《杭州市政季刊》第 2 卷第 3 期，1935 年，第 15 页。
⑤ 《为第三仓库拟装消防龙头具请洽知所需费用俾资办理由》，杭州市档案馆藏，档案号：L025-001-0085-049。

防龙头，"处此将属冬防之际，为慎重计，拟装置消防龙头一具，以臻有备无患之效"。[①] 娱乐经营场所，人员拥挤，演出不分昼夜，经常人满为患，在夏季风干物燥时，极易引发火警，"究竟各该场所内部消防有无设备，既有设备是否完善，为保证观众安全起见，似有检讨之必要，以防患于未然"。[②]

（三）火灾扑救及灾后救助

对火灾的及时扑救和灾后救助也是防控火灾危害的重要一步。地方政府还在城内各处设立固定的防隅官屋或瞭望楼，实行"分隅任责"制度。对在火灾中扑救尽力者，"支给犒赏"，实行奖惩；对扑救不尽力或延误者，则依军法论罪。接到火警后，杭城消防队即刻出动，遇有扑救任务，百司官员俱整队伍，急行奔驰驻扎遗漏地方，听行调遣。

1914年10月，艮山门外吊桥畔延德堂药店，不戒于火，延烧左右邻居及吊桥四拐角，湖墅消防队及下城消防队接警后及时到场，竭力灌救。[③] 1934年7月，杭州湖墅、大关小河打铁弄发生火灾，"经救火会队长唐锦齐驾驶帮浦车等相继赶到，竭力灌救，最终扑灭"。[④] 1935年3月，太平门外火灾，"经消防队救火会赶到救熄"。[⑤] 金衙庄两浙盐务稽核所卫兵室，"忽因漏电失慎，火势大炽，经消防队各界救火会驰往灌救，旋告熄灭"。[⑥] 棚桥园子巷失火，警察署闻讯后，当即率领巡官长警，跑步前往起火地点，除了维持火场秩序外，还亲率长警协同灌救，使得火势迅速扑灭，未酿成火灾。[⑦] 在扑灭火灾中，消防队员恪尽职守，英勇无畏，以大局为重，有的甚至以身殉职。杭市太平桥直街三阳泰南货店扶梯边起火，"经消防队闻警赶至，竭力灌救，有一分队警汪荣奋不顾身，冒火冲入施救，被烧

---

① 《杭州洽大祥绸布庄拟装消防龙头》，杭州市档案馆藏，档案号：L025-001-0085-049。

② 《呈请转饬工务局会同本会查勘娱乐场所消防设备当否祈示遵由》，杭州市档案馆藏，档案号：L006-001-0127-010。

③ 《艮山门外之火灾》，《申报》1914年10月7日，第7版。

④ 《湖墅小河大火》，《申报》1934年7月7日，第11版。

⑤ 《太平门外大火》，《申报》1935年3月19日，第8版。

⑥ 《盐务稽核所火警》，《申报》1935年4月9日，第8版。

⑦ 《棚桥园子巷，火警未成灾》，《杭州新报》1939年1月5日，第4版。

毁梁柱倒下，压伤甚重，经救出送医院施治"。① 湖墅德胜场震号消防组救火员朱蔼达，在小河垣坊火灾中奋勇救火，因公殉命。②

鸦片战争以后，西学东渐，西方的新式保险业务传入中国通商口岸及大中型城市，中国人的保险观念和意识也渐趋增强。为减少受灾民众损失，杭州市政府鼓励商户提前购买商业保险，"火险者，以一人所负担之火灾损失，移转于众人所负担之会政策也。……保险者，防患也，患有所防，则人事之变迁何所忧，水火之遭劫不足虑"。③ 杭州的保险公司如雨后春笋般设立，从事保险业务的经理人更是如恒河沙数。至 1937 年，杭州开设的各类保险公司共有 40 多家，从业员及各类揽客达两三千人之多。④ 1916 年 3 月，杭城菜市桥头发巷忽遭火警，一时风助火威，延烧 60 余户，计共 115 家，由于被灾各店户"保有火险者十居五六，虽遭焚毁，尚不至不可收拾"。⑤ 1926 年 5 月，杭州发生火灾，数百户商民损失惨重，财货损失总额逾百万元，为杭州近年来未有之浩劫。杭州市政府为减轻商民损失，稳定社会秩序，"请饬各保险行及经理处迅速赔款以利建筑，俾便商民早日复业"。⑥ 保佑坊大火，延烧楼屋两幢，损失 14000 元，"大丰绸缎布庄保有火险二千八百元，何兴隆保有火险一千元"。⑦ 此外，杭州市警察局第八分局还特地对杭州怡生煤油颜料杂货号在太平保险公司投保货品火灾保险准予登记批复，并向省警察厅备文呈请。⑧ 为了保护商户利益不受更大损失，市政府通告灾地各房主"建造房屋后仍照原租，不得抬高租价，令租户无力重开，且须尽先由旧租户承租"。⑨ 近代保险制度的实行，为受灾商户减少损失、灾后恢复生产提供了有效保障。

---

① 《太平桥大火焚毙两命》，《申报》1934 年 6 月 17 日，第 10 版。
② 《朱蔼达义士昨日举殡》，《之江日报》1935 年 3 月 4 日，第 6 版。
③ 《火灾损失之处理（附表）》，《商学研究》（杭州）第 2 期，1935 年，第 21～26 页。
④ 《杭州的保险业》，《金刚钻》1937 年 3 月 8 日，第 1 版。
⑤ 《菜市大火记》，《申报》1916 年 3 月 8 日，第 7 版。
⑥ 《杭州市政府指令社字第四四三号》，《市政月刊》（杭州）第 2 卷第 6 期，1929 年，第 29 页。
⑦ 《保佑坊前晨大火》，《之江日报》1935 年 3 月 14 日，第 6 版。
⑧ 《杭州市警察局第八分局对杭州怡生煤油颜料杂货号在太平保险公司投保货品火灾保险准予登记的批示》，杭州市档案馆藏，档案号：L012－008－0001－120。
⑨ 《杭州市政府指令社字第四四三号》，《市政月刊》（杭州）第 2 卷第 6 期，1929 年，第 29 页。

四　杭州民间消防组织的积极参与

由于官方对基层社会的治理能力有限，大多地方事务需要依靠社会力量来治理，地方社会秩序的维系以及公益事业一般由地方乡绅来承担。1905年科举废除之后，近代中国社会力量发生了权势转移，边缘知识分子组成的绅商群体以及由他们组成的商会，成为基层社会治理的中坚力量。马敏教授将绅商定义为"官商之间"，① "他们集绅与商的双重身份和双重性格于一身，上通官府，下达工商，构成官与商的中介、城市与乡村的桥梁，对近代社会经济和政治发展起着不可低估的作用"。② 近代杭州商业发达，绅商及商会力量强大，他们在防火救灾中发挥着重要作用。

与官办消防组织相比，杭城的民间消防组织历来较为发达，在火灾扑救中发挥着重要作用。清初，鉴于杭城官方救火兵丁人数有限，无法独自承担救火职责，民间自发成立水龙局，扩充救火队伍。道光年间创办的"天一集"是杭城最早的民间义龙会救火组织，龙会的组织性质为民办商助，经费由地方商贾资助，各大商行店铺自愿认捐，会员以店员、店主为主体。这类"义民"组织的登场，与地方消防能力不足有一定的关系。③ 会员绝大多数为义务加入，没有任何津贴补助，被称为"义民救灾"。救火义民，内部分工明确，各司其职，有司龙、司筹、司苗和司烛的划分。在救火过程中，司龙负责管理水龙；司苗"立于龙上，认明方向"，负责对火苗喷射；司筹负责给担水救火义民发放竹签，事后凭签给钱；司烛则负责管理本坊的标识，白天和晚上分别举旗和掌灯，以便一望而知。此外，城市基础消防设施建设与方式上，基本上采用大工程由官府组织兴建，小工程由地方官吏或绅士捐资兴办的方式。④ 杭州各街各坊，均设有义务救火兵，每次发生火灾，群相扑救。"杭州各里各段，均有救火兵。

---

① 马敏：《官商之间：社会剧变中的近代绅商》，华中师范大学出版社，2003，第392页。
② 马敏：《晚清绅商与近代经济发展》，《中国经济史研究》1996年第3期。
③ 邹怡：《清代城市社会公共事业的运作——以杭州城消防事业为中心》，《清史研究》2003年第4期。
④ 陈琍：《上海城市生态的近代转型——以晚清上海道路为中心》，《中国历史地理论丛》2007年第3期。

或以庙名为衔，或以地名为衔，制备水龙各一架，或二架，其余水桶、吊桶、铜锣、行号、大纛旗、各小旗、梯子、挠钩、刀锯、斧凿、杠索、灯笼、号衣、号帽等项，以救火灾。"①

近代以降，杭州商业得到迅速发展，商会及商人群体力量增强，开始参与到消防事业中并发挥重要作用。

第一，实行消防预防举措。光绪十八年（1892），杭州城佑圣观内严聚兴制造了消防水龙。民间救火会由商会统一筹款添置龙具，修建龙房，引进外地钢铁铸造的人力掀龙，义龙各集消防队员均配备统一的防火帽。商会还劝导市民仿照北平商市防灾办法，设置太平水缸或水桶及水枪、水斗等物，并将防灾各种方法撰拟简明布告，广为宣传，且组织临时消防工程队以为之备。②

民国初年，杭州商会会员潘赤文出资在吴山建筑火警瞭望台，昼夜派人值班瞭望。发现火灾即撞击瞭望台中悬挂的铁钟，各龙会闻钟声集合。近代上海也曾成立"集合团体"，来研究防火救火办法，并建立"警钟楼"，严密监视火情，一有火灾即鸣钟，及时施救。③ 1916 年 3 月 29 日，太庙巷发生火警，霎时火穿屋顶，不可向迩，"其时瞭望台警钟乱鸣，消防队及各集义龙闻警纷纷到场灌救"。④

第二，成立自治的城市消防组织，统筹民间消防事业，购买消防设备。1909 年，杭州绅商发起，在省城商务总会成立浙江救火联合会，设会长 1 名，副会长 2 名，总干事 1 名。1919 年，杭城商会改组救火联合会，统一管理杭城民办的救火机构，雇专职救火员，负责管理和实施救火组织工作。1928 年，杭州商会会员针对官巷口火灾，由商会出面筹款购置开达拉克救火汽车 1 辆。

1930 年 11 月，杭州市自治火灾消防组联合会召开临时委员会议，决议由联合会赶速筹募款项，购办大号帮浦机车一架、小号一架，并商定由

---

① 范祖述：《杭俗遗风》，王国平主编《西湖文献集成》第 19 册，杭州出版社，2004，第 57~58 页。

② 《呈复奉令拟振济官巷口一带火灾案内贫苦灾民并拟具火灾善后办法具报由》，《市政月刊》（杭州）第 2 卷第 9 期，1929 年，第 73 页。

③ 梁波：《市民社会团体在近代城市化过程中的作用探析》，《黑龙江社会科学》2002 年第 3 期。

④ 《太庙巷之火警》，《申报》1916 年 3 月 29 日，第 7 版。

各集昌司劝告住户商号，谨慎火烛。① 1931 年 11 月，杭州市自治火灾消防组联合会邀集各业公会领袖、各村里长副、各义龙代表及地方士绅开会讨论地方消防事宜，计划增加消防会计划书的年度预算，并对联合会进行改组。② 同年 12 月，杭州市各界火灾消防会在市商会召开成立大会，商会各界人士 300 余人参加，会议讨论火灾消防会会章等，选出执行委员 25 人，监察 11 人，调查员 7 人等。③ 至 1934 年，杭州全市共建有 43 个消防集组，拥有抬龙 31 支，拖龙 23 台，汽车洋龙 1 辆，43 个龙会分属全市 5 个区的消防分会，为杭城龙会的全盛时期，并陆续添置橡胶雨衣、长筒雨靴及金属头帽等消防设备，提高了救火效率。

　　然而，杭州市自治救火组织的发展也并非一帆风顺，也曾发生因经费不足，影响消防设备添置和救火事宜进行，进而导致无法开展工作，甚至救火会委员辞职的情况。1935 年 6 月，杭州各界救火会第一届新任委员就以经费支绌、办事棘手为由，全体请辞。为此，同年 7 月 7 日，各界火灾消防会商定 7 月 12 日在市商会重新选举，进行改组，加增人数，并联合各区公所，各区义龙、热心人士积极参与选举。④ 改选结果，金润泉、王五权等 5 人为执委，韩绍荣、邵力更等 15 人为监委，经多次讨论，决定"向各商店住户征收房捐百分之二，由房屋房客各付半数，作为消防会经常费用"。⑤ 这就保证了消防经费的充足、稳定，即使到了全面抗战时期，杭城民办消防集组虽有所减少，但仍一直运作。1939 年 8 月，浙江省会警察局派员对杭州市民办消防组织情况进行调查，这一时期杭城共有"各类消防集组 24 个，各式水龙 23 架，救护人 300 余人"，⑥ 承担全市大量救火任务，成为杭州城市消防的重要保障。

　　第三，成立义民救火组织，参与火灾施救。为进行救火，杭州地方社会还成立了义民救火团体。义民多为自发组织救火，并写有志愿书和保证书——"自愿加入杭州市中区救火分会，救火员自当服从指挥，遵守规

① 《火灾消防联会开会纪》，《新闻报》1930 年 11 月 27 日，第 9 版。
② 《火灾消联会将扩充》，《新闻报》1931 年 11 月 27 日，第 8 版。
③ 《火灾消防会成立》，《新闻报》1931 年 12 月 11 日，第 10 版。
④ 《杭市各界火灾消防会定期重新改选》，《之江日报》1935 年 7 月 7 日，第 6 版。
⑤ 《各界救火会复选结果》，《之江日报》1935 年 7 月 14 日，第 6 版。
⑥ 《省警察局调查杭市消防组织》，《杭州新报》1939 年 8 月 31 日，第 3 版。

则，忠诚服务，如有非法事情，概凭保证人负完全责任，绝无异议，并自愿放弃先诉抗辩权"。① 义民救火组织成员，救起火来异常勇敢，毫无怨言。1938 年 7 月，联桥大街、小福清巷口忽肇焚如，延烧恒隆福旧货店、庆春医局等房屋 4 间，经广福庆春两集、救火龙施救三小时始熄灭。② 在救火过程中，即使身处寒夜，浑身淋透，救火义民也不吭一声，场面十分感人，"其用力之踊跃，诚有奋不顾身之势"。1938 年 4 月 6 日，杭州各界救火会班长蒋芝初因公殉命，救火会为其举行追悼会，由救火会主任王五权主祭，各界民众数百人到会。③ 4 月 11 日，市救火联合会清泰集消防组救火员阮阿祥在东街路救火时不幸在途殉命。④ 为加强锻炼，1948 年杭州商会曾组织一次规模不小的射水比赛，全城各救火会按龙种参加比赛，盛况空前。⑤

这一时期，近代杭州民办消防组织承担了部分火灾防救任务，弥补了官办消防组织力量的不足和政府职能的缺失，起到民辅官治的重要作用。

五 结语：官方和民间消防组织的互动

火灾作为影响城市公共安全的重要因素，对其防范与治理一直是上至国家下到民间社会关注的重点之一。虽然杭州官、民两种消防组织各自具有不同特征，领导机构也各异，但作为同处于杭州这一地域社会中的两种消防力量，其目的均为维护杭州地方社会的安宁，因此在扑灭火灾时，双方虽有分歧，但合作与互助仍是主流，民办消防组织积极配合官方的扑救活动，两者协同合作。

1928 年 1 月 17 日，石板桥板儿巷和望江门头直街演教寺两处发生大火，杭城内外各消防队、义龙，均闻警飞驰到场施救，接着五十八团及省

---

① 《杭州市救火总会救火员志愿书和保证书》，杭州市档案馆藏，档案号：L005 - 001 - 011 - 303。

② 《火警》，《新浙江日报》1938 年 7 月 6 日，第 5 版。

③ 《救火会追悼殉难班长》，《新浙江日报》1938 年 4 月 6 日，第 2 版。

④ 《救火员因公殉命，昨举行追悼会》，《新浙江日报》1938 年 4 月 11 日，第 2 版。

⑤ 郑绶成：《旧时杭城的民间"龙会"》，《浙江消防》1996 年第 2 期，第 41 页。

防军第二团宪兵及公安局巡察队等也先后到场。在这次火灾中，各方力量配合堪称完美，官、民消防组织负责灭火，宪兵队负责现场秩序维护，公安局巡察队在火场弹压，严禁闲人通行，以防匪犯混迹。正因为各方配合密切，此场大火被迅速扑灭。① 官、民消防组织相互配合，协同互助扑救火灾的事例比比皆是。如1933年7月9日，正值盛暑，杭州湖墅秉祥巷五号陈沈氏家因午炊遗火，发生火警，幸救火会、消防队相继赶到，竭力施救，仅延烧三十分钟。② 9月19日，杭州菜市桥大街陆兴园菜馆由于炉火失慎，霎时浓烟密布，发生大火，后经"该管公安第一分局七分驻所岗警电告公安局消防队，各界救火会派救火车洋义龙驰至，竭力灌救，至二时十分始熄"。③ 1934年6月，杭州连日来气候干燥，火警频繁发生，"西湖石凉亭十一号居民金柏侨家，忽告失慎，经救火车驰往灌救，旋即扑灭，……又同夜十一时卅分，马坡巷何德园家突患火警，消防队继续驰往施救，半时余始渐熄灭"。④ 打铜巷烛坊因蚊烟失慎发生大火，市消防队救火会和各集义龙纷纷赶到，分投灌救，历时一小时始熄。⑤

传统社会向近代社会的转型是一个漫长的过程，在社会的变迁中，传统与现代交互融合。在火灾救助过程中，杭州官、民两种救火组织，除了合作，也存在摩擦，矛盾时有发生。如前所述，随着杭城规模的日益扩大，城市发展过程中衍生出许多新的社会问题，火灾更是频繁发生。官方和民间两种消防组织虽然都承担灭火职能，但是由于缺乏统一的管理，职责纪律不规范，救火器具不一致，到达火场后往往各自为政，从而导致救火秩序混乱，甚至为争夺水源发生械斗，贻误救火时机，造成火势蔓延。1920年3月25日，杭州清泰门前发生大火，由于到场救火的消防队各自为政，缺乏统一指挥，加之离河道较远，取水不易，施救为难，导致大火蔓延，最终只能将民屋拆倒，大火才告扑灭。⑥ 1922年4月18日晚，杭城候潮门外发生火警，焚毁房屋10余间，消防队与义龙在救火中发生冲突，

---

① 《杭州演教寺前火警》，《申报》1928年1月17日，第9版。
② 《湖墅秉祥巷火警》，《申报》1933年7月9日，第13版。
③ 《杭市大火焚毙一命》，《申报》1933年9月19日，第8版。
④ 《一夜间火警两起》，《申报》1934年6月1日，第12版。
⑤ 《打铜巷昨晨大火》，《申报》1935年8月24日，第11版。
⑥ 《清泰门发生火灾》，《晶报》1920年3月25日，第2版。

继而展开互殴，伤者 30 余人。冲突导致上仓桥义龙龙首王某和警厅消防科长廉瑞祺身受重伤，送医救治。4 月 20 日，浙江省救火联合会专门开会讨论解决候潮门消防队与义龙冲突事件。①

为避免救火过程中官、民消防力量各行其是，彼此竞争，发生冲突，从而延误最佳救火时机，影响救火效果，甚至出现人员伤亡的情况，1926 年 4 月 9 日，浙江省会救火联合会召开会议，选举前任会长潘赤文和警厅消防科长洪玉庭为正、副会长，以方便官、民消防组织的联系和沟通，对协调解决双方在救火过程中出现的分歧和冲突起到了重要作用。② 1929 年 6 月，杭州市公安局根据市政府指令，颁布扩充消防组织大纲，发函浙江省会救火联合会，双方约定 7 月 1 日召开联席会议，将联席会议名称改为杭州市自治火灾消防组联合会，原有各义集均称为消防组，进一步扩大了官、民消防组织间的合作，并对火场救护秩序做出规定，要求各路救火力量到达火场后须听从消防队指挥官统一指挥，双方应加强合作以避免混乱发生，"消防组织与各路救火会同负地方救火之责任，理应切实联络，和衷共济，互相合作，以慰人民之望"。③ 对此，官、民消防组织均给予积极的配合，自发改进和规范各自救火成员的行为，此后双方互相支援，相互帮助，共同应对火灾扑救工作。1937 年，全面抗战爆发前，为防御日军轰炸及全市火灾救护，杭州各界组织救火力量，成立防空袭消防防护团。全面抗战爆发后，杭州市成立省会防护团，整合各方救火组织和救火力量，防护团承担杭城遭遇空袭时的消防、救护、警报以及交通管制等工作。市防护团建立消防大队，由市救火总会担任，归警察局统一指挥。④ 杭州解放后，鉴于原救火会等组织的散漫，管理指挥不统一，遇到火警不能迅速灌救，杭州市公安局将救火会等组织改组为杭州市人民消防委员会总会，一扫过去不统一、无纪律等积习，杭州消防掀开了新的一页。

由此可见，随着近代杭州城市的转型发展，围绕防火宣传、检查和扑救，官、民两种救火组织做了大量卓有成效的工作，并不断改进和调整自身的工作机制，形成了一套较为完整的火灾预防、应对和善后机制。在遇

---

① 《消防队与义龙救火起冲突》，《新闻报》1922 年 4 月 20 日，第 5 版。
② 《杭州快信》，《申报》1926 年 4 月 9 日，第 9 版。
③ 《全市消防组织统一编制由警察局指挥》，《新闻报》1931 年 6 月 22 日，第 2 版。
④ 刘之涛：《杭州消防史话》，《浙江消防》2001 年第 9 期。

到火灾时，杭城民办救火团体积极协助官方消防组织展开扑救，成为填补政府职能缺失的有效力量。官方则通过支持和利用民间救火团体，补充自身力量的不足。官、民双方通力合作，互相配合。诚如马敏教授所言，在中国传统"公"领域中，国家与社会的关系主要呈现出一种合作和协调的倾向，而不是相互对立乃至于对抗。[①] 这一时期，国家与民间社会两种救火组织相互依存，互相渗透，两者之间的关系呈现出多维互动、动态共生的特点，成为延续与重构城市消防组织的重要载体，共同维护杭城的繁荣与安定。

作者：王庆国，上海师范大学人文学院，
杭州电子科技大学马克思主义学院

（编辑：龚宁）

---

① 马敏：《官商之间：社会剧变中的近代绅商》，第 232 页。

城市"烟火气":"特殊解放区"时期大连的摊贩治理*

刘　东

内容提要　"特殊解放区"时期大连的市场管理处于极端混乱的状态,街头摊贩数量急剧增加。这一时期的大连城市摊贩虽然在一定程度上解决了部分民众的就业问题,但给城市的管理工作带来了一定的阻碍,同时也影响着战后大连工商业的恢复与发展。为此,大连市政府陆续通过整顿街道摊贩、设置街头摊亭、分类征收税金、动员摊贩转业等举措,有效地整顿了"特殊解放区"时期大连混乱的摊贩市场,较好地规范了经济秩序。"特殊解放区"时期大连的摊贩治理工作,不仅保证了战后大连城市的社会安定和工商业的恢复发展,而且为解放战争提供了重要的后援保障,也为城市的管理与建设工作提供了重要的参考价值。

关键词　"特殊解放区"时期　摊贩治理　城市治理　大连

近代中国,摊贩是活跃在城市底层的一个社会群体。城市地域的扩展为摊贩群体提供了广阔的生存与发展空间,摊贩的存在也满足了城市居民在饮食、日用、休闲和娱乐等方面的需求,丰富了市民的日常生活与大众娱乐,生动彰显了近代中国城市街头生活的互动图景。"特殊解放区"① 初

---

*　本文系 2021 年国家社会科学基金一般项目"新中国建立初期东北工业化与城市发展研究(1949～1957)"(项目号:21BZS016)的阶段性成果。

① 从 1945 年 8 月 22 日苏联红军进驻旅大,并对旅大地区实行军事管制,到 1949 年 10 月 1 日中华人民共和国宣告成立,这期间旅大地区的党组织处于半地下状态,国民党则以"自卫委员会"等名义进行活动,大连既不像解放区,也不算苏占区,既不是日占区,也非国统区,称为"特殊解放区",大连这一历史时期也被称为"特殊解放区"时期。

期，大连工厂、商行停业者众多，大量失业人员涌入街头从事摊贩行业，城市摊贩数量急剧增加，"当时大连市内有 1.2 万余户摊贩聚集街头"，①城市市场管理处于极端混乱的状态，不仅严重影响了大连工商业的正常发展，也给城市的管理工作带来了一定阻碍。为此，大连市政府从 1947 年至 1949 年陆续采取整顿街道摊贩、设置街头摊亭、分类征收税金、动员摊贩转业等措施，对城市摊贩问题进行了有效治理，不仅规范了大连摊贩市场秩序，也改善了市容市貌，实现了大连战后经济较快恢复与发展。目前，学界关于大连"特殊解放区"时期的研究关注点多集中于战后的政权建立、经济发展、战争支援以及中苏关系等领域，且多是从政治、经济、社会和外交等宏观视角进行相关探讨，对其背后微观环境之变化的关注较少。②"特殊解放区"时期大连的摊贩治理是当时中国共产党在特殊时期开展大连城市改造工作的重要一环，是关系战后大连社会稳定、市场发展与民生福祉的基础工作，也是对中国共产党治理和改造城市的一次实践考验。本文以"特殊解放区"时期的大连城市摊贩问题为研究中心，通过梳理和探讨"特殊解放区"时期大连城市摊贩治理的背景、过程及其成效，进一步分析"特殊解放区"时期大连摊贩治理的特殊意义。

一 大连"特殊解放区"时期摊贩治理的背景

近代大连先后被俄国、日本殖民统治长达 47 年，饱经磨难。日本投降后，大连的殖民地经济很快崩溃，工厂、商店纷纷关闭，许多小商人、工人、市民和穷苦农民纷纷涌上街头转向摊贩经营，以求温饱。但是，由于一般摊商对民主政府推行的政策不了解，相关政策落实不到位，因此造成"特殊解放区"建立之初大连市场管理极端混乱，市场上的摊贩经济畸形发展。

① 大连市史志办公室编《大连市志·工商行政管理志》，方志出版社，2004，第 413 页。
② 相关研究有李秀芳《"光明中的阴影"：国民党军队在大连登陆的失败》，《党史研究与教学》2011 年第 1 期；周红《新中国成立初期旅大地区苏侨集体遭返问题的历史考察》，《当代中国史研究》2014 年第 4 期；柳直《从 1948 年旅大货币改革看中共城市经济管理能力》，《史学月刊》2020 年第 5 期；肖瑜《试论中苏关系中的旅大问题（1945～1955）》，《中共党史研究》2012 年第 10 期；韩大梅《苏联红军占领旅大与中共当地政权建设》，《中共中央党校学报》2010 年第 4 期；栾景河主编《中俄关系的历史与现实》，河南大学出版社，2004；等等。

(一) 大连"特殊解放区"建立之初的摊贩概况

日据时期，大连的大小市场主要包括完整市场、露天市场、摊贩集中地和夜市等。虽然日据期间在大连也投资建立了一些企业，地方经济也有一定基础，但绝大多数属于为其侵略战争服务的军工企业，并为日本人所垄断。① 随着日本无条件投降，上述各工厂便普遍处于停产、半停产状态，商行关闭者众多，大量工人、店员失业。于是许多失业人员为谋求生计，纷纷转向街头从事摊贩买卖，街头摊贩人数骤增，"一时竟达 1.2 万余人"，"其间各式各样的代理店也骤增到 813 家"。② 在"特殊解放区"建立之初，大连市政府为发展生产，活跃城乡物资交流和方便群众生活，便普遍恢复和建立了城市综合市场，大力发展集市贸易活动。随后，大连人民政府又发出布告，"号召商民进行登记，领取营业执照。另外，还办理发给'运搬执照''采办粮食执照'等"，③ 对混乱的摊贩市场进行了简单的整理。1945 年 11 月，大连市政府还曾"对日本统治时期的部分市场设施进行整理和修缮"，④ 重新开设了一些公立市场，但并未对市场上的摊贩进行系统整顿。

1946 年大连市政府开始对市场摊贩进行初步登记与清理。截至当年 4 月末，"大连市内原有商店呈请登记的有 1091 户，批准发照 511 户（其中，中国人 252 户，日本人 259 户）；私营工厂登记者 433 户，批准发照者 295 户；原有 28 个露天市场摊床 4998 户，批准发照 1581 户；各业公会呈请登记者 15 户，批准 9 户；公司呈请登记者 7 户；各种营运车辆呈请登记者 2620 台，批准发照 2535 台；新开设商店呈请登记者 3324 户，批准发照 2387 户（其中，中国人 1534 户，日本人 847 户，其他 6 户）。设在西岗、自由、新华、聚乐、中央、华民 6 个商场内的商店呈请登记者 484 户，批准发照 332 户"。⑤ 在此期间，大连市政府对其中的摊贩市场进行了一系列

---

① 大连市史志办公室编《大连市志·财政志》，中央文献出版社，2002，第 108 页。
② 大连市史志办公室编《大连市志·工商联志》，大连出版社，2002，第 229 页。
③ 《大连市志·工商行政管理志》，第 183 页。
④ 辽宁省地方志编纂委员会办公室主编《辽宁省志·工商行政管理志》，辽宁人民出版社，2000，第 57 页。
⑤ 《大连市志·工商行政管理志》，第 183 页。

的整理，主要是进行集中划片，固定经营，"共清理整顿市内公立市场 6 处，有 486 家商店在公立市场内经营。同时，划定市内露天市场 28 处，有 4998 户摊贩在场内经营"。① 通过划定摊贩的经营场所，大连摊贩市场的混乱状况得到了一定改善。

通过整理，"大连摊贩市场已达七十三个，相比日寇时期增加了四十个，且主要集中在天津街、火车站前、大连市场周围、大同街附近等人流密集的地段，摊贩数目约有八万八千四百五十余人"。但是，"数万人的摊贩群体，和近千家的投机性代理店，搅乱着城市的经济生活"。② 由于当时所采取的整理办法只能将妨碍交通要道的市场进行直接转移，如把天津街摊贩移至火车站前的广场等，并未能有效解决摊贩市场杂乱的分布状况，仍需要进行系统整顿。

（二）大连"特殊解放区"建立之初摊贩的经营乱象

影响工农业生产，阻滞经济发展。大连解放之初，百业待兴，但是由于国民党的经济封锁，工业原料和燃料供应不足，不少工厂停产，大连当地 70000 多名工厂工人无工可做。许多大连当地工人要么选择返回关外老家，要么只能在大街上兜售从工厂和日侨人家偷来的东西，以赚取一些养家糊口的钱。③ 因而，各种摊贩纷纷涌现街头，极大地影响了大连的市容市貌，同时也阻碍了大连城市工商业的良性发展。在人民政府的领导下，不久大连市便有效地克服了国民党的封锁等困难，使当地的工商业得到了较快恢复与发展。据统计，1947 年初大连市开业的商店有 9630 家，开业的工厂有 1350 余家。④ 但是，大连市很多区域仍存在大量摊贩经营。这些劳动力不仅不从事各种生产事业，反而增加很多消费，如不通过适当的整理减少其人数，必将对人民政府"增加生产，繁荣经济"的政策起到消极作用，背离"变消费城市为生产城市"的工作方针，影响工农业生产，阻滞经济发展。

趁势哄抬物价，扰乱市场秩序。大连解放之初，市内经营粮食的商贩

---

① 《辽宁省志·工商行政管理志》，第 13 页。
② 《生产的城市——大连访问记》，《人民日报》1949 年 7 月 31 日，第 2 版。
③ 旅大概述编辑委员会编印《旅大概述》，1949，第 271 页。
④ 大连地方党史编辑室编《中共大连地方党史资料汇辑》，1983，第 385 页。

尚有 3000 多户,虽然"这些粮贩在当时为调剂市场余缺,方便市民的(原文如此——引者注)购买粮食起到一定作用",① 但是在国民党军队封锁大连造成粮食短缺之时,也有"一些不法粮商、粮贩囤积居奇,哄抬粮价"。② 同时,很多商贩趁着大连复杂的形势,欺行霸市,投机倒把,哄抬物价,偷税、漏税、抗税等违法行为也十分普遍。一些街道上的摊贩也经常胡乱要价,没有统一标准,还经常以次充好,拿品质低劣的东西冒充高端商品,欺骗广大民众。时常会出现同一个市场、同一段时间的同一件商品价格相差甚大的现象。"其中部分代理店没有固定业务范围和佣金标准,伺机进行黑市活动",③ 他们通过经营所谓的代理店,进行非法物质的交易,只靠电话牵线,不少货物倒手几次,虽然原主和买主彼此并不见面,价格却涨了几倍,严重破坏了社会经济秩序。这些市场乱象对大连工商业的正常经营与发展都是极其不利的。

从事人员复杂,影响社会治安。苏军进驻旅大地区之后,着手城市各处的军事布防,无暇顾及地方治安,以致社会秩序严重混乱。虽然大连市公安局也通过建立坊警队、儿童团、妇女会等组织协助进行社会管理,但是由于这些组织管理和工作都无经验,因而有些工作不够协调,有的组织流于形式,不能充分发挥应有作用。"1945 年 9 月 5 日至 9 月 22 日,仅大连市内被抢劫的就有粮厂、煤场、木材厂、酱油公司、青果会社、油脂会社、山林、仓库、码头、飞机场等 19 处和 24 家居民住户。"④ 同时,由于城市各处的摊贩太多、太杂,市场混乱,小偷等时有出现,同时敌军特务、土匪也经常利用摊贩市场的杂乱场面或者伪装成市场摊贩,进行破坏活动。

摊位阻塞道路,妨碍城市交通。由于工厂停工,商店市场关闭,大批失业人员为维持生计,便纷纷开始从事摊贩生意。由于缺少政府部门有效管理,一些摊贩便经常摆在城市的交通要道或者繁华街道等人流量大的区域。当时大连有大量失业的工人和店员"从事摊贩活动,到处板棚林立,

---

① 大连市史志办公室编《大连市志·粮食志》,大连出版社,1998,第 49 页。
② 《大连市志·工商行政管理志》,第 383 页。
③ 《大连市志·工商联志》,第 229 页。
④ 大连市史志办公室编印《苏联红军在旅大》,1995,第 7 页。

阻碍交通"。① 由于很多摊贩沿街设立，极易聚集，且少有定制，多是东拉西扯，造成交通堵塞，行人和车辆经常通行困难，扰乱了大连的公共交通秩序。

运营缺乏管理，污染公共卫生。大连解放初期，"由于正规商业没有及时恢复，行商、摊贩叫卖街头，自发形成早市、夜市"。② 有些摊贩在运营过程中，随处倒秽物、泼污水，使街道经常脏乱不堪，对公共卫生造成较大污染，还极易传染疾病。还有一些随着摊贩而逐渐发展的露天饮食铺子，尘土飞扬，极不卫生。

（三）大连"特殊解放区"时期摊贩治理的缘起

解放之初的大连地区，中共党组织处于半地下状态，国民党、帮派、大汉奸等则以"自卫委员会""维持会"等名义进行活动，实际上形成了一处治权空白区。随后不久，中共成立了人民政府，当时大连的"地方政权和主要经济部门（除苏方管理的中长铁路、大连港等外）都掌握在我党手中"。③

国民党在接收大连失败后，随即宣布暂停大连港的开放，人为地阻隔了大连与外界的经济贸易往来。由于大连地区的工业原料、粮食、燃料来源遭到切断，一大批工厂被迫停产，大连市有几万工人失业，数万人处于饥饿和半饥饿状态。同时，由于粮食供应困难，"市内有5万人需要依靠救济生活，岭前区石道街一半以上的居民靠野菜和豆粕度日"。④ 国民党的经济封锁同样带来了严重的社会管理问题。因为铁路交通停顿，北满粮源断绝，加上奸商故意操纵，粮价暴涨，引起群众自发抢粮。⑤ 经济封锁切断了大连粮食和工业发展所需物质的供应链，加速了大连当地经济的崩溃。由于大连本地粮食产量有限，又暂时无法外购粮食，粮食急缺，粮价开始暴涨，仅1946年这一年，粮食的价格就上涨了1000%到2000%。⑥ 大

---

① 《大连市志·工商行政管理志》，第413页。
② 《大连市志·工商行政管理志》，第419页。
③ 中共吉林省委党史研究室等编《韩光党史工作文集》，中央文献出版社，1997，第35页。
④ 《1946年11月召开的群众工作会议原始记录》，大连市档案馆藏，档案号：1-1-4。
⑤ 《中共大连地方党史资料汇辑》，第372页。
⑥ 《旅大概述》，第45页。

连解放之初面临的粮食问题和城市管理问题是中共在大连“特殊解放区”时期进行摊贩治理的直接原因。

二 大连“特殊解放区”时期的摊贩整顿与动员

“特殊解放区”建立初期，大连城市摊贩发展畸形。同时，大连作为当时的国际性都市，也不能任由摊贩在最繁华的街道设摊，影响市容市貌和社会秩序。因此，为配合“特殊解放区”工商业逐步发展的良好形势，大连市政府于1947年5月至1949年6月，通过制定与实施治理策略，明确工作目标，制定具体法规和条例，采取渐序进行、缓和整理的方式对大连的城市摊贩进行有效整顿与治理。

（一）整顿街道摊贩，改善市容市貌

俄据和日据时期，大连的工商登记多是直接按照行业划分为商业登记和申报纳税两种形式。“特殊解放区”建立初期的政策是，“工商各业不分国际性质，只要呈请政府登记，均即发给执照”；注册登记的范围是，“各种商店、工厂、渔业、家畜交易市场、摊床、行商、货物汽车、乘客马车、载货大车、洋车、三轮车等”。[①] 这一时期，工商注册登记由1945年大连市政府设立的社会局农工商科注册股负责管理。1946年，注册登记工作事务改由市财政局工商管理科注册登记股负责。1946年4月，大连市政府工商局正式成立，工商注册登记工作便开始由其秘书室内设注册股负责。[②] 同时，为了维护市场秩序，“将日本统治时期的部分市场设施加以整理修缮，开设公立市场”，并“对公立市场和露天市场进行清理整顿”。[③] 以上举措作为解放初期大连市政府对城市市场秩序与经营面貌进行的尝试性整顿，虽然有着积极的一面，但这显然是特殊时期为了社会稳定的权宜之计，实际上治理效果并不明显。随着大连社会的逐步稳定，1947年5月大连市政府便全面着手摊贩的整顿工作，其间主要通过将城市中广泛分布

---

① 《大连市志·工商行政管理志》，第163页。
② 《大连市志·工商行政管理志》，第155页。
③ 大连市工商行政管理局编《大连市工商行政管理志（1840~1990）》，大连出版社，1995，第130页。

的摊贩集中起来，实行统一管理，把分散各地的摊贩有计划地集中到比较完整的市场，发给执照，减少街头板房，整顿市容市貌。1947 年 7 月，关东公署批准了大连市政府拟定的《工厂登记办法》《公司登记办法》《商行登记办法》《酿酒管理办法》。这是大连在"特殊解放区"时期第一次公布的有关工商业登记发照的比较具体的单项行政法规，具有十分重要的意义。当时规定的登记范围除了在大连市经营的各个大小商行、公司、工厂、作坊外，还规定"凡进口粮商及粮食贩均须分别向工商局及区政府登记"。截至当年 12 月，大连市除了对 1170 家工厂完成了注册登记，也对"市内 28 处露天市场和街头摊床、商店、商场、各种车辆都进行了登记"。① 同时，因解放初期的大连，在城市公立市场范围内开展经营的主要是私营商业和个体商贩，且多有"私拉乱盖"的行为，极大地影响了大连的市容市貌，1947 年制定的《大连市公立市场章程》随之便规定"凡拟在市场承租经商者，须具店铺申请书，呈经工商局核准后方可营业"。② 如近代大连最知名的"破烂市场"西岗露天市场，经过对市场内的摊贩进行整顿，于 1948 年改称"大连博爱市场"。③ 此外，关东公署还规定从事酿酒业、粮食业、食品业的工厂和摊贩，"须先办理粮食登记或卫生检验合格后，再办理营业执照"。④ 这是大连市早期的前置审批，可以看作对从事酿酒、粮食、食品行业摊贩的卫生要求，这对改善大连城市相关摊贩的卫生状况起到了一定作用。

"特殊解放区"时期的大连，街头摊贩十分拥挤，道路时常堵塞。为了能够容纳街头广分布、小聚集的众多摊贩，1947 年，大连市开始尝试采用地区专责管理的形式对私营固定工商业户及摊贩进行管理，即对所管辖范围内的私营固定工商业户和众多摊贩，不分经营行业，一并"按坊间行政区划，分区划段，顺户编组，由 10 户至 20 户编成工商小组，再由数个工商小组组成中心组，由配备在辖区内税务专责干部负责管理"。⑤ 比如，为取缔众多不法粮商，大连市工商局就根据市政府的决定，于 1947 年 4 月

① 《大连市志·工商行政管理志》，第 163 页。
② 《大连市工商行政管理志（1840~1990）》，第 166 页。
③ 《大连市工商行政管理志（1840~1990）》，第 137 页。
④ 《大连市志·工商行政管理志》，第 203 页。
⑤ 大连市史志办公室编《大连市志·税务志》，大连出版社，1998，第 341 页。

"设立粮食交易市场，将800户分散经营的粮贩集中到西岗商场（市中级人民法院后）内经营，工商局设立市场办事处进行管理"。① 这种工商业小组的组织形式不仅能够很好地对摊贩进行编组管理，有效地整顿摊贩市场秩序，而且能在贯彻税收政策、防止和减少偷税漏税等方面起到一定作用。通过编组管理，大多数摊贩被动员回到了市场，并迁到指定的街道。经过几个月的编组整顿，大连街道秩序得到了改善，市容市貌焕然一新，经济也得到了一定的恢复。

（二）设置街头摊亭，规范市场秩序

为了迅速恢复正常的社会经济秩序，保护和扶持正当私营工商业的发展，大连市政府提出对摊贩的行业进行限定，并制定了各项具体政策和整顿措施。早在1946年12月，大连市政府就对街头摊贩进行数次清理，还规定主要街道必须设置摊亭。经过清理整顿，最终"259户迁进门头房，2364户搬进公立市场和指定市场内经营。拆除了西岗商场、文昌市场等32处露天市场和150多条街巷上的大量板房、摊床，使市场秩序有所好转"。② 虽然大连市容市貌有所改观，但并未全面解决摊贩问题。因此，从1947年开始，大连市政府动员有门头的摊贩，全部回到门头经营；对于无门面的摊贩，在帮助其解决房子问题后，进行门头经营；资本较小且无门头的，动员其迁到公立市场。最终有的回到临街商店，有的进入工厂，有的回乡务农。③ 对代理店则动员他们从事正当的商业经营和海外贸易，限制其进行非法活动。大连市政府通过对市场上摊贩行业进行种类的限定，从而减少了摊贩的从业人数，释放人力、物力回到工农业生产当中去。经过动员与整顿，大连庞大的摊贩从业人数逐步下降，"至1947年末，减少为7000人左右"。④ 随着整顿工作的有序推进，到1948年初，"市场已基本稳定，私营工商业发展到9964户"。⑤ 经过整顿，大连的摊贩数量大大减少，从业人员也显著减少，大量劳动力得以释放。

---

① 《大连市志·工商行政管理志》，第383页。
② 《大连市志·工商行政管理志》，第414页。
③ 《大连市志·工商联志》，第229页。
④ 《大连市志·工商联志》，第229页。
⑤ 《大连市志·工商联志》，第229页。

此外，大连市政府通过设置街头摊亭，也大大减少了街头的摊贩数量，规范了市场经济秩序。1948 年 1 月，大连市政府在中山区、寺儿沟区、西岗区和沙河口区设置街头摊亭，指定街头摊亭设置地址，同时规定"摊亭所卖物品以香烟、水果、干果及其他零星食物为限，不得贩卖其他物品"。① 详见表 1。

表 1　大连市政府指定的街头摊亭开设地址统计

单位：个

地区	位置	数量
中山区	大连日报社房角、苏联外国旅行社后砖墙南根、一德街 55 号门头、大连日报社南边墙角、民主广场交通公司营业所左边、胜利桥南边东灯塔下、胜利桥北边东灯塔下、文化公园门东旁边、中山广场关东实业公司左边、友好广场进步电影院左边、大连火车站后、煤炭公司门口左边墙根、老虎滩电车站头北边空地、静浦街电车站黑板后边、白云街电车站广告板前、葵英街电车站西桥前	16
寺儿沟区	民生广场中央空地、朱德广场交通公司营业所对过	2
西岗区	三春街永利石材工厂左边、大同街电车站北边、科学研究所门东旁、关东公署电车站南左边路旁、东关街博爱医院前、大同街电车站西往北路口、麻袋公司门口、东关街电车站前、市立女中学门口东旁、大连市政府招待所东墙角、关东中央医院后边东首、民众街派出所对过	12
沙河口区	沙河口火车站交通公司电车卖票处后边、兴工街电车站西、福兴街火柴公司门口左边、沙河口区政府门东旁、解放广场六线路旁树林北头、解放广场广告板前、拥警街 60 号门东墙角、民运街派出所南苏联军部门口、大连运动场正门口、大连运动场东北角马路旁	10

资料来源：根据《大连市志·工商行政管理志》相关资料整理。

① 《大连市志·工商行政管理志》，第 256 页。

对于大连地区人口集中、交通拥堵与社会情况复杂等问题,大连市政府于1948年9月发布了《关于实行户籍登记工作的指示》,开始"进行街名门牌的彻底整理,然后登记户口领发居住证",① 对街名门牌的整顿以及户口登记工作的开展进一步规范了街道上的流动摊贩和门头,使街道焕然一新。此外,大连市公安总局还于1948年10月15日发出指示,要求各级公安机关配合党政机关及社会团体,建立健全城市互助组与农村防奸防匪自卫组织,如打更队、巡逻组等积极开展群众性的治安防范工作,并配合政府、协助公安机关做好保护房屋、整顿市容、管理摊贩、防疫卫生和互救互济等项工作。② 大连市政府通过对城市摊贩进行集中管理,设置街头摊亭,不断减少大连街头的板房,有计划地整理街容市貌,进一步规范了街道上的流动摊贩和门头,使城市街道焕然一新,同时也有效缓解了社会矛盾,社会得以安定,市场秩序得以规范。

(三)分类征收税金,动员摊贩转业

考虑到大连解放后的社会经济状况,大连市政府为了减轻人民负担,废除了"治安维持委员会"规定的一切税收,规定"凡肩挑小摊(贩)及车轮(辆)船只暂且一律停止征税",③ 在工商登记中也是尽可能地照顾生活贫困者。1946年10月,大连市政府为了照顾私营工商业的发展,"对所征营业税、所得税在13万元以下者免征,对摊贩、行商一律免征",④ 这其实在税收政策上变相奖励了摊贩。于是,一些大商人便通过分散资金,经营着多个小摊,就是为了不纳税。因此,1947年8月关东公署发布《摊床营业税暂行条例》,开始对摊贩经营者进行种类和等级的划分,分为门头摊贩和无门头摊贩两种类别,再根据经营种类与范围将门头摊贩和无门头摊贩均分为甲、乙两种不同等级进行捐税征收(见表2)。

---

① 《中共大连地方党史资料汇辑》,第426页。
② 大连市史志办公室编《大连市志·公安志》,方志出版社,2004,第219页。
③ 辽宁省税务局等编《东北解放区工商税收史料选编(1945~1949年)》第2册,黑龙江人民出版社,1988,第1页。
④ 陈文登编著《旅大特殊时期老票证(1945~1955)》,大连出版社,2007,第40页。

表2　1947 年关东公署关于摊床营业税征收明细

单位：元/月

类别	经营种类与范围	税金额度
门头摊贩	甲级（化妆品、食品杂货、鱼菜、饮食类）	4000
	乙级（烟类、冷食、水果等）	1000
无门头摊贩	甲级（资本物品价值 10 万元以上者）	8000
	乙级（资本物品价值 10 万元以下者）	6000
	其他（电气、五金、药品等）	4000

说明：此处为苏军进军东北时所发行的军用币。

资料来源：《大连市志·税务志》，第 87 页。

　　大连市政府成立后，便废除了日据时期的旧税制，实施新税制。1947年 8 月和 1948 年 1 月，关东公署先后颁布了《营业所得税暂行条例》和《所得税暂行条例》，并依据有利或不利国计民生的规定，进行减征或加征，其中便规定："对经营机械、车船、电器、医药、纺织、印刷、制纸（迷信品除外）等减征 20%"，"对烟草制造、玉器、古玩、首饰等制造、贩卖业、代理、放贷款业加征 50%"。[①] 其中"贩卖业"便属于加征的范畴。同时，大连市在整顿摊贩中规定的发证条件即要求"资金在 20 万元（关东币）以下无力经营门头者"。[②] 这就有效地限制了过多资金涌进摊贩市场。其间，大连市税务局所属各分局的专责区管理组织，从调查计税到征收，按照"原已建立的工商小组为基础，每 2 人组成一查税小组，每一查税小组管辖十几个工商小组，计商户 300 户左右。查税组负责管辖区内的工商业税收"，[③] 进行系统管理，了解工商业情况及负责其他税的检查缉私工作情况，进一步加强了税收管理。此外，1947 年 8 月，《关东地区税务人员奖惩条例（草案）》也开始实施，[④] 进一步规范了摊贩市场的管理秩序。大连市政府通过分类征收税金，摊贩一律征税，并逐步加重，同时加强监管，从税收上对摊贩的发展进行了有效限制。

　　早在 1946 年 6 月，大连市工商局便开始对街头摊贩进行清理与整顿，

① 《大连市志·财政志》，第 109～110 页。

② 《大连市志·工商行政管理志》，第 199 页。

③ 《大连市志·税务志》，第 341 页。

④ 《大连市志·财政志》，第 54 页。

"从天津街、青泥洼桥、保宁街、大同街、大胜街、黄河路等主要街道开始清理，动员摊贩搬进公立市场继续经营或转向从事其他职业"，"经过这次整顿，市内街面还剩有 7632 户摊贩"。① 但是此次清理不够全面彻底，摊贩问题仍未能够有效解决。为此，大连市政府在 1948~1949 年仍然大力推进摊贩的治理与转业动员工作。大连市政府通过确定摊商的基本标准与具体要求，在执行与实现两年经济建设计划 "发展生产，改善民生" 的总方针下，为达到减少非生产人员的目的，动员他们转业到工厂生产，对于资本较大的摊贩，则动员其转为门头营业。总体上来看，这一时期对摊贩进行治理的原则主要强调的是摊贩发展要有利于国计民生，"凡有技术、有劳动力的均转业生产；取消露天市场；对经营菜果、海产等发给执照；对卖艺、迷信品等不发给执照。市内共登记摊贩 3332 家，行商 2117 家"。② 对于不符合条件者，积极动员其转业。通过对摊贩的持续整顿与转业动员，城市摊贩得到了有效的管理，市场秩序有了较大改善，大连的经济发展逐渐展现了良好的势头。

三 大连 "特殊解放区" 时期摊贩治理工作的历史贡献

"特殊解放区" 时期，大连市政府通过设置街头摊亭、分类征收税金、动员摊贩转业，使农民回到农村，工人回到工厂，商人回到门头，比较成功地整顿了街道摊贩，市容市貌焕然一新，市场秩序得到有效恢复。大连城市摊贩治理的成功实践，不仅保证了这一时期大连城市的社会稳定，而且释放的人力与物力满足了工农业的发展需求，为中国人民解放战争提供了重要的后援保障，同时也加强了 "特殊解放区" 人民对中国共产党的政治认同。

（一）大连城市摊贩的有效治理保证了 "特殊解放区" 的社会稳定

大连解放前，日本殖民统治者在大连先后建立了名目繁多的 "商业组

---

① 《大连市志·工商行政管理志》，第 413~414 页。
② 《大连市志·工商行政管理志》，第 163 页。

合"，垄断了全市的商业经济，民族商业纷纷破产倒闭。随着日本投降，大连的殖民地经济很快崩溃，工人纷纷失业，通货膨胀严重，物价飞涨，人民生活困苦不堪，赤贫者甚多。首先面临的便是粮食紧缺，人民基本生活难以保障，社会动荡不安。据西岗子1947年1月统计，"赤贫者450户；9月统计，已增至878户……大连县9月上旬统计，有一个渔网工厂355人，午饭能带苞米饼子的10人，只能带一点饭的100人，不能带饭的200人；不上工的45人，40人挖野菜，5人要饭……还有饿死人的现象"。[1]加之国民党军队的封锁，大连城市粮食供给极其困难，粮价飞涨，同时粮商和粮贩却相互勾结，囤积粮食，哄抬粮价。

为解决大连人民缺粮的燃眉之急，1946年8月1日，大连市政府紧急颁布了《奖励粮食进口的暂行办法》，规定在全市范围内组建100多个采粮小组，"从胶东、北满、辽西等地运进粮食13万多吨，向贫民发放救济粮50多万公斤"，加之政府与苏军提供的部分粮食，"全市有2/3人口得到配卖的低价粮"。[2] 1947年1月，大连市工商管理局粮食科又通过深入了解汇总各区贫民情况，"要求同利公司出粮二十五万斤，大连贸易出粮五十一万四千斤，其中高粱每斤以十五元，小米每斤以九十五元，苞米以一百元的低价，每人一日按四两，发予贫苦市民十日的粮食"。[3] 1947年2月，中共旅大地委还发布《关于开展生产运动的决定》，要求旅大地区通过增加农业生产保障粮食供给。[4] 但是，仍然不能彻底解决粮食问题。

于是，1947年6月，关东公署颁布了《粮食管理办法》，其中明确规定要打击囤粮的摊贩。"减少中间剥削，打击囤户，鼓励粮食进口，发动群众检举囤积剥皮者，设立零售门市，组织粮商公开交易，对粮贩、磨房进行登记发照，予以清理。"[5] 这些摊贩整顿措施的实施有效地制止了囤积粮食、哄抬粮价、坑害群众等歪风，打击了粮商、粮贩的投机倒把行为，

---

[1] 大连市史志办公室编《城市的接管与社会改造·大连卷》，大连出版社，1998，第312页。
[2] 大连市史志办公室编著《中共大连地方史》上卷，大连出版社，1996，第156页。
[3] 《中共大连地方党史资料汇辑》，第386页。
[4] 大连市史志办公室《中共大连地方组织文献选编（1926~1949）》，中共党史出版社，2009，第112~116页。
[5] 《城市的接管与社会改造·大连卷》，第432页。

使粮贩数量骤减,一些磨房主也纷纷转业,市场粮价逐渐走向平稳,"物价普遍下跌,比一九四七年物价最高时,粮食下跌为原价六分之一",① 大连民众的温饱问题基本得到了解决,民心得以稳定。同时,对于因暂时无法恢复生产或只能局部恢复生产而暂时失业的工人,政府号召大家尽量不要选择从事摊贩经营,并将其组织起来实行生产自救。在苏军的支援与帮助下,"大连地区成立了渔网工厂,建立了手工制鞋工厂"。② 通过在工业生产未恢复前组织这些手工工厂进行生产自救,避免了大量失业人员涌向摊贩经营,解决了当时一部分人严重的失业问题,保证了社会的稳定。

此外,大连市政府通过对摊贩进行大规模的整顿,全市形成了百货、菜果、水产等几个摊贩集中的大市场,从而净化了市容,加强了市场管理,取缔了欺行霸市、投机倒把、哄抬物价等不法行为,稳定了物价,制裁了一些偷税、漏税、抗税等违法行为,保证"特殊解放区"时期大连社会的稳定与发展。

(二) 大连摊贩治理中释放的人力与物力满足了工农业的发展需求

1947 年 9 月,旅大地委发布了《关于目前形势与党的任务》的工作报告,并提出将"发展生产,安定民生"作为旅大地区生产工作的总方针。③ 同年 12 月,中共旅大地委讨论通过了《关东地区一九四八年经济建设大纲》,提出要扩大就业人数,并强调要将"十月会议提出的安定民生解决三万五千失业工人就业的具体措施,扩至九万人(包括织网的做鞋的工人在内)"。④ 随后,民众在大连市各级政府的领导下,开始了一场围绕"发展生产,安定民生"展开的生产自救运动。而在摊贩治理的过程中释放的人力与物力极大地满足了大连地区工农业的发展需求,为促进大连工农业的发展提供了重要的劳动力与资金支持。

在城市的生产没有恢复,广大群众失业时,必然会出现摊贩的畸形

① 《生产的城市——大连访问记》,《人民日报》1949 年 7 月 31 日,第 2 版。
② 《旅大区征收工商业税的办法》,《人民日报》1950 年 4 月 9 日,第 1 版。
③ 中共大连市委党史研究室编《中共大连党史大事记(1919~1990)》,大连出版社,1991,第 47 页。
④ 《中共大连地方党史资料汇辑》,第 407 页。

"繁荣"，商人也乘机化整为零，投机取巧。通过摊贩整顿，转向工厂的工人数量不断增加，"如转入工厂的就有二十六家，资本四千二百八十三万元；转入作坊就有八十家，资本二千三百八十五万元"。[①] 同时这些工厂与作坊的经营范围都是有利于国民经济发展的化学、金属、纺织和食品等工业。仅 1948 年上半年，"新设的工厂有四百八十三家，资本共二亿七千八百三十四万，投机倒把商人转入正常商业代理店六百多家……地下交易的转入交易所有四十八家，至于摊贩由一万二千多，减至三千五百十七"。[②]这是整理摊贩的政策与教育督促的结果，估计转向生产者更不在少数。

摊贩整顿释放了充足的劳动力，尤其是技术工人能够加入工厂进行生产创造，极大地促进了大连地区的工业发展。以大连修造船厂（船渠）为例，在"八一五"以前，这个厂最多时工人达到 5000 人，有 10 个分厂，厂内机械设备也比较完善，但是较大的船只如不拖到日本去最后装配汽缸、拉杆等主机件，就无法航行。这正是受殖民统治的工业的特点。"八一五"后，苏联提供援助，一些困难迎刃而解。在短短的四年中，"胎造船、钢铸锚链等制品也能在工展会场里展览了"。[③] 日本在投降前夕，曾对大连滥施破坏，"街头巷尾挖满了防空壕，到处堆积着垃圾"。[④]但是由于当地人民政府的努力建设以及苏联的帮助，曾经满目疮痍的城市变得更加美丽。旅大实业公司所属机械、化学试验、珐琅、铁工、火碱、电器化学和纺织针织等工厂，在日本投降时都曾遭到严重的破坏，现在经工人全部修复，恢复生产。"旅大交通公司电车工厂，在一九四五年解放时，比较完整的电车只剩下十五台，工人们克服了机材缺乏的困难，将破车陆续修复，现在每天出车八九十台左右，一九四六年汽车公司只有五辆完整汽车，经工人坚苦装修，现在已经有五十二辆汽车。"[⑤] 大连地区的工人在旅大党委的领导下积极从事工业恢复和建设工作，取得了巨大成绩。

---

① 《一年来市场管理的几个主要问题》，《经济》创刊号，1948 年，第 14 页。
② 《一年来市场管理的几个主要问题》，《经济》创刊号，1948 年，第 14 页。
③ 《大连修船造船工业的恢复和发展》，《人民日报》1949 年 10 月 31 日，第 2 版。
④ 《美丽的大连城 市内建筑美观整洁 市民健康日益改进》，《人民日报》1949 年 9 月 21 日，第 2 版。
⑤ 《经过工人三年辛苦建设 旅顺大连工业发达》，《人民日报》1949 年 5 月 7 日，第 3 版。

为了有计划地发展城市的生产,"特殊解放区"时期的大连在工商管理与税收方面做了很多工作。1948年以后,旅大区有计划地从加强工商业管理、密切配合缉私来杜绝漏税。经过两年的摸索,"创造了先进的管理工商业制度和征收工商业税的办法。即通过组织工商业小组,建立统一的账簿,普遍实行统一的发货票(发票),建立干部专责管理制度"。① 从根本上杜绝了漏税,且做到负担公平合理,开创了征收工商业税的新方向。"以1948年为例,工业户数较1947年增加了15.3%,烟、酒、化妆、迷信品的生产则缩小了3.7%,摊贩较1947年减少了31.8%"。② 大连的实践经验说明,一个工业城市的一切部门各个时期的工作都必须围绕着恢复和发展城市的工业生产这个中心。只有在生产运动中才能真正发动组织与教育群众,只有在生产发展的基础上才能真正改善群众的生活。

(三)通过摊贩整顿恢复发展经济为解放战争提供了重要后援支持

摊贩市场的盲目扩张,聚集了大量的人力、物力和财力,若不加以限制,势必会阻碍战后大连工农业的恢复与发展。1948年3月30日,中共旅大地委召开常委会,地委书记韩光就指出,"商业方面所占人口比例太大……新税收颁布后,关了门头,化整为零,逃避税收……私人商业还需要。但是数量应是有限的,现正研究如何使他们转一部入工业"。③ 于是,对大连摊贩市场进行整顿与治理以恢复经济发展的工作就十分迫切了。通过一系列摊贩治理举措的实施,大连摊贩市场秩序得以恢复,经济也得到了较快发展。这是因为,一方面,摊贩整顿工作对推动摊贩经济的良性发展有着积极意义。大连地区的地方捐④收入增长明显,1947年地方捐收入为8961.8万元,同比增长21.9%;1948年为29270.9万元,同比增长2.27倍;1949年为38051.5万元,同比增长30%。其中,摊床捐增长尤

---

① 《旅大区征收工商业税的办法》,《人民日报》1950年4月9日,第1版。
② 《生产的城市——大连访问记》,《人民日报》1949年7月31日,第2版。
③ 《中共大连地方党史资料汇辑》,第413~414页。
④ 地方捐,亦称地方税,主要包括契税、摊贩税、入场税(娱乐)、屠宰捐、渔业捐以及车捐等。

为明显，从 1946 年的 167.7 万元增加到 1949 年的 17883.8 万元（见表 3）。① 另一方面，通过限制大连摊贩市场的盲目发展，可以将有限的人力、物力、财力引向工农业领域，对大连战后经济的恢复与发展起到了重要作用。1946 年，大连所得税收入为 4304 万元，1947 年为 52051.2 万元，同比增长 11.09 倍；1948 年为 129137.6 万元，同比增长 1.48 倍。除了 1949 年因自然灾害，同比下降了 35.5%，其他年份都增长明显。② 从整体来看，在旅大地委和各级政府的领导下，摊贩整顿工作取得良好效果，大连地区的经济得到了恢复和发展，显示出了战后大连经济比较迅速的恢复力。

表 3 1946～1949 年大连税收情况

单位：千元

税种		年份			
		1946	1947	1948	1949
正税	营业税	23790	135087	1837780	2357980
	所得税	43040	520512	1291376	833025
	出场税	136757	226810	501173	195188
盐税		1230	32947	137810	116529
地方税	财产捐	—	—	—	5
	契税	22794	34650	18980	43826
	舟车捐	2323	7730	20149	52134
	摊床捐	1677	14033	158080	178838
	屠宰捐	1553	24419	60603	65429
	渔捐	2316	8786	13576	28505
	其他	42838	—	21321	11778
合计		278318	1004974	4060848	3883237

注：1946 年和 1947 年的税收金额是用当时苏军所发的军用币（关东币）为本币的折算结果；1946 年的税收金额包括 1945 年的一部分；1947 年的摊床捐税，1948 年地方税中的契税及其他系财政厅会计科统计数，与决算数不同；1950 年 6 月，关东币改换东北币，关东币 1 元兑换东北币 270 元。

资料来源：《大连市志·财政志》，第 110 页。

---

① 《大连市志·财政志》，第 110 页。
② 《大连市志·财政志》，第 109～110 页。

　　大连"特殊解放区"经济的恢复与发展实现了工农业生产的良性循环，人力、物力、财力被最大限度地调动起来，为解放战争提供了重要的后援支持。1948年12月，中共旅大地委召开会议，研究工人运动问题，也特别强调今后工会的工作要"把工友组织起来，提高觉悟，完成生产任务"。① 为解决大连"特殊解放区"的失业问题，中共旅大地委号召广大群众投入生产中，主要包括失业的工人和无业家庭妇女以及从摊贩转业而来的人员，将他们编入"积肥挑粪小组、做鞋小组（给解放军做军鞋）、织渔网小组（苏联贸易部门来料加工）等"。② 从1946年到1949年上半年，"负责供应南满部队被服的大连市公安总局被服工厂，总共生产出30万套军服，平均每年大约制作4万套棉军服和6万套单军服"。③ 妇女参加劳动成为大连"特殊解放区"另一个新的特色。"不仅轻工业工厂拥有大量的女工，就是在电车上也有操纵自如的女司机，这都是最近两年中培养出来的。妇女在经济生活中表现她的巨大作用，在各种活动中她们的地位也大大提高了。"④ "在旅大地区已经有四万四千多名女工活跃在轻工业生产战线上。……另外关东交通公司电业局、邮政局等企业中，也有大批熟练女工参加工作。"⑤ 可见，摊贩治理并不是将从业人员简单地赶出摊贩行业，而是在城市治理与群众生存之间寻找平衡点，动员他们投入社会的大生产之中。遍布大连各个区坊的生产小组，不仅解决了部分失业摊商和无业群体的吃饭问题，生产的许多重要物资为解放战争也做出了不可磨灭的贡献。

　　朱德在《论解放区战场》中曾说过："没有真正的民主政治和对人民经济生活的改善，就不可能有人民战争。"⑥ 国民党对旅大实行经济封锁期间，摊贩治理释放的人力、物力、财力被充分地调动起来，共有4.5万名妇女参加开荒生产活动。据统计，仅市内和大连县的妇女就制作了军鞋

---

① 《中共大连地方党史资料汇辑》，第433页。
② 韩光：《征途漫漫》，中央文献出版社，2000，第180页。
③ 刘影：《隐蔽的后方——大连》，中国人民政治协商会议辽宁省委员会文史资料委员会编《辽宁解放纪实》，辽宁人民出版社，1988，第220页。
④ 《生产的城市——大连访问记》，《人民日报》1949年7月31日，第2版。
⑤ 《旅大区妇女参加生产　轻重工业女工四万多》，《人民日报》1949年5月16日，第1版。
⑥ 《朱德军事文选》，解放军出版社，1997，第512页。

236.5 万双。① 不仅如此，大连地区生产的物资多数都支援了东北、华北、华东地区的解放战争。至 1948 年底，旅大地区支援前线的药品器械、卫生材料共计 5457 箱。② 截至 1949 年，旅大地区共为解放战争前线提供了价值 24 亿多元的药品。③ 华东野战军代司令员兼代政委粟裕就曾说："华东的解放，特别是淮海战役的胜利，离不开山东民工的小推车和大连生产的大炮弹。"④ 可见，摊贩整顿工作加快了大连经济的恢复与发展，并提供了大量的人力、物力、财力，从而为解放战争提供了重要的后援支持。

（四）大连摊贩治理的成功为中共对国内其他城市的改造提供了经验

在大连城市摊贩治理之初，由于众多基层管理组织刚刚成立还不成熟，而带有群众性质的摊贩组织还比较松散，没有充分发挥其重要的组织号召作用，同时，许多中共领导干部由于刚到大连"特殊解放区"，"对于如何认识这个地区以及如何实施党的政策，党内同志中出现过某些不同看法甚至意见分歧"，⑤ 而且很多是刚参加工作的年轻干事或是从其他解放区调入的干部，对于"许多政策方针等原则问题，缺乏经过思想酝酿和深刻讨论"。⑥ 因而，在一些政策的实施过程中，出现的很多不足便会引发摊贩群体的不满情绪。此后，摊贩整顿策略不断调整，以回应摊贩群体的现实关切，并在随后的城市改造工作中给予了摊贩群体许多关注。

"特殊解放区"时期，如何在摊贩治理过程中兼顾这一群体的特殊利益，是党和民主政府面对的首要问题。为此，在 1947 年大连住宅的第二次调整运动中，大批日侨回国后空出的大量住房，除了部分分给无房居民外，大连市政府规定"凡需要门市房"的摊商以及其他工商业者可前往市财政局"办理购买或租赁手续"，⑦ 满足了一些急需固定经营场所的摊贩的

---

① 《城市的接管与社会改造·大连卷》，第 355 页。
② 大连市地方志编纂委员会办公室编《大连市志·卫生志》，大连出版社，1994，第 138 页。
③ 大连市卫生志编纂委员会编《大连市卫生志（1840～1985）》，大连出版社，1991，第 245 页。
④ 《粟裕回忆录》，解放军出版社，2007，第 540 页。
⑤ 《韩光党史工作文集》，第 36 页。
⑥ 《中共大连地方党史资料汇辑》，第 418 页。
⑦ 《城市的接管与社会改造·大连卷》，第 322 页。

房屋需求。1948年中共旅大地委在进行币制改革的过程中，也充分考虑了贫苦摊贩群体的经济利益，规定手工业、私营商贩等其他居民"每户以五千元为限"可按照比值"一比一"兑换新币。① 同时，大连市政府还加强了对税务工作人员的培训与管理。1947年8月，大连市政府特实施《关东地区税务人员奖惩条例（草案）》，其中不仅规定了奖励标准，更规定了惩罚标准。② 这既规范了税务工作人员的行为准则，同时也是对摊贩群体利益的间接保护。可见，在大连摊贩治理的实践过程中，党和民主政府分别从经营场所、经营资金以及行业税收等方面对摊贩群体的利益进行了现实考量和切实保障。

在摊贩整顿过程中，如何创新工作方式方法也是一个关键问题。大连市政府在不断总结摊贩治理经验的基础上，发现通过各种小组以及摊贩组织开展摊整工作成效较明显，于是便在中后期的摊整工作中通过相关方式组建不同类型的摊贩组织，实现了摊贩自我管理的目的。大连市政府"对工商业管理的重点是取缔经纪人、古物商，限制吃茶代理店、迷信品、肉商、烟酒、金银等贩卖业，整顿小摊小贩，把小生产者组织成合作社，联合办理生产供销业务"。③ 这一工作思路最大的创新之处，主要体现在以人为的方式在政府与摊贩群体之间制造了一个组织管理层。一方面，通过"合作社"这个组织可以较大限度地实现松散摊贩群体的有效整合与管理，所有的摊贩都被纳入了不同的组织之中，彼此之间逐渐形成一个行业利益共同体，有利于实现摊贩经营利益的最大化与持续化；另一方面，"合作社"作为政策与管理下达的缓冲地带，发挥着上传下达的重要作用，同时可以有效避免政府与摊贩的直接接触，两者之间的矛盾便得到了极大的缓和，这对摊贩的治理大有裨益。

此外，如何动员摊贩整顿过程中释放的大量劳动力投入生产建设中，也是摊贩治理过程中必须面对的关键一环。在大连摊贩治理的过程中，摊贩群体中的部分工人回到了工厂，部分农民回到了农村。为消除返厂、返乡摊贩群体的顾虑，大连县委、县政府新筹建了"织渔网、做军鞋的手工工厂……先后有1.78万人到工厂就业"，并制定了"农业十大政策"，其

---

① 《中共大连地方党史资料汇辑》，第431页。
② 《大连市志·财政志》，第54页。
③ 《大连市志·工商行政管理志》，第272页。

中规定"产粮自管，不定官价，奖励开荒，免税3年"。① 有人就说："俺过去穷了半辈子，是民主政府给俺家分了田地，又减租减息，我才能吃饱饭，过上好日子。"② 可见，以上举措不仅基本解决了大连的饥饿问题、失业问题，确保了摊商返厂、返乡后一心一意搞好生产，极大地提高了其生产的积极性，而且稳定了社会秩序，加强了"特殊解放区"人民对中国共产党的政治认同。

总之，"特殊解放区"时期围绕摊贩治理所出台的一系列整顿举措，是党从微观层面着手加强党与人民群众联系的重要实践。在开展工作的过程中，真正做到了密切联系群众，勤于服务群众，在摊贩群体中取得了很好的反响，赢得了群众的广泛支持，树立了为人民服务的良好形象，实现了城市面貌改造与城市经济发展的双重目标。

结　语

伴随近代城市的不断扩展，街头摊贩数量也急剧增加，给城市管理带来了很大压力，虽然在满足人民群众基本生活需求和解决失业人员就业上有着一定积极意义，但是如果缺乏规范化的管理，从长远来看也势必会影响城市工商业的正常发展和社会的稳定。"特殊解放区"时期大连的城市摊贩问题不仅是一个社会问题，更是一个政治问题，因为它不仅关系到经济秩序、社会治安与公共卫生等人民群众关切的现实问题，而且关系到中国共产党和人民政府在"特殊解放区"人民中的形象，从微观层面着手城市治理的探索与实践，不仅重建了大连地区的市场管理秩序，而且实现了国家政权的"进场"，巩固了大连的新生民主政权。

大连"特殊解放区"时期的摊贩治理，因当时主客观情况的限制，虽然也存在一些不足之处，比如整理不够彻底、组织配合度较低等，但总体上说还是比较有成效的。设置街头摊亭、分类征收税金、动员摊贩转业等举措，将"特殊解放区"混乱的摊贩市场整理得条理有序，杂乱的小摊逐渐转为正常的店铺，减少了投机倒把的情况。同时要求工人回到工厂，农

---

① 《城市的接管与社会改造·大连卷》，第344页。
② 中共大连市金州区委党史办公室编《特殊解放区的金州（1945.8～1949.9）》，1990，第115页。

民回到农村,为经济的发展创造了良好的社会环境和经济条件,保证了"特殊解放区"时期大连城市的社会安定和工农商业的恢复与发展,为解放战争提供了重要的后援保障,为此后大连的城市管理打下基础,也为新中国成立之初其他工业城市的城市治理提供了经验与借鉴。

小摊贩,大民生。"摊贩经济"历来是一个城市经济发展的重要缩影,看起来无足轻重的摊贩经济,实则是一件关乎民生的大事,更是一道考验城市管理水平和管理智慧的难题。对于城市摊贩,既要赋予其合理的生存空间,也要加大管理力度,让其有序发展,方能更好地彰显一座城市的民本情怀和民生温度。

作者:刘东,大连理工大学马克思主义学院

(编辑:熊亚平)

新中国初期城市基层社会组织化尝试与实践困境[*]
——以上海里弄改造为中心

付志刚

内容提要 城市基层社会的多样性和复杂性是新中国实现政权建设面临的时代难题。上海的城市基层社会具有独特社会样态，中国共产党通过多种制度化渠道实现广泛社会动员，促进"非单位人"最大限度地组织参与并将其纳入国家的组织化体系之内，找到实现城市基层社会组织化整合的钥匙，一定程度上达到"国家－社会"一体化衔接的效与能，使后者最终成为国家发展目标的基本实践力量。

关键词 新中国 基层治理 上海里弄

新中国成立后各大城市基层的单位组织迅速成为城市社会整合的基本单元。与单位人相较，上海里弄居民为主体的"非单位人"却因其无正式职业和成员的多元异质而游离于城市基层治理体系之外。因此，如何将分散的里弄居民为代表的城市基层社会纳入国家的组织化体系，并将之整合为可调控的基本力量，便成为新中国成立初期上海城市基层社会再造的时代课题。

城市基层组织再造与里弄整顿是学界关注的重要问题，有学者以政治动员视角探讨 1950～1955 年上海里弄整顿的国家一体化努力，尤其关

* 本文系四川大学"党史学习教育"专项研究课题"建党百年视野下习近平关于正确党史观重要论述研究"（批准号：SS202105）阶段性成果，四川大学马克思主义学院"学术英才"培育计划（批准号：SQ2019－MY09）阶段性成果，成都市哲学社会科学研究基地"城乡治理现代化研究中心"项目（CXZL202101）阶段性成果。

注居民委员会、计划经济与里弄及里弄居民的互动过程，探讨国家为什么能对上海城市基层实现统合。① 还有学者认为新中国初期上海通过配套建设、政治建设、组织建设对里弄进行整顿，完善了街居组织，加强了社会调控机制，有效保障了社会调控体系的运行。② 上述研究成果都着力考察作为整顿主体的居委会在城市基层社会再造中的作用，相对缺乏整顿客体——里弄居民，即"非单位人"在整顿中的情况。有鉴于此，本文拟以此为线索，在已有研究成果的基础上，以基层相关档案为基础史料，探讨上海在新中国初期如何以单位为范本，将分散的"非单位人"最大限度地组织起来并使之融入国家发展目标中，从而完成"非单位人"的组织化，以此审视新中国初期城市基层治理的另一种历史图景。

一 城市基层多元异质生态与组织化整合

作为城市社会组织化的历史基础，保甲制度曾是国民政府在上海城市里弄中着力推行的基层组织制度。对于新生的人民政权而言，既出于对保甲制度背后所隐含的政治符号的反感，③ 又出于对旧制度在社会组织化方面软弱无能的失望，刚解放的各大城市于政权转换之初便开始思考如何在彻底打碎旧组织的同时构建新的组织。改造必须以全面、深入的社会控制为前提，而深入的社会控制又必须以完备、高效的组织架构作为其制度保障。毛泽东指出："我们应当进一步组织起来。我们应当将全中国绝大多数人组织在政治、军事、经济、文化及其他各种组织里，克服旧中国散漫无组织的状态。"④ 长期的革命斗争经历及这一过程中所形成的经验惯性更

---

① 张济顺：《上海里弄：基层政治动员与国家社会一体化走向（1950~1955）》，《中国社会科学》2004 年第 2 期。

② 杨丽萍：《新中国成立初期的上海里弄整顿》，《当代中国史研究》2010 年第 5 期。

③ 在处理平津接管建政工作时中共中央就指出"保甲制度是国民党反动统治的基层机构，必须废除"。参见《中共中央关于处理保甲人员办法的指示（1949 年 1 月 3 日）》，北京市档案馆编《北平和平解放前后》，北京出版社，1988，第 183 页。

④ 毛泽东：《中国人民大团结万岁》（1949 年 9 月 30 日），中共中央文献研究室、中央档案馆编《建党以来重要文献选编（1921~1949）》第 26 册，中央文献出版社，2011，第 771 页。

为城市基层社会组织化意图提供基本的思考路径，"单位"随之而成为新中国城市基层统合体系的范本与基本组织模式。

（一）多元异质化城市基层社会生态

面对上海这样一个人口众多、空间结构多维、社会成员高度异质以及社会生态十分复杂的城市，中国共产党进入之后的迫切任务是革故鼎新和重建城市基层组织体系。单位制由于在组织化方面的强大作用，在解放以后的上海被迅速复制，其所涵盖的范围也扩大至城市的政治、经济、文化等主要社会生活领域。到1951年底，上海市按工厂、企业、学校、机关等不同类型单位组织起来的人口已达到城市人口的三分之一。[①]与迅速建立起来的单位相较，解放初期的上海市里弄却呈现为另一幅完全不同的社会生态图景：从人员职业构成上看，各式各样的里弄中既有位于社会上层的资本家、高级职员、知识分子，又有位于社会底层的工厂工人、个体经营者、苦力劳工，还有警察、保甲长等旧政权人员以及众多的失业人员和家庭妇女；从经济形态上看，里弄既是生产场所，又是消费场所，其中既有工厂（场）、作坊，又有商店、摊贩、个体户；从城市空间上看，里弄中既有供出租用的商业大楼，还有资本家、高级职员所居住的花园洋房以及由三轮车夫、码头工人和外地灾民见缝插针随处搭建的低矮棚户。里弄居民的思想形态更为复杂和多元，如有佛教、道教、基督教等信众。此外，开放的里弄空间不仅成为游民的生活场所，烟、赌、娼盛行，[②]而且成为"各地反革命逃亡分子和其他不法分子的藏身之所"。[③]成员的异质性、多元性以及空间的开放性、多维性使并不开阔的里弄成为浓缩旧社会都市百态人生的万花筒，里弄的松散、复杂程度也远远超过试图深入里弄的中国共产党历史上的所有治理经验。

[①] 上海市民政局：《一九五一年街道里弄组织工作总结及今后任务的报告》，上海市档案馆馆藏档案，档案号：B168－1－765。

[②] 上海市民政局：《一九五二年上海市街道里弄居民组织工作情况总结》，上海市档案馆藏档案，档案号：B168－1－75。

[③] 《市委关于里弄整顿工作的指示》（1954年7月28日），上海市档案馆藏档案，档案号：A20－1－116。

新中国初期城市基层多元异质性并没有随着新政权的建立而自动消失，长期累积下来的对政府的疏离也并未因解放军入城时的严明纪律而扭转。相反，国民党长期反共宣传和潜藏于基层社会的旧政权人员、帮会黑势力的恶意中伤和挑拨离间却使里弄居民对新政权的任何举措都充满怀疑。① 与单位相较，新政权所采取的任何组织化尝试都有可能引发里弄居民的不同反应。1949 年 8 月以后当新政权人员试图为校验户口而去组织里弄居民时便遭到抵制。② 甚至有干部到里弄中进行宣传动员工作时被居民"用泥块、石子掷出来"。③ 1950 年"二六"轰炸后在里弄中建立的冬防组织在成立伊始便遭到大部分居民的抵制。对冬防组织既不信任也看不起的里弄居民不仅刻意与冬防队成员保持距离，"见了冬防队的人，理也不理"，甚至站在冬防组织的对立面，对冬防队成员进行讥讽与辱骂。④

（二）城市基层社会组织化整合

在 1949 年 7～8 月，上海市民政局就提出在里弄中建立基层组织的构想，以便将单位之外的组织化空白"包揽无余"。⑤ 尽管里弄居民具有明显的异质性，但共同生活的公共空间却使其对公共福利和安全有着现实的需要。⑥ 这种共同性便为新政权撬开里弄的大门找到一把切实可行的钥匙。

公共福利是里弄居民的基本需要，也最能引起共鸣，因而组织里弄居民发展公共福利便成为上海市推动里弄组织化的切入点。从 1949 年 6 月到

---

① 中共上海市委宣传部：《上海解放以来党对里弄居民进行宣传工作的概况介绍》（1956 年），上海市档案馆藏档案，档案号：A22 - 2 - 424。
② 上海市民政局：《一年来民政工作总结》（1950 年 5 月 20 日），上海市档案馆藏档案，档案号：B1 - 2 - 268。
③ 中共上海市委宣传部：《上海解放以来党对里弄居民进行宣传工作的概况介绍》（1956 年），上海市档案馆藏档案，档案号：A22 - 2 - 424。
④ 《北站区德兴里肃清反革命委员会情况调查报告》（1951 年 5 月），上海市档案馆藏档案，档案号：B1 - 2 - 2857。
⑤ 上海市民政局：《行政工作初步总结（1949 年 6 月～9 月）》，上海市档案馆藏档案，档案号：B168 - 1 - 742。
⑥ 上海市民政局：《一年来民政工作总结》（1950 年 5 月 20 日），上海市档案馆藏档案，档案号：B1 - 2 - 268。

1950 年 1 月的接管建政阶段，上海市政府便在废除保甲组织的同时根据里弄的实际需要发动里弄居民组织起来从事某项专门的公共福利活动。如江宁区的金家港地区没有自来水，便发动居民组织起来建设自来水设施；普陀、邑庙、蓬莱等区的自来水长期控制在旧保甲长手中，便发动里弄居民组织起来管理自来水；一般里弄要求清洁卫生，便发动里弄居民组织清洁卫生委员会……这些初步的组织工作虽然"一般尚不深入"，但使政府"与（里弄中的）积极分子进行了初步的接触，与人民建立了新的关系，建立了脱离保甲组织的联系"。①

公共安全同样是里弄居民所共同关注的重点。在前期工作基础上，以"二六"轰炸为起点，上海市通过宣传引导、培养积极分子等方式，开始发动里弄居民组织建设具群防群治特征的人民防护队，并且在市军管会发布《关于本市人民冬防工作的决定，及市府发布关于各区冬防期间工作的指示》之后又进一步扩大为冬防服务队，负责防特、防匪、防盗、防火工作。到 1951 年底，上海市已在全市 6860 条里弄中组织起 2136 个冬防服务队，覆盖全市 10486 条里弄的 65% 以上。② 冬防队的成立极大地改变了里弄中长期混乱的社会治安局面。如黄浦区宝兴里在组织冬防队以前"大偷三六九，小偷天天有"，冬防队成立以后深夜轮流巡逻，连续破获 13 起盗窃案件，基本上制止了小偷的活动。③ 冬防队的成功运作使此种组织形式在很大程度上获得里弄居民的肯定。如曾经刻意与冬防队保持距离的北站区德兴里居民普遍反映"冬防队是的确不错，为里弄办了很多的事，还检举了恶霸，我们错怪了他"，因此，"好多过去一见冬防队就要骂的人家，现在一见冬防队（始）终是笑嘻嘻的十分亲热"，又有很多居民争入冬防队，反倒是"不给加入就说不信任他"。④

自发组织起来的福利与安全组织为里弄居民谋福利的系列活动初步取

---

① 上海市民政局：《一年来民政工作总结》（1950 年 5 月 20 日），上海市档案馆馆藏档案，档案号：B1 - 2 - 268。

② 上海市民政局：《一九五一年街道里弄组织工作总结及今后任务的报告》，上海市档案馆馆藏档案，档案号：B168 - 1 - 765。

③ 上海市民政局：《一九五一年街道里弄组织工作总结及今后任务的报告》，上海市档案馆馆藏档案，档案号：B168 - 1 - 765。

④ 《北站区德兴里肃清反革命委员会情况调查报告》（1951 年 5 月），上海市档案馆馆藏档案，档案号：B1 - 2 - 2857。

得居民的信任，为国家权力的下沉和里弄的进一步组织化提供了良好的群众基础。但是组织任务的单一性与组织发展的临时性、不平衡性又限制其作用的进一步扩大，甚至很多里弄中的相关组织随着任务的完成而在一段时间之后无形解体。另一方面，里弄组织的互不相属又造成工作的混乱和政府与里弄居民间沟通渠道的不畅。因此，建立由官方主导的具自治性的里弄正式组织便成为 1951 年上海市政府进一步加强里弄居民组织化的新思考。

1951 年 4 月，上海召开的里弄居民代表会议对前一阶段里弄组织工作经验进行总结。同年 6 月上海市委发布《关于建立街道里弄肃清反革命委员会的指示》，指出为了统一街道里弄的力量，加强党委对里弄工作的领导，除在区委成立地区工作委员会以指导街道里弄工作以外，还以现有的冬防服务队为基础，在不影响该组织当时中心工作的情况下，将其逐步转变为党外的街道里弄居民工作委员会（后更名为街道里弄居民委员会），全面负责里弄居民的福利、安全工作。

按照最初的制度设计，居民委员会下设文化教育组、清洁卫生组、福利组、安全组、总务组等五个工作小组，主要任务为"协助政府贯彻当前任务与有关居住人民的政策法令"，"进行本地区的生活福利与安全上自己可能解决的问题"等。① 由此可见，这种制度设计从一开始便已超越自治的范畴而使居民委员会成为集政府政策法令的贯彻与居民福利、安全自我服务于一体的"半官方"组织。继 1954 年 12 月 31 日全国人大通过《城市居民委员会组织条例》之后，上海市也于 1955 年根据具体情况制定《上海市居民委员会组织暂行办法（草案）》。按照该办法，居民委员会除以上所谈到的两项任务外，又增加"向人民政府反映居民的意见和要求"一条，政府与里弄居民间的互动性得到加强。② 与此同时，原区政府下设的冬防办事处也被更改为区人民政府的街道办事处，以作为政府与居民组织间联系的基层机构，代表政府负责组织指导各街道里弄居民委员会工作，政府与社会之间的制度衔接也随之进入实践阶段。

自 1951 年 4 月第二届第二次各界人民代表会议后以普陀区梅芳里作为

① 上海市民政局：《一九五一年街道里弄组织工作总结及今后任务的报告》，上海市档案馆馆藏档案，档案号：B168 - 1 - 765。
② 《上海市居民委员会组织暂行办法（草案）》（1955 年），上海市档案馆馆藏档案，档案号：B2 - 1 - 22。

试点建立全市第一个居民委员会开始，到1954年1月，上海已设有居民委员会1847个，居民小组约36000个，居民委员会委员95284人，基本形成一个覆盖全市的组织网络。① 众多先后建立的居民委员会虽然远未能如单位那样对里弄居民实行全方位管理，却使来自国家的声音第一次回响于坊巷之间，并且也使每个里弄居民都有机会将自己的意愿转变为政府政策。居委会在实践中既是国家权力向基层下探的组织形式，又是承担着一定自治功能的社会基层组织。居委会的建立从制度上初步将里弄居民纳入组织化范畴之内，居委会也随之成为构建国家与社会一体化的基层衔接组织，里弄居民开始与国家发生互动关系。

二　城市基层社会组织化整合的张力

上海市人民政府在随后的实践工作中逐渐发现，里弄工作并没有随着居委会的建立而得到全面、高效的开展，理想与现实间的巨大落差促使政府对居委会的组织化工作进行深刻的反思。

（一）城市基层社会组织化困境

从新中国成立后里弄组织的建设过程来看，无论是最初的公共福利组织，还是后来的冬防组织，以及在此基础上整合而成的居委会组织，其干部主要来自里弄中的"积极分子"。

首先，参与动机的多元化影响居委会的组织构成。② 里弄干部中的多数并不乏真挚的革命热情，但各种因素掺杂其间不仅导致居委会干部不团结、组织涣散、工作忙乱，甚至许多居委会陷于瘫痪状态。残余反革命分子、封建残余势力、社会治安危害分子或将里弄干部的身份作为护身符，伪装积极，掩蔽身份，以"逃避人民的惩处"；③ 或者新瓶装旧酒，利用新

---

① 上海市政法委员会办公室：《里弄组织情况》（1954年9月），上海市档案馆馆藏档案，档案号：A6-2-158。
② 上海市里弄工作委员会：《上海市里弄整顿组织建设工作总结（草稿）》（1955年4月），上海市档案馆馆藏档案，档案号：A20-1-116。
③ 上海市里弄工作委员会：《里弄整顿工作总结（初稿）》，上海市档案馆馆藏档案，档案号：A20-1-116。

的组织形式在里弄中继续从事贪污、挪用公款、招摇撞骗、敲诈勒索、欺压群众等非法活动;① 卢湾区居委会在整顿以前已有约三分之二呈半瘫痪或完全瘫痪状态。② 而且也导致里弄中敌我界限模糊,国家的政策和法令常常因别有用心的谣传而被曲解。这种尴尬的局面一方面使许多里弄居民因产生"里弄组织解决不了问题没啥用"之类的认识而对居委会工作采取消极应付的态度,③ 另一方面也极大地影响了居委会在里弄居民中的形象。④

其次,组织化建设未能彻底改变里弄居民的多元异质特征。资本家、知识分子、家庭妇女、职工家属、失学人员以及独立劳动者、手工业者、小工商业主、摊贩等依然以其职业、生活方式、所属阶级阶层等方面的差异而处于"情况互不了解或很少了解"的分散状态。⑤ 与此同时,对于一般的里弄居民来讲,与国家之间长期形成的疏离感使其更关心日常生活中的柴米油盐而非国家的前途与未来。当 1953 年国家的社会主义建设已全面启动,主流媒体也为此而进行铺天盖地的宣传之时,上海市基层的实际情况却是一些里弄居民"不晓得什么是总路线","社会主义有啥好处"。⑥ 甚至在有些居民认识中,为配合国家的里弄改造与组织化建设工作而积极地参与里弄组织活动好像是毫无意义的"活受罪"。⑦

另外,里弄干部非专职性也在一定程度上限制了组织化整合的能力。由于居委会带有群众性自治组织的定位,其活动的开展有赖于里弄干部在无任何报酬或者仅有少许误工补贴情况下的自愿参与。工作期间逐渐暴露

---

① 上海市里弄工作委员会:《上海市里弄整顿组织建设工作总结(草稿)》(1955 年 4 月),上海市档案馆馆藏档案,档案号:A20 - 1 - 116。
② 上海市里弄工作委员会:《上海市里弄整顿组织建设工作总结(草稿)》(1955 年 4 月),上海市档案馆馆藏档案,档案号:A20 - 1 - 116。
③ 上海市里弄工作委员会:《关于目前里弄工作情况的报告》(1955 年 11 月 20 日),上海市档案馆馆藏档案,档案号:B2 - 1 - 22。
④ 上海市里弄工作委员会:《里弄整顿工作总结报告(稿)》,上海市档案馆馆藏档案,档案号:B2 - 2 - 14。
⑤ 上海市里弄工作委员会:《里弄整顿工作总结(初稿)》,上海市档案馆馆藏档案,档案号:A20 - 1 - 116。
⑥ 上海市里弄工作委员会:《里弄整顿工作总结报告(稿)》,上海市档案馆馆藏档案,档案号:B2 - 2 - 14。
⑦ 上海市民政局:《一九五二年上海市街道里弄居民组织工作情况总结》,上海市档案馆馆藏档案,档案号:B168 - 1 - 75。

出两点矛盾：一是组织经费与实际工作不匹配。居委会的自治组织性质，使其无专门经费供给，居委会不得不自行开辟新的经费来源，以福利金、消防金、优抚基金等名义强行在里弄中进行款项摊派。二是在公私事务的冲突中组织骨干流失的现象不时发生。里弄干部不是有大量的家庭事务缠身，便是另有工作、学习需要完成，往往难以全身心投入里弄工作。

（二）城市基层社会组织化的张力

为了突破基层社会改造面临的困境，上海市委在1954年7月底发出《关于里弄整顿工作的指示》，要求对全市里弄进行一次全面、系统的整顿工作。其主要目标是"清理里弄组织干部、摊贩、失业人员中的残余反革命分子、封建残余势力及社会治安危害分子，初步弄清一般居民的政治情况，整理和健全里弄组织，确保工人阶级在居民工作中的领导作用，团结各阶层人民，根据必要和可能改造里弄工作，以进一步密切政府与人民的联系，巩固人民民主专政"。①

按照上海市委的统一部署，迅速抽调各区政府办事处、公安派出所、区妇联的可靠干部为骨干力量，组成工作队，并于1954年8月起分别深入城市的各里弄，自上而下地在全市广泛开展整顿工作。在"先干部后群众"的工作步骤安排下，此次整顿工作共分为干部清理、发动群众推向重点、组织建设三个从组织到个人再回归组织的阶段，每一阶段的工作重点都相对突出，又彼此紧密联系。到1955年4月下旬里弄整顿工作基本结束为止，此次整顿工作前后共持续8个月之久，其范围囊括全市已建立的1847个居民委员会和约60万摊贩、失业人口以及其他"非单位人"。②

此次整顿工作使上海市的里弄组织化工作有较大进展。就基层组织建设而言，通过里弄居民的检举揭发，隐蔽和蒙混在里弄组织中的有严重政治历史问题者和违法乱纪者被全部清除出居委会，从而达到"使里弄组织基本上纯洁了"的目的。据1955年2月的不完全统计，在已经整顿的里弄

---

① 《市委关于里弄整顿工作的指示》（1954年7月28日），上海市档案馆藏档案，档案号：A20-1-116。
② 上海市里弄工作委员会：《里弄整顿工作总结报告（稿）》，上海市档案馆藏档案，档案号：B2-2-14。

干部中，有政治历史问题的占 28.47%。① 另一方面，工人阶级在居委会组织中的领导权进一步得到强化。经过整顿，全市小组长以上的里弄干部 17 万人中，职工、劳动人民及其家属所占比例高达 76.7%，"贯彻了工人阶级在里弄中的领导作用"这一基本组织路线。② 此外，为进一步提高里弄组织的工作效率，居委会干部的兼职现象大为减少。居委会的办公经费也开始由国家统一拨付，生活困难的里弄干部获得国家定期不定期的补助。1953 年底到 1954 年 10 月，上海市已为此而统一拨发居民委员会的公费为 23522 元，委员生活补助费为 221383 元。③ 整顿之后的居民委员会"真正发挥了党和政府密切联系群众的桥梁作用"。④

在里弄居民整顿方面，整顿工作重点为活动于里弄中的摊贩，未登记的工场、作坊、小店的人员，以及散布于里弄中的服务行业从业人员等，以发现隐藏于其中的伪军政官吏、警宪分子、特务、土匪、恶霸、逃亡地主等。⑤ 由于广泛地发动里弄居民进行检举揭发，共掌握材料 101184 份，占重点整顿对象的 24%。这些被检举的残余反革命分子除少数罪大恶极者被直接法办外，多数被置于里弄的监督之下，留待以后做长期审查处理。⑥

此次整顿改造伴生出一个意料之外的结果，即"整个整顿工作过程是一个政治思想教育过程"。⑦ 政府逐步认识到里弄改造的成功与否、里弄组织化的全面与否不仅有赖于客观上的组织建设的完善程度，更有赖于在多大程度上改造里弄居民的主观思想，使之认同并接受和主动围绕在党和政府的周围。为此，在最初的试验阶段以后，改造思想便成为里弄整顿工作

---

① 上海市里弄工作委员会：《里弄整顿运动材料工作总结（草稿）》（1955 年 2 月 15 日），上海市档案馆馆藏档案，档案号：B168 - 1 - 780。
② 上海市里弄工作委员会：《关于目前里弄工作情况的报告》（1955 年 11 月 20 日），上海市档案馆馆藏档案，档案号：B2 - 1 - 22。
③ 上海市里弄工作委员会：《关于目前里弄工作情况的报告》（1955 年 11 月 20 日），上海市档案馆馆藏档案，档案号：B2 - 1 - 22。
④ 上海市里弄工作委员会：《关于目前里弄工作情况的报告》（1955 年 11 月 20 日），上海市档案馆馆藏档案，档案号：B2 - 1 - 22。
⑤ 《市委关于里弄整顿工作的指示》（1954 年 7 月 28 日），上海市档案馆馆藏档案，档案号：A20 - 1 - 116。
⑥ 上海市里弄工作委员会：《里弄整顿运动材料工作总结（草稿）》（1955 年 2 月 15 日），上海市档案馆馆藏档案，档案号：B168 - 1 - 780。
⑦ 上海市里弄工作委员会：《里弄整顿试点工作总结》（1954 年 9 月），上海市档案馆馆藏档案，档案号：A20 - 1 - 121。

重点。为改变里弄居民中普遍存在的"怨命苦，怨父母不好""得过且过，船到桥门自然直"的宿命观念和"怕伤感情，怕报复"的朴素情感，以及长期形成的与国家间的疏离感，各工作队一方面在里弄中普遍地组织居民进行社会主义前途教育和爱国主义教育，通过有意识地发动居民进行回忆对比、诉苦挖根、控诉反革命罪行的方式，达到团结教育大多数、孤立分化极少数的目的，从而使绝大多数里弄居民在思想上划清敌我界限的同时坚定地站在人民政府一边；另一方面在里弄中普遍开展人民民主教育，并通过民主选举的方式增强里弄居民当家做主的光荣感、责任感和对居民委员会的认同感、归属感，从而在提高里弄居民政治觉悟的同时使他们紧密地团结在居民委员会的周围。①

经过整顿，1955 年以后的上海市里弄中不仅残存的少数敌特势力被全面清除，而且一般里弄居民的"社会主义思想觉悟也有了显著的提高"，"都能主动关心和支持里弄组织进行工作"，② 从而实现最广泛地动员和组织里弄居民的目的。据统计，仅 1955 年的前 11 个月中，从里弄中培养起来的积极分子便达 11759 人，而在 1949 年到 1951 年的 3 年间上海市培养起来的积极分子总共才 9052 人。③ 自此，里弄居民中的绝大多数开始成为可随时动员起来的组织化力量。

三 城市基层社会组织化整合的界限

1955 年以后的上海里弄政治社会生态已与 1949 年时的分散状态形成天壤之别。整顿之后的居委会组织全面而又深入地贯彻着来自政府的各项政策、法令，积极地参与各种运动，而且在政治、福利、公共安全等方面已在很大程度上与单位看齐。如何突破因缺乏经济联系而造成的组织化瓶颈，便成为里弄发展亟须解决的时代课题。

---

① 上海市民政局：《上海市居民委员会组织工作情况》（1955 年 5 月 28 日），上海市档案馆馆藏档案，档案号：B168 - 1 - 783。
② 上海市里弄工作委员会：《关于目前里弄工作情况的报告》（1955 年 11 月 20 日），上海市档案馆馆藏档案，档案号：B2 - 1 - 22。
③ 上海市里弄工作委员会：《关于目前里弄工作情况的报告》（1955 年 11 月 20 日），上海市档案馆馆藏档案，档案号：B2 - 1 - 22。

(一) 群众式运动助推城市基层社会全面组织化

"大跃进"运动兴起后,由于越来越多的在职职工被投入以"大炼钢铁"为中心的工业生产中,上海城市中劳动力短缺的现象日益突出。从1958年10月起,上海市便"根据以职工家属和其他劳动人民为主体的原则,以组织生产为中心,全面地进一步地开展了组织里弄居民的工作"。[①]到1958年底,除几类暂缓动员人口外,已经组织起来参加生产劳动的青壮年剩余劳动力占全部实有剩余劳动力的46.25%。[②] 如果说最初组织职工家属和其他劳动人民并把他们输送到工厂、企业、工地等生产一线尚属弥补劳动力缺口的临时措施的话,那么后来的全面组织里弄居民生产、生活,大量发展里弄集体经济则是对前一阶级组织化瓶颈的突破,甚至被认为是"改造里弄的基本环节"。[③]

里弄集体生产组织的筹组与迅速发展乃是这种新的意义上改造与整合迈出的第一步。由于经济联系的缺乏仍是里弄居民长期分散的症结所在,因此以生产组、里弄加工小组以及下放中小企业的方式将里弄居民组织起来所进行的生产,在事实上真正将里弄转变成一个大的生产单位,从而在很大程度上实现与"单位"的重合。到1960年4月,全市已组织起来的各种里弄工业生产组织共计9496个,参加人员239387人。[④] 在大规模的群众运动中,里弄集体经济所取得的成就无疑是引人注目的,被认为是"充分体现了'为大工业服务,为人民生活服务'的跃进目标"。

里弄居民生活的全面组织则是改造与整合的另一重要组成部分。1958年以后陆续建立起来的生活服务组织包括食堂、托儿所以及各种类型的服务组、服务站。到1959年底,全上海由里弄兴办的生活服务组有3274

---

① 中共上海市委:《关于里弄居民工作情况和今后建立城市人民公社打算的报告》(1960年3月),上海市档案馆馆藏档案,档案号:A20-1-2。

② 上海市委里弄工作小组:《当前里弄工作情况汇报(草稿)》(1959年),上海市档案馆馆藏档案,档案号:A20-1-84。

③ 中共上海市新成区委员会:《关于我区里弄工作的几个问题(草稿)》(1959年2月13日印发),上海市档案馆馆藏档案,档案号:A20-2-31。

④ 《城市人民公社组织情况统计月报》(1960年4月),上海市档案馆馆藏档案,档案号:A20-1-23。

个，食堂1667个，托儿所2117个，小学643所，业余中学282所。① 上海市希望通过全方位生活服务组织的举办，实现里弄"思想红旗化，吃饭食堂化，儿童组织化，教育普及化，家务劳动集体化，文体大众化，人人保健化，生育计划化，处处美洁化，社会安全化"的目标，从而达到里弄全面改造的目的。②

里弄对居民生产生活的组织不仅是积极的，而且是全方位的。除"劳动人民及其家属"被动员参加以外，遗留下来的个体劳动者也被积极地组织到里弄服务组织之中，③ "又怕参加，又不敢不参加"的资产阶级及其家属也参与其中。④ 而对里弄中的五类分子及其家属则采取"十个好人夹一个坏人"和"三包一保证"的办法，在劳动人民的监督下组织起来参加劳动改造。⑤ 到1959年底，全市已组织起来参加各项社会生产劳动的里弄居民共85.6万人，约占里弄能从事劳动人口的70%。⑥

对里弄居民生产生活的全面组织虽然被定位为里弄社会主义改造的手段与途径，但无论是在生产方面还是生活方面，与"单位"间有意无意的类比却是不争的事实。以里弄委员会为核算单位，不仅在里弄中实行类单位化的统一收入、按劳分配和公益金、公积金提取，而且被组织起来参加生产生活组织的里弄居民也实现八小时工作制（尽管在"大跃进"过程中常常为超额完成任务而加班加点）、按月发放工资（每月发放的工资甚至被纳入市级财政统筹）、享受系列福利待遇（食堂、托儿所等对组织人员采取不同程度的折扣优惠甚至免费）。⑦ 从其功能与所发挥的作用来看，

---

① 《中共上海市委关于建立城市人民公社的工作纲要（草稿）》（1960年4月4日），上海市档案馆馆藏档案，档案号：A20-1-2。

② 榆林区里弄试点工作组：《榆林区福禄街景星路302弄试点工作规划（草案）》（1958年8月29日），上海市档案馆馆藏档案，档案号：A20-1-80。

③ 上海市委城市人民公社办公室调查工作组：《丽园街道组织个体劳动者的情况和问题》（1961年7月），上海市档案馆馆藏档案，档案号：A20-1-42。

④ 横浜街道党委：《关于建立人民公社的工作报告》（1960年6月17日），上海市档案馆馆藏档案，档案号：A20-1-20。

⑤ 《中共上海市委关于建立城市人民公社的工作纲要（草稿）》（1960年4月4日），上海市档案馆馆藏档案，档案号：A20-1-2。

⑥ 《中共上海市委关于建立城市人民公社的工作纲要（草稿）》（1960年4月4日），上海市档案馆馆藏档案，档案号：A20-1-2。

⑦ 中共上海市委：《关于里弄居民工作情况和今后建立城市人民公社打算的报告》（1960年3月），上海市档案馆馆藏档案，档案号：A20-1-2。

1958 年以后由居委会整合而成，"在性质、职能、组织规模和活动范围上都已经发生本质变化"的里弄委员会与其说是居民的自治组织，倒不如说是"里弄大工厂"的厂务委员会。① 这种类单位化的设置不仅让一般干部、居民产生"单位"的幻觉，而且也引发政府与学术界对其性质的大讨论，并一度就此得出结论认为"基本上还是全民所有制的"。②

（二）运动式组织化的退潮

里弄即便在一定程度上高度组织化，究其性质仍然并非"单位"。在发展里弄生产的过程中，一系列现实问题相继产生。里弄生产组织对工厂的机器和居民房屋的占用"不仅在一定程度上损害了群众的利益，也给党在政治上造成了不良影响"。③ 由于技术水平差、管理混乱，里弄生产出来的许多产品都是以资源的极大浪费为代价，产品中的废次品又占很大比例。据 1960 年 8 月的调查，黄浦区的加工生产组中便存在严重的浪费原材料，产品质量不高，原材料和产品被盗窃、挪用等问题。如山东路电器组 3 月到 8 月报废的线圈芯即达 1 万只，值 1 万多元；南京东路弹簧工场生产的弹簧有 7 万支不合规格退货；广东路拎包生产组 200 只拎包被组员挪用、盗卖。④ 严重废气、废水、噪声污染也引起居民对生产组织的不满。中兴路街道带有有害气体、占用弄堂马路阻碍交通、影响环境卫生的生产组共有 13 个。其中较为典型的是街道烘漆工场，由于主要原材料是易燃物品，连续发生过三次火警，周围居民每天都提心吊胆；荣福村硫酸亚铁生产组，由于酸性气体散发，气味刺鼻且有腐蚀性，居民晒的衣服被损坏，养的鸡鸭也死掉，因此居民意见很大；烽火街道铁桶组每日砰砰砰的声音很大，影响居民睡眠。有居民甚至扬言，如生产组不搬走，"我要把马桶倒到生产组来了"。⑤

---

① 《中共上海市委关于建立城市人民公社的工作纲要（草稿）》（1960 年 4 月 4 日），上海市档案馆馆藏档案，档案号：A20 - 1 - 2。
② 上海社会科学院：《关于上海城市人民公社所有制性质的调查报告（草稿）》（1960 年 7 月 25 日），上海市档案馆馆藏档案，档案号：A20 - 1 - 25。
③ 静安区委城市人民公社办公室：《关于动用居民和工厂企业的房屋、机器设备和生活用具调查报告》（1961 年 7 月 3 日），上海市档案馆馆藏档案，档案号：A20 - 1 - 58。
④ 中共上海市委城市人民公社工作领导小组：《关于街道里弄开展以粮、钢为中心的增产节约运动的情况》（1960 年 9 月 5 日），上海市档案馆馆藏档案，档案号：A20 - 1 - 10。
⑤ 中共上海市闸北区委城市人民公社领导小组办公室：《街道里弄生产的情况和主要问题（草稿）》（1961 年 8 月 14 日），上海市档案馆馆藏档案，档案号：A20 - 2 - 15。

里弄生活服务组织同样存在严重的问题。在食堂方面，对"生活集体化"和"家务劳动社会化"的过分强调使居民的各种生活需要被压缩至极为简单的地步，对居民房屋、家具的过多占用又造成里弄组织与个人间的关系紧张。经营管理的混乱导致食堂服务质量下降，居民产生抱怨，同时也导致食堂财务混乱，亏损严重。此外，对食堂与居民个人在副食品、燃料和炊具等方面的重复供应更造成市场压力过大，国家难以承受。① 更为重要的是，"以生产养生活"给里弄造成沉重的经济负担，甚至到后来还出现"得不偿失"的尴尬局面。② 到1960年底，上海市开始意识到里弄的改造与"非单位人"的组织化并不能以全面"单位化"作为其评价的标准，美好生活实现必须"随着社会生产力的发展水平和群众觉悟程度的不断提高而逐步实现"，"凭着人们的主观愿望在短期内就可以全部办到"是完全不现实的。③ 因此，到1961年7月，不仅里弄生产组织被要求裁并、停办或缓办，里弄生活服务组织也被要求实行自愿参加、自由退出、自纳费用、民主管理、独立核算、自负盈亏。④ 已经组织起来的个体劳动者也被告知可以"自接业务"，"继续进行个体的经营活动"。⑤ 此后，里弄的改造与"非单位人"组织化主题再未成为政府的工作目标。

结　语

新中国初期上海市里弄改造与城市基层社会组织化整合工作持续十余年之久，并且随着国家目标的上升而不断地调整其改造与组织的目标、规模、形式。尽管全面单位化的理想目标并未真正达成，但是借由里弄改造与整顿，在一定程度上实现新中国初期城市基层社会治理的转变，成为随

① 中共上海市委城市人民公社工作领导小组办公室：《关于城市人民公社工作中的几个问题》（1961年5月18日），上海市档案馆馆藏档案，档案号：A20-1-34。
② 中共上海市委城市人民公社办公室调查工作组：《丽园街道工资福利问题的调查》（1961年7月），上海市档案馆馆藏档案，档案号：A20-1-42。
③ 上海市委城市人民公社办公室：《关于街道里弄工作的情况和主要问题（草稿）》（1961年8月6日），上海市档案馆馆藏档案，档案号：A20-1-33。
④ 上海市委城市人民公社办公室：《关于改进街道里弄工作的若干规定（草稿）》（1961年7月29日），上海市档案馆馆藏档案，档案号：A20-1-33。
⑤ 上海市委城市人民公社办公室：《关于改进街道里弄工作的若干意见（草稿）》（1961年8月13日），上海市档案馆馆藏档案，档案号：A20-1-33。

时追随于党的左右，致力于国家发展目标的基本实践力量。事实上，到 1960 年代初，上海市城市基层组织化能力已发生巨大的转变。正如一篇关于街道里弄工作的报告中所指出的那样，不仅留存下来的生产生活组织仍然为城市生产建设和生活服务发挥着重要的作用，而且里弄的各阶层群众也"得到了集体劳动的锻炼，觉悟程度有了很大提高，集体观念大大加强"，"'听党的话，跟着党走'的信念正在一步步深入人心"，这种转变为政府"组织群众去完成新的任务提供了极其有利的条件"。①

作者：付志刚，四川大学马克思主义学院

（编辑：熊亚平）

---

① 中共徐汇区委城市人民公社工作小组：《街道里弄工作报告》（1961 年 12 月 21 日），上海市档案馆馆藏档案，档案号：A20 - 2 - 14。

日媒所见之新中国成立后天津
协助日侨和战犯回国[*]

周晓霞　万亚萍　季泓旭

内容提要　新中国成立后，中国政府本着人道主义精神，积极妥善解决日侨和战犯归国问题。由于受当时日本对华政策的影响，日本社会舆论倾向于从政治立场来看待这个问题，带有明显的意识形态偏向。而《朝日新闻》和《每日新闻》等媒体则侧重于报道日侨和战犯归国的具体情况，其中不乏有关经由天津协送日侨和战犯回国的报道。这些报道向日本民众传达了中国为解决日侨和战犯归国问题所做出的各种努力。媒体记者对天津及中国的观察和描述，不仅在一定程度上转变了战后日本人的中国认识，而且为改善和发展中日两国关系发挥了积极作用。

关键词　日本媒体　日侨　战犯　天津

众所周知，抗战胜利后，在中国经济条件极其困难、政治形势尚不稳定的情况下，国民政府较为顺利地完成大规模遣返日本侨俘回国的工作。新中国成立后，本着人道主义的精神，中国政府分批协助留在中国的日本人归国，为中日两国的友好关系奠定了基础。近年来，关于二战后日本侨俘的研究成果颇丰，其中有不少是关于天津及华北地区日本侨俘问题的专门研究。这些研究根据档案等文献资料，对天津及华北等地的日本侨俘的收容、管理与遣送等方面进行了详尽考察，这对深化日本

---

　　*　本文得到天津市哲学社会科学规划青年项目"天津城市形象的影视塑造：借鉴日本经验"（项目批准号：TJZZQN20 - 006）的资助。

侨俘遣返问题和战后中日关系史研究具有一定的参考价值。^① 不过，这些研究多围绕国民政府时期的日本侨俘遣返情况展开论述，鲜有详细探讨新中国成立后送还日侨和战犯的研究成果。^② 并且，在日本战败投降七十多年后的今天，日本社会还不时会泛起一种否定中国为协助日本侨俘回国做出贡献的声音。^③ 因此，我们仍有必要从多角度、多方面对这一问题做深入的探讨。与亲历者的各种回忆和叙述相比，^④ 新闻报纸中的相关报道则从记者的视角，记录了在华日本人归国的经历以及他们对中国的观察和认识。如日本近代以来具有重大影响力的两大报纸——《朝日新闻》和《每日新闻》，对新中国成立后经由天津协送日侨和战犯回国的事件做了一系列报道，这不仅有助于拓展战后日本侨俘遣返和协送问题的研究，而且对了解战后日本媒体视角下的天津形象也有所助益。

一　新中国成立后日侨和战犯送还工作的开展

1945 年 8 月 15 日，日本宣布无条件投降。蒋介石向全世界公开发表了被称为"以德报怨"的广播讲话，号召同胞通过宽恕日本来谋求战后中日两国友好关系的发展。这段讲话奠定了此后国民政府处理日本侨俘问题的基调。从 1945 年 10 月到 1946 年 8 月，国民政府分期分批地将中国战区的日本侨俘从上海、天津、青岛、广州等港口安全有序地遣返回国。直至 1946 年大规模遣返基本完成时，从中国遣返的日本侨俘总数近 300 万人，

---

① 如胡荣华的《战后天津暨华北地区日俘日侨遣返研究》（《抗日战争研究》2008 年第 3 期），渠占辉的《战后华北地区日侨的收容与遣返》（《抗日战争研究》2011 年第 3 期），米卫娜与申海涛的《战后河北省对日侨的集中管理与遣返》（《抗日战争研究》2007 年第 4 期），徐志民的《抗战胜利后中国遣返日本侨俘研究》（《暨南学报》2015 年第 5 期），周利成的《天津遣返日俘日侨纪实》（《世纪》2015 年第 5 期）等。这些研究以相关档案资料为基础，详细阐述了华北各地经天津遣返日本侨俘的历史经纬。
② 关于新中国成立后送还日侨的研究，可参考王剑《新中国成立初期经由天津港协送日侨回国纪实》，《工会信息》2018 年第 18 期。
③ 如曾从塘沽遣返回日本的自由主持人铃木史郎在 WILL 2015 年 7 月号上发文，要求中国就战后没收日本侨民财产做出道歉，并指出在遣返途中，侨民遭受了许多恶劣的对待，"违反了国际法"。
④ 可参考八木哲郎『天津の日本少年』草思社、1997。

其中包括越南北部的侨俘等。①

在遣返日本侨俘的过程中，天津作为遣返的重要出港据点，发挥了极为重要的作用。1945 年 10 月 20 日，首批经由天津遣返的 3000 多名日侨（包括伤病者 300 余人）搭车前往塘沽，于 11 月 6 日乘坐辰日丸抵达福冈博多。② 这标志着天津日本侨俘大遣返正式开始。至 1946 年 8 月 10 日遣返最后一批集中于天津的日本侨俘，在不到一年的时间里，共计约 34 万滞留于京、津、冀、晋、察、绥等地的日本侨俘经由天津被遣返。

大规模遣返日本侨俘的工作虽然告一段落，但仍有许多日本人留在中国。新中国成立后，由于缺乏船只，又因遭到阻难，多数日侨难以回国。③ 根据当时政府对日侨人数的调查统计，还有 3 万多名日侨和千名战犯滞留在中国。尽管那时中日两国尚未建立正式的外交关系，但如何妥善处理这些日侨和战犯，不仅关系着中国的国家形象，而且关乎着战后中日关系的长远发展。

1952 年 7 月，毛泽东和周恩来批准了有关部门拟定的协助日侨归国的计划，并组建了由中国红十字会等组成的中国日侨事务委员会，令其负责处理日侨归国事务。同年 9 月，《中共中央关于处理在华日侨问题的决定》等文件规定，除少数日本战犯、反革命分子、掌握我国家重要机密者不予遣送外，其余在华日侨本着自愿的原则，分期分批协助他们归国。④ 11 月，周恩来签署《政务院关于处理日侨中若干问题的规定》，公布了遣送日侨的办法、经费、财产处理等，要求各大行政区及有关省市组织日侨事务委员会。由于当时中国尚未有相应的外交渠道，因此政府于 1952 年 12 月 1 日以《中央人民政府有关方面关于在中国的日本侨民的各项问题答新华社记者问》的形式发表公开声明，宣布中国政府保护守法日侨及协助愿意归国日侨的立场，并表示欢迎"日本方面的相关机构或人民团体派人来华和

---

① 汪朝光：《中华民国史》第 3 编第 5 卷《从抗战胜利到内战爆发前后》，中华书局，2000，第 264 页。

② 「北支から引揚邦人」『朝日新聞』1945 年 11 月 8 日。

③ 《中央人民政府有关方面关于在中国的日本侨民的各项问题答新华社记者问》，世界知识出版社编《中华人民共和国对外关系文件集（1951~1953）》第 2 集，世界知识出版社，1958，第 101 页。

④ 中国警察学会出入境管理专业委员会编《公安出入境管理大事记（1949~1999）》，群众出版社，2003，第 31 页。

我国红十字会具体协商解决"。①

对于中国政府的积极态度，日本国内反响强烈。1953 年 1 月 31 日，日本政府委托日本红十字会、日本和平联络委员会、日中友好协会（简称"三团体"）组成的代表团来北京商谈日侨归国事宜。廖承志以红十字会代表的身份和日本代表团就协助日侨归国问题举行正式会谈。在第一次正式会谈时，廖承志发言称"协助日侨回国旨在增进中日人民的友好关系"。②以廖承志为首席代表的中方代表和以日本红十字会会长岛津忠承为团长的日方代表团经过多次协商谈判，最终于 3 月 5 日签署了《关于商洽协助日侨回国问题的公报》，③对日侨归国的手续及各项具体问题做了详细说明。对于这一重大事件，《朝日新闻》和《每日新闻》皆做了相关报道。

1953 年 2 月 16 日，《朝日新闻》和《每日新闻》均刊登了岛津团长发回的关于在华日侨归国问题的电报。报道称，2 月 15 日，中日双方举行了第一次正式会谈。会谈内容如下：

（1）此次协议是援助希望回国的在华日本人，并非所谓"撤回"。日方的报道一般使用"遣返"，但这一词语并不恰当，应使用"归国"这一词语。（2）日本人的乘船港口为天津、秦皇岛及上海。可同时从这三个港口遣返三千人至五千人……集中归国结束后，关于个别想要回国的日本人，中方将与日方保持联络，予以援助。（3）关于归国者带回的私有物，除禁止出口品及违禁品外并无任何限制。（4）关于归国者的经济困难问题，中国红十字会为其提供前往乘船地的旅费。④

值得注意的是，岛津团长发回的电报首先提到了中方协助日侨回国，而非"遣返"。之所以如此强调，是因为日本国内把中国的协助看成是"遣返"。对此，廖承志在会谈中特别指出，"在中国的所有日本战俘，除为蒋介石、阎锡山匪帮所扣留的少数人外则早在中华人民共和国成立之

① 《中央人民政府有关方面关于在中国的日本侨民的各项问题答新华社记者问》，《中华人民共和国对外关系文件集（1951～1953）》第 2 集，第 101 页。
② 《廖承志文集》上卷，人民出版社，1990，第 209 页。
③ 《中华人民共和国对外关系文件集（1951～1953）》第 2 集，第 215 页。
④ 「引揚三月中に開始　島津団長から電報」『朝日新聞』1953 年 2 月 16 日。

前，都已遣送完毕"，因此，现在滞留中国的日本人"除少数战犯外都是侨民，根本不发生所谓'遣返'问题"。① 收到日本代表团的电报后，日本政府令撤回援助厅②准备配船。2 月 20 日，中日双方就日侨归国具体事宜展开了会谈，次日的《朝日新闻》对会谈内容进行了报道。在会谈中，日本计划将高砂丸配往上海，运送 1500~2000 名乘客；兴安丸驶向秦皇岛，运送 2000 名乘客；白龙丸驶向天津，运送 500 名乘客。报道还提到，由于中方将会在天津集中千名日侨，因此希望日方能继续向天津派遣白龙丸和白云丸两船迎接。③

3 月 20 日，第一条船兴安丸满载千名日侨从秦皇岛驶往日本。自 1953 年 3 月至 1958 年 7 月，从天津、秦皇岛、上海三个港口相继协送日本侨民 21 次，共 3 万多人，其中包括在抚顺和太原战犯管理所接受过改造的战犯。随着日侨和改造后的战犯陆续顺利地归国，日本各地开展了欢迎归国者的活动，由此也在民间掀起了中国热。④ 这些归国者以自己的经历"传播了新中国的真相"，一定程度上改变了日本民众对中国的看法。⑤

然而，中国政府协助日侨回国旨在增进中日人民友好关系的目的，却遭到一部分日本人的质疑。一些媒体除援引日本外务省的调查人数，⑥ 质疑中国提供的 3 万多人的归国人数以外，不少人也在揣测中国协助日侨归国的目的。《中央公论》的记者就提出疑问："为何中国现在采取许可 3 万日本人归国的方针？"并就此列出当时社会流行的几种看法：一是中国的建设已经不需要日本的技术；二是 3 万多名归国者中有 1/4 为老人、妇女、儿童、病人，协助日侨归国是为了减轻中国社会的负担；三是出于对日工作的需要，将日本从美国势力范围中拉出，故令日侨归国。⑦ 一位名叫北

① 世界知识出版社编《日本问题文件汇编》第 1 集，世界知识出版社，1955，第 100 页。
② 撤回援助厅直属于厚生省，主要负责日本战败后在外日侨和军人的归国事宜。前身为 1946 年设立的撤回援护院，1948 年升格为厅，由援护局和复员局构成，1954 年 3 月被废止，厚生省重新设置了撤回援护局。
③ 「第一回は約五千名　引揚船乗船地　上海·天津·秦皇島」『朝日新聞』1953 年 2 月 21 日。
④ 张历历：《新中国和日本关系史》，上海人民出版社，2016，第 28 页。
⑤ 中国红十字会总会编《中国红十字会历史资料选编（1950~2004）》，民族出版社，2005，第 48 页。
⑥ 「『引揚げ』問題の実体は何か」（報告）『世界』1953 年 4 月号、211 頁。
⑦ 「三万人の帰国」『中央公論』1953 年 5 月号、13 頁。

川正夫的人向《中央公论》投稿，论述了有关"送还邦人"的出发点。这个作者是抗战胜利后，经由抗日根据地归国的一名日籍军人，他认为中共之所以协助日侨归国，是基于政治考量，即一是关系到中国方面所主张的俘虏送还问题，二是为应对艾森豪威尔政权封锁中国沿海地区而制定的策略。① 由此来看，对于新中国从人道主义立场协助日侨归国这一实际情况，当时日本的社会舆论倾向于从政治立场来看待这个问题。不过，比起杂志等热衷于讨论中国送还日侨的出发点，《朝日新闻》等报纸则更侧重于报道日侨和战犯的具体情况，尤其是他们归国前在中国的生活情况，其中不乏有关天津协助日侨和战犯回国的报道。

二　天津对日侨和战犯的协送

作为遣返日侨的三大出境港口之一，天津市遵照《中共中央关于处理在华日侨问题的决定》，以及周恩来对日侨归国工作做出的"要做好政治工作，物质上加以宽待，做好组织工作，不准混乱"的指示，② 在协助日侨和战犯归国方面发挥了重要作用，主要体现为以下两个方面。

一是多数日侨经由天津回到日本。来津的日侨不仅人数多，而且分布范围广。根据《朝日新闻》和《每日新闻》的报道，从天津回国的日侨，除来自华北地区外，还有不少来自内蒙古、青海、广东、云南、湖南等地。不仅如此，也有部分东南亚国家的日侨经由天津回到日本。如1954 年 11 月《朝日新闻》对天津协助曾侨居越南的日侨归国之事进行了报道："来自越南的 71 名归国日本人乘坐的列车于 23 日上午 8：40，在雨中到达天津站，中国红十字会天津分会和三团体负责迎接，后由两辆汽车将他们送到天津大饭店第三分店。"③

自 1953 年 3 月 22 日白山丸从塘沽起航送走第一批日侨 969 人后，日本的兴安丸和高砂丸、白山丸多次往返于塘沽与舞鹤，迎接日侨归国。《朝日新闻》和《每日新闻》对日本侨民经由天津回国的情况进行了积极

---

① 「在中共邦人送還の意図」『中央公論』1953 年 3 月号、89~90 頁。
② 天津市地方志编修委员会编著《天津通志　公安志》，天津人民出版社，2001，第 569 页。
③ 「71 人天津に着く　ベトナムからの帰国者」『朝日新聞』1954 年 11 月 24 日。

报道，其中尤为详细地登载了第五、第七批日侨归国的情况。如 1953 年 8 月 3 日，兴安丸抵达塘沽，于"6 日上午 10 时，1192 名归国者（男 397 人，女 337 人，儿童 458 人，其中包括百名患者）乘坐兴安丸驶离天津港"，这是经由天津协助归国的第五批日侨。[①] 1953 年 9 月 18 日，中国红十字会向日本三团体联络事务局发去电报，要求日本于 10 月上旬派遣兴安丸或高砂丸到达天津，接回第七批归国日侨。《每日新闻》则通过采访参与第六批归国事务的日本红十字会代表，获悉援助日侨集中归国的工作已接近尾声，今后在华日侨将只能经由天津一地回国。[②] 此外，《每日新闻》记者还了解到，日本将于 9 月 29 日从舞鹤港派出高砂丸，预计于 10 月 5 日到达塘沽港，并于 10 月 8 日离开塘沽，撤回第七批归国者。[③] 实际上，10 月 10 日，"第七批 1491 名归国者乘坐高砂丸驶离天津港"。[④]

天津是协送日侨归国的主要港口之一，特别是自第六批日侨归国后，其余滞留在中国的日侨全部集中于天津，并从塘沽乘船归国。据统计，从 1953 年 3 月送还第一批日侨，至 10 月宣告分批集中送还日侨为止，中国共协助七批日侨回国，人数达 26026 人，[⑤] 其中经由天津回国的日侨有 10584 人，详见表 1。

表 1　1953 年经由天津回国日侨统计

单位：人

批次	日期	人数	乘坐船只
1	3 月 22 日	969	白山丸、白龙丸
2	4 月 17 日	1915	高砂丸
3	5 月 11 日	1918	兴安丸
4	7 月 4 日	1909	兴安丸
5	8 月 6 日	1192	兴安丸
6	9 月 2 日	1190	高砂丸
7	10 月 10 日	1491	高砂丸

资料来源：根据《朝日新闻》等资料提供的日本人归国人数而制。

---

① 「興安丸　天津を出港」『朝日新聞』1953 年 8 月 7 日。
② 「来月上旬に天津へ」『毎日新聞』1953 年 9 月 18 日。
③ 「高砂丸 29 日に舞鶴出港」『毎日新聞』1953 年 9 月 21 日。
④ 「第七次帰国者は1491 名　高砂　天津出港」『朝日新聞』1953 年 10 月 11 日。
⑤ 《日本问题文件汇编》第 1 集，第 127 页。

此后，中国红十字会和天津还协助个别在华日侨返回日本，一直到1958年，中国共分21次协助日侨和战犯回国。其中从1954年9月至1958年7月，天津先后共14次协助8736名日侨从塘沽港回国。

二是天津协助被宽赦的日本战犯归国。新中国成立后，截止到1956年6月，关押在中国的日本战犯共有1062人，其中包括曾加入蒋介石或阎锡山军队，后被解放军俘虏的140名战犯，以及1950年苏联移交的969名战犯（其中47人在押期间病亡）。① 随着中日民间交往范围的日益扩大和两国人民友好关系的发展，中国政府从两国人民的长远利益出发，提出了宽大处理日本战犯的方针。根据1954年8月19日中央人民政府人民革命军事委员会总政治部发布的命令，西井建一等417名战犯被予以宽赦。随后，中国红十字会电告日本三团体联络事务局，要求其派船接回。对于这一事件，《朝日新闻》刊载了如下内容："从中共归国的西井建一等417名原日本军人与142名普通侨民已经集合于天津，等待乘坐兴安丸回国。19日，按照那些被赦免的原日本军人的要求，443人拜谒了花冈矿山等在日本各地牺牲的中国殉难者之墓（在天津）。"②

与此同时，《每日新闻》也极为关注日本战犯归国前滞留天津的生活状况。1956年4月25日，全国人民代表大会常委会做出《关于处理在押日本侵略中国战争中战争犯罪分子的决定》，对有悔罪表现的战犯"按照宽大政策分别予以处理"。③ 随后，中国红十字会给日本红十字会等三团体发去电报，要求日本向天津派遣船只，引渡战犯回国。《每日新闻》刊登了该电报的内容："335名战犯会在6月中旬集合于天津，望贵国三团体在6月15日至18日派遣轮船到达天津。且贵国三团体可派代表同船来到天津，就今后的遣送，以及欲来中国探望战犯的家属的往来方法等问题进行商议。"④ 23日傍晚，日本派出的兴安丸到达塘沽新港。随三团体代表来华的还有十几名日本新闻记者，他们采访了这些在天津准备回国的战犯。⑤

---

① 世界知识出版社编《日本问题文件汇编》第2集，世界知识出版社，1958，第139～140页。

② 「天津に集結　中共帰国者」『朝日新聞』1954年9月21日。

③ 《日本问题文件汇编》第2集，第124页。

④ 「戦犯　五回に分け帰す　中国紅十字から入電」『毎日新聞』1956年5月30日。

⑤ 「天津で帰国者引渡式」『毎日新聞』1956年6月24日。

28 日，第一批被释放的 335 名日本战犯和 7 具在押期间死亡的日本战犯遗骨，由塘沽乘兴安丸起航归国。同年 7 月 24 日，中国红十字会在天津将第二批被释放的 328 名日本战犯和因病假释的武部六藏移交给日本三团体。8 月 23 日，《每日新闻》报道了第三批被释放的 354 名战犯于 22 日晚从抚顺乘坐特别列车前往天津的消息。① 这批战犯于次日到达天津。9 月 1 日，他们与其他 79 名日侨由塘沽乘坐兴安丸回国。至此，绝大多数战犯被宽赦，并经由天津回到日本。剩余的战犯由于罪行严重而被判处 8 年至 20 年有期徒刑，不过，后来有的也被宽赦，与日侨一同经由天津回到日本。

1958 年 7 月 6 日，中国红十字会电告日本，在岸信介内阁改变敌视中国态度之前，协助日本人回国的工作将予以停止。至此，中国共分 21 批，协助约 3.5 万名日本人回国。② 天津市政府及红十字会为协助日侨和战犯归国也做了努力。在此期间，在中国红十字会和日本三团体的协助下，旅日华侨和留学生也分批乘坐兴安丸等客轮到达天津。与此同时，中国劳工的遗骨也陆续被送回天津。

三 日媒记者对日侨和战犯在津生活的观察

日本战败 8 年后，3 万多名日本人从中国返回日本，这在当时的日本社会引起了极大的关注，尤其是新闻媒体，积极对此事进行报道。当第一批在华日侨搭乘兴安丸到达舞鹤港时，75 家新闻媒体赶到现场，甚至出动直升机争相报道日侨归国的情况，充分展现出对这一事件的"狂热态度"。③ 最初，各新闻媒体皆想派得力记者，随三团体乘船访问中国，并就日侨回国之事进行采访，但没有获得中国政府的许可。因此，关于在津日侨的情况，多通过归国的日侨和访问中国的国会议员的讲述来获取。1954 年，天津红十字会首次许可日本记者搭乘兴安丸前往天津，并允许他们就日侨的归国之事进行采访。此后，日本媒体曾数次派记者奔赴天津，采访集中在天津的日侨和战犯。

在日侨、战犯滞留天津期间，天津市政府负担了他们的伙食、住宿旅

---

① 「帰国戦犯天津へ出発」『毎日新聞』1956 年 8 月 23 日。

② 吴佩华：《中国红十字外交，1949～2009》，合肥工业大学出版社，2012，第 100 页。

③ 「三万人の帰国」『中央公論』1953 年 5 月号、12 頁。

费，还在生活和疾病医疗救治等方面提供帮助。日侨往往会在兴安丸等迎接船抵达天津前几日，集中于天津。透过日本记者的视角，我们可以知道当时天津市对日侨和战犯协送工作极为重视。

首先，在住宿方面，天津市征用了和平路、滨江道一带的几个大饭店，如天津大饭店、交通饭店、惠中饭店等，以供归国日侨和战犯住宿。1954 年，《朝日新闻》派出记者搭乘兴安丸前往天津对日本侨民的归国情况进行采访。一名记者观察写道：

> 最近专门被用来协助日本人回国的港口为塘沽新港，招待所设在天津。令人惊讶的是，三个招待所为天津大饭店第三分店、渤海大楼、交通饭店，可谓是天津的一流酒店。一个房间可住 2~5 人，均备有床。早晚餐食提供七八盘中华料理。①

1955 年，《每日新闻》也派出记者随兴安丸到达天津，就日侨停留天津时的生活状况进行了采访。记者在采访中了解到，日侨在天津的待遇看起来相当不错：

> 吃饭是按照中国的习惯，在大厅里围坐在圆桌前吃饭，就像身处在日本的一流中华料理店一样。②

从这些报道的字里行间我们可以得知，当时天津市对协助日侨和战犯归国工作做了妥善的安排。他们在天津所受的优待与回到日本后的待遇相比，可谓天壤之别。他们登陆舞鹤港后，"要在舞鹤撤回援护局简陋的房屋中度过三晚四日"，这种鲜明的对照令记者"不由感到惭愧"。③

其次，在生活、购物、医疗救治等方面，也给予日侨极大的关怀。例如，1955 年 2 月 13 日，《朝日新闻》报道了集结于天津的归国者"幸福地住在一流酒店"的消息。这是第十批集中于天津的日侨，有 900 余人，分别来自四川、湖北、贵州、河北、甘肃、云南、陕西、河南等省。他们到达天津后，天津红十字会负责接待事宜，并为他们办理乘船手续。"这些

① 「北京・天津かけある記」『朝日新聞』1954 年 12 月 13 日。
② 「こんどの中共帰国者の横顔」『毎日新聞』1955 年 2 月 19 日。
③ 「北京・天津かけある記」『朝日新聞』1954 年 12 月 13 日。

日侨住在位于天津市中心区的一流酒店——天津大饭店第三分店和交通饭店，欣喜地做着归国前的准备。由于孩童比较多，天津市还为他们设置了临时幼儿园，患病的日本人也得到妥善的照顾。"① 又如，在第十一批 800 余名归国日侨集中于天津后，"1 名身患麻疹的儿童，4 名身患百日咳的儿童"得到治疗，天津市相关部门还为百余名儿童打了预防针，"身患脊椎骨疽的山下静江在天津市立医院进行治疗"。② 在天津短暂停留期间，日侨还可外出购物，"在天津市的马路上，能看到日本居留民携家人散步或购买土特产品的情景"。③

再者，集结在天津的战犯受到极大的宽待。天津市有关部门不仅安排战犯拜谒牺牲在花冈矿山等地的在日殉难劳工陵园，对其进行思想教育，而且极为关注他们的精神生活，定期组织他们观看电影和话剧。1957 年，8 名滞留天津的日本战犯候船的事件引起了日本媒体的广泛关注。1957 年 2 月，岸信介内阁成立。不久，岸信介窜访台湾，公然支持蒋介石"收复大陆"。由于岸信介采取反华政策，中日关系遭受严重挫折。同年 6 月，日本众议院议员广濑正雄以"海外同胞撤退委员会委员长"的身份，两次致电周恩来，提出率领代表团调查 35767 名日本人"下落不明"的问题，并要求中国红十字会提供协助，企图抹杀中国政府和红十字会协助日侨和战犯返回日本所做的各种努力。7 月，周恩来在接见《朝日新闻》等记者代表团时，就日方提出的"下落不明"问题予以驳斥。随后，中国红十字会就广濑正雄来电问题致电日本三团体，驳斥所谓日本人"下落不明"的问题。④ 日方歪曲历史事实的态度也影响到了日本三团体向天津派船。8 月，中国红十字会通知日本红十字会，要求日方在 9 月中旬派船至塘沽，将 8 名被释放的日本战犯和一些日侨接回。但是，日方迟迟不向天津派船。这些战犯的家人在日本为他们的回国问题奔走呼号，其中一名战犯甚至向《每日新闻》寄去信件，意图通过媒体呼吁日本政府派船将他们接回。不过，直到次年 4 月，这 8 名战犯才与其他日侨一同搭乘白山丸回国。这批

---

① 「一流ホテルで楽しげ　天津に集まった帰国者」『朝日新聞』1955 年 2 月 13 日。
② 「八百余人天津に集結　帰還日本人の模様伝える」『朝日新聞』1955 年 3 月 18 日。
③ 「家族づれでオミヤゲ買い　興安丸帰国者　相つぎ天津へ」『毎日新聞』1955 年 3 月 18 日。
④ 《日本问题文件汇编》第 2 集，第 60 页。

战犯停留在天津时间最长，从他们写给家人及《每日新闻》的书信中，我们可以窥探到他们等待船只的焦急心情，他们甚至认为已被日本政府抛弃。① 然而，与日本当局的不闻不问形成鲜明对比的是，在滞留天津 7 个多月的时间里，他们受到了优待。其中的一名战犯，曾任伪满洲国铁道警护军参谋长的原弘志由于身患结核病，在医院接受治疗，其余战犯常被安排去参观天津的工厂，"每周还会去看两三场电影和话剧"。另一名战犯，原陆军中将藤田茂在接受记者采访时这样说道："……我非常感谢中国人民。等一切赎罪结束，归国后，我将尽力为恢复日中两国邦交而努力。"② 藤田茂回国后，曾多次率团访华，并受到毛泽东和周恩来的接见，成为一名致力于推动中日友好的社会活动家。他的思想之所以发生转变，无疑是因为在抚顺战犯管理所接受了思想教育，当然也与其滞留天津的生活感受有关。为感谢天津市政府和红十字会给予的优待，他们在登船前向天津红十字会献上锦旗。锦旗上这样写道："贡献后半生为坚决反对侵略战争，争取持久和平而斗争，中日两国人民的永远的友谊万岁。"③

搭乘日本迎接船访津的日媒记者，除关心在津日侨的生活状况外，也极为关注天津及中国的发展情况。随着他们对在津日侨采访的深入，他们对天津的认识也受到一定程度的冲击。采访之余，他们还对天津做了如下观察：

> 昔日，随处可见的泥泞的市场已消失，卖笑妇与鸦片成瘾者杳无踪影，街道确实变得干净整洁。在酒店，即使外出时不锁房间的门，也不会丢失物品。④

新中国成立后天津的变化，不仅体现在干净整洁有序的城市环境上，更体现于其作为"新中国具有代表性的城市"⑤ 面貌和市民的精神风貌上。

---

① 「帰国船はまだかーッ!」『毎日新聞』1958 年 1 月 14 日。
② 「ぞくぞく天津に集る」『毎日新聞』1958 年 4 月 13 日。
③ 《第三批被释放的日本战争犯罪分子向中国红十字会告别》，《新华社新闻稿》第 2278 期，1956 年，第 20 页。
④ 「北京·天津かけある記」『朝日新聞』1954 年 12 月 13 日。
⑤ 「変りゆく上海·天津」『朝日新聞』1954 年 10 月 23 日。

1955 年 3 月 21 日，日本派遣的搭载着 72 名归国华侨的兴安丸抵达塘沽，随船来访的除日本三团体代表外，还有《朝日新闻》和《每日新闻》的记者代表团。他们连续数日对即将回国的日侨进行采访，并报道了他们在天津的生活情况。此外，这批记者还在中国红十字会的带领下参观了北京和天津。在为期 5 天的旅程中，他们对北京和天津的市民生活及经济情况做了观察。那么，在日本记者的眼中，新中国成立后的天津呈现出怎样的面貌呢？

> 一名归国者说，"最近访问中国的日本人多礼赞中国"，展示中国好的一些方面，通过这次参观可以发现，中国发生了相当大的变化。我曾于昭和 17 年、18 年客居北京一个月，并在天津度过两周，十几年后的现在，我不禁为北京和天津的巨大变化感到震惊。
> 从塘沽至天津仅一个小时的巴士旅程，首先映入眼帘的是他们的住宅。二层红砖建筑和一层大杂院式的房子鳞次栉比。多的地方有 300 户人左右。那是战前多是土制房子的中国所看不到的风景。
> 记者团的随行翻译吴克泰自夸道："单身者都有一间屋，已婚者则有 2~3 间屋，房租……一个月 450 日元左右，几乎都是工人的住宅。"
> 据说不仅是工人的住宅，今后农民的住宅也会变成红砖瓦房。①

他们对天津市民生活的关注还体现在对女性劳动者的观察上。"几乎所有的女性都身着藏青色工人服，化妆的女性只是少数……女性进入职场工作令人惊讶，她们或任政府机关的科长，在工厂，女性担任车工更是屡见不鲜，甚至在农村还有女性做卡车司机。"从当时大多数日本人的角度来看，女性在结婚后理应回归家庭相夫教子，但他们眼中的天津女性却展现出另一种面貌——女性即便生了孩子，也会将其放在托儿所，继续从事工作，"在天津，经常能看到挎着包的女性劳动者抱着孩子匆匆回家的样子"，这在一定程度上也改变了他们对中国女性的认识。

在记者看来，天津的变化不仅体现在居住环境的改善和市民精神面貌的改变上，更重要的是，这座城市展现出了它"自古以来作为贸易港所具

---

① 「このごろの北京・天津」『毎日新聞』1955 年 3 月 29 日。

有的活力"。① 新中国成立后的天津，不仅是送还日侨和战犯的主要港口城市，也是中日贸易较为活跃的城市。以往日本出口到中国的商品全部经由香港，但自 1953 年 1 月起，中日贸易又开辟出一条新航路。1 月 29 日，一艘装有海带的贸易船从北海道钏路港出发，驶入天津港。这艘"中日贸易第一船"的到来，② 意味着天津在战后中日关系史上承载着两国人民更多的期待。

结　语

早在 19 世纪 80 年代，日本的《朝日新闻》《读卖新闻》等报纸上就已经出现了有关天津的报道。这些报道从不同的视角观察着天津的历史变迁与社会经济的发展，关注着天津在中国乃至东北亚地区所发挥的作用，为日本民众了解天津提供了重要的窗口，也在一定程度上影响并引导着日本民众对天津的认知。抗战胜利后，天津作为日本侨俘回国的重要出港据点，发挥了极为重要的作用。由于在文化背景、价值观念等方面存在差异，日本媒体对二战后中国的观察和报道无疑有其特有的立场，其中也受到了日本政府对华政策的影响。在抗战结束后中日关系跌宕起伏的主线下，日本媒体在不同时期关于天津协助日本人回国的报道，势必也呈现出不同的态度。

抗战胜利后，朝日新闻社前北京总局记者南本定雄就发表了一篇有关中国局势的观察报道。他之所以关注中国局势的变化，显然是因为关心在华日本侨俘的处境。在南本看来，无论是国民党方面还是中共方面，都对日本侨俘展现出宽大的姿态。一方面，蒋介石以"温情"对待日本侨俘，国民党军队根据他的命令顺利推进接收事宜；另一方面，中共也极为优待日本人。他这样写道：

> 中共对日本人的态度，始终非常宽大……中共在山海关战役时……日军及日本人已经逃亡，但中共对那些留下来的日本人极为优待，他们劝告集中在北平、天津地区的日本人归国，并对归国人员采取优待政策。

---

① 「変りゆく上海・天津」『朝日新聞』1954 年 10 月 23 日。

② 「釧路コンプ天津へ」『朝日新聞』1953 年 1 月 29 日。

　　南本在采访这些从抗日根据地回国的日本人时，发现他们"异口同声地称赞中共"，"一部分日本人的心在不知不觉间转向了中共，对中共表示欢迎"。① 这在前述北川正夫的回忆中也能得到证实。可以说，中国对日本侨俘的宽大态度，赢得了日本民众的称道。

　　新中国成立后，中国政府仍基于人道主义原则，积极妥善解决日侨和战犯归国问题。然而，由于受当时日本对华政策的影响，许多有关中国协助日侨归国的报道歪曲事实，如报道在华日侨行动受限制等。一些媒体甚至带有意识形态偏向，认为中国是基于政治立场来解决日侨和战犯归国问题的。针对这一情况，曾在中国东北鲁迅文艺学院等地工作的木村庄十二特意向《中央公论》投稿，向日本民众介绍了在华日侨的生活和工作情况，以及中国人民协助日侨归国时的友好态度，并明确表示在中国生活得很愉快。② 与此同时，《朝日新闻》等主流媒体的报道，也向日本民众传达了中国为解决日侨和战犯归国问题所做的各种努力。在战后中国物资匮乏的情况下，集中于天津等地准备回国的日本人受到了中国政府和人民的优待，这使前来天津采访的日本记者深受触动。日本主流媒体作为民众了解中国情况的重要渠道，一定程度上是中日关系的"晴雨表"。在当时中日关系陷入僵局和冷战封锁的大环境下，日本主流媒体对天津及中国的观察和描述，不仅在一定程度上扭转了战后日本人对中国的认识，而且对改善和发展中日两国关系发挥了积极作用。

作者：周晓霞，天津社会科学院日本研究所
　　　万亚萍，天津社会科学院日本研究所
　　　季泓旭，天津社会科学院日本研究所

（编辑：万鲁建）

---

① 「『点』と『線』の獲得へ　国共二勢力対立」『朝日新聞』1945 年 12 月 31 日。
② 木村荘十二「中国では楽しかった」『中央公論』1953 年 5 月号、190～191 頁。

"大杭州"与"文化城"：南京国民政府
时期杭州都市建设计划研究[*]

胡勇军

内容提要 20 世纪 30 年代，杭州开始了都市建设的初步构想，主要利用城市分区原理确定城厢内外不同区域的功能，设计规划不断完善，初步奠定了城市发展的基本格局。抗战胜利之后，杭州市政府重启被战争中断的新都市建设计划，地方人士积极献言献策，其中张其昀提出的"大杭州"计划和跨江发展战略具有重要意义。此外，以储裕生为代表的文化界人士还提出城市发展必须形成自己的独特性，并大力宣传杭州建设"文化城"的主张，在社会上产生了广泛的影响。然而上述计划因财力、人力和战争等因素的影响，大都没有实行，但反映了城市科学化的规划观念与技术在中国的传播，对杭州城市发展有重要启示。

关键词 南京国民政府时期 杭州 都市建设

中国是世界城市发源地之一，自城市营造之始，历朝统治者就非常注重城市的设计和规划。目前一般认为《周礼·考工记》对中国古代城市规划理念影响较大，此后历经朝代更迭，而城市的规划与发展大都蕴含着传统的礼制和风水思想，具有相似性与延续性。^① 近代中国的城市规划起源于租界，如 1845 年于上海英租界内颁布的《土地章程》，为尚处在雏形阶

---

　* 本文系浙江省哲学社会科学规划"之江青年理论与调研专项课题""当代中国乡村秩序重构与基层社会治理新路径探索"（项目编号：22ZJQN47YB）的阶段性成果。

　① 马继云：《论中国古代城市规划的形态特征》，《学术研究》2002 年第 3 期。

段的新兴城区以后的发展做出了明晰的、可资操作的规范。[①] 1927 年南京国民政府建立之后，受西方城市发展规划思想的影响，上海、南京、广州、天津、西安、武汉等一些大中城市也制定了各具特色的都市建设方案，然而这一波建设浪潮不久就被战争打断。抗日战争胜利之后，在政府的积极主导下，各个城市重启新都市建设计划。

20 世纪 30 年代，在声势浩大的都市建设浪潮中，杭州市政府根据德国顾问舒巴特（Heinrich Schubart）[②] 的建议，初步拟定都市分区计划，以此推动市政建设。抗战胜利后，杭州市政府响应中央政府的号召，重启新都市建设计划，并颁布实施方案。王瑞麟、顾培恂、汪胡桢、张其昀、盛次恒等地方政学两界人士也积极献言献策，提出不同的设计方案。同时，以储裕生为代表的文化界人士意识到城市发展需要明确自己的特色和定位，他们积极推广文化活动，提倡将杭州建设成"文化城"。在众人的呼吁之下，杭州都市计划委员会于 1949 年 2 月成立，并最终确定了建设"文化城"的目标。本文将重点论述抗战前后杭州都市建设计划的演进过程，以及建设和发展"文化城"的相关情况。

一　全面抗战前杭州城市分区设计与新都市计划的提出

南京国民政府成立之后，一些城市开始加紧城市规划和建设的步伐。1929 年底，国民政府正式公布《首都计划》，标志着中国首个按照国际标准、采用综合分区的现代城市规划的诞生。[③] 另外，上海市政府为了打破租界垄断城市中心的局面也制定了大上海计划。受此影响，杭州市工务局也颁布了市区设计规则，这也是杭州建市后一份重要的规划文件。该规则详细说明了市区设计的操作程序和步骤：首先是测量杭州市地形，绘制成图；然后搜集人口密度、水陆交通状况、年降水量以及江潮涨落等相关参

---

① 钱宗灏：《上海近代城市规划的雏形（1845~1864）》，《城市规划学刊》2007 年第 1 期。
② 海因里希·舒巴特（1879~1955），德国人，毕业于汉诺威工业大学。1907 年出任位于青岛的帝国海军胶澳租界地建筑总监。1929 年 7 月，被聘为首都建设委员会顾问，着手南京的城市规划，并出任南京特别市政府顾问。参见王栋《被遗忘的建筑师：海因里希·舒巴特》，《青岛晚报》2006 年 10 月 29 日。
③ 董佳：《首都营造与民国政治：南京〈首都计划〉研究》，《学术界》2012 年第 5 期。

考资料。同时，该规则还初步运用城市分区原理将城内区域分为工业、住宅、商业、学校、政务等各区，规定街道系统"以南北、东西各路线，首宜划定，再分其筹第计算宽度，分期建筑，谋交通之便利"。除此之外，还详细说明了建设内容，即修建市内道路及拆除城垣，计划电车和公共汽车路线，筹设市自来水，筹划市内沟渠系统，疏浚西湖，修筑市内水沟、桥梁、码头，建设公园、体育场、公墓等公共建筑物，等等。① 此次分区设计较为简单，且没有将杭州城市独特的风景区单独划分出来进行建设，由此可以看出在规划中尚未根据城市的特点进行城市功能定位。

1932 年，杭州市政府根据上述规则拟定分区计划，并绘有《市政府分区计划草图》（见图 1），这也是目前所能见到相对较早的杭州城市规划图。相较而言，此次规划有两个显著特点：一是规划区域范围有所突破。杭州于 1927 年建市时曾划定管辖的城区范围为西湖全部，东南沿海塘至江干闸口一带，西至天竺云楼，北至笕桥、湖墅及拱宸桥，主要包括城区、西湖、湖墅、皋塘、会堡和江干区。② 从图 1 中可以看出，此次拟定的分区计划已经突破了此前的市区设计规则，不再局限于城内，而是扩大到整个城厢内外。二是城市功能定位明显。城内大部分区域被划为住宅区，西湖以及西边的山麓因景色优美而被划为风景区，城东则分为住宅区和沿江工业区，城北拱宸桥一带因工商业发达，被列入重点发展区域。风景区和公园区的出现极大地丰富了城市的功能，同时也明确了杭州以居住和旅游休闲为主的城市功能定位。

此后不久，杭州市政府又根据国际上通行的都市分区制对原来的分区计划进行调整，规划旧城厢区及湖墅、拱宸桥沿街一带为商业区，拱宸桥西岸和江干闸口为工商业区，沿钱塘江码头一带为码头区，笕桥附近为农业区，艮山门车站为中心的区域为行政区，浙江大学附近为教育区，松木场、青石桥及上塘河一带为住宅区，新市场及西湖一带为风景区，西湖西南山林为森林区。③ 与原分区计划相比，这次调整幅度较大，除了原有的工业区、商业区和风景区之外，还增加了行政区、码头区、农业区、教育

---

① 《杭州市市政设计委员会第一次会议录》，《市政月刊》第 3 卷第 9 期，1930 年，第 77 页。
② 顾彭年：《杭州市之沿革》，《杭州市政季刊》第 1 卷第 1 期，1933 年，第 1 页。
③ 蔡增基、程定远：《杭州市市政设计委员会第二次会议记录》，《市政月刊》第 4 卷第 1 期，1931 年，第 44 页。

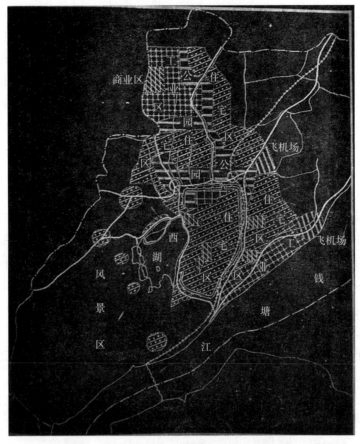

图 1　1932 年杭州《市政府分区计划草图》

注：此图为晒印图，1932 年绘制，图幅 16 厘米 ×19.6 厘米。

资料来源：杭州市城建档案馆藏，档案号：C2 - 2 - 1。

区和森林区，减少了住宅区和公园区。另外，此次规划的功能分区也有所变化，比如将原来的城内住宅区改为商业区，艮山门外的公园区改为行政区等。总体来看，调整后的设计更加细致和合理，为杭州城市格局的最终形成与稳定奠定了基础。

与此同时，地方政学两界中的有识之士也意识到分区对城市发展的重要性，并撰文予以阐述。如知名学者周其铺认为："城市计画是建设新杭州市的第一步骤，我们虽然不能将杭州建设得和巴黎、伦敦两市那样宏壮，但至少使它变成个美而且便利的城市。市内的公园、游戏场、商店、住宅、工厂等均须有一定的位置。"① 刘元瓒和石克士也说道:"大凡市事业欲谋繁荣,须赖有秩序之发展,欲求有秩序之发展,则市区实有分区之必要。盖区域既分,则行政、工商、住宅、风景,各区内土地之使用及建筑,有一定规别,……各区有各区之较宜者,区域不分,选择无从,此有碍于建设之发展者一。"他们根据实际情况,建议将杭州市划分为风景、商业、工业、行政、住宅等区,并制定分区规则,"使各该区域内土地之使用,及一切建筑物之新建、改造、修理或使用均有准绳,则本市繁荣方得顺序渐进也"。② 时任杭江铁路工程局局长兼总工程师的杜镇远曾对杭州发展的九个方面进行了阐述,其中第一个就是分区,也建议将杭州分为风景、商业、工业、行政、住宅等区。③

　　受知识背景等因素的影响,上述学者的意见还停留在宏观概述的层面,并无具体的实施方案,而吕贤瀞提出的杭州市分区计划和交通计划设计详细,具有重要参考价值。他认为"近世市政学者,莫不举分区计划为兴办市政之首要",而西方国家在城市建设初期,由于采取放任主义,无所谓分区,故而秩序混乱。杭州城市发展的当务之急就是制定分区计划,以免重蹈国外城市覆辙。鉴于杭州分区计划"迭经归拟,惟都未曾定案",④ 他采用德国顾问舒巴特的建议,引入城市功能分区概念,并结合城市发展需要和实际情况,拟定《杭州市分区计划图》(见图2)及说明书。其《杭州市分区计划》一文曾刊登于杭州市政府主办的《杭州市政季刊》以及上海时事新报馆发行的建设特刊新浙江号上,在当时产生了一定的影响。

　　该文详细阐述了杭州城市分区的原理和具体区域划分的依据。第一,确定都市中心。吕贤瀞指出都市中心并非所谓的都市地域中心,而应该是交通集中点。杭州的艮山门为沪杭、江墅两条铁路的交会点,武林门是公路总车站所在地,故而市中心应该设在城北一带。

　　第二,确定政治区。政治区往往设在市中心区的核心位置,区内须地

① 周其铺:《建设新杭州的几点供献》,《市政月刊》第1卷第4期,1928年,第5页。
② 刘元瓒、石克士:《最近之将来杭州市之发展希望》,《杭州市政季刊》第1卷第1期,1933年,第39页。
③ 杜镇远:《最近之将来:杭州市之发展希望》,《时事新报建设特刊》(新浙江号),1933年,第36页。
④ 吕贤瀞:《杭州市分区计划》,《时事新报建设特刊》(新浙江号),1933年,第27页。

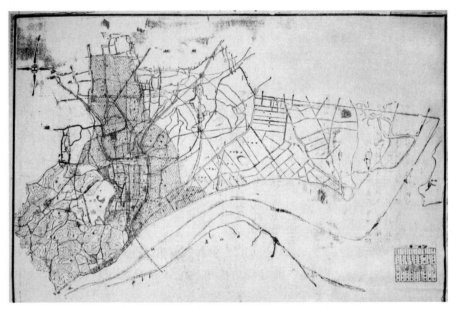

图 2　《杭州市分区计划图》

资料来源：吕贤濬：《杭州市分区计划》，《时事新报建设特刊》（新浙江号），1933年，第29页。

势平旷，便于扩展，而大营盘、火药局等处都属于官产，这样"可免收用民产不少"。

第三，确定商业区。吕贤濬认为车站和轮埠附近区域往往是商业汇聚之处，政治区周围的区域应该是未来的商业区，而当时杭州具备这一条件的地方有三处：一是拱宸桥，运河和铁路在此交会，工厂林立；二是江干三郎庙一带，"将来海轮或能直驶抵埠，则发达更无限量"；三是中山路和纬三路的交叉口，可为城内的商业中心。此外，笕桥、七堡、五米山桥、尧典桥、新塘、二堡、清泰门外各处，都有可能成为商业区。

第四，确定工业区。工业区不仅要运输便捷、地价低廉，还要处于下风向。这样的地方杭州城外有三处：一是湖墅区内拱宸桥一带，水陆运输便利，远离西湖，且有大量空地；二是凉亭至计划设立的飞机场沿江一带，此处规划为商业港区，主要用于轮船停泊和货物起卸；三是笕桥至七堡直出干路东首塘外地区，东首可用于建造生产原料、化学品以及其他工业品的工厂，西首用于建造油池以及存放上述工业品的堆栈。

第五，确定风景区。考虑到西湖为杭州的命脉所系，因而吕贤濬建议风景区"规划务求远大,限制亦应从严",范围可北至西溪、东至三台湾、湖滨路、南山路、纬四路、江墅路的商业地带背面以及馒头山麓的林荫道路,南至江干工业区北面及钱塘江边,西至市界。另外,可在松木场南首、里西湖及南山路一带设立别墅;净心亭、白乐桥、岳坟、茅家埠、于坟、六和塔等地势平坦、交通便利之处设立新村区。

第六,确定住宅区。工业区、商业区、行政区以及西湖风景区之外的地方可全部规划为住宅区。根据舒巴特的分区图,城厢一带,除住宅区外,可设立小工厂的混合区。同时,杨家庙、尧典桥、新塘以东及古荡东北的大块区域,暂可规划为住宅区。[①] 此外,他还根据"与界外交通以及界内分区计划相适应"的原则,在分析杭州陆、海、空三路的交通现状后提出了改进计划。[②] 相较其他人的提议,吕贤璿结合了杭州城市的实际情况,不仅详细说明了各区划分的规则和依据,还确定了各区的大致范围,具有很强的操作性。

1934~1937年,杭州市政府制定了《杭州新都市计划图》(见图3)。此图使用的底图是1934年浙江省民政厅测丈队绘制的《杭州市全图》,故成图时间在1934年之后;而图中未绘有1937年建造完工的钱塘江大桥,因此成图时间应在此之前。原图用红色字体将杭州市区分为行政区、风景区、森林区、农业区、码头区、园林区、文化区各1个,商业区2个,工业区4个,住宅区2个,共有15个规划区。目前这份计划的详细资料已经无法找到,但是通过仔细研究计划图,还是能够发现一些特征。第一,此次规划是在1932年杭州市政府分区计划调整意见的基础上修改的,设计更加细致和完善,增加了森林、农业、码头、园林和文化五种类型的区域。第二,此次规划的范围远比之前更广,中心城区以东的大片土地都列入分区计划中。第三,此次规划设计图的名称不再使用"分区"的字样,而是提出了"新都市"的概念。由此可见,此次的设计不仅更加完善,更为重要的是城市建设的理念和方向非常明确,即将杭州的城市功能定位从居住、旅游休闲型城市转变为生产、旅游消费型城市。整体来看,自杭州市工务局颁布设计规则之后,杭州市政府在此基础上公布了分区计划草图,

---

① 吕贤璿:《杭州市分区计划》,《杭州市政季刊》第1卷第1期,1933年,第4~7页。
② 吕贤璿:《杭州市交通计划》,《杭州市政季刊》第1卷第1期,1933年,第7~11页。

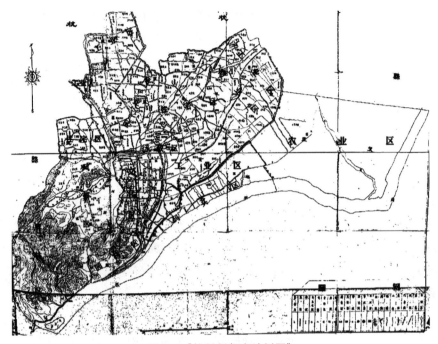

图3　《杭州新都市计划图》

注：此图为晒印图，比例 1：4000，图幅 72 厘米 × 54 厘米。

资料来源：浙江图书馆古籍部藏。

然后又参考和借鉴了吕贤濬等社会人士的意见，最终形成了新都市计划，杭州近代城市格局由此走向稳定。

值得注意的是，随着铁路交通的发展，杭州城市规划开始尝试跨江发展的设计。萧山县西兴镇濒临钱塘江，与杭州城区隔江相望，为杭州与浙东各县的交通孔道。浙赣铁路通车之后，两岸关系愈臻密切。1934 年 8 月，钱塘江大桥开始动工兴建。1936 年 10 月，浙江省建设厅地方建设股主任曾子友、技士张宗城会同杭州市政府工务科科长沈景初等人前往钱塘江大桥对岸考察，并提出可以依照城市设计新原理在此处设立新市区，范围包括西兴、东湖、白马湖、冠山、回龙山以及钱塘江桥南附近一带，总面积 60 平方公里，并呈准浙江省政府备案。[1] 1937 年 9 月钱塘江大桥竣工，沪杭铁路接轨工程完成，西兴的地位日趋重要。杭州市政府遂根据上

---

① 《钱江大桥对岸建设新市区》，《时事新报》1936 年 10 月 7 日，第 3 版。

述提议制定了开辟西兴区的计划,拟开辟 80 平方公里的面积,"采分区办法,将全部土地,按其使用性质,划为若干区域,并订定条律,对各项建筑加以限制,以免凌乱杂处,并收安全舒适清洁整齐之效"。① 然而这一计划因全面抗战爆发而没有具体实施。

二 战后新都市计划的重启与"大杭州"建设设想

抗战胜利后,为促进城市重建和社会复兴,1946 年 4 月内政部颁布了《都市计划委员会组织通则》。② 为了响应号召,各省市政府纷纷重启城市建设规划,其中南京和上海最具代表性。1946 年上海市政府设立都市计划委员会,并编制了《大上海都市计划》。③ 同样,杭州市政府也在年底重启因抗战而中断的新都市建设计划,设立了公共工程委员会,并制定组织规程,统筹规划杭州市上下水道以及道路、电力、煤气等各项公共工程。④

1947 年 1 月,之江大学教授王瑞麟受市政府的委托,草拟建设新都市计划方案。当时杭州除了新市场一带已经略具现代城市规模外,其余大都是旧式建筑,机关、学校、住宅、商铺、工场等建筑大多杂然相处,并无合理区分。有鉴于此,他建议应该结合当前城市发展的现状和需求,重新划区。一是将全市中心地带划为行政区,管领中枢,以提高办事效率。二是根据自然地理环境,将远郊地带划分为工业、森林和码头等区。三是根据原来的功能,将行政和远郊之间的繁华区域划分为商业、住宅、文化等区,同时在住宅区外划园林区(包括公园、广场、体育场等),以备将来人口增加以及住宅的扩充。如能够实施,待"本市繁荣后,可以容纳人口二百万以上,蔚为现代都市"。⑤ 3 月,杭州市政府在此基础上制定《杭州新都市计划及实施方案》,并呈送浙江省建设厅审核。9 月,浙江省政府主席沈鸿烈在审核后提出六点意见:一是将码头区并入工业区;二是森林区和园林区应该改称为风景区或公园区;三是浙江大学应划入文化区;四是

---

① 陈曾植:《十年来之工务》,《杭州市政季刊》(特刊),1937 年,第 9 页。
② 《都市计划委员会组织通则》,《市政评论》第 9 卷第 8 期,1947 年,第 38 页。
③ 《大上海都市计划总图草案报告书》,《市政评论》第 9 卷第 2/3 期,1947 年,第 31~36 页。
④ 《市公共工程委员会组织规程》,《市政工程年刊》第 2 期,1946 年,第 181 页。
⑤ 王瑞麟:《建设杭州新都市计划》,《市政评论》第 9 卷第 2/3 期,1947 年,第 15 页。

住宅区内道路干线不宜采用辐射式；五是工业区应斟酌风向和水陆交通，以带形分散发展为宜；六是道路系统部分应该绘制比例尺较大的平面图。

此外，地方人士也积极建言献策。如曾任教于上海圣约翰大学建筑系的顾培恂教授对湖墅区的规划提出了建议，他认为湖墅区房屋多半破旧不堪，整理应先从道路入手，次为房屋和桥梁。湖墅至拱宸桥之间的区域为良好的工业区，可将杭州市内的工厂迁移此处，并规定新增工厂只准在工业区内开设。经此规划之后，"住宅别墅，迥隔市廛，空气新鲜，合于卫生，工厂栈房集中一隅，设备易于完全，管理便利，消耗可以减少"。湖墅区的地位确定之后，"杭州市区、郊区土地房屋，投资者已无所用其观望，都市之前途，希望益将无穷"。①

除了王瑞麟、顾培恂等人之外，杭州都市计划委员会的委员也积极参与研讨和规划，一些人还绘制了都市计划图纸，如浙赣铁路会计处稽查员盛次恒设计的《盛次恒氏计划草案》（见图4），水利专家汪胡桢和张书农设计的《汪胡桢、张书农氏计划草图》（见图5），浙江大学史地系主任张其昀②设计的《张其昀氏计划草案》。盛、汪等人的设计基本沿袭了此前的规划方案，并无新意。张其昀的设计较为充分，并送浙江省建设厅审核。根据张其昀所撰写的《大杭州之重点与干线》一文可知，其规划理念跟吕贤瀋相似，在注重城市功能分区的同时，还强调交通建设的配合，并在此基础上提出了"大杭州"的建设设想。

实际上，张其昀并不是最早提出"大杭州"这一建设设想的人。1933年，乌聿定曾将杭州城市的发展历程划分为三个时期，即"幽禁时期"、"风景时期"和"大杭州时期"。清代之前，杭州犹如"中国旧式处女"，终日被幽禁于家中。民国之后，旧旗营开辟为新市场，开放孤山公园，新筑湖滨公园，西湖景象焕然一新，其风景之美"方得公之于世，而西子之

---

① 顾培恂：《杭州市都市计划中之湖墅区整理问题》，《市政评论》第9卷第2/3期，1947年，第14~15页。

② 张其昀（1901~1985），字晓峰，浙江鄞县（今鄞州区）人。1923年南京高等师范学校毕业后，历任上海商务印书馆编辑、中央大学讲师、副教授、教授，中国地理学会干事兼出版委员会主任，中央研究院评议会评议员，浙江大学史地系主任、史地研究所所长、史地教育研究室主任、文学院院长、训导长，国民参政会参政员，考试院考试委员，国民党中央委员等职。参见汪新、刘红《南京国民政府军政要员录》，春秋出版社，1988，第290~291页。

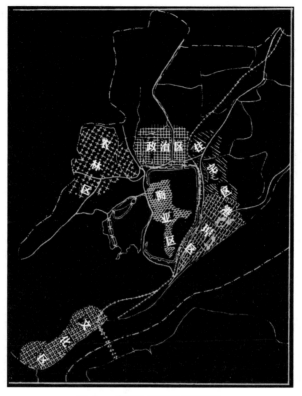

图 4 《盛次恒氏计划草案》

注：此图为晒印图，图幅 15.8 厘米 ×20 厘米。

资料来源：杭州市城建档案馆藏，档案号：C2 - 2 - 1。

名，遂轰动于世界焉"。然而在乌聿定的心中，杭州的发展既要依靠西湖风景而称盛，但城市商业经济振兴也不能完全依赖于西湖游客，他认为将来的杭州"不特为交通要道、军事重镇及工商业会集之地，且将为东方第一大市场"。[①] 1944 年，金陵大学徐益棠教授也曾将杭州的发展目标定位为"大都市"，并阐述了其形成和发展的诸多优势条件。[②]

相比乌聿定提出的城市交通、军事和工商业全面发展的理念，张其昀的"大杭州"计划比较注重城市交通建设和具体的功能分区。他认为杭州

① 乌聿定：《未来之杭州》，《杭州市政季刊》第 1 卷第 1 期，1933 年，第 3 页。

② 徐益棠：《南宋杭州之都市的发展》，《中国文化研究汇刊》第 4 卷（上），1944 年，第 231 ~ 287 页。

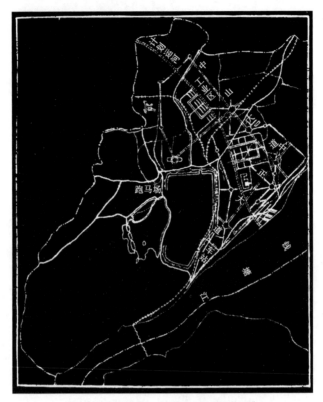

图 5 《汪胡桢、张书农氏计划草图》

注：此图为晒印图，图幅 17.8 厘米 × 19 厘米。
资料来源：杭州市城建档案馆藏，档案号：C2 - 2 - 1。

都市设计的重点，不是立刻划区或者设立市中心，而是确定联合车站的位置。因为车站是水陆交通的枢纽，也是"大杭州"的市中心。当时杭州拥有杭江、沪杭、杭温三条铁路，杭严、杭徽、京杭、沪杭四条公路，以及钱塘江、大运河和杭州湾等十条水上航路，而仅靠杭州城站难以承担数省人流、物流的集散重任。因此，他建议在松木场再建一座联合车站，此处地势宽敞，西溪和修筑中的杭甬铁路都经过这里，具有水陆联运的优势。此外，沪杭、浙赣两条铁路也可自松木场出发，至艮山门外再南北分线。如此，杭州铁路将会环绕市区一周，这将成为城市交通的最大干线。张其昀将交通建设置于城市分区之前，这比此前的任何一次方案都要强调交通的重要性。

在确定重点和干线之后，下面就是规划城市分区。张其昀的计划是保留杭州古城区，在城外重新建设新城，并将其划分为市中心、政治、游览、住宅、文化、港埠和工业七个区（见图6）。相较之下，张氏的分区计划一方面延续了过去的设计格局。比如将市中心和市政府建于联合车站处，将来铁路、公路、水路辐辏于此，必成繁盛商业区；游览区设于西湖之滨，植物园、图书馆、博物馆、陈列馆、音乐厅、演讲厅、电影院、戏院、旅馆和餐厅环湖分布，以供游客流连；港埠区设于闸口、南星桥一带，将来海运和水运联通以后，船舶云集。另一方面，他又打破了传统的分区规则。在此前的设计中，行政区往往被规划在艮山门外，文化区一般位于城内。张其昀则建议将政治区设于岳坟至灵隐道上，即汉代钱塘县故址，浙江省政府及有关机构也集中于此；住宅区设于龙井、理安、九溪十八涧一带，交通和水电等基础设施修建好后便可成为幽雅的居住地；文化区设于六和塔以西，钱塘江岸绵延十余里的山麓地带，将来高校、研究机关和文化出版机构可以群萃于此。

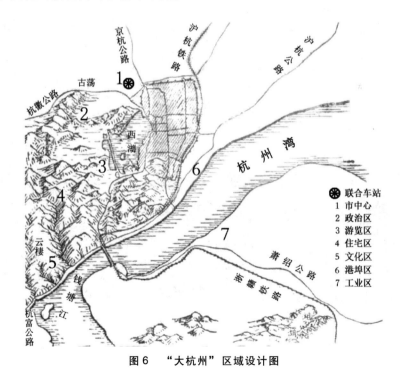

图6 "大杭州"区域设计图

资料来源：张其昀：《大杭州之重点与干线》，《杭州市政季刊》第2卷第2/3/4期，1949年，第11页。

此外，他还提出"大杭州"计划必须实行跨钱塘江发展。钱塘江南岸地区是浙赣、杭温铁路以及诸多公路的交会点，内河外海由此联运，物资输送非常便利。杭州市政府可以将沿江5公里的区域划入市区，在此设立工业区，这样不仅可以利用绍兴新发现的铁矿兴办钢铁厂，同时还能保障市区以及其他各区的清洁和宁静。① 当然这种跨江发展战略并非他首倡，在钱塘江大桥兴工之后，杭州市政府就已经提出了该项计划。虽然张其昀的"大杭州"建设设想得到了浙江省政府的肯定，但是战后杭州百废待兴，摈弃原有城市而另起炉灶以及跨江发展的规划显得不合时宜，地方财政也难以承受高昂的建设费用。故而1947年杭州市工务局制作的发展规划图并没有采用张氏的设计理念，而是完全沿用了抗战前《杭州新都市计划图》的分区规划（见图7）。但从现代城市发展的历程来看，张其昀提出

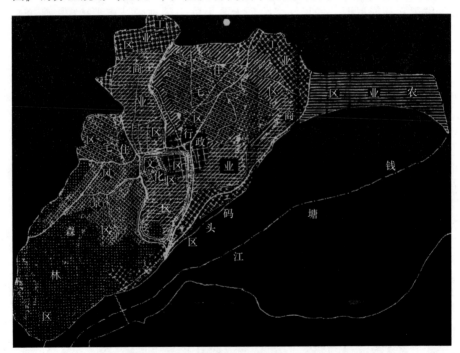

图7 1947年杭州市工务局计划草图

注：此图为晒印图，是1947年所绘制的杭州市规划图，图幅17厘米×19.7厘米。

资料来源：杭州市城建档案馆藏，档案号：C2-2-1。

---

① 张其昀：《大杭州之重点与干线》，《杭州市政季刊》第2卷第2/3/4期，1949年，第11页。

的建议仍具有参考价值,尤其是"大杭州"的建设设想和跨江发展理念也是杭州城市发展的必然趋势。杭州解放后,杭州市建设局于 1950 年 4 月制作的《杭州市新都市计划图》就延续了他的思路,非常重视跨江发展这一战略规划。

三 战后杭州"文化城"建设计划的呼吁与确立

1927 年至 1937 年的十年间,杭州市政府一直重视城市的建设和发展,并确定了发展旅游业为主导的方针。曾三度任杭州市长的周象贤这样说道:"欲繁荣杭市,首当整理西湖,吸引游客。"[①] 程远帆在回顾杭州的发展历程后说:"从前杭州市之建设,似偏重于风景之整理,欲借天赋艳丽之湖山,吸引游客,振兴市场。"[②] 实际上,不独杭州如此,民国时期很多城市都提出了建设旅游型城市的设想。苏州市长陆权曾强调要根据城市自身特色规划发展,他认为苏州"介于沪锡之间,山明水秀,轮轨四达",可以因势导利,"使苏州一市实现为良好之住宅都会"。[③] 这里所谓的"住宅都会",实际上就是旅游型城市。

抗战胜利之后,杭州市政府和地方人士开始思考城市的独特性以及未来发展的方向,其中以储裕生和张其昀为代表的文化界人士所倡导的建设"文化城"的呼声最高。[④] 储裕生,嘉兴人,《嘉善鸣报》的创办人,嘉善记者公会组织干事。[⑤] 抗战胜利后,他担任上海申报馆驻浙江特派员兼杭州办事处主任,曾连续在《申报》上发表评论性文章,建议将杭州建设为"文化城",并得到了文化界的关注和支持。1947 年 2 月 28 日,储裕生在《申报》上发表《从文化人的角度看杭州》一文,文中说古代杭州就以文

---

① 周象贤:《最近杭州市市政设施》,《杭州市政季刊》第 5 卷第 1 期,1937 年,第 6 页。

② 程远帆:《十年来杭州市之进展与今后之期望》,《市政评论》第 5 卷第 7 期,1937 年,第 26~27 页。

③ 陆权:《苏州市政月刊宣言》,《苏州市政月刊》第 1 卷第 1 期,1929 年,第 1 页。

④ 其实早在全面抗战之前,北平、天津、上海、广州等国内主要城市一直都有建设"文化城"的想法。关于北平建设文化城的研究,可参考季剑青《20 世纪 30 年代北平"文化城"的历史建构》,陶东风、周宪主编《文化研究》第 14 辑,社会科学文献出版社,2013,第 127~142 页。

⑤ 《嘉善记者公会改选》,《申报》1936 年 6 月 18 日,第 9 版。

风称盛，然而如今却凋零惨败，这种衰落并不是世人所说的是"政治因素"或是"景物太柔丽"造成的。杭州可以作为中国的文化都城，因为这里安静秀丽，交通便利，生活成本比上海低，非常适宜文人生活与写作。对此，他希望地方政府能够重视和挖掘杭州的文化价值，不仅将其建设成花园都市或者东方好莱坞，更应该建设为文化城市。①

抗战期间，储裕生曾任《中央日报》贵阳站采访主任。他为人忠厚热情，曾多次接济田汉、应云卫等国内文化名流，②故而在文艺界拥有广泛的人脉。为了宣传建设文化城的主张，他多次邀请文艺界人士访问杭州。1947 年 4 月，田汉、应云卫和吴天应邀赴杭州，他们都说这里"山水够美丽了"，并询问杭州能否成为文化城。后来在一次欢迎会上，田汉还提出"当剧运衰微的时候，杭州也许是衰微的剧运的救星"，如果"杭州本身不求进步，就这样靠山水吃饭，那么永远不会成为文化城"。③ 在储裕生的影响下，浙江大学师范学院院长郑晓沧和陈立先教授也都支持他的提议，并希望早日实现愿景。7 月 18 日夜，《申报》驻杭州办事处在湖滨举行在杭作家文艺茶会，闵子、风人、谢紫、《东南日报》记者谢狱和《东南风》编辑陈友琴等 20 余人参会。众人对杭州建设文化城的方案讨论甚详，"席间不拘形式，随便畅谈，咸感颇具意义"。④ 12 月，杭州市文化运动委员会为宣扬西北民族艺术，特委派储裕生赴沪接洽，邀请新疆歌舞团赴杭游览西湖并表演边疆艺术。⑤

1948～1949 年，浙江省政府和杭州市参议会一再请求中央政府将杭州由普通市改为院辖市。在呈文中，他们论述了杭州的文化发达程度，"两浙文化著名东南，杭州实为其中心"，市区有 2 所大学、2 所专科学院、1 所师范学院、19 所中学、150 所小学，另外还有多家图书馆、博物馆，"国内文献粲然具备"。对此，储裕生认为这只能说明杭州拥有众多文化机构，与普通市没什么区别，大学、中学、小学是每一个大都市都有的，国

---

① 储裕生：《从文化人的角度看杭州》，《申报》1947 年 2 月 28 日，第 8 版。
② 王梓良：《哀驻杭特派员储裕生兄》，《浙江月刊》1987 年第 5 期。
③ 《田汉等剧人谈文化城》，《申报》1947 年 4 月 13 日，第 7 版。
④ 《本报杭办事处举行作家茶会》，《申报》1947 年 7 月 21 日，第 2 版。
⑤ 《新疆歌舞团或将游杭州》，《申报》1947 年 12 月 31 日，第 5 版。

内文献粲然具备"未免带些夸大的色彩"。① 因此他觉得杭州没什么独特的个性,"几乎是一个极为平凡的供人欣赏的都市而已"。② 随后,他借此机会发表《杭州!往何处去?》一文,明确指出杭州应该像南京、上海、北平一样有自己独特的发展方向,其先天条件并不适合发展工商业,幽静的自然环境倒是适宜文人雅士栖居于此从事创作和研究,所以应该建设为文化城市。③

1949 年的新年,剧作家熊佛西、雕塑家刘开渠和上海市立实验戏剧学校教授邱要三人到杭州游览。作为抗战前国立西湖艺专的教授,刘开渠一见面就对储裕生说:"我同情你在《申报》上连续不断地为建设杭州文化城而努力的主张!""杭州实在是理想的文化城,杭州除了走向文化城的建设外,可说别无他途。"此外,画家倪贻德也对他说:"关于你所作建设杭州为文化城的主张,我同情你,而且支持你,西湖艺术研究所的成立,可说是事实上的声援!"④ 众人还相约,今后必当为实现杭州建设为文化城的理想而努力。

除了储裕生之外,张其昀也是这一提议的有力支持者。具有历史地理知识背景的他,非常重视杭州城市的建设,曾参与杭州新都市建设工作,制定了"大杭州"计划。1947 年 6 月,张其昀受邀在浙江省教育会发表演讲,他在展望浙江教育发展的前景时说,"杭州是中国最富于历史兴味的文化城,应该把它称为实施国民教育的示范区",并要求大力发展浙江的图书馆、博物馆、音乐厅、运动场、植物园和印刷出版等事业。他还建议杭州市政府在近郊建造一座花园城镇,以此吸引文人作家寓居于此。⑤ 另外,还指出可以在西湖山巅与钱塘江边建筑房屋,供文化工作者居住。如果杭州真的成为理想的文化城市,不仅可以追求"院辖市"这种政治地位的提高,"而其实际的精神上已崇高无比了"。⑥

此外,浙江大学的一些教授和校友也积极响应建设文化城的号召,

---

① 杭州市参议会秘书处编印《杭州市参议会第一届第九次大会会刊》,1949,第 4 页。
② 储裕生:《杭州需要什么?》,《胜流》第 9 期,1948 年,第 777 页。
③ 储裕生:《杭州!往何处去?》,《申报》1948 年 3 月 18 日,第 5 版。
④ 储裕生:《新年话杭州:建设文化城问题再提出》,《申报》1949 年 1 月 12 日,第 7 版。
⑤ 张其昀:《浙省教育之前景》,《基本教育》第 2 期,1947 年,第 23、24 页。
⑥ 储裕生:《杭州!往何处去?》,《申报》1948 年 3 月 18 日,第 5 版。

"撰述专文以资阐扬者，已不下十许篇"。他们根据各自的学科背景和知识结构，提出了不同的意见。如毕业于浙江大学史地系并于美国克拉克大学地理研究院攻读博士学位的赵松乔等指出："杭州位近经济及政治中心，而无政客市侩之累，有近代都市各项便利，而山林逸气尚存，实为新文化城上选。"① 此外，有人认为"杭州素为中国印刷业的中心，名贵的宋版书实际多属杭州刻本，现在应该设法恢复过去荣誉"。还有人从学术的角度提出建议，"网络贤隽，力争上游，使其成为一个远东研究高深学术的重镇"。②

通过储裕生、张其昀等人的不断宣传，杭州建设文化城的呼声越来越高。1949 年 1 月，由张衡、许寿提案，朱一青、徐文达等人联署，正式向浙江省建设厅提交建设文化城的方案："查杭州为我国最富历史韵味之文化城市，文化上各种设施，靡不具有规模。以言教育，则有图书馆、博物馆，承文澜阁之学统，为海内所称道。以言印刷事业，则杭州实为唐宋以来，我国印刷术最发达之城市。其他如美术，则有国立艺专，鼎峙孤山，加之西湖风景，圣洁幽灵，文物之美，足与故都北平争辉。为确立施政体制，拟明定杭州为文化城。"③ 1 月 16 日，杭州市参议会召开第一届第十次会议。在开幕典礼中，主持人曾两度提及将讨论众人所提出的建设文化城的问题。④ 23 日，大会讨论提案时，议决在下月举行的检讨会上宣布结果，并邀请张、储两人莅会演讲。⑤ 24 日，持续了八天的大会宣告闭幕。⑥ 会议结束之后，张其昀撰写了《杭州文化城之初步计划》一文，以资参考。⑦

2 月 2 日，杭州市参议会检讨会召开，张、储两人在会上就杭州的自然地理环境、历史文化以及今后的发展方向做了长达两个小时的演讲，最

---

① 赵松乔等：《杭州市之土地利用》，《浙江学报》第 2 卷第 2 期，1948 年，第 108 页。

② 张其昀先生文集编委会编《张其昀先生文集三编》，中国文化大学印行，2001，第 298 页。

③ 《杭州市参议会第一届第九次大会会刊》，第 45 页。

④ 储裕生：《杭州：漫谈不设防》，《申报》1949 年 1 月 22 日，第 7 版。

⑤ 《杭参会昨讨论建为文化城案，交检讨会详尽计划》，《申报》1949 年 1 月 24 日，第 2 版。

⑥ 《杭参会昨闭幕》，《申报》1949 年 1 月 25 日，第 2 版。

⑦ 张其昀：《杭州文化城之初步计划》，《杭州市政季刊》第 2 卷第 2/3/4 期，1949 年，第 14 ~ 20 页。

后会议议决接受他们的主张。① 为了庆祝这一时刻的到来,当日晚上《申报》杭州办事处举行第六次文艺晚会,讨论主题为"如何建设杭州为文化城"。同时,还邀请演剧四队和春秋旅行剧团进行演出,席间郑晓沧、杭州艺术专科学校校长汪日章、演剧四队队长魏曼青,以及张君川、陈博文、曾也鲁、范非等人先后发表意见,都主张提高全市市民文化水平和从事各项文化建设。其实,为了配合宣传,1949年春节后,就有很多剧团受邀赴杭演出,如中国剧艺社演出了《钦差大臣》,青年军剧艺社演出了《钗头凤》,春秋旅行剧团演出了《沉渊》等。同时,还举行了戏剧节,各剧团纷纷进行展览,文化活动丰富多彩。②

储裕生和张其昀等人的提议也得到了国民党中央委员陈布雷、浙江省主席陈仪、杭州市长任显群等政要的支持。1948年9月,陈布雷到浙江海宁观潮,来杭州游览时说,"杭州有一个宁静的环境,可以写作",并表示赞同储裕生的提议。③ 1949年2月,陈仪单独接见储裕生,两人畅谈半小时。陈氏赞同他说道:"文化城必须为人民所有,艺术馆当可成立。"④ 杭州市工务局长张丹如也曾说道,杭州的工商业不能跟上海、广州相比,但有深厚的历史文化底蕴,"建设杭州市之基本原则与拟具计划,似应一切为建设文化都市而努力"。⑤ 此后,杭州市政府制定了《杭州市都市计划委员会组织规程》,并获得通过。⑥ 2月11日,市政府会议决定成立杭州市都市计划委员会,聘请竺可桢、储裕生和张其昀等45人为委员。⑦ 4月,尽管时局动荡,但为了配合杭州文化城的建设,还是举办了诸多文化活动,例如戏剧节、话剧演出、音乐会、舞蹈会以及各种座谈会。⑧ 5月3日,随着杭州的解放,民国时期的城市建设也戛然而止。

---

① 《建设杭州市文化为中心,两起讨论会之结论》,《申报》1949年2月4日,第2版。
② 储裕生:《杭城春节后"文化城"建议进行热烈讨论》,《申报》1949年2月5日,第7版。
③ 《"灯尽油枯"寄感慨:陈布雷先生之于杭州》,《申报》1948年12月14日,第6版。
④ 《陈仪畅谈政情》,《申报》1949年2月8日,第2版。
⑤ 张丹如:《杭州市都市计划基本问题之商榷》,《杭州市政季刊》第2卷第2/3/4期,1949年,第8~9页。
⑥ 《杭州市都市计划委员会组织规程》,《杭州市政季刊》第2卷第2/3/4期,1949年,第38页。
⑦ 《杭州都市建设成立计划委会,聘请竺可桢等为委员》,《杭州市政季刊》第2卷第2/3/4期,1949年,第23页。
⑧ 储裕生:《"建设杭州"声中莫辜负大好春光》,《申报》1949年4月12日,第2版。

结　语

　　1927年南京国民政府成立后，受近代城市规划建设浪潮的影响，杭州也逐步实施有计划的建设活动。首先，杭州市工务局颁布了市区设计规则，确定运用城市分区原理对城区功能进行划分，但分区稍显简单，且规划范围局限于城区部分。此后，杭州市政府在此基础上草拟了分区计划，首先将规划区域扩展至整个市区，同时还结合实际情况对功能分区进行调整，使其更趋合理，明确了杭州以居住和旅游休闲为主的城市功能特征。与此同时，周其铺、刘元瓒、石克士和吕贤潜等地方人士对分区计划提出了不同意见，尤其是吕贤潜提出的城市分区和交通配套发展计划内容详细完善，具有重要参考价值。杭州市政府借鉴了上述分区建议，最终形成了新都市计划，并提出了跨江发展的战略，但这两项规划都因全面抗日战争的爆发而不得不中止。

　　抗战胜利后，杭州市政府重启此前的新都市建设方案，此时有更多的政学界人士参与研讨和规划。如王瑞麟草拟的杭州新都市计划方案，顾培恂对湖墅区的整理意见，盛次恒、汪胡桢、张书农和张其昀等人设计的分区草案。其中张其昀特别注重交通建设和城市规划并行的重要性，并提出"大杭州"建设设想和跨江发展战略，深受浙江省政府的认可。但出于现实原因，杭州市政府最后还是完全沿用了抗战前的都市规划方案。值得一提的是，以储裕生为代表的文化界人士积极呼吁杭州城市发展必须形成自己的独特性，可以借助丰富的历史文化资源，着力塑造"文化城"的新形象，在社会上产生了广泛的社会影响，并得到社会各界和政府官员的支持。总的来看，在地方政府的主导和有识之士的积极配合下，民国时期杭州制定了多种城市规划方案，并最终确定了生产、旅游消费型城市的发展路径。然而因财力、人力和战争等因素的影响，这些规划大都没有实行，却是城市科学化的规划观念与技术在中国传播的见证，对现代的杭州城市发展依然有重要启示。

作者：胡勇军，常州大学马克思主义学院

（编辑：王丽）

殖民权力对殖民城市的空间形塑

——以 1910～1930 年代大田府形成为例

李天成

内容提要 日本殖民统治朝鲜时期，朝鲜半岛的众多城市因殖民者到来而变得富有现代化内涵。其中，大田府作为殖民时代的新兴城市，具有很强的代表性。当时，在大田的朝鲜人体验到殖民者带来的城市化和现代化，却又不得不忍受城市发展所造成的经济失衡、贫富差距、社会分层等负面影响，从而在事实和感观之间产生无法弥合的认知裂缝。考察殖民时代大田府的形成过程，可以揭示殖民权力对殖民城市的空间形塑作用，阐明其背后殖民统治造成的实质影响，有助于我们客观地看待"殖民现代性"理论及辩证地理解"殖民性"与"现代性"的相互关系。

关键词 殖民城市 空间形塑 殖民现代性 大田府

前 言

"殖民权力"是殖民者向被殖民者施加的单向权力，通常建立于暴力征服之上。由于"殖民权力"缺少现代社会强调的权责对等关系，在程式化的殖民原则（colonial principle）指导下，殖民者对殖民地的开发会变成社会分层的主要诱因。对此，法国学者弗朗兹·法农曾精辟地总结道："一个被殖民者至少每天一次梦想处在殖民者的地位。"① 在经典的文本分析研究中，殖民权力的傲慢心态以及殖民话语潜在的认知暴力几乎被揭露

---

① 〔法〕弗朗兹·法农：《大地上的受苦者》，杨碧川译，台北：心灵工坊文化事业股份有限公司，2009，第 75 页。

无遗，其中最为著名的便是美国学者萨义德和他创立的"东方学"。不过，文本分析法过于依赖抽象文学感知和意识再构，虽然搭建了一条极为精妙的批判途径，但对于殖民地社会根源性心理以及殖民时代的历史语境，存在一定程度的忽视。①

另外，在后殖民主义和解构殖民主义的语境当中，"殖民性"和"现代性"构成了一个无法分立的话语博弈体系。如果单纯从技术层面去观察殖民行为，不难发现"殖民"本质上是拥有一套复杂系统的"治理术"（governmentality）。几乎所有殖民者都在强调通过有效的方法，促使殖民目标和权力机制的相互融合，以维护殖民体系能够稳定且高效地运行。受此影响，殖民者在建构有关殖民社会的认知框架时，必然会强调殖民行为带来的某些现代化元素，并视之为殖民正当化的理论基础。例如，修建必要的现代设施，建立牢固的权力机关，制定相对严谨的法律和财税制度，推动社会经济高效运行等，让被殖民者也不得不承认"殖民地由于殖民行为而发生了改变"这一基本客观事实。

这正是本文问题意识的发端：日本曾对朝鲜半岛实施了长达 36 年的殖民统治，殖民者修建铁路、码头、桥梁、学校、工厂、医院、养老院等，推动朝鲜半岛脱离前现代社会，快速迈入现代社会。对此，我们应该如何去评价日本对朝鲜半岛殖民统治的历史意义？

在既有研究中，研究者对此普遍持二元对立的态度。一部分研究者认为，殖民时代的朝鲜人无论愿意与否，都不得不将日本殖民者的近代价值内化，以证明殖民者为朝鲜提供了现代性的发生条件。如美国学者申起旭就指出，日本殖民者的统治为前现代的朝鲜带来了权力模式转变，在法律设计、身份认同等方面推动了朝鲜的现代化进程。② 另一部分研究者则持完全相反的意见，如韩国学者许粹烈认为，殖民者加速了土地兼并和集中，大部分工业资产归殖民者所有，虽然日本殖民统治促进了朝鲜半岛的开发，而作为这片土地主人的朝鲜人在开发的过程中，却始终扮演着"局

---

① 毛思慧：《"全球化-本土化"时代后殖民主义文化研究的新发展——兼论兹奥丁·萨达尔对"大美国主义"和好莱坞的批判》，《学习与实践》2006 年第 10 期，第 140~149 页。

② Shin Gi Wook，Robinson Michael：Colonial Modernity in Korea，Harvard University Press，2007，pp. 23 – 31.

外人"的角色。① 韩国学者柳善英也指出，殖民化和现代化是碎片式交叉且相互重叠的过程，殖民者的精神压迫导致朝鲜民族产生了自卑、屈辱、羞耻等心理挫败感，殖民者的经济盘剥又固化了殖民地物质层面的功利主义，最终在朝鲜民族内心汇集成具有攻击性且自恋的殖民创伤（colonial trauma），因而不应把"殖民性"和"现代性"简单地混为一谈。②

就上述研究视角而言，无论是"殖民现代性"（the theory of colonial modernity）的主张者抑或反对者，似乎都将"殖民性"与"现代性"视为同样的黑格尔式线性历史现象。③ 这种"暂时主义"（temporalism）的认知倾向过于强调"现代性"问题的绝对化，而忽视了殖民行为的创造性破坏内涵。④ 因为单就殖民行为所涵盖的各个要素而言，其实并不显得独特，如彼得·康宁所言："规则或规律没有因果关系，事实上也不会'生成'任何东西，它们只是用来描述自然界中已经存在的规律性、一致性的关系。"⑤ 可以说，"殖民现代性"形成于殖民化"时间"与殖民地"空间"的时空同构框架当中，具有某种"涌现性"（emergence）的特征。因而在研究中，应对该问题加以结构性的把握，避免将"殖民性"和"现代性"以模块化方式拆解分析。同时还应注意到历史发展的一体两面性，将"空间"因素也纳入"殖民现代性"的考察范畴，以拓展该课题研究的深度与广度。

事实上，已有不少学者同样意识到这个问题。他们把研究视野扩展至"殖民城市"的历史，尝试以新的方式去解读"殖民现代性"理论。⑥ 纵

---

① 可参考허수열『개발 없는 개발: 일제하 조선경제 개발의 현상과 본질』，은행나무，2016。

② 可参考유선영『식민지 트라우마』，푸른역사，2017。

③ 〔澳〕简·M. 雅各布斯：《帝国的边缘：后殖民主义与城市》，何文郁译，江苏凤凰教育出版社，2016，第 1~21 页；Seung，Park Chan，"Japanese Rule and Colonial Dual Society in Korea，" *Korea Journal* 50. 4，2010，pp. 69–83。

④ Roger Griffin，*Modernism and Fascism*：*The Sense of a Beginning under Mussolini and Hitler*，Palgrave Macmillan，2007，pp. 336–338.

⑤ Peter A. Corning，*The Re-Emergence of "Emergence"*：*A Venerable Concept in Search of a Theory*，Complexity 7. 6，2002，pp. 18–30.

⑥ 相关研究参见 Bill Sewell，*Constructing Empire*：*The Japanese in Changchun，1905–1945*，The University of British Columbia Press，2019；Henry Todd，*Assimilating Seoul*：*Japanese Rule and the Politics of Public Space in Colonial Korea，1910–1945*，University of California Press，2021；汪宝钗《论台北城的殖民现代性——以市区改正与新兴建筑为观察核心》，《台湾南区大学中文系策略联盟学术论丛》，台北：里仁书局，2014；全遇容「植民地都市イメージと文化現象：1920年代の京城」『日韓歴史共同研究報告書・第3分科篇』日韓歴史共同研究委員会、2005。

观这些研究，虽取得不错的成果，但也存在亟待解决的问题。尤其是研究对象选择标准过于集中于殖民时期的大都会型城市，对于其他中小型殖民城市（colonial urban）缺少足够关注。因此，本文聚焦于殖民时代的大田府形成过程，在研究方法上结合多层面、多维度分析，以抽丝剥茧的方式阐释殖民权力对殖民城市空间形塑的影响，以及殖民社会的权力尺度和社会张力之间的相互作用，通过客观还原殖民地的社会面貌，辩证地理解殖民地现代化过程中的殖民性内涵，尝试在方法层面上超越"殖民现代性"理论。

一 "殖民城市"大田的物理空间特征与文化叙事

现在的大田市全称为"大田广域市"，是韩国第五大城市，位于朝鲜半岛中南部。大田的城市历史并不悠久，起源是 1904 年日本殖民者在公州郡山内面大田里设立的"大田驿"。1906 年山内面被编入怀德郡，怀德郡厅也从原来的怀德邑迁移到大田驿附近。1914 年，在朝鲜行政区大改编过程中，朝鲜总督府将怀德郡、镇岑郡、公州郡儒城面合并，命名为大田郡，成为行政建制独立的城市，大田驿附近的城市化区域被改编为大田面，隶属大田郡。1931 年，大田面升格为大田邑。1932 年，位于公州的忠清南道道厅移转至大田邑。1935 年，大田邑升格为大田府，从此脱离大田郡的管辖，而大田郡则改称为大德郡。① 从大田的发展轨迹来看，其城市兴起与殖民统治保持着高度的同期化（synchronization），是一座由殖民者创建的城市，殖民性的空间特征表现得尤为突出。

首先，大田的日本移民始终维持在很高比例。一般而言，日本人在殖民地的比例普遍维持在 8%～10%，根据总督府的统计来看，从 1920 年至 1935 年，大田的人口从 11825 人增至 36379 人，年均增长率达 7.8%。其中，1920 年在大田面定居的日本人比例高达 79.4%。② 1935 年大田邑升格为大田府之后，由于辖域范围扩大，日本移民人口比例被大幅稀释，但仍然维持在 24.2% 的高位。③ 整体而言，大田面的日本人口基数虽少，却长

① 유재일：『대전 지역기업의 형성 및 성장 과정에 대한 연구』，대전발전연구원，2015，27－58 쪽。
② 朝鮮總督府「市郡道別戶口および人口」『朝鮮總督府統計年報』1920 年。
③ 朝鮮總督府「市郡道別戶口および人口」『朝鮮總督府統計年報』1935 年。

期维持着高比例，因此也较早形成了日本人自治团体①。这些都从侧面反映出日本人自始至终控制着大田发展的方方面面。② 正如日本作家田中丽水所言："在朝鲜，单由日本人聚集生活而出现地名、完全靠日本人建成的城市——唯有大田。"③

其次，传统城市的行政区域是以山川、河流的地理边界为基准，边缘呈平缓的曲线，而大田是以贯穿城市的京釜铁路及大田川为界，形成南北长、东西窄的布局，整体规划像是用利刃分割而成的方块（见图1）。大田面作为城市核心区域，其城市边界和早期日本移民聚居区基本重合，"（日本）居民主要居住的地方是铁路和大田川之间的狭长沙石平地，这个聚居地大致位于北方的站前附近和南方的市场附近"。④ 从整体规划来看，大田的移民聚居区过于集中，核心区域与周边区域的分野清晰，城市形态的人为因素过于明显，整体显得极不自然，日本记者田边理市认为"大田就是一座畸形都市"。⑤

最后，从大田的地名设置上，可以看出日本人和朝鲜人之间存有清晰的文化界限。殖民者对殖民地的地名设置，通常是出于整合行政区域、校准地图等现实考虑。⑥ 不过，从权力角度而言，"殖民地名"（colonial place names）是展现权力毛细管作用的直接手段。⑦ 在大田，市区街道皆采用日式地名，如居民区——本町、春日町、松本町等，功能性场所——大田座、市场、车站等，以及事务性场所——法院、警察所、面事务所等。反观周边农村地带依旧保留着朝鲜语地名，如大东里、水砧里、大兴里等，在地图标记中附有片假名标注的朝鲜谚文读音，这侧面反映出日本殖民者不愿意将朝鲜人纳入自身的感知空间范围。当时的日本移民也清楚这一点，

① 即1905年由在大田的日本移民所组成的"大田居留民会"。
② 고윤수：「식민도시 대전의 기원과 도시 공간의 형성」，『도시연구』2021년제27호，91-92쪽。
③ 「新興大田の回顧 大田の地名と基因」『釜山日報』1932年10月22日。
④ 辻萬太郎：『ぽぷらとぱかち』，쓰지만다로 자서전，1978，18쪽。
⑤ 辻萬太郎：『ぽぷらとぱかち』，19쪽。
⑥ 박병철：「일제강점기 이후의 지명 관련 자료집 편찬과 지명」，『지명학』2019년제30호，111-155쪽。
⑦ Liora Bigon, *Place Names in Africa: Colonial Urban Legacies, Entangled Histories*, Heidelberg: Springer International Publishing, 2016, pp. 14-18. 廖拉·比根列举了尼日利亚的许多城市街道名称中包含的当地方言，指出英国殖民者的间接统治存在一定程度的内在灵活性。相比较之下，朝鲜殖民时代不存在类似现象，似乎更能说明日本殖民统治的权威性倾向。

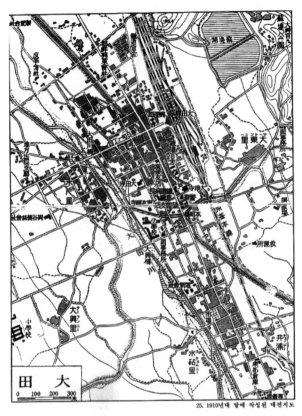

25. 1910년대 말에 작성된 대전지도

图1　1910年代末的大田地图

"聚居区内树立着一排日本风格建筑物，穿着日本服装的行人也很多，这里的内地人继续保持着在日本的生活方式，大多数不会说朝鲜语。毋庸置疑，他们对朝鲜的历史和习俗，自然也漠不关心"。①

　　总而言之，居住在大田的日本人对"朝鲜"表现出的排斥情绪极为明显，并且随着时间推移而不断放大。最为突出的表现便是自发地建构专属于殖民者的"文化叙事"（cultural narrative），以这种方式，让殖民者按照自身意愿，赋予殖民地新的文化内涵，促使殖民者和殖民地之间建立起某种内在的精神联系。

　　1920年，日本官方组织编纂了《大田产业志》，用以介绍殖民者为当地发展做出的贡献，"大田始建源于明治37年（1904）日俄战争时铺设铁

① 辻萬太郎：『ぽぷらとぱかち』，19쪽。

路的内地移民，现在形成市区的土地曾是杂草丛生的平地与河畔。远远望去，只是一个荒芜之地，十里之内勉强能看到一户内地人家的'寒村'，随着京釜铁路停车站设立，大田才有了地名"，① "作为京釜线开通后的全朝鲜首屈一指的都市，作为京釜线和湖南线的分界点，大田城市发展蒸蒸日上，逐年变得繁荣，形成七千余人口的城市，不仅有军营、监狱署等官衙公署，还有银行、企业等设施"。②

日本殖民者还利用虚构的历史故事，去解构大田的传统历史概念。如田中丽水就记载过一段关于大田诞生的故事："1909 年，故伊藤公（伊藤博文）陪同韩皇帝巡游南鲜，来到此地，他环顾四周，见山水风光宏大至极，故甚爱之，谓左右曰：将'太田'之地名改为'大田'，似为妥当。自此以后，无论何人，皆以'大田'称呼、记录该地。"③ 这则故事在大田的日本人社群中广为流传，却没有任何确切的官方记录。

事实上，"大田"与"太田"之间没有任何历史传承。"大田"（대전）在朝鲜谚文中写作"韩巴特"（한밭），意为"广阔的平地"，最早出现于朝鲜半岛三国时代。以汉字记录的"大田"地名则最早出现于 1689 年宋时烈的《楚山日记》。早在 1872 年，朝鲜官方出版的《公州牧地图》已明确标有"大田"的汉字地名。"太田"称谓的最早出处是 1904 年《皇城新闻》记载的一段关于日本人设立铁路站点的信息。④ 显而易见，"太田"是日本人根据"大田"的日语读音"ダイデン"转写而来，因为"太田"更符合日本语的造词习惯。

通过在殖民地的共同生活，殖民者编织出更为紧密的社会关系，进而形成专属于殖民者的共同地域心理。辻万太郎是早期定居大田的移民，他曾如此描述移民社会："大田的内地人社会由来自日本各地的人组成。北九州和中国⑤出身的人占中心地位，其余人来自不同府县，他们各自组织谋求友谊的府人会、县人会，但也逐渐相互融合，无论出生于何地，都已经变成了殖民地风格的'大田人'。早期内地人所使用的语言，虽

① 田中麗水『忠南產業志』大田實業協會、1921、181 – 182 頁。
② 「大田都市計畫」，『東亞日報』1921 년 7 월 20 일。
③ 田中麗水『大田發展誌』景仁文化社、1917、157 頁。
④ 「京釜鐵道全通」，『皇城新聞』1904 년 12 월 26 일。
⑤ 此处的"中国"指日本本州岛西部地区。

然是各地方言横行，但标准语使用范围逐渐扩大。葬礼、祭祀、新年活动等习俗依然保留着地方色彩，但也逐渐变得统一，出现开放的新风气。"① 这里所说的"内地人"即来自日本各地的日本人，他们文化不同、风俗各异，但在开放包容的"新风气"影响下，逐渐融为亲密无间的"大田人"，是一种殖民地社会典型的"自我重构"（self - reconstruction）表现。

辻万太郎还记述了一段关于他的父亲辻万之助初次抵达大田的想象场景："当天，父亲经过长时间的旅行，来到这里。站在低矮的山坡上，他看到的应该是如此风景，前面是一片小小的盆地，东、南、西三个方向环绕着稍高的山脉，映入眼帘的山峰，东南一个，西南一个，海拔都在五六百米左右，一条河流从这两座山间贯穿盆地，流向北边的平地，与其他几条河流汇合，径直流入锦江中游，当时从下游到这个汇合点，有轮船航行，山丘大多是裸露红土和岩石的荒山秃岭，山谷或山脚下稀疏种着松树。另外，平地上偶尔能看到柳树和花草等植物，也许是还未到春天，树都是秃的，花草也是枯萎的，都还没有发芽，乍看上去，就是一片荒凉山野。"② 辻万太郎试图通过自己的想象向读者证明"大田曾是一片无主的荒凉山野"，背后更深的含义是"大田的繁荣皆因辛勤的殖民者的到来"。这种描述手法可以广泛地唤起殖民者的情感共鸣，从另一个角度实现了对被殖民者的"他者阐释"（interpretation of the other）。

殖民者为大田城市化和现代化做出的贡献，正是殖民者主张的殖民正当性辩护依据。殖民者宣称："现在，朝鲜在日本统治下沐浴着文明的恩泽，正在走向幸福。"③ 然而，这种迎合殖民价值观的"空间特征"和"文化叙事"，严重忽视了大田的文化传统和历史情感，殖民者言行无时无刻不透露着强烈的排他色彩，这印证了大田的城市化和现代化只是服务于殖民者本身，不包括朝鲜人。殖民时代，不少朝鲜知识分子也意识到了这一点，他们会故意将"大田"转写为朝鲜谚文"太田"（내던），去暗示这是一座"日本人的城市"。

① 辻萬太郎：『ぽぷらとぱかち』，50 쪽。
② 辻萬太郎：『ぽぷらとぱかち』，14 - 15 쪽。
③ 「啓蒙小言」，『京城日報』1919년 5 월 14 일。

二　大田的文化景观和空间营造

殖民者和被殖民者虽同处于一个城市空间，却呈现出彼此割裂的矛盾状态。朝鲜人作为大田的传统拥有者，却"消失"于城市兴起的过程当中。在这种矛盾状态的影响下，新的物理空间按照殖民者的意志被创造出来，正如波多黎各学者杰佛瑞·梅拉所言："在殖民地的'场所创造'（Placemaking）的过程中，没有什么比'过去'更加重要。场所营造包括建构特定的文化叙事，并将其渗透于空间之中。"① 相较于"文化叙事"的隐蔽与抽象，以显性的"文化景观"展现殖民权力，宣示殖民支配正当性，则更具有视觉和心理上的冲击效果。在大田，这类文化景观的代表是"神社"。神社是宣扬"国家神道"的重要场所，而"国家神道"是军国主义、扩张主义、集权主义等各种意识形态联结而成的精神统治工具，其主要表现形式为节日祭祀、神礼仪式以及天皇崇拜等。②

1900 年，明治政府设立神社局，正式委派官员管理神社，神社成为日本的国家机构。1905 年之后，明治政府开始有计划地将"国家神道"引入殖民地社会，鼓励殖民地移民集资兴建神社。受此影响，1907 年，大田居留民会以"建立天照大神封斋遥拜之殿""振兴敬神思想"为号召，组织移民募资，并在大田东北部的苏堤湖和率朗山建起"大田神社"。③ 神社不仅是支配殖民地的精神产物，也是利用自身文化改造殖民地的工具。不少研究者对神社的历史意义和影响提出过批判性意见。④ 但仍需要注意的是，殖民者借由文化景观去实现精神规训的意图。

首先，大田的殖民者充分考虑到当地地理条件，有意识地将神社建在城市的制高点——率朗山之上，力求达到立体层面的视觉支配效果。通过

---

① Jeffrey Herlihy Mera, *After American Studies*: *Rethinking the Legacies of Transnational Exceptionalism*, London: Routledge, 2017, p. 2.

② S. Susumu, "State Shinto in the Lives of the People: The Establishment of Emperor Worship, Modern Nationalism, and Shrine Shinto in Late Meiji," *Japanese Journal of Religious Studies*, 2009, pp. 93 – 124.

③ 小山文雄『神社と朝鮮』朝鮮佛教社、1934、124 – 128 頁。

④ 문혜진:「일제식민지기 경성부 신사」,『한국학』2013 년제 36 호, 369 – 396 쪽; 윤선자:「일제의 신사 설립과 조선인의신사인식」,『역사학연구』2011 년제 42 호, 107 – 140 쪽。

比较朝鲜半岛其他神社选址，这一点可以得到印证——分布在朝鲜半岛的44座官方神社都位于所在城市的制高点。① 不难想象，每当朝鲜居民抬头仰望之时，看见耸立于山顶的神社，心中必然会联想到"一视同仁""内鲜一体"等鼓吹殖民扩张的宣传口号。神社作为殖民权力的物质化身，其精神规训效果不容小觑。其次，大田的殖民者之所以选择在苏堤湖修建神社，还含有更深的用意：消灭朝鲜民族的精神文化传承。苏堤湖曾是朝鲜时代大儒——宋时烈的故居所在，也是朝鲜湖西士林的重要活动场所，湖畔周围修建有众多代表朝鲜传统士族精神的建筑，如东轩、乡校、南涧精舍、杞菊亭等。② 随着苏堤湖改造工程的推进，朝鲜的传统建筑被拆除，大田神社、苏堤公园、铁道官舍等殖民建筑相继建起。最后，苏堤湖于1927年被完全填平，新整的土地被改建为日本人的铁道官舍。

空间营造在日本殖民者手里变成宣扬殖民正当性的工具。为了将殖民化归咎于被殖民者的落后性和文化停滞等原因，日本人在公共区域建筑风格中刻意排除朝鲜元素。③ 位于大田城市中心的公共建筑大部分采用"辰野样式"设计，即红砖与灰白色系饰带相间，配有王冠一般的塔楼或圆顶的设计，如大田驿、东洋拓殖会社、殖产银行等；部分建筑由于建成时间较晚，在设计上采用了稍晚出现的"帝冠样式"，即在钢筋混凝土结构的西式建筑上搭配日式屋顶，如忠清南道道厅等。日本移民住宅散布在功能性建筑交错空隙，通常是以木质结构的传统日式建筑为主。④

公共建筑选择西洋式设计，是用以表达殖民者的现代化成就；而私人住宅采用传统日式建筑，则是宣示固守本国文化的立场。在城市中，两种风格迥异的建筑类型共同构成了"和魂洋才"的空间语言，不仅彰显了殖民统治的权威性，也展示了殖民统治的先进性。反观外围区域的朝鲜人村庄，则大多是由稻草与泥土混建的简陋居所组成，与日本人明亮、豪华的

---

① 최진성:「일제강점기 조선신사의 장소와 권력」,『한국지역지리학회지』2006년 제 12 호, 58 쪽.

② 〔韩〕金玟秀:《韩国城市设计》,〔韩〕朴正俸、周毅译, 上海交通大学出版社, 2017, 第 159 ~ 164 页.

③ 안창모:「한국근대건축에서 식민지관광주의와 모더니즘에 관한 연구」,『건축역사연구』2002년 제 18 호, 7 – 22 쪽.

④ 하승용, 이정수:「근대건축물 기록화사업의 사진기록방법 개선방안: 대전지역 기록화 조사보 고서 기록화사진을 중심으로」,『기초조형학연구』2017년 제 18 호, 443 – 456 쪽.

居住环境相比，显得异常破败与不堪，当时的报纸记载道："直冲云霄的大建筑鳞次栉比，展现近代建筑精髓的豪华文明住宅，让每座城市都别有一番风味，也将城市的现代面貌展现得淋漓尽致。但是，说起来，这些文明住宅不知道是哪个国家的。因为，还有不少朝鲜贫民生活在木材脚料和白铁皮围成的房屋或是铺着旧席子的土坑。"[①]

从整体布局来看，大田呈现以"大田驿"为中心，日本人社区为核心的辐射结构，核心区域承载着运输、商业、贸易等高附加值产业，而外围村庄承载着农业和原料生产、加工制造等低附加值产业。宪兵队、军营、监狱等暴力机关驻扎在村庄周围，可以有效地确保殖民者的统治。就像弗朗兹·法农描述的那样："在殖民地，宪兵、军队是被殖民者有效的对话者，他们是殖民者及压迫体制的代言人。"[②] 1919 年 3 月 16 日，千余名朝鲜人受"三一运动"影响，在大田市场聚集，高喊"独立万岁"，大田的日本驻军迅速出动镇压，打死 15 名朝鲜人，打伤数十人。这是大田日本驻军第一次镇压朝鲜人的记录。随着日后朝鲜社会"民心恶化"，大田驻军对朝鲜人罢工、秘密结社、流言蜚语流布、"经济犯罪"的打击也变得愈发频繁，但这种未能克服根本局限的暴力压制显然毫无效果，"犯罪"总是以多种形式再次发生。[③]

权力和统治地位并非殖民城市所独有，但在殖民背景下，对统治地位的使用显得尤为直接，建筑便是其中最为突出的表现形式。[④] 大田的主要街道遍布着日本人的建筑，当时的旅行者记载道："在停车场附近，目光所及之处，都是西洋式小楼和日本人的大商店，街道两侧也全都是日本式建筑，我在朝鲜各地旅行之时，无论在哪个停车场下车，那里几乎全是由日本人组成的繁荣商街，大田也是如此。"[⑤] 街道是城市开展贸易的空间，占据主要街道等于掌控了城市的商业命脉，日本商人的空间优势在城市诞

---

① 「麗らかな春に哀れな嗚咽声 春はきたが春を失った土幕村」『毎日申報』1936 年 5 月 24 日。
② 〔法〕弗朗兹·法农：《大地上的受苦者》，第 80 页。
③ 송규진：「일제강점기 충남도청 유치 이후 대전 발전의 한계」，『韓國史學報』2019 년제 74 호，364 – 368 쪽。
④ Nezar Alsayyad, *Forms of Dominance: On the Architecture and Urbanism of the Colonial Enterprise*, Avebury, 1992, p. 5.
⑤ 「忠南道廳빼앗는大田郡의 今昔」，『朝鮮日報』1931 년 1 월 24 일。

生之初便已确立，对此朝鲜商人表现得毫无招架之力，"一般朝鲜商贩的买卖都处在十分不利的条件之下，现在的发展状态已变得极其微弱，面对日本人大商店的挑战，不知朝鲜商贩的命运将走向何方"。①

殖民性在殖民地社会、政治、文化、经济等各个领域的表现并非泾渭分明，而是具有底层逻辑的关联性。换言之，"殖民城市"的建筑设计、空间规划、城市形态等空间因素是造成社会分层、贫富差距的原因。随着殖民权力的确立，殖民者获得了更多的经济发展机会，并促使城市的社会性质开始发生变化，这种变化具有广义"现代化"的部分特征。

三　铁路技术引入和殖民权力确立

讨论大田城市的诞生，就必须提及铁路。铁路作为近代工业化的重要象征，它的问世标志着人类社会自农业社会向工业社会的转变。1898 年 9 月，日本通过《马关条约》取得朝鲜统监权，随即逼迫朝鲜签署了《京釜铁路联合条约》。1901 年 6 月，在日本政府支持下，涩泽荣一成立了京釜铁道株式会社，主营业务为朝鲜京城至釜山港的铁路开发和运营，其缴纳金的1/4 来自日本国库，日本政府还批准其发行了相当于缴纳金10 倍的高利股票，共计2500 万日元。当然，日本政府之所以愿意支出如此高昂的建设费用，还包含对外扩张的战略企图，即将京釜线打造成"大陆政策"的重要支撑。②

1904 年日俄战争爆发后，因军需物资运输所需，京釜线施工进度大幅提前。1904 年 11 月 2 日，最先开通了京城至大田路段，该段长约 160 公里，客车票价为每人1.98 韩元，上午 7 点 40 分从京城永登浦驿出发，下午 1 点 20 分便可抵达大田驿，过去需要步行一周的距离被缩短到仅需 5 个半小时。③ 1905 年 12 月 28 日，京釜铁路实现全线通车，④ 京釜直行列车开

① 「大商店의進出과 小商店」，『東亞日報』1935 년 1 월 24 일。
② 鄭在貞：「京釜鐵道의 敷設에 나타난 日本의 韓國侵略 政策의 性格」，『한국사연구』1984 년제 44 호，124 - 126 쪽。
③ 홍이표，홍승표：『대전제일교회 100 년사』，대전제일교회，2008 년，127 쪽。
④ 「京釜鐵道全通」，『皇城新聞』1905 년 12 월 26 일。

始运行，从京城到大田的时间被缩短至 4 小时 33 分。①

　　铁路带来了"时间与空间的湮灭"，奠定了城市现代化发展的基础。然而，站在朝鲜人视角去看，象征现代文明的铁路，反而是其痛苦的根源。当时，日本殖民者为尽快建成京釜铁路，对铁路沿线的土地实行强制收购政策：收购日本侨民持有土地，价格为每平方米 0.21 ~ 0.4 日元；而收购朝鲜人持有土地，价格仅为每平方米 0.021 日元。② 换句话说，对朝鲜人的土地收购价格只占对日本人的 1/10，甚至是 1/20。

　　1904 年，大田驿设立之后，日军守备队便开始在大田驻扎。至 1905 年京釜线全面通车，日本驻朝鲜领事馆在大田设置"京城领事馆警察大田分署"，由日本警察负责大田的日常治安，统监府从大邱调遣了一个小队的兵力，以预防朝鲜人反抗。③ 同时，驻屯日军也时常以各种借口，向居住在铁路沿线的朝鲜人"征发"物资与人力，甚至在农忙时节也强迫朝鲜人修建铁路，但给朝鲜人的薪金却只有正常情况的 1/3，由此导致朝鲜人弃土逃亡现象层出不穷，"铁路通过的地区，没有一处是完整的土地，周围皆显疲敝，千里之路上，十室九空，鸡猪灭绝"。④

　　为了杜绝朝鲜人的逃役现象，日军强迫朝鲜政府签订了"役夫契约"，规定遇到拒不应征的情况，将连坐处罚乡长、村长。至 1906 年，京釜线和京义线贯通，估计朝鲜共被征用了 1 亿人次的"役夫"。⑤ 一部分朝鲜平民试图反抗日军横征暴敛，自发加入义兵组织，偷袭和破坏铁路设施。⑥ 1907 年，为了加强对大田的保护，日军将步兵第 14 联队指挥部移至大田，驻屯兵力增加到一个中队，在朝鲜义兵抗日运动期间，大田日军利用铁路调度兵力的优势，迅速控制怀德、镇岑、全义、连山、燕岐等周边重镇，反抗者很快便遭到逮捕，并被处以死刑示众。⑦

① 「京釜鐵道直行列車」，『皇城新聞』1905 년 4 월 25 일。
② 이철우：「일본의 철도부설과 한국민족주의의 저항」，『평화연구』2004 년제 12 호，101 쪽。
③ 송규진：「일제식민통치 초기 대전의 발전과 도시화과정에 관한 연구」，『지역발전연구』2001 년제 8 호，181 - 182 쪽。
④ 「忠察虐政」，『大韓每日新報』1906 년 5 월 15 일。
⑤ 〔韩〕赵景达：《近代朝鲜与日本》，李濯凡译，新星出版社，2019，第 137 ~ 139 页。
⑥ 1905 年至 1907 年，朝鲜半岛共爆发两场大规模义兵抗日运动，分别是"乙巳义兵"（1905 年）与"丁未义兵"（1907 年），因修建铁路而失去生计的农民是"义兵"的重要来源之一。相关论著可查阅박민영「대한제국기 의병연구」，한울아카데미，1998。
⑦ 김상기：「한말 충남지역의 항일의병전쟁」，『충청문화연구』2014 년제 12 호，1 - 31 쪽。

　　1910 年，日本政府以伊藤博文遇刺事件为借口，正式吞并朝鲜。同年，南满洲铁道株式会社推出连接朝鲜半岛和中国东北的"大陆急行列车"，并在大田设置停靠站点。1914 年 1 月 11 日，大田与木浦之间的湖南线铁路铺设工程完成。至此，大田一跃成为连接朝鲜半岛京畿、岭南、湖南三地的枢纽。1923 年，朝鲜铁道株式会社①旗下最先进的"晖"（ひかり）型急行列车投入京釜线运行，从釜山码头到京城仅需 6 小时 40 分，中途仅停靠大田和大邱两站。从日本到朝鲜的出行变得极为便利，殖民地旅行（colonial tourism）随即成为日本人的"新宠"。② 为迎合日本人对温泉和登山的喜好，大田的商人相继开发了大田周边的儒城温泉、鸡龙山等景点。③ 随着铁路线延长，都市生活的共享空间也不断扩大。在 20 世纪 20 年代，大田的日本人推动以大田为中心，联动京畿、湖南、岭南的足球运动圈形成，④ 此举让大田成为韩国现代足球的主要起源地之一。

　　纵贯朝鲜半岛的铁路建成，使得日本国内资本可以经铁路对朝鲜半岛展开大规模渗透。⑤ 1919 年至 1935 年，日本人在大田经营的工厂由 26 家增至 54 家，工业产值从 52.4 万日元上升至 174.8 万日元，卫生、消防、通信、运输、工业、金融等现代化产业颇具规模。⑥ 大田承担的经济功能变得愈发重要，并不可逆转地融入庞大的国际贸易体系当中。1926 年，大田铁路通过车辆达到 15391 辆次，从大田发出货物约为 2.9 万吨，抵达货物约为 8.7 万吨，中转旅客约 241 万人次，到站旅客约 24 万人次，货物运输收入约 11 万日元，客运收入约 35 万日元。群山的大米，安东、新义州、胜湖里的建材，以及中国东北的煤炭等大宗货物在大田汇集，再装箱运至釜山港，经渡轮运往日本。⑦

---

① 朝鲜铁道株式会社于 1923 年 9 月 1 日由朝鲜中央铁道、南朝鲜铁道、西鲜殖产铁道、朝鲜森林铁道、朝鲜产业铁道、两江拓林铁道 6 家铁路合并组建而成。

② 〔日〕小牟田哲彦：《大日本帝国时期的海外铁道——从台湾、朝鲜、满洲、桦太到南洋群岛》，李彦桦译，台北：台湾商务印书馆，2020，第 150 页。

③ 「半島의 名勝 四十二處選定」，『東亞日報』1926년 5월 25일。

④ 「大田의 蹴球戰」，『東亞日報』1920년 8월 6일。

⑤ 「内地流을 學で 漸く 改まる 商慣習，商人은 南方多く 取引高は 北方，交通의 發達に 伴ふて 進歩する 都鄙에 遍き 内地商人」，『京城日報』1922년 7월 5일；「朝鲜의 産業一斑 著々健実なる 発展を 加え海に 山に 投資の 好適地」『国民新聞』1922 年 8 月 28 日。

⑥ 유재일：『대전 지역기업의 형성 및 성장 과정에 대한 연구』，대전발전연구원，2015，35 - 58 쪽。

⑦ 대전세종연구원：『대전방문의 해를 통한 대전의 변화』，대전세종연구원，2019，26 쪽。

铁路推动了大田的工商业飞速发展，但也促使大田的土地价格飙升。①
1925 年，三井财团为响应总督府颁布的"蚕茧百万石增殖计划"，筹划于
大田设立丝绸工厂。提前得到消息的日本商团紧急召开会议，决定共同出
资 10 万日元，成立"大田土地株式会社"，并以大田土地株式会社的名义
向三井财团提出参与土地开发和工厂建设的要求，②作为交换条件，大田
土地株式会社为三井财团提供工厂用地 25366 韩平③，收取土地转让金
59340 日元和附加费 5000 日元，共计 64340 日元。④

最终，三井财团接受了该提议，以每平方米 0.71 日元完成土地收购
案，这个价格较之前日本人强制收购朝鲜人的土地价格翻了数十倍。"土
地可以带来暴利收益"成为当时在朝鲜的日本会社、日本移民、亲日人士
等新兴资本势力的共识，他们开始把大量资金集中投入土地金融的短期操
作市场。⑤ 处于政治和经济双重弱势的朝鲜人，根本无力抵御日本人的资
本冲击，通常只能无奈地接受土地被强行买走的现实。

四 大田行政级别的提升与朝鲜农民的破产

对于殖民城市的新兴资本势力，当时的朝鲜社会有一个专门称呼——
"有志"。"有志"是殖民权力深入基层社会的触手，可以视为殖民官方在
基层的代言人。⑥"有志"们参与地方事务的主动性、积极性非常高，因为
通过对地方事务的讨论，他们常常可以将自身的利益诉求委付行政决策，
从而实现资本获利的目标。

1924 年，朝鲜半岛南部遭遇大旱，粮食歉收，总督府政务总监下冈忠
治南下视察灾情，在途经大田之时，"有志"们组织数百名日本侨民上街
游行，并以"灾荒救济"的名义提交了陈情书。不过，这份陈情书并没有

---

① 「忠南道廳빼앗는 大田郡의 今昔」，『朝鮮日報』1931 년 1 월 24 일。
② 「大田에 製絲支店」，『朝鮮日報』1925 년 5 월 12 일。
③ 1 韩平约等于 3.3 平方米。
④ 「大田土地會社總會」，『京城日報』1925 년 7 월 18 일。
⑤ 「土地兼併의 大勢와 그 將來」，『東亞日報』1930 년 3 월 7 일；「土地兼併의 急速化」，『朝鮮日報』1932 년 1 월 30 일。
⑥ 池秀傑：「일제하 공주지역 유지집단의 도청이전 반대운동」，『역사와 현실』1996 년 제 20 호，210 쪽。

提及任何直接的救济措施，因为受灾的主要是朝鲜农民，"有志"们反而要求总督府向大田方面发包更多的大型土建项目，其中包括大田川改造以及烟草专卖局工厂和慈善医院的筑建工程等。① 可想而知，当时能够承接这些工程项目的只有日本企业。

1925年，大田"有志"们启动一项宏大计划：将忠南道厅从公州迁移至大田。为此，大田"有志"们积极展开游说活动，期望获得总督府支持。在舆论方面，大田"有志"们大肆挑动民族对立情绪，强调道厅应设置在日本人的城市，他们公开宣称"公州是朝鲜人建造的城市，'大田'是日本人建造的城市，'道厅移转'可看作日本人和朝鲜人的对抗"。② 在私底下，"有志"们则积极囤积新道厅迁移位置附近的土地，"所谓'道厅移转'传说的流行，使购买郊外之土地与家屋的人数激增，土地、家屋的价格时时刻刻都在激腾"。③

1927年12月8日，忠清南道道议会临时开会，会上通过了之前搁置许久的"道立医院建设案"，道立医院选址在大田市内，④ 预示着道厅极有可能迁移至大田，而朝鲜总督府对外界的猜测矢口否认。⑤ 1931年2月，朝鲜总督府突然又编列了35.9万日元的"道厅移转新筑费预算"；⑥ 3月，该预算正式在日本帝国两院议会通过。感到危机的公州市民立即掀起声势浩大的抗议活动，数千人走上街头示威游行，抗议代表在报纸上发表措辞强烈的声明："如今这般，道厅从公州向大田转移之事，全然不顾朝鲜人之利害，反而庇护日本人，难免遭到指责，如此刺激朝鲜人民族心理，必然会给公州将来埋下大祸根。"⑦ 虽然公州方面强烈反对，不惜利用朝鲜民

---

① 「大田有志」，『朝鲜日报』1924년 9월 22일。

② 대전세종연구원：『"대전방문의 해"를 통한 대전의 변화』，대전세종포럼 통권 제69호，대전세종연구원 2019년，30쪽。大田"有志"充满煽动性的口号对"道厅移转"事件定性产生不小的影响。如韩国学者孙祯睦认为"道厅移转"是具有民族性、阶级性的抗争事件，韩国学者池秀杰则认为"道厅移转"是中央和地方的权力纷争。可参考 손정목「일제하 충청남도 도청이전의 과정과 결과：식민정책 강행에 대한 민중 저항의 한 단면」，『千寛宇先生還曆紀念韓國史學論叢』，정은문화사，1985년；지수걸「일제하 공주지역 유지집단의 도청이전 반대운동」，『역사와 현실』1996년 제20호。

③ 「道廳移轉說건 背景으로 鐵道敷設願을 提出」，『朝鲜日報』1926년 2월 16일。

④ 「忠南道議 臨時召集」，『朝鲜日報』1928년 2월 12일。

⑤ 「道廳移轉은 全然無根說」，『東亞日報』1929년 2월 16일。

⑥ 「忠南道廳 問題展望」，『朝鲜日報』1931년 2월 17일。

⑦ 「研究會反省要求 民政聲明發表」，『東亞日報』1931년 3월 9일。

族心理做激烈辩护，但在总督府操纵下，忠清道厅还是按照计划，在 1932
年移转到大田。

看上去，"道厅移转"争议以大田"有志"的胜利而落幕。然而，事
态发展却出人意料。1929 年，朝鲜总督山梨半造收受釜山米商贿赂，遭到
日本国内的立宪民政党举报，总督府秘书官肥田理吉、尾间立显被拘留，
山梨半造本人被责令辞职，并移送至东京地方裁判所接受审判。[①] 接下来，
媒体揭露出更多与山梨半造有关的舞弊案。其中，忠清南道"道厅移转"
的幕后真相也被公之于众：1927 年初，号称"拜金将军"的山梨半造刚刚
上任朝鲜总督，大田"有志"们便筹集了 4 万日元"活动经费"，先后两
次通过尾间立显，将该经费交到山梨半造的夫人手中；[②] 暗地里听闻风声
的公州市民也开始积极筹集"活动经费"，却只筹到 3000 日元。[③] 显而易
见，贿赂金额的多寡决定了"道厅移转"的最终结果。消息一经曝光，立
马引发舆论轩然大波。[④] 然而，为了不损害作为宗主国的颜面，日本政府
只对山梨半造做出罚俸 1 年的处理，便不了了之。

在整个"道厅移转"过程中，大田"有志"们对大田的城市建设表现
出超乎寻常的热情，甚至可以说是不择手段。这都归因于"道厅移转"背
后的巨大经济利益。在"道厅移转"之后，"有志"们预先购置的土地价
格普遍暴涨 5~8 倍，[⑤] 每平方米价格升至 9~15 日元，[⑥] 他们承包的配套
工程更是如火如荼地展开，"以前大田站为中心，形成大田川东部的市区
（即旧市区），而其西侧土地极其灵活。道厅移转至大田川西侧中央区
（即新市区）之后，以道厅为中心，西部将成为大田的发展主力，因此，

---

① 「山梨前朝鮮総督の召喚きょう愈よ確定」『大阪毎日新聞』1929 年 9 月 28 日。
② 「忠南道廳移轉 運動費된 四萬餘圓」，『朝鮮日報』1929 년 9 월 22 일。
③ 池秀傑：「일제하 공주지역 유지집단의 도청이전 반대운동」，『역사와 현실』1996 년제 20 호，213 쪽。
④ 「忠南道廳移轉 收賄事件擴大」，『朝鮮日報』1929 년 6 월 9 일；「忠南道庁移転に絡る醜怪事実暴露さる」『大阪毎日新聞』1929 年 6 月 16 日；「暴露 朝鮮 七大疑獄 山梨前總督 瀆職發露」，『東亞日報』1929 년 12 월 28 일；「道廳移轉 未墾地拂下 數十萬圓 詐欺騙取」，『東亞日報』1929 년 12 월 28 일；「山梨前總督中心으로 空前의 朝鮮大疑獄」，『東亞日報』1929 년 12 월 28 일；「又傷害暴行으로 肥田利吉廣島護送」，『朝鮮日報』1930 년 5 월 18 일；「暴露된 醜態」，『朝鮮日報』1930 년 9 월 19 일。
⑤ 「大田의 繁榮을 論함」，『朝鮮日報』1931 년 10 월 2 일。
⑥ 「대전좌담회 신흥도시의 여론을 청함」，『東亞日報』1931 년 6 월 11 일。

急需先把大田川两侧连接起来，去年秋天修好 2 座桥梁，连接大田桥的 12 条干道也在施工，现在的大田川上已有 5 座桥梁，将来计划再增设 5 座桥梁"。①

时间转至 1935 年，"有志"们通过不断努力游说总督府，终于让总督府决定将"大田邑"升格为"大田府"。根据总督府的统计，当时大田府土地约有 309 万平方米。其中，金甲淳、土居善七、安井茂、辻万太郎、小田原正计佐、小澄与曾次郎、杉浦孝木、西村哲次郎等十余名"有志"拥有 67.92% 的土地所有权以及 76.64% 的土地收益。② 在大田府完成升格之后，大田"有志"们又开始积极投身政坛，通过竞选成为大田府初代议员，③ 这标志着大田出现了追求共同利益和共同价值的现代市民社会雏形。

在大田城市经济社会蓬勃发展的背后，朝鲜人再次沦落为牺牲品。土地兼并导致农民失去了赖以生存的耕地，部分人因不堪饥困而轻生。④ 紧随而来的针对朝鲜农民的债务陷阱，更彻底摧毁了朝鲜农村的自然经济体系。1930 年，朝鲜半岛因连年的洪灾与大旱，粮食产量大幅下降。然而，日本当局为了缓解日本内地粮食供应紧缺的问题，强制提高朝鲜半岛的粮食征收比例，进而引发朝鲜农村的大饥馑。⑤ 面对大田周边农村的惨状，大田"有志"们并没有施以援手，而是趁机收紧放贷规模，提高放贷利率，以谋求资本收益的最大化，"一般农家处于经济破灭之状态，商业家们却直言金钱循环之极难"。⑥ 农村的高利债规模迅速扩大，农民陷入循环复利的金融陷阱当中，经济状况愈发困顿，"究明农村破败现状，皆因金融资本蚕食政策突然闯入固有农民自主经济圈内，引发不自然的事变，各金融机构掌握着一般农民的债权，只有免除债务，解放农民，农村破败现状方可回生"。⑦

在此期间，日本人和朝鲜人之间的贫富差距日益突出。根据 1934 年的

---

① 「新設된 三府의 擴張案 大田府篇」，『東亞日報』1936 년 1 월 25 일。

② 고윤수：「1910－1930 년대 대전의 도시개발과 재조일본인사회」，『도시연구』2021 년제 22 호，134－135 쪽。

③ 「新設된 三府의 初代府議員」，『東亞日報』1935 년 11 월 22 일。

④ 「代代耕作地 剝奪當코 自殺」，『朝鮮日報』1927 년 6 월 3 일。

⑤ 「一朝鮮人としての考察－朝鮮問題の真髄について」『中央公論』1926 年 6 月。

⑥ 「農民들은 어대로?」，『東亞日報』1930 년 10 월 25 일。

⑦ 「土地兼併과 小作農의 增加」，『東亞日報』1932 년 9 월 16 일。

大田郡税收统计，朝鲜家庭年收入仅仅为日本家庭的 1/13，"大田日本人户数为 1819 户，负担额为 46446 元，平均每户 25 元 90 钱；朝鲜人户数为 5217 户，负担额只有 1 元 30 钱"。① 另一方面，农村的窘困也严重影响了总督府的财政状况，1930～1933 年连续四年间总督府的租税收入出现严重下滑，② 在城市行乞的失地流民人数大增。③

1935 年，《每日申报》报道了一件关于流民的悲剧："处于零下十二三摄氏度的恐怖低温当中，贫民乞丐的生活真是悲惨。上月 14 日，生活在大田府荣町桥下的金万秀为了抵御大雪严寒，生火取暖而引发火灾，女儿宝培出于孝心前去救火，却也被烧死……无论谁目睹其惨状，都会流下同情的泪水。"④ 然而，生活在城市的日本人普遍对流民不抱同情，一部分人公开指出，流民不仅会损害城市的正面形象，也会带来卫生和安全的隐患，更为关键的是，由于流民随意定居的生活方式，市民的"公共土地"被无形窃取。⑤ 在日本市民的强烈呼吁下，殖民政府出台一系列强制手段，试图将流民彻底赶出城市，但效果往往不尽如人意。⑥ 因为，每当赶走上一批流民，马上就会有新的流民涌入。最终，流民问题变成困扰城市发展的"癌症"。⑦

为了解决农村破产与流民问题，从根本上改变殖民地的混乱经济局面，1936 年，朝鲜总督府颁布了覆盖全朝鲜范围的"农村救济策"，内容包括减免债务、出售荒地、提供免息贷款、建立互助组织等。⑧ 但是，上述措施受到通货膨胀加剧、肥料价格暴涨、银行放贷缓慢等因素影响，并未有效地改善农村困境，⑨ 朝鲜农民也始终无法摆脱高利债的压迫，即使幸运地迎来了丰收之年，也极有可能因为偿还旧债而破产。1938 年的《朝

---

① 「納税額으로 본 大田邑의 經濟相」，『朝鮮日報』1934 년 1 월 4 일。
② 「租税收入 結局減收」，『每日申報』1931 년 3 월 12 일；「租税收入 戶마다 減收」，『中央日報』1933 년 4 월 1 일。
③ 「大京城을 驚かす 土幕民의 激增振り，數年의 間에 十倍以上 이 整理가 重大問題」，『朝鮮新聞』1928 년 10 월 25 일。
④ 「酷寒에 불쯔이다가 母女가 火傷絶命」，『每日申報』1935 년 12 월 19 일。
⑤ 「西小門署保安主任談：土幕民은 國有地의 盜賊」，『中外日報』1930 년 4 월 22 일。
⑥ 「大田 土幕民 驅逐의 恐怖」，『中央日報』1931 년 12 월 7 일。
⑦ 「都市建設의 癌！」，『朝鮮日報』1940 년 6 월 24 일。
⑧ 「農村振興運動의 活動方針 大綱」，『朝鮮日報』1936 년 1 월 11 일。
⑨ 「農村經濟好轉？」，『朝鮮日報』1938 년 4 월 5 일。

鲜日报》如此报道："预计今年忠南地方将迎来丰收，农民勉强可以退去心中担忧，而窥视秋收的'债鬼'们如约好一般，频繁向大田地方法院民事庭上诉，要求农民们自本月中旬还债，案子总数已累积1150件，其中百余件已执行，临时查封事件激增，被查封的立稻、家具、房屋等用于偿还高利债，据说，大部分是昭和8年（1926）的旧债。"①

至1939年，朝鲜总督府的"农村救济策"基本宣告失败，标志着朝鲜农村的传统农业经济体系因资本入侵而彻底崩溃，② 仅仅在大田，就有8500余户农民家庭背负着永远无法还清的巨额高利债。③ 1940年，随着日本深陷侵华战争泥沼，总督府开始实施所谓的"战时经济统制"，并执行严格的战备物资征收、生产资料配给、强制储蓄、购买力回收等战时经济管制政策，朝鲜的整体经济状况更是向着无法逆转的方向加速恶化。④

虽然殖民统治让大田在极短的时间里从默默无闻发展为重要的区域中心城市，资本主义经济模式和资本财富累积机制在此孵化，并形成具有现代性指向的市民社会雏形，但是，殖民权力以不平等方式，让原本处于弱势地位的朝鲜人成为城市现代化的牺牲品，一部分朝鲜人被动地卷入城市经济运行机制当中，而更多的朝鲜人则被城市无情抛弃，成为居无定所的失地流民，或者丢掉性命。或许从殖民城市现代化过程中存在的"发展"与"不平等"共存现象，可以瞥见"殖民现代性"的实质所在。

结　语

20世纪初，东亚各国进入现代化发展阶段，许多传统城市的政治经济地位被新兴的现代化城市所取代。其中，"殖民城市"作为现代化城市的一种类型，其诞生与发展完全依靠殖民者的权力意志。本文通过考察1910～1930年代大田府形成的过程，较为详细地整理和分析了殖民权

---

① 「豐作 謳歌하는 裏面에 債鬼가 暗中跋扈」，『朝鮮日報』1938년 9월 29일。
② 「都市資本의 農村進出 地方關係官 等이 警告」，『朝鮮日報』1937년 5월 27일。
③ 「農村更生의 癌腫인 高利債를 積極整理」，『東亞日報』1939년 10월 15일。
④ 「動員下의 朝鮮 戰時經濟統制의 第四年」，『東亞日報』1940년 1월 1일。

力对殖民地空间形塑的主要表现，并具体展现了现代性和殖民性在此过程中的历史影响。

首先，定居大田的日本人对"朝鲜"普遍抱有强烈的排斥意识。究其原因，皆由殖民者在城市发展中涉及的利益导向所致。大田不仅是殖民者向朝鲜人展示文明性与先进性的重要窗口，更是殖民者快速且广泛获取财富的机遇之地。因此，美化殖民权力是维护殖民利益的重要手段之一，殖民者需要最大限度地清除殖民地固有的传统影响，去建构一套新的、属于殖民者自身的文化属性，而这种殖民文化属性又透过外在的城市规划、建筑风格、文化景观、地名设置、文化叙事等多种方式得以呈现。

其次，伴随着殖民者将铁路技术导入大田的城市发展，一方面，大田不可避免地卷入帝国主义扩张以及全球化贸易大潮；但另一方面，殖民者的初衷是巩固其自身的殖民权力，所以，铁路在本质上是日本殖民者弹压和剥削朝鲜人的重要工具。当殖民权力通过铁路开发得以确立之后，紧随而来的便是殖民资本在大田的渗透。大田的殖民资本尤为关注的对象便是土地，这与大田城市发展经验有着密切关系。正是由于大田是一座新兴的"殖民城市"，殖民地原生的文化传统和社会关系在此能够发挥的牵制力相对薄弱，殖民权力和殖民资本的相互勾结变得更有影响。

最后，"殖民城市"大田的城市化、现代化发展问题集中体现在日本人与朝鲜人双方的民族、阶级、城乡等矛盾之上。特别值得注意的是，"道厅移转"事件背后所反映的殖民权力运作缺陷，以及附着于殖民权力的殖民资本无序扩张，对朝鲜人的土地掠夺和经济盘剥，无疑加剧了城市空间内在的社会分层现象，最终又成为农村经济崩溃的主要诱因，也深刻地反映出殖民权力的局限性与脆弱性。

作者：李天成，中国历史研究院成果评价处

（编辑：任云兰）

城市 "意象" 的形成与地方性生产[*]

——基于豫园的历史文化分析

陈　阳

内容提要　豫园在近现代上海的城市发展史中历经了私家园林、公园、旅游景点的角色转变。对豫园的历史文化考察,揭示出豫园 "成长" 为上海意象与其在不同语境和不同力量作用下的地方性生产有关。其一,物质性和视觉性的地方性生产,即作为历史建筑以鲜明的观瞻性成为城市的视觉焦点,豫园中独特的 "湖—亭—桥" 结构作为视觉装置成为人群会集的地方。其二,作为交往空间的地方性经验的生产。豫园空间的开放性和流动性因人群及其行为的差异性成为当时的 "公众游览场",也因为地方性经验的汇集生产出人们对豫园的地方性感知和记忆。其三,城市中各方力量的交织和角逐推动豫园形成城市的向心力,使豫园生产出在城市规划中的位置和角色。总之,豫园因其地方性生产形塑了杂糅传统与现代的多元意义,因意涵的混杂性成为 "稳定" 的上海意象。

关键词　豫园　城市意象　地方性　视觉性　交往空间

引　言

晚清进士李瑞清,自号梅花盦主,20 世纪初曾寓居上海,他不仅精通

---

* 本文系上海哲学社科青年课题 "现代性视野下的摄影与上海形象研究" (项目编号:2015EXW001) 成果。

诗书画,还"恣意图史",① 遂以图文解说的方式遴选出"申江胜景",② 豫园作为继徐家花园、张园、愚园、也是园之后第五个"登场"的申江胜景,被突出描绘的是"豫园湖心亭"。2010 年上海世博会官方宣传片用三秒钟展现了豫园景观,镜头聚焦豫园湖心亭;2018 年进博会上海城市形象片之"大美"篇,在一分半的时间里聚焦豫园三秒钟,取景点亦是湖心亭。

豫园作为江南私家园林的代表,是上海现存古典园林的五处胜迹之一。③ 中国古典园林通常被视为私人场所,有研究认为中国园林是存在于公共世界却又不受公共领域干涉的特殊空间,它与外部世界存在物质的或精神的互动。④ 对豫园的研究主要集中在两个层面。其一,物质性,即豫园作为建筑空间的特殊性。从建筑学角度看,豫园的造园艺术特色在于山环水绕,"建筑物穿插于山水之间";⑤ 从空间性角度看,城隍庙和豫园相互关联的城市空间结构,使豫园具备世俗化和商业化的特征;⑥ 从旅游学角度看,作为旅游景点的豫园常被纳入评估和规划的范畴,从而优化旅游线路,提升旅游体验。⑦ 其二,象征性,即豫园被编织进不同叙事中的意义赋予过程和结果。事实上,在中西比较视野中,中国园林的西方叙事常常被注入西方的自然观和意识形态。⑧ 在本土语境中,豫园被视为中国士人"大隐隐于市"的象征物,它以"溪谷山林入城市"的方式成为闹市中的景观。⑨ 豫园的变迁反映了上海城市的发展,豫园被视为老上海的象征物,"如果想要了解更多上海的传统特色,建议去旧城里的豫园,在那里,

---

① 刘绍唐主编《民国人物小传》第 6 册,三联书店,2015,第 113 页。
② 梅花盦主:《申江胜景图说》卷下,《国立北京大学中国民俗学会民俗丛书》第 4 辑第 78 卷,台北:东方文化书局,1970 年影印本,第 6 页。
③ 梅占奎:《上海建筑秀》,学林出版社,2009,第 346~350 页。
④ 〔美〕杨晓山:《私人领域的变形:唐宋诗歌中的园林与玩好》,文韬译,江苏人民出版社,2008,第 1~6 页。
⑤ 周维权:《中国古典园林史》,清华大学出版社,2008,第 601 页。
⑥ 张晓春:《老上海县城的庙园节场——城隍庙豫园地段的仪式与场景分析》,杨鸿勋主编《营造》第 3 辑(第三届中国建筑史学国际研讨会论文选辑),中国科学技术出版社,2008。
⑦ 刘安宁:《江南古典园林声景的评价与优化——以上海豫园为例》,硕士学位论文,上海师范大学,2019。
⑧ 〔美〕吴欣主编《山水之境:中国文化中的风景园林》,三联书店,2015。
⑨ 余志超:《细说中国园林》,光明日报出版社,2005,第 92~100 页。

上海19世纪以前的古老历史依然活灵活现"，① 由此豫园与"旧"和"传统"画上了等号，通常成为"现代"的对照物。既有的研究无法解答豫园在不同时空中作为上海意象的"稳定性"特征的原因。

如果说百年前的豫园胜景是个人心中的上海意象，百年后的宣传聚焦是官方眼中的上海意象，那么作为上海意象的豫园在百年间经历了哪些变化？为何湖心亭成为豫园的视觉焦点？倘若将豫园视为凯文·林奇（Kevin Lynch）所说的"公众意象"，即"大多数城市居民心中拥有的共同印象"，那么在不同时空语境下豫园以何种方式成为公众意象？公众意象是"在单个物质实体、一个共同的文化背景以及一种基本生理特征三者的相互作用过程中，希望可能达成一致的领域"。② 林奇的表述点明了构成和考察意象的三要素：物质性、文化性和经验性。即城市意象要由一定的物质实体构成，并在特定的文化背景下被人们所感知和体验。如果从这三方面考察豫园如何被编织进不同语境的城市空间和文化脉络中，豫园的地方性生产是一个重要维度。

"地方"（place）是文化地理学中的一个重要概念，它不仅包含地理性、物质性的一面，还包括人与地理环境相互关联、相互作用的一面。英国人文地理学家蒂姆·克雷斯韦尔（Tim Cresswell）将地方看作事物存在的一种方式和认识世界的途径。地方被定义为"有意义的场所"（a meaningful location），可从地理位置（location）、空间场所（locale）、地方感（sense of place）三方面加以理解。其中地理位置强调地图学和自然地理学的属性；空间场所指人们居于其间发生社会关系的物质性场所，关注场所的社会性和社会性的场所；地方感强调人们对地方的情感依赖。③ 地方具有生产性，在不同的时空和历史文化中生产出地方性。本文试图探究豫园作为上海城市空间格局中具有特定地理方位的建筑空间和场所，在时空脉络中如何形塑人们的社会交往、地方经验、地方感，并如何在各方力量的作用下被编织进城市社会发展脉络中，成为"有意义"的城市意象。

---

① 〔日〕中村苏人：《江南庭园：与造园人穿越时空的对话》，刘彤彤译，江苏凤凰科学技术出版社，2018，第188页。

② 〔美〕凯文·林奇：《城市意象》，方益萍、何晓军译，华夏出版社，2001，第5页。

③ Tim Cresswell, *Place: A Short Introduction*, Oxford: Blackwell Publishing, 2004, p. 7.

一 生产"可读性"的地方：豫园的视觉凸显

沿湖一望水迢迢，步向红栏九曲桥。屋角纵横林木盛，豫园风景胜前朝。

湖心亭子即蓬莱，风起荷香馥郁来。欲觅仙瀛何处是，此间尽可小徘徊。[①]

豫园始建于 1559 年，建园者潘允端曾任四川布政使，辞官回上海故里后凿池建林，费时累计 30 余年，于 1590 年建成。建成后豫园占地 70 余亩，以规模之宏、奇石之多被冠以"东南名园之冠""奇秀甲于东南"的美誉。潘氏建园冠以"豫"字，取"愉悦老亲"之义。潘氏家道中落后，豫园几易其手，历经战乱毁损，几经修整，至康乾年间形成了"豫园（西园）—内园（东园）"的格局。豫园位于城隍庙西北部，彼时以"西园"为名，"先庙寝之左有东园，故以'西'名之"。[②] 据时人记载，"沪上花园向以邑庙东、西园为最……池心建亭，左右翼以石桥，名曰九曲桥"。[③] 可见当时的沪上花园，以豫园为最；豫园之景，以湖心亭九曲桥为最。

（一）作为视觉焦点和视觉装置的"湖—亭—桥"

19 世纪后半叶，作为豫园组成部分的"荷花池—湖心亭—九曲桥"被视为豫园的代表性景观被文字和图像反复描述和再现。湖心亭在潘氏建园时名为凫佚亭，《豫园记》述之曰："池心有岛横峙，有亭曰'凫佚'。"[④] 1855 年豫园在布业商人集资重建的基础上始在湖心亭开设茶楼，初名"也是轩"，继名"宛在轩"，后又恢复"湖心亭"旧名。湖心亭是砖木结构建筑，其特色在于有 28 个角，区别于普通亭子之四角，"与正统的中国传

---

① 上海园林志编纂委员会编《上海园林志》，上海社会科学院出版社，2000，第 617~618 页。

② 参见《上海园林志》，第 85~87 页。

③ 池志澂：《沪游梦影》，胡珠生标点，上海古籍出版社，1989，第 161 页。

④ 潘允端：《豫园记》，陈从周、蒋启霆选编《园综》（下），赵厚均校订、注释，同济大学出版社，2011，第 1 页。

统建筑不同，这座建筑并不受任何法式的约束"；① 亭内"屋脊牙檐，梁栋门窗均雕有栩栩如生的人物、飞禽走兽及花鸟草木，还有砖刻和绘画"。② 九曲桥是抵达湖心亭的唯一通道，"湖心有亭渺然浮水上，东西筑石梁九曲以达于岸"，③ "来游者必须行经此桥，弯弯曲曲，平添游兴"。④

"荷花池—湖心亭—九曲桥"成为豫园的视觉焦点，离不开其建筑构造的物质性和视觉性。在当时的图像中，湖心亭的繁复亭角和九曲桥的曲折回廊成为重点展现的对象。英国人麦克法兰（W. Macfarlane）1880 年旅沪时记载了游览豫园的见闻："我们的注意力转移到了老茶馆和它的人工湖。……通过一条长长的九曲桥可以到达茶馆……这个茶馆是典型的中式建筑，但规模很小，面积不大，只有两层高，有一个经过装饰的屋顶。"⑤ 如果将"湖—亭—桥"看作建筑组件，居于中心位置的湖心亭则具有统摄作用，在游者、行者的空间移动中成为不断逼近的视觉焦点。

湖心亭构成了一个视觉装置，湖心亭好比眼睛或镜头，登亭览胜其"所现之景"乃"静观万类"。"静观万类"出自康熙为西湖湖心亭所题匾额，点明了作为类别的湖心亭观看理念的相似性。以湖心亭为视觉中心，得以据一点而遍览全景，这种环形式的全景观，使湖心亭变成一个敞视的视觉装置。《图画日报》介绍沪上建筑时强调湖心亭之于豫园的意义："实以是亭为中心点，是以登临之人尤众，亭中有额曰人境，壶天楼上有联曰：一亭明月清风，在水上如在天上；四面峰回路转，是西湖或是南湖。系昔时旧有，屡经髹漆者，盖豫园当日一切建筑，颓废者半，改易者亦半，惟此亭如鲁灵光之巍然独存，放古者不可不知也。"⑥ 在中国传统园林建筑中，亭桥相连、湖亭相映是常见的布景，如苏州狮子林、西园寺都有湖心亭和九曲桥。可以说，"湖心亭式的观看"以环形之敞视，集波影镜照之看，观寒暑朝夕之姿，生虚实相生之感，融物我、天地、虚实于一体，这种观看方式充分体现出中国人的审美情趣和文化特征。

---

① 伍江编著《上海百年建筑史（1840~1949）》，同济大学出版社，1997，第10页。
② 薛顺生、娄承浩编著《上海老建筑》，同济大学出版社，2002，第48页。
③ 《上海园林志》，第639页。
④ 蔡耕：《茶熟香温二集》，三联书店，2010，第96页。
⑤ 〔英〕麦克法兰：《上海租界及老城厢素描》，王健译，三联书店，2017，第65页。
⑥ 璧：《邑庙之湖心亭》，《图画日报》第7期，1909年，第2页。

(二)可读的多义性：湖心亭的中西审美"视差"

豫园自上海开埠后声名就远播海外。胡道静有言："若夫东方造园之奇，誉弥人间。上海故有豫园，一邑之秀，声闻所及，西徂白金汉宫。"①梅花盦主不惜笔力记述西人慕名造访豫园时的啧叹，"泰西人亦慕其名，每逢星期时一行，为入方丈登蓬瀛，俗尘万斛廓清，一时啧啧心为倾"。②在西人眼中，豫园之美在于中式建筑对其而言的异国情调。麦克法兰造访时不无夸张地设想，"这个由花草、树木、岩石、凉亭构成的安静的小园林如果能被移到水晶宫（The Crystal Palace）③，肯定会引起极大的注意，它堆叠起来的假山就可以击败锡德纳姆（Sydenham）的任何东西"。④ 类似这样的描述见诸西班牙文学家伊本纳兹 20 世纪 20 年代游览湖心亭的游记："亭前有桥，不作直行，因为这样简单的式样太不合中国的趣味。桥身曲折作多角形，行程增长，更多奇观。我们所欲参观的目的物，就是这座茶亭和曲折的桥。在中国人的心目中，这个著名的建筑，等于是我们心目中的埃及金字塔、巴黎圣母堂、华盛顿的白宫一样。"⑤ 豫园在当时为西人所盛赞除了其造型具有异国情调，还在于它是西人"乱中取静"的好去处。豫园承袭中国传统园林美学，有别于市井风貌，符合西方的花园式审美，"在园林里面，你看不到包围它的肮脏的城市，我们都认为无论如何它是值得参观的"。⑥

相比之下，国人对豫园的审美则强调它的"画意美"，"轩窗四辟，在水中央。想见当时擅一园之胜。亭外小桥九曲，绕以疏阑，颇具画致"；⑦"池中萍荇密布，绿油一碧，虽无荷蕖绰约之姿，而曲桥回环，亦掩映饶

---

① 《胡道静文集·序跋题记 学事杂忆》，上海人民出版社，2011，第 151 页。
② 梅花盦主：《申江胜景图说》卷下，《国立北京大学中国民俗学会民俗丛书》第 4 辑第 78 卷，第 6 页。
③ 水晶宫是英国为 1851 年第一届世界博览会建造的展馆，1852~1854 年移至肯特郡的锡德纳姆，1936 年毁于大火。
④ 〔英〕麦克法兰：《上海租界及老城厢素描》，第 78~79 页。《申江胜景图说》亦即《申江时下胜景图说》，"时下"指 19 世纪 80 年代，与麦克法兰游览豫园的时间相当。
⑤ 张若谷：《上海的湖心亭面面观》，《良友》第 119 期，1936 年，第 46 页。
⑥ 〔英〕麦克法兰：《上海租界及老城厢素描》，第 79 页。
⑦ 璧：《邑庙之湖心亭》，《图画日报》第 7 期，1909 年，第 2 页。

有画意"；① "谈到亭，当然要推豫园湖心亭了，亭翼然而立，在水中央，有九曲桥可以通达，这九曲桥是水泥构成的，从前却是石桥，旁设木栏杆，饶有画意，池中植莲"。② 九曲桥和湖心亭的"画意美"成为当时诸多文学家、画家笔下的题材：黄文农创作了该题材的漫画，张乐平创作了剪影画。

二 地方经验与记忆生产：豫园空间的社交性

> 现在是重行盖屋作商营，可惜名园胜迹渐消磨，瞬息间变成烦嚣市场形，堪叹人世如沧桑。更换莫测愁煞人，实似浪生幻梦形。③

这是葭盦主人1935年所作《豫园名胜》中发出的豫园古是今非的慨叹。豫园的名园胜迹消损，代之以浓厚的市井商业气，这与豫园性质的转变不无关系。据载，"十九世纪初叶，即清嘉庆间，豫园已经荒废，县民集资购得，归入城隍庙，辟为西园"，④ 豫园由此换了"头衔"成为"邑庙豫园"。作为寺庙园林的豫园一改私家园林的性质，成为商业性的公共园林。有学者认为，"豫园空间在清朝改建为庙园之西园的过程，也可作为地区商业化和初步市井化的表证"，⑤ 也就是说豫园改建成邑庙园林后，豫园—城隍庙的空间结构逐渐形成，庙市推动了豫园的商业化，"道光之季，西兵盘踞，损坏甚多，乱平修葺，益见精胜，继而开放，众人游观。始有小贩入园为小本营生。初设地摊，继成店铺。此年以来，成为商场"，⑥ 豫园商贸中心的闹市格局渐次成型，"池上的高亭曲梁，胜景甚多，游人不绝，摊店林立，闲林已变成闹市了"。⑦ 1855年湖心亭开设茶楼，由此又形成了以"湖心亭茶楼"为中心的豫园半开放式的空间布局。所谓

---

① 徐碧波：《湖心亭早茶记》，《联益之友》第37期，1927年，第2页。
② 郑逸梅：《艺林旧事》，北方文艺出版社，2016，第152页。
③ 葭盦主人：《豫园名胜》，《乐闻》第1卷第5期，1935年，第19页。
④ 《上海通·花园概述》第230号，《文物周刊》第41~80期，1948年，第5页。
⑤ 张晓春：《老上海县城的庙园节场——城隍庙豫园地段的仪式与场景分析》，杨鸿勋主编《营造》第3辑（第三届中国建筑史学国际研讨会论文选辑），第158页。
⑥ 醉：《邑庙豫园大火记》，《会报》第33期，1928年，第61页。
⑦ 《上海通·三园风光》第230号，《文物周刊》第41~80期，1948年，第5页。

"半开放",一方面是指开放的范围,即东园和西园不常年对外开放,仅湖心亭茶楼常年对外营业开放;另一方面是指开放时间有所限定。①

(一)娱乐性:"公众游览场"

如果从空间和地方的关系来看,湖心亭茶楼的可读性彰显其作为"地方"的属性,而以湖心亭茶楼为中心所形成的新格局则尽显其作为"空间"的属性。段义孚指出,"空间比地方更抽象","空间是允许运动的,那么地方就是暂停的"。② 空间和地方有差异,但可以相互定义。湖心亭茶楼的空间性集中体现为它引导并汇集了上海市内、周边及西方在沪的民众,在人群的流动中建构起多重交往的空间,并在重塑人与环境关系的同时,重新定义自身。

豫园成为"公众游览场",这一说法援引自1936年张若谷《上海的湖心亭面面观》一文,"今日的豫园,除了封锁的点春堂和萃秀堂以外,其余园地都已辟为市场了,只有九曲桥和湖心亭,据说还是保存着旧址,不过从前的九曲桥是木栏石梁,如今完全已改成为水门汀的了"。③ 在豫园改建过程中,湖心亭作为介于豫园和城隍庙之间的重要空间,既起联结作用也被重新定义。湖心亭原是私家园林豫园内的封闭空间,后豫园被构筑成具有经营性质的空间。随着豫园被归为城隍庙西园,湖心亭也从"豫园湖心亭"转变成"邑庙湖心亭",亦称"上海邑庙后花园九曲桥湖心亭"。④ 有记载称,"上海之邑庙豫园,仿佛南京之夫子庙,苏州之玄妙观,包罗万象,实一旧式之民众乐园"。⑤

"公众游览场"指向了豫园的公众性、开放性和娱乐性。作为交往空间的豫园,是怎样的空间,汇集了哪些人,其交往方式有何特色? 一份有关邑庙豫园商店营业种类的统计报告展现了彼时"万商云集"的全貌:

① 作为豫园空间构成的内园和湖心亭茶楼有不同的开放时间,内园即东园仅在举办活动期间开放,如依时令举办的花会和不特定举办的书画会。湖心亭茶楼以上午和下午为主营时间,不同于张园等其他公园下午两点到午夜十二点开放。
② 〔美〕段义孚:《空间与地方:经验的视角》,王志标译,中国人民大学出版社,2017,第4页。
③ 张若谷:《上海的湖心亭面面观》,《良友》第119期,1936年8月,第46页。
④ 《上海邑庙后花园九曲桥湖心亭图》,《画图新报》第26卷第5期,1905年,第2页。
⑤ 胭脂:《邑庙豫园小志》,《大亚画报》第361期,1933年,第2页。

"邑庙商店共二百八十二户（摆摊不在内）……庙中营业可分为62种。"①
同时期的《城隍庙的写生》一文细致描绘了商户经营状况，其中拆字摊、
象棋摊、书摊、西洋镜摊、鸟肆、茶楼都是人群聚集之地。② 除了具有固
定场所的商业性交往空间外，还有流动性的娱乐和表演空间。在湖心亭的
东西两侧都有流动性表演，"在湖的东岸，靠近一座小庙的地方有群人，
从他们的肩膀上望过去，我们可以看到吸引他们的是掷骰子；但是旁边有
更多的一群人正围着两个在来回跑动的杂耍演员"。③《今日之湖心亭》一
图再现了邑庙豫园人流如织的热闹场景，④ 正所谓"庙之左右，商肆林立，
来此往彼，诸色人等均有，租界区域内之最热闹处所，亦不过如此"。⑤ 清
末年画《豫园把戏图》⑥ 展现了"公众游览场"的风貌，描绘了走索、顶
碗、杂耍等中国传统把戏，围观表演的人群中，老少妇孺、贩夫走卒、达
官贵人皆有。值得注意的是，该图背景正是湖心亭—九曲桥景观，它一方
面以"可读性"景观说明了把戏上演的地点，另一方面印证了邑庙豫园以
湖心亭作为视觉中心和观看地点的惯习。

（二）商业性：湖心亭茶楼的社会交往

如果说湖心亭是豫园空间中的绝佳观景点，那么作为交往空间的湖心
亭聚集着怎样的人，什么样的交往活动和交往行为在这里"上演"？自湖
心亭茶楼开设之后，邑庙内的茶楼一家接一家竞相开设。据1918年的上海
指南载，"园内茶馆共有十四家"，当时"是该园茶馆全盛的时候"。⑦ 从
空间距离来看，离湖心亭茶楼最近的是春风得意楼，因此时人在论述中，
常以两者作比。两者形成竞争之势，但所聚茶客有所差异，湖心亭茶室

---

① 黄组方：《邑庙豫园商店营业种类及统计》，《中华职业学校职业市月刊》第10期，1927
年，第35~36页。
② 李世芳、薛志英：《城隍庙的写生》，《现象》第12期，1935年，第19页。
③ 〔英〕麦克法兰：《上海租界及老城厢素描》，第65页。
④ 张若谷：《上海的湖心亭面面观》，《良友》第119期，1936年8月，第46页。
⑤ 李世芳、薛志英：《城隍庙的写生》，《现象》第12期，1935年，第19页。
⑥ 《豫园把戏图》为上海的小校场年画，特点是以社会空间为题材，描绘洋场胜景、
新生事物、时事新闻等。《豫园把戏图》木刻原版由点石斋画报主笔吴友如所构设。
参见〔美〕梁庄爱伦《19世纪末印刷媒介中的传统娱乐活动》，马红旗译，冯骥才主编
《年画研究·2015秋》，文化艺术出版社，2015，第101页。
⑦ 《上海通·豫园》第230号，《文物周刊》第41~80期，1948年，第5页。

"茶客终年拥挤，一般中年以上之有闲者"。① 湖心亭不仅是民众闲散消遣之地，还形塑了丰富多彩的社会生活史。

> 到湖心亭的楼上，在靠近湖的窗口，拣一个座位，俯眺九曲桥上来往不息的游人，也是一种消遣的方法。……小贩们在桥的每一个转角，兜卖眼镜、扇子、香烟咬嘴、陈皮梅、西瓜子；蓝眼睛黄头发的外国人，拿了照相机，东一张、西一张拍取湖心亭的风景；穿洋装的黄脸黑眼日本人，神气活现，摇摇摆摆在人堆里舞着手杖，说着不伦不类的上海话，和小贩们还价买东西。②

茶楼以煮茶品茗为业，但沪上茶室主业不在茶，而在"游观"和"酬应"，"夫别处茶室之设不过涤烦解渴，聚语消闲，而沪上为宾主酬应之区、士女游观之所"，③ 此言道出了茶室作为交往空间的社会性。湖心亭的社交空间以何取胜？其一，茶价低廉，平民亲民。"楼下早茶、午茶，一律取铜元十一枚。楼上早茶一百十文，午茶一百五十文。湖心亭的茶客，比起得意楼要平民化很多。"④ 其二，闹中取静，乱中取定。湖心亭茶楼相较于租界内茶馆更安静，"冷落城中古豫园，湖心亭畔水潺湲。无多茶客凭阑望，不见满城车马喧"。⑤ 同时湖心亭茶楼也少了莺莺燕燕之扰，如"更上一层楼""青莲阁茶楼""五层茶楼"，这些茶楼兼具妓馆、烟馆的功能，"装饰之华丽，楼台之峻高，独称巨擘无过于斯，至晚间八九下钟为野鸡妓聚集之所，寻花问柳者大都于此问津"。⑥ 有些茶客甚至认为在湖心亭里阅读诲淫诲盗的读物也极为不妥，"如果你嫌寂寞，可以向租报的租几份小型报解解闷，诲淫小说也有，不过我以为在湖心亭读淫书，未免有些那个"。⑦

湖心亭中的交往多在熟人间展开，茶客有的来此切磋技艺，"湖心亭

---

① 李世芳、薛志英：《城隍庙的写生》，《现象》第 12 期，1935 年，第 19 页。
② 张若谷：《上海的湖心亭面面观》，《良友》第 119 期，1936 年 8 月，第 47 页。
③ 池志澂：《沪游梦影》，第 159 页。
④ 张若谷：《上海的湖心亭面面观》，《良友》第 119 期，1936 年 8 月，第 47 页。
⑤ 碧：《上海新年之现象：游花园》，《图画日报》第 182 期，1910 年，第 7 页。
⑥ 梅花盦主：《申江胜景图说》卷下，《国立北京大学中国民俗学会民俗丛书》第 4 辑第 78 卷，第 2 页。
⑦ 西门咸：《湖心亭吃茶之风味》，《时事新报晚刊》1948 年 1 月 11 日，第 3 版。

环境优美，象棋同志，为观摩棋艺，率乐趋之，泡茶一壶"；① 有的交流学习，"我们同道的一班书画家，在南市的，大都集在亭中，品茗谈艺"。② 湖心亭人来攘往，也成为案件的交接点。据载，鸥某"接得匪徒投递之恐吓信一封，希图索诈洋三千元，并云须于翌日下午三时至四时，遣人在城隍庙湖心亭等候，以胸佩七星旗徽章、手持报纸为标记，自有人来接洽等词"。鸥某派人前往交接，并报告虹口捕房，"遂邀往茶馆谈判，致为中西探等拘获"。③

可见作为交往空间的湖心亭，汇集了不同身份、不同目的、不同角色的人，他们在此上演各式各样的"戏"，湖心亭既成为信息汇集、情感交流的场所，也成为社会活动的空间。

三 地方性实践：豫园的市政再造与都市知识成形

> 沪上花园向以邑庙东、西园为最，继之者静安寺之申园、西园，近则独盛于徐、愚、张三园矣。……盖张园也，愚园也，豫园也，西园也，或奇丽，或淡雅，或疏落，或阔大，江湖之意、山林之气、京洛之态、吴蜀之华，诸园无不悉备。④

成书于 1893 年的《沪游梦影》记录了彼时上海花园的格局，虽然在随后的半个世纪里，上海花园的格局发生了巨变，但池志澂的描述揭示出豫园成为上海城市意象不可忽视的维度：豫园在城市发展和空间格局中居于什么位置，它在时光流转中凝结为上海意象的特殊性何在。

（一） 方位与定位：城市中的意象媒介

意象媒介必须在城市中有明确的定位，既包括地理位置上的定位，也包括文化社会属性上的定位。意象媒介在城市中往往作为节点而存在，

---

① 漫郎：《湖心亭里·茶香扑鼻》，《力报》1948 年 9 月 14 日，第 3 版。
② 郑逸梅：《艺林旧事》，第 153 页。
③ 《湖心亭上接洽巨款同乡人吓诈 候再调查同党》，《时报》1928 年 6 月 7 日，第 6 版。
④ 池志澂：《沪游梦影》，第 161 ~ 162 页。

"节点如同区域,有外向和内向之分",① 外向性的节点与周围其他节点形成关联,这种空间和形式上的关联,又会助其形成情感与性质上的关联。

豫园自清末改建后,最终定位为"作为公共娱乐场所的花园"。当时上海的公共娱乐场所,从空间属性来看主要分为两类:一类是街道,聚集三教九流各色人等,茶馆、酒馆、烟馆、妓馆倚街而开;另一类是面向公众开放的私家园林,其空间开阔,筑以亭台楼阁,室内与室外娱乐项目兼备。上海第一批面向公众开放的私家园林包括张园、愚园、徐园。清末陆续开放的园林式娱乐场所往往集茶楼、戏台、书场等地的传统娱乐项目和杂技、魔术、影戏、马戏等西式娱乐项目于一体。这既充分发挥了园林建筑的空间结构特点,也满足了社会各阶层对新旧娱乐方式的需求。园林作为新生娱乐场所,从一开始就有鲜明的商业性,它以门票为准入制,成为有门槛的半开放式的公共场所。

与当时经营性公园的时尚性相比,豫园并不占优势。当时张园是经营性园林中的翘楚,它场地最广,娱乐样式众多,"很多时髦的玩意都是先在此亮相,然后逐渐推广,张园也因此被称为近代上海的时尚之源"。② 相比之下豫园是老城厢的花园,是邑庙花园。"'邑里为坊,邑外为厢','厢'就是城外人口密集并有一定商业活动的区域,当然,所谓的'城厢'就是指城和厢,也就是城里和城外人口居住集中的区域。"从城市方位和格局来看,豫园位于老城厢东北部,即小东门和老北门之间,这里人口稠密,"从东面和南面进出县城的人较多,而从西、北进出的人较少"。③ 从城市空间结构来看,上海在开埠前是"庙、园、市三位一体的布局",即上海县城以城隍庙、豫园和黄浦江一带的商业区为中心呈"集中团块状";④ 开埠后的上海城市空间则被划分为华界和租界、浦西和浦东的"四国三方"⑤ 的格局。豫园因其所处地理位置成为商贸和服务业繁盛、人口聚集之地。

---

① 〔美〕凯文·林奇:《城市意象》,第59页。

② 张伟、严洁琼:《晚清都市的风情画卷 上海小校场年画从崛起到式微》,学林出版社,2016、第115页。

③ 薛理勇:《老上海城厢掌故》,上海书店出版社,2015,前言第1页、第33页。

④ 孙斌栋编著《我国特大城市交通发展的空间战略研究——以上海为例》,南京大学出版社,2009,第106页。

⑤ 四国三方,四国指中、英、美、法,三方指华界、公共租界、法租界。

豫园能在当时诸多园林中脱颖而出，与其所处的地理位置和自身的历史文化属性有关，"中国传统"成为其特殊性的集中体现。豫园位处南市，①"南面是华界，北面是租界，包括法租界与公共租界，南面代表中国，北面代表西方"；地处华界的豫园成为地方性和中国文化的代表，"道台衙门、知县衙门设在这里自不用说，凡有外宾来访，地方官总是在豫园设宴款待。在西人编写的旅游书上，这里被称为'本地城市'（Native City），与带有西洋风味的外国租界相对应"。② 豫园以中国传统为特色，在诸多园林中具有竞争优势，成为普罗大众闹中取静的去处。随着时代变迁，经营性公园作为娱乐场所的地位很快被更现代的大型娱乐场所如大世界等所取代，不少园林衰落，有的甚至匿迹。历经时间的淘洗，豫园以"古"扬名，"上海老城厢在明清时期，也是一座花园城市。志书上有记载的名园不下十五处，如今仅存豫园"。③ 曹聚仁介绍上海园林时也感慨豫园的"化石性"，"沪上名园，豫园要算最古，到了近代，却经城隍庙而著称于时。租界早期，有三处名园：味莼园、愚园、徐园。在当年也颇擅园林之胜，而今都化为陈迹了"。④ 从某种角度说，豫园作为上海意象的"稳定性"离不开其作为历史遗存的物质性及文化性，传统性成为豫园的标识和其作为上海意象的典型特征。

（二）城市向心力：意象媒介的市政再造

根据麦克卢汉（Marshall Mcluhan）的媒介观，媒介通过感知系统建立人与外部世界的关联，建筑、交通工具、通信工具都是媒介。作为城市的意象媒介，不仅关联感知系统，还因在城市特定位置的节点作用成为城市"向心力"之所在，"节点既是连接点也是聚焦点"。⑤ 斯科特·麦奎尔（Scott McQuire）认为不同媒介对城市有向心或离心作用，"新的交通和通

---

① 南市范围包括老城厢及小南门、十六铺以南沿江地区，其地在1927年上海特别市成立以后，划归沪南区管辖，1938年被改为南市区。1945年抗战胜利以后，老城厢地区划为邑庙区与蓬莱区，1949年以后两区仍并存，1959年合并为南市区。参见熊月之《黄浦历史文化》，《千江集》，上海人民出版社，2011，第63~64页。
② 熊月之：《千江集》，第63、62页。
③ 沈寂、史齐主编《花园里的上海世界》，上海辞书出版社，2010，第15页。
④ 曹聚仁：《上海春秋》，三联书店，2016，第289页。
⑤ 〔美〕凯文·林奇：《城市意象》，第58页。

信技术提供了向心和离心的两种压力"。① 从某种程度上说,意象媒介是城市中发挥"向心力"作用的节点,是城市中"纪念碑"式的存在,它不仅见证了城市发展中各种力量的较量和作用,也储存并形塑了社会关系和社会记忆。

豫园从兴建到重建的过程中,历经从私家园林到寺庙园林,再从寺庙园林到公所园林的转变。在这一转变过程中,商业、行政力量的汇入,促使它成为城市中具有向心力的地方和场所。豫园最初得以恢复园林风貌得益于当地士绅的合力。1709 年上海士绅购地建庙园,即东园(内园)始建成型,1784 年富绅集资费时 20 余年建成西园。鸦片战争后历经战乱的豫园得以重建,以行业公所分区自治的方式展开,1868 年豫园西园划分给同业公所筹款修建,"光绪元年(1875 年),豫园内有豆米业、糖业、布业等 21 个工商行业设立公所",由此豫园从庙市发展成商贸区,"至民国 9 年场内有商店 135 家"。② 在豫园发展过程中,为治理商户云集所带来的交通、环境问题,豫园成为商业、政治、社会各方力量的汇集点和角力场。1925 年 8 月 30 日邑庙豫园委员会成立,③ 以整饬和管理豫园。当时的豫园破败不堪,据记载:

> 屋舍纵横,人烟稠密,园中湖池年久淤塞,积水污浊,加以附近居民粪秽垃圾随便倾入,无人管理,每交炎夏,臭秽熏蒸,行人掩鼻,每逢星期,外人进园游览视为畏途,实属有碍卫生。且各种货摊于三叉要道纷横阻梗,随意摆设,无人取缔,游人如蚁,毂击肩摩,江湖乞丐沿途强索,摸袋扒窃,日必数起。④

豫园的卫生、治安、交通已成痼疾,豫园商联会积极呼吁豫园委员会

---

① 〔澳〕斯科特·麦奎尔:《媒体城市:媒体、建筑与都市空间》,邵文实译,江苏教育出版社,2013,第 23 页。
② 上海市南市区志编纂委员会编《南市区志》,上海社会科学院出版社,1997,第893、420 页。
③ 李钟珏:《函致警察厅邑庙豫园委员会成立选募巡丁分段管理请饬区协助文》,《上海市公报》第 10 期,1925 年,第 14~16 页。
④ 李钟珏:《函上海县知事邑庙豫园委员会成立选募巡丁分段管理一切事宜请出示布告文》,《上海市公报》第 11 期,1925 年,第 4 页。

整顿豫园卫生不良、交通拥塞等问题，①"若不切实整顿，何以重卫生而利交通，且关系全国各商营业，会由豫园商联会呈请贵公所从事改良"。② 豫园委员会以"豫园之人办豫园之事，豫园之款作豫园之用"的理念，以豫园内地方公益税和摊捐作为运作的经费来源，"按月向收邑庙豫园之地方税及豫园各种货摊捐拨归委员会分别征收，以充豫园公用"；③ 并在这笔经费中划拨出一部分用于募选巡丁，管理豫园市场，"巡丁18名，巡目1名，分为六岗，专管驱逐乞丐，严防抢窃"；④ 其他经费则用于挖捞河池、改建桥梁、重铺道路。豫园委员会的举措备受民众支持，同时也得到市政府支持。为加大管理力度，淞沪警察厅上海县公署"核准在巡查队内拨枪械六支，轮流应用。……巡丁专维园中秩序，保卫园景，不管外事"。⑤

在豫园治理过程中，豫园委员会经常遇到入不敷出的境况，曾以申请拨庙园房捐、拨酒馆公所贴费等方式维持运作，"经常费不敷，请求呈县移拨庙园房捐以维久常"，⑥"将酒馆公所等五处所缴之贴费连同执照费一并拨归贵委员会充作路工之用等，因到所查酒馆公所等五处共缴贴费九百二十二元，自当照案划拨，以重路工"。⑦ 由于征捐摊派过多，豫园委员会引发豫园商户的不满，他们联合进行申诉："一经兴工，超过原额限度，乃劝商人等认加公益捐，以资补助。商人等为邑庙豫园观瞻及路政计，不得不暂忍痛苦，勉力负担。"1926年开展的豫园火灾重建治理工作告结，⑧

---

① 《批邑庙豫园商业联合会等呈为豫园卫生不良交通阻塞吁请切实整理文》，《上海市公报》第10期，1925年，第22页。

② 李钟珏：《函上海县知事邑庙豫园委员会成立选募巡丁分段管理一切事宜请出示布告文》，《上海市公报》第11期，1925年，第4页。

③ 《布告邑庙豫园内地方公益税及摊捐一并归委员会征收充园内公用文》，《上海市公报》第12期，1925年，第19~20页。

④ 《函淞沪警厅整理豫园委员会之枪械六支系本所巡查队内拨用请查照发还文》，《上海市公报》第22期，1926年，第8~9页。

⑤ 《函淞沪警厅整理豫园委员会之枪械六支系本所巡查队内拨用请查照发还文》，《上海市公报》第22期，1926年，第8~9页。

⑥ 李钟珏：《函上海县公署邑庙豫园委员会经常费不敷请移拨庙园房捐文》，《上海市公报》第16期，1926年，第5页。

⑦ 《函复豫园委员会酒馆公所五处贴费自当照数划拨以重路工文》，《上海市公报》第24期，1926年，第12页。

⑧ 豫园在历史上遭遇数次火灾，仅20世纪20年代就于1922年、1924年遭遇两次火灾，城隍庙几被全毁。1926年上海绅商讨重建城隍庙事宜，邑庙董事会带头捐资，上海久记营造厂承建，同年底落成。

豫园商联会呈请取消公益捐，"商人等因顾念邑庙豫园之整理，已至筋疲力竭，立予取消，以符贵会之初旨"。① 时任上海财政局局长王和也呈请将邑庙豫园委员会管理权交还市政统一管理，"拟肯钧长饬该邑庙管理委员会迅将是项管理权交由职局及有关各局分别接收，庶使捐税得以归公，整理亦可划一"。② 1928 年上海特别市市政府颁布了《上海特别市公安、社会、工务、财政、卫生五局管理邑庙豫园设摊暂行规则》，明确摊基、摊位、摊捐、经营由公安、社会、工务、财政、卫生五局管理。③

豫园委员会从自治到被市政收编的过程反映出豫园在重建和整治过程中各方力量的较量。豫园不仅是游客的聚集点，也是市政、商户的聚焦点，豫园具有汇集各方力量的"向心力"，这种向心力并非大众印刷媒介建构"想象的共同体"形成共识的凝聚力，而是将各方力量、各种事件、各种话语、各种人物汇集于此的熔炉效应，它们皆可在豫园这个节点上留下"表达"的痕迹，可以说豫园是社会记忆、历史记忆、城市记忆的汇集点。这一点恰如希格弗莱德·吉迪恩（Sigfried Giedion）对建筑生命力的释义："建筑是可以由各种外在条件产生出来的，但是，一旦它出现之后，它本身即构成一有机体，它既有其自己的特性，更有其自己的延续的生命。"④ 从某种程度上说，"意象媒介"豫园的特殊性就在于它具有作为建筑"有机体"的生长性和生命力。

结　语

"城市在其完整的意义上便是一个地理网状物，一个经济组织体，一个制度的过程物，一个社会战斗的舞台，以及一个集合统一体的美学象征

① 《上海邑庙豫园商店联合会致整理邑庙豫园委员会请取消公益捐函》，朱剑芒编《国民政府公文程式大观》第 5 编《公团文件》，世界书局，1931，第 82～83 页。
② 《上海特别市市政府指令第五二四号：令财政局：呈为呈请饬整理邑庙豫园委员会交还市政管理权由》，《上海特别市市政府市政公报》第 6 期，1928 年，第 90 页。
③ 《上海特别市公安、社会、工务、财政、卫生五局管理邑庙豫园设摊暂行规则》，《上海特别市市政府市政公报》第 34 期，1929 年，第 66～67 页。
④ 〔瑞士〕希格弗莱德·吉迪恩：《空间·时间·建筑——一个新传统的成长》，王锦堂、孙全文译，华中科技大学出版社，2014，第 29 页。

物"，① 豫园作为上海的城市意象，被编织进城市的地理空间、经济运行、历史文脉之中。它以建筑媒介的视觉观瞻性、时间跨越性、空间稳定性，成长为城市中具有联结和凝聚力量的"意象媒介"，这里存留了城市居民的社会交往、社会记忆，见证了各方力量的交织与角逐。正是这些地方性的视觉生产、社交经验生产、基于城市空间的利益权衡与力量较量，共同形塑了豫园的多元意义，正是豫园意涵的混杂性和其自身的生长性使其成为经久不衰的上海意象。

作者：陈阳，华东政法大学传播学院

（编辑：张弛）

---

① 〔美〕刘易斯·芒福德：《城市文化》，宋俊岭等译，中国建筑工业出版社，2009，第507页。

天津《大公报》对女子财产继承权的报道（1912～1936）

王培利　王　勤

内容提要　女子财产继承权，是妇女实现经济独立，脱离依附性的关键，故争取女子财产继承权的运动是妇女解放的重要一环。女子继承权的获得历经曲折，《大公报》奔走呼号，积极投入这一运动中，它较早提出女子应有和男子平等的继承权，并且呼吁对不同处境的女子一视同仁，认为未婚女子、已嫁女子、寡妻等均享有权利。当然，《大公报》认为女子在享有财产继承权的同时，也有对父母尽义务的一面，尤其关注到女子需履行的法定家庭义务与社会义务。《大公报》的呼吁为女子财产继承权的确立、完善和落实做出了巨大贡献，助推了城市法治文化的近代化，也体现出民国法治建设中变革与传统并存的两重性。

关键词　《大公报》　女子　财产继承权

女子财产继承权是女子经济独立，获得真正解放的基石之一。尽管过程充满曲折与反复，但随着法律的近代化与男女平权的推进，女子财产继承权在民国时期得以确立。而作为反映一个时期人民生活、社会风貌的直观载体，报刊真实地记录着这些激变。1902 年，英敛之在天津创办《大公报》，将"大公"二字释为"忘己之为大，无私之谓公"。[1] 正是秉持着这种"扩大公无我之怀"[2] 的宗旨，《大公报》名噪全国，被联合国推选为全世界最具代表性的三份中文报纸之一，故其更能在女性权利方面展现革

---

① 英敛之：《大公报序》，《大公报》1902 年 6 月 17 日，第 1 版。
② 英敛之：《大公报序》，《大公报》1902 年 6 月 17 日，第 1 版。

故鼎新的社会演变。

目前学界对《大公报》的研究很多，但从女子财产继承权报道的角度进行研究的文章就管见所及暂未出现。民国时期的《大公报》在争产运动初较早提出争取权利，在运动中呼吁已嫁女子、寡妻享有权利，并关注到女子需履行的对应义务，在妇女解放运动的历史上书写了浓墨重彩的一笔。同时《大公报》的系列报道、评论也映射并形塑出近代城市文化的蜕变，以及法律近代化变革进程中新旧并存、中西交融的两重性。

一　起因铺陈——《大公报》对女子财产继承权的呼吁

正本清源。财产继承权在当今法律中解释为"继承人依照法律的直接规定或者被继承人生前立下的合法有效的遗嘱承受被继承人遗产的权利"，[①] 女子财产继承权即为女性拥有参与财产继承的资格。这里的财产范围理论上包括一切所有权为被继承人的财产，如钱财、房产、土地等。享有该项权利的女子不限其身份如何，只要性别为女，就应享有财产的继承权。总的来说，妇女的财产继承权包括以下具体的权利：妇女作为继承人的权利、获得遗产的权利、处分遗产的权利、权利被侵犯时按法律请求恢复的权利。

以上种种都是以今论古。实际上，女子继承权这一概念是随着权利运动的开展不断扩充，才形成了如今成熟的法律概念。而在中国传统语境中，继承更多时候表达为"承继"，为身份承继，即在宗族制度下男嗣对家族香火的延续，财产的继承于意义上更像是承担宗庙祭祀家长权力的附赠品，自然将女性排斥在外。清律规定，"户绝，财产果无同宗应继之人，所有亲女承受"，[②] 女性几无继承权。随着近代法律权利观念的渗透，习惯与法制在民国时期的天津不可避免地发生碰撞，交融出独特的文化样态。

1912 年清政府垮台到 1937 年沦陷前，天津人文荟萃，女性解放等进步思想得到传播。《大公报》受此影响，在早期敏锐地关注到女性财产继承的问题。但在最开始，人们对它的认识十分模糊，仅从字面上理解"女

---

① 卓冬青主编《婚姻家庭继承法》，武汉大学出版社，2012，第 237 页。
② 马建石、杨育棠主编《大清律例通考校注》，中国政法大学出版社，1992，第 426 页。

子"与"继承"二词，将其作为呼吁的目标。

1912 年，在《男女平权问题十则》一文中，作者就抛出了这一问题："一、传产问题。中国向例惟男子得受祖宗遗产，女子仅有妆奁赠嫁。即偶得遗产，亦只少数，不及男子远甚。今男女平权，则遗产应如何派分？"① 该文虽未明确提出女子要争取平等的财产继承权，但认识到了遗产分配不公的问题，寻求重划遗产的方法。尽管问题掷地有声，但此文并未引起大规模讨论，此时北洋政府仍因袭清朝关于继承的法律规定，女性权利十分有限。

1919 年，女学生李超②求学不成被嗣兄逼死一事引爆了学界对旧时宗法制的批判和对女子财产继承权的探讨。此时《大公报》已沦为安福系的机关报，未见相关报道。但是清晨的钟声带来的影响悠远，1924 年，学生秦丰川在《大公报》"剧谈"栏目连载名为《万恶环境》的戏剧。作者言此剧脱胎于胡适的《李超传》，借李惟柏和李惟琛两个角色来讲述故事，反抗旧制。该剧作在争取女子财产继承权运动方兴未艾之际，借助通俗的戏剧形式批判了专以男嗣为限的继承制，让更多人意识到该传统的不公。

除了模糊的问题意识与现状反对，人们也开始意识到财产继承权是一个法律问题，许多进步人士开始主动向《大公报》投稿。1924 年贺天民在《怎样可以做到男女平等》一文中指出，男女平等首先要解决"同等教育""经济独立""同样法律"三个问题。作者在"经济独立"一栏中点明，"中国女子没有承继遗产的权，便是男女不能平等的一个大原因"，同时也指出"男女平等必须先有法律的相同才可"。③ 无独有偶，1927 年也有人撰文提出妇女解放要有法律保护，给女子"经济上许以财产继承权"。④

《大公报》一并关注着女界的动态。五四运动后，受新思想洗礼的青年男女及新兴阶级在京津两地成立多个平权的社团组织，以城市为据点争取妇女权利。《大公报》对多个妇女团体进行宣传，如天津养真社、女权

---

① 《男女平权问题十则》，《大公报》1912 年 10 月 9 日，第 9 版。
② 李超，广西梧州人。父母无子，过继一侄，将遗产全部留给嗣子。李超受近代思潮影响，一心求学，为嗣兄所不容，嗣兄逼迫其早嫁，并断其经济来源。李超求助无门，积怨成疾，于医院病逝。
③ 贺天民：《怎样可以做到男女平等》，《大公报》1924 年 4 月 20 日，第 7 版。
④ 凤鸣：《怎么样能够解放妇女》，《大公报》1927 年 9 月 21 日，第 8 版。

同盟会、北京女子参政协进会等。它们的口号、章程均涉及女子财产继承权，如妇女同志会要求："民法上夫妻关系、亲子关系、承继权、行为权等等，一律男女平等。"① 这样的宣传多集中于1921~1927年，既大张财产继承权运动的声势，也有助于扩大女权组织的规模，和推动争取财产继承权。如刊载天津女权请愿团拟定的修改继承法的草案，将口号化作实际建议。② 此外，还有长沙女界联合会的制宪演讲《湘女界力争女权》一文，不仅分析了要获取继承权的原因，同时也列举出女子获得继承权后对全社会的好处：缓解男子的家庭负担；打破置妾、贩卖人口等恶习，假使"女子有承继血统权则此种恶习庶可打破"。③ 以此来寻求社会支持。

这一时期，《大公报》通过刊登新闻与发表文章，批驳了传统的男嗣继承论，支持女子享有与男子相同的财产继承权。在西方近代思想传入后，法律意识在城市居民中觉醒，形成了一股进步思潮，权利思想逐渐法律化，于报端扩大舆论阵势。与此同时，大量以女子为主体的女权团体的出现使得城市的公共舆论空间由原有的男性垄断变为两性共同建设，原来处于边缘的妇女进入了城市话语体系之中。但需注意，在权利争取的革新中仍旧有宗嗣继承的遗留。无论是养真社"女子可以成继"④ 还是长沙女界联合会，都将女子的财产继承权放至宗祧承嗣的体系下，而未意识到其本身就是应被打破的存在。这说明即使是城市进步分子也仍存宗庙旧礼的心理积淀，法律的近代化具有渐进性。

二　渐进高潮——《大公报》对女子财产继承权继承主体的认定

除了权利本身的提出，权利为谁所享有也是一个重要的议题。故而，作为财产继承权的主体，"女子"一词如何界定便引发讨论。《大公报》作为具有专业素养的近代进步报刊，自然也参与其中。简而言之，《大公报》

① 《北京女学界组织妇女同志会》，《大公报》1924年5月4日，第3版。
② 《女权请愿团之积进　今日开职员会　拟定请愿草案》，《大公报》1922年12月6日，第10版。
③ 《湘女界力争女权》，《大公报》1921年5月11日，第6版。
④ 《旧婚与自由婚之讨论》，《大公报》1923年3月5日，第10版。

认为女子身份认定主要有以下几种情况：第一，未婚女子；第二，已嫁女子；第三，寡居女子；第四，夫死，遗孀的认定。继承范围不仅仅局限在娘家，也包括亡夫家的财产。详情如下。

随着各大报刊讨论女子财产继承权问题的展开，1926年1月，广州国民政府为争取妇女的支持，在国民党第二次全国代表大会上通过了《妇女运动决议案》（以下简称《决议案》），在法律方面规定女子有财产继承权，"（一）制定男女平等的法律，（二）规定女子有财产继承权……"[1] 同年7月，国民政府司法行政委员会发布了《审判妇女诉讼案件应根据妇女运动决议案之原则令》（以下简称《原则令》），训令各级司法机关在新法规出台以前，凡属妇女诉讼的案件，都应依照《决议案》在法律方面的原则进行裁判。女子财产继承权虽未有法律条文可依，但第一次有了可供参照的确定原则与精神，实为妇女运动的里程碑。但由于王郅隆的丧生与安福系的垮台，难以为继的《大公报》于1925年11月宣布停刊，直到次年9月，才被吴鼎昌等接办。此时距离《决议案》与《原则令》的颁行过去了数月，二者已失去了时效性，故《大公报》上并未见相关的报道。

不过，新记《大公报》回归不久，便有了女子继承权第一案——盛氏姐妹争产案。晚清富商官员盛宣怀之女盛爱颐在其兄分割遗产时，援引《决议案》的相关规定，聘请律师要求将财产平均分给自己与另一名同样未嫁的妹妹盛方颐。这个案件轰动全国，最后法院判其胜诉，成为支持女子继承权的新判例，被《大公报》所刊载，引发了不少关于女子财产继承权的讨论，天津女子效仿者甚多。"据律师言，近来女子请照男子均分遗产者不少。此案判决后，案当益多。"[2] 1928年，南京国民政府最高法院便有"在室女子始能享有继承财产权"的解释。

《大公报》还利用其较为广泛的社会影响力，为市民提供公示广告栏。女子获得财产继承权后，不少天津女子委托律师或自发对析产继承一事进行登报声明。如陈毛氏在其丈夫死后，为防其余亲族争产立嗣，委托律师通告"将一切遗产归氏未出嫁之亲女四姑承受"，[3] 将亡夫留下的灰瓦房与铺

---

① 荣孟源主编《中国国民党历次代表大会及中央全会资料》上册，光明日报出版社，1985，第138页。

② 《女子从此有遗产继承权　盛宣怀女请分产胜诉》，《大公报》1928年9月22日，第2版。

③ 《律师乔毓周代表陈毛氏声明处分房产通告》，《大公报》1929年3月5日，第6版。

产归未嫁女儿继承。当时，城市女子由于知识水平较高与信息渠道较多，能够很快接收到女子继承拥有了法律保护这一信息，从而依靠自身的法律意识率先行动，主动提出分产，甚至能够意识到女子可继承的遗产范围除了钱财，还包括住宅产业。进一步看，选择在报纸上刊登消息也表明近代城市中报刊媒体在人们生活中的重要地位：女性能主动介入舆论场中发布声明。《大公报》作为发声媒介，法律作为护身法宝，二者一同赋予了城市女性话语权。

女子财产继承权的确立也意味着属于女子的财产权能够得到相应的保护。前文所述李超的惨剧让人叹息，不过1929年类似经历的王文雄女士却有了不同的结局。王文雄继母对她百般凌虐，不容其求学，并拒绝供给求学之资，为其早订婚约，以致王文雄走投无路求助妇协，孙、吕两位律师帮其罗列了支持的法律依据，并函请天津地方法院以求公正解决。[①] 相较于李超求助无门最终酿成离世惨剧，王文雄可求助妇协这一城市公共组织，其婚姻自由及财产权利受到法律的保护与支持，确为一大进步。

这一时期社会动荡、政权更迭，故有关妇女权利的法律条文还不完善，但已予以女子相对独立的人格以及较为平等的权利。尤其是租界或口岸城市的部分上层女性在与西方文化的近距离接触中接受了法治思想，敢于拿起法律武器与父兄对簿公堂争取自己的权益，而非屈服于传统宗法家长的权威。此时的司法依据法规而不是礼法进行判决，不仅保护了女性的利益，更削弱了作为原有社会权力核心的宗族力量。

不过《决议案》中将权利主体笼统地表述为"女子"。虽然女子一词在当下是指与男子相对的全部女性，但在民国时期，女子也意为待字闺中的未嫁女儿。于是在实践中各地方产生了困惑。1928年，最高法院对"女子"做出了限定："以财产论，应指未出嫁女子与男子同有继承权。"理由为"女已出嫁，无异于男已出继"。[②]《大公报》也刊载了浙江高等法院的解释："查女子继承财产，系指未出嫁之女子而言，不问有无胞兄弟，应认为有同等承继权；至出嫁之女子，对于所生父母财产，不得主张承继权。"[③]虽然财产继承与身份继承得到一定剥离，但最高法院仍维护了原有宗祧制

---

① 《南开大学女生王文雄受经济压迫求妇协援助》，《大公报》1929年7月19日，第9版。
② 郭卫编《司法院解释例全文》，上海法学编译社，1946，第27页。
③ 《未嫁女子有财产承继权　浙江高等法院之解释》，《大公报》1928年4月14日，第6版。

度，剥夺了已婚女子的财产继承权。相关的立法颠覆传统，具有十足的进步性，但实践中却考虑到与传统积习的融合，虽然滞后但不失为折中之法。

女性终于有了继承权，可一旦出嫁就不得享有，这引起了社会各界的强烈不满。1929 年，天津女子进京上书要求"取消立法院所制女子财产承继权之条文，另定以男女平等为原则之法律案"。① 她们让立法者听到了女界的声音，但没有明确的要求。立法委员马寅初也在《大公报》撰文，其从逻辑和利弊方面分三层予以拆解："第一，男子的继承权，既然和娶妻无关，女子为什么因了嫁人，就丧失继承权？"第二，马寅初还认为将出嫁与否和继承权挂钩，女子为了得到遗产，"会发生阻碍婚期和奖励离婚的弊病"。此外，马氏指出，出继的男子可以获得嗣父母的财产，而"女子在出嫁后，并不能取得任何人的财产权"，更何况宗祧继承本应废止。因此，"女子的继承权而分已嫁未嫁，实在是很不应该的"。② 该文不仅条理清晰地汇总了已有的主流观点，且作者以立法委员的身份发表，也增强了说服力。可见，在民国时期，城市女性已有参与政治的意识，但法制素养仍停留在朴素时期。报纸的报道打破了上层社会对话语权的垄断，使得近代政府所制定的有关女子继承权的规则可被大众检视与讨论。《大公报》把政府官员、专业人士与普通民众联结起来，将他们的看法汇聚成公意，传递给政府，推动城市的近代化转型。

迫于舆论压力，司法院决定取消先前的法律解释。1929 年 5 月 15 日，国民党中央执行委员会第 181 次政治会议正式决议，女子结婚与否均有财产继承权，于同年 8 月 29 日正式公布《已嫁女子追溯继承财产施行细则》（以下简称《细则》）。《大公报》及时跟进，转载司法院长王宠惠对其性质和时效的具体解释，③ 后于《细则》正式通过后刊载其草案全文，④ 进行宣传。1930 年《民法》第四编"亲属"、第五编"继承"公布，女子继承权得到法律层面的认可。

《大公报》在《细则》颁布后几天，刊登了这样一条律师广告：李景

---

① 《津市妇女之全般主张》，《大公报》1929 年 2 月 24 日，第 12 版。
② 马寅初：《中国女子的地位问题》，《大公报》1929 年 6 月 27 日，第 13 版。
③ 《王宠惠解释女子继承权性质与时效问题》，《大公报》1929 年 5 月 20 日，第 4 版。
④ 《已嫁女子追溯继承财产施行细则　中政会第三十一次会议通过草案》，《大公报》1929 年 8 月 5 日，第 7 版。

光对"已嫁及未嫁女之财产承继权尤愿办理，不须介绍人，不收谈话费"。① 李景光作为《大公报》的常驻律师，尤愿支持已嫁女争产的态度，既代表律师界，也代表该报的立场。9 月初《大公报》载，"最近半月内，天津地方法院已接受关于已嫁女子请求析产之案件数起"，② 新一轮的诉讼潮到来。10 月 3 日，民妇梁张氏申请胞兄四人执行其母遗言，分与自己遗产 5000 元，得到妇协的支持，也见诸报端。③ 在媒体、律师与妇协的帮助下，越来越多的妇女愿意拿起法律武器争取权利。

1930 年 1 月，重新起草民法亲属编、继承编。《大公报》在同年 4 月 24 日刊登《继承法先决各点》；8 月 3 日、4 日将《民法亲属继承两编先决各点审查意见书》的原文完整刊录；12 月初，将立法院三读通过的民法继承编全文刊发。12 月 22 日，立法院通过了民法继承编，于法律上正式承认全体女子的财产继承权。《大公报》在其附属周刊《国闻周报》第 7 卷第 49 和第 50 两期予以专门刊登。其对继承法的动态跟进体现出社会对法治的重视，而将审查意见公示也表明法律的制定更加透明化、民主化，法治文化进一步近代化。

此后，更多已嫁女子向《大公报》咨询财产继承权，多见于副刊《摩登》与"法律问答"栏目。《摩登》每周由记者为来信的青年男女解答疑惑，其中有不少涉及已嫁女子的财产继承问题。如 1931 年答钱士英女士："已嫁女子的财产继承权，只要继承开始于受国民政府政令之日以后，便可有之。你将来可以有继承权。"④ 法律问答案例详细、回答专业，为许多缺少法律知识的已嫁女子提供了权威帮助。

但抗争之路终要面临传统势力的反对，使新旧观念在《大公报》上发生碰撞。如越君的《关于女子财产承继权》一文便解释了对女子继承权的怀疑。作者首先指出三民主义指导下的法规具有全民性与平等性特征。同时，"男女结婚，只为的幸福组织了一个新家庭"，已婚男女的人格和立场

---

① 《李景光承办》，《大公报》1929 年 8 月 12 日，第 1 版。
② 《津市女子要求继承权　地方法院已接受案件数起　惟因人微财轻社会未注意　束缚女子身体自由法院极端保障　离婚诉讼有背景者加以相当限制》，《大公报》1929 年 9 月 27 日，第 12 版。
③ 《婚姻契约与遗产继承　邢少兰梁张氏求妇协援助　一案先由自己声明看有无纠葛　一案须俟详细调查向法庭起诉》，《大公报》1929 年 10 月 3 日，第 9 版。
④ 《简单答复》，《大公报》1931 年 8 月 23 日，第 9 版。

并无尊卑之别，故而已婚女子理应继承遗产。接着便对迂腐者的谬论逐一批驳。其一，认为已嫁女子可在母家与夫家得两份财产，并不公平。作者将角色互换，得出了一样的答案："有妻的男子又何尝不就直接间接得了二份财产呢？"其二，假定出嫁女儿分走的财产会影响到儿子的生活。越君同样驳斥之，"比如他父亲原来的遗产少几千元，或者多生几个儿子这就该怎样办？另一方面讲，几个兄弟应得的遗产被姊妹们分去，同时几个兄弟的妻子还不是每人也带一份遗产来吗？"其三，关于媳妇可得翁姑遗产，但鳏婿却无法得外舅财产。越君指出旧有法律中儿媳只是代其孙进行管理并维持必要生计之用，并非自身继承。而新法颁行后，"她自己已经有继承父母的财产以维持生活，她不必要继承翁姑的遗产了"。如子女已继承父母的财产再不幸去世，那遗下的财产"当然归于儿妇或者归于女婿继承。这就是夫妻的继承问题"。[1] 该文反击了持男权中心思想的保守者，以使已婚女子更合理地拥有财产继承权。最后的反驳落脚在夫妻配偶的继承问题上，也引出了已婚女子可能面临的另一情况——遗孀对于夫家财产的继承问题。

已婚女子除在娘家具有女儿这重身份外，还在夫家担任妻子的角色。旧时寡妻仅能"承夫分"，就如马寅初所指，"夫有承受妻之遗产，而妻只在未有立继人以前，可以代为管理，到了已经立继以后，就一些权都没有"，[2] 直到1930年通过的民法亲属继承编中，才将配偶定为第一顺位继承人，在法律上支持了寡妻对其夫的财产继承权。

《大公报》在早期对有关寡妻继承权的争取提及较少，更多是以声明或案例的形式呈现。如1929年李景光代解张氏的声明，其亡夫解寿臣"将津保置产分配于解李氏解张氏及其生女等，有其亲笔遗书可证"，[3] 以此防止其侄辈无故主张争产。可见，解寿臣是主动将财产分与寡妻和生女，而非让其妻另行择嗣代为继承。《大公报》也报道了一些国内外寡妻继承遗产的新闻，如穆罗氏巨额遗产由其夫人继承等。[4] 这些社会新闻透过《大公报》这一窗口，进一步将财产权利意识和女性思潮带入城市家庭。

---

① 越君：《关于女子财产承继权》，《大公报》1929 年 7 月 11 日，第 13 版。

② 马寅初：《中国女子的地位问题》，《大公报》1929 年 6 月 27 日，第 13 版。

③ 《李景光代解张氏声明》，《大公报》1929 年 8 月 20 日，第 12 版。

④ 《林德伯岳父 一千余万金元》，《大公报》1931 年 10 月 28 日，第 4 版。

此外，《摩登》中亦不乏寡妻财产继承的问题，如答张若痴君"按法律，第一个有继承权的，是你的妻"① 中将妻子列为第一继承人。法律顾问也进一步明确寡妻对于已继承财产的处分权，"妻于夫死后，因继承取得之遗产所有权，不再因改嫁而丧失其权利。若孀妇携其应得之产改嫁，夫族亦无阻止之权"。② 但与回答中的确凿保护相反的是这些问题发生的现实情境。前文中的提问者王淑贞女士原夫家始终阻挠她继承财产，逼迫她放弃才可改嫁。即使法律规定了权利，但传统宗法的思想阻力却使女性的继承权利实际难以真正落实。

《大公报》大致以时间为序，推定了未嫁女子、已嫁女子、寡妻等主体享有财产继承权。争夺继承权主体的过程体现出近代法律之超前性与渐进性。女子在立法层面上破天荒拥有了继承财产的权利，从原来单纯的"义务主体"转向"权利主体"。有机会享受到近代法治的人群从男子扩展至未嫁女子，再扩至不限身份的女性。但在现实中，"法律问答"的提问者在其所设的情境中仍逃不出立嗣与旧式家族的阻挠。不容小觑的阻力使得部分女性并不敢主张继承权的获取，也使现实的司法实践与理想的立法产生了距离，展现出新旧共存的法治特点。

《大公报》作为传播近代法治思想的窗口，"妇女与家庭"这类理论专栏切实传达着广大妇女的诉求，或质疑继承权法规，或与传统势力论争。而《摩登》和"法律问答"则分别作为互动式的社会服务类周刊和专栏，进入具体化的情境为民众的疑问提供法律依据。从这些专栏的众多相似问答中可见，仍有大量市民缺乏必要的法律知识与资源，部分人不知女子有继承权，部分人不知该如何诉诸法律。而《大公报》为其提供免费的法律扶助，利用自身影响力在抽象法条与实际司法中架起了桥梁，进行社会法治的引导，建构民众的法治思维。

三　双重协奏曲——《大公报》对女子享有继承权后应尽义务的探讨

如前所述，女子继承权的确立确是一个曲折艰辛的过程。简单总结，

① 《简单答复》，《大公报》1931 年 8 月 23 日，第 9 版。
② 《法律解答》，《大公报》1937 年 4 月 11 日，第 12 版。

参与者与传统势力共发生三次争论。第一次为最高法院限定未婚女子时，部分仁人志士不满其保守观念，发文驳斥。如前文马寅初的《中国女子的地位问题》就有对相关法律条文的质疑。第二次则是《细则》颁布后，已嫁女子拥有了财产继承权，不少迂腐者绞尽脑汁反对，甚至编写短剧来"讽刺"，如家庭剧《女子承继权》。剧中借兄说出女子不应享有继承权的理由，如"这是我们中国遗下来的风俗习惯，也是法律：家产只传给儿子的"。"父亲欠下债来你也管还吗？"[1] 而当父亲真的掏出了一大卷借据后，女儿的态度马上由争产变为默然。显然，传统论者从习惯及义务的角度进行反对。前文中越君已然做出反驳。几乎同时爆发了第三次论争。值得注意的是反对主体。山东省在《细则》颁行后召开省例会"呈复国民政府复议"。[2] 复议未果，政府官员陈调元退而求其次想对出嫁女子的追溯时长及继承范围做出限制，令其"自该法颁行之日起"发生效力，已婚女子继承财产"住宅应予除外"，[3] 并将骨肉相争、法律的权威性等作为理由。《大公报》转载其意见，但未有人驳斥。真正做出回应的是《妇女共鸣》的创刊人谈社英女士，她发表了《此所谓对于已嫁女子继承权之意见》一文。[4] 纵然争论激烈，但陈腐之声终被进步之曲湮没，女子财产继承权得以确立。在《大公报》等近代进步报刊成为先进思想的舆论阵地后，男女平等、公正法治的新式理念便成为城市文化的一股共识。守旧者也很少公开发表男尊女卑、要礼治而非法治的言论，罗织的反对理由多从家庭不和、法律实施不便等弊端去讨论。《大公报》为城市民众塑造了更为进步平等的价值标准，凝聚出了新的社会共识。

无论按照法治精神还是社会习惯，权利和义务往往一致。旧中国女子无独立财产权，只能依附男性生活，社会对女性的期望较少落在经济方面，女性不能承继本家血统，但也不强制其赡养娘家亲族。在国民政府执政时期，女性终于获得了财产继承权。《决议案》与《细则》的规定较为粗疏，均没有对义务进行说明。直到民法继承编的出台，才有了对女性应

[1] 《女子承继权——一幕家庭剧》，《大公报》1929年5月23日，第15版。
[2] 《第十九次鲁省府会议纪　请覆议女子继财权　澈查东纲公所各款》，《大公报》1929年8月29日，第7版。
[3] 《女子继承权应该注意的几点》，《大公报》1929年10月29日，第9版。
[4] 社：《此所谓对于已嫁女子继承权之意见》，《妇女共鸣》第15期，1929年。

尽义务的明确法律规定，确立了相一致的义务与权利，促进了法律近代化。《大公报》上亦不乏有关女性应尽家庭与社会义务的倡导。

（一）家庭义务

广大女界同胞对女子应尽家庭义务有了认识。其一为对尊亲属的责任。1929 年 3 月 21 日，《提倡"贴娘家"》一文明确提倡女子在拥有继承权后要尽孝悌之责，认为"现在女子，也有了财产承继权，在家庭的权利，既同于兄弟，则对家庭的义务，也要均匀的负担起来"，在作者看来女子也要把"赡养父母、教育弟妹"引为己任，"如有需要时，女子要以自己的收入抽出几分之几，供给母家"，做到"养女防老"，把财产继承权"由法律的当然的，而变成自然的"。① 虽然暂无法定义务，但该文从习惯出发，呼吁女性形成承担家庭责任的意识，同时知晓，义务履行也能反促权利落实。法学院院长谢瀛洲也在解释女子继承权的演讲上，提出"有权利便有义务，从前女子无继承权，亦无扶养尊亲属义务，今后女子须努力尽其义务，尊亲属始愿将财产交子女继承"，② 从法律角度提出女子要尽抚养尊长的职责。此外，女子还应送终，即尊亲属去世后负责殡葬善后事宜。《细则》颁布后，山东省政府主席提议："丧葬等子女平均负担。"③ 在 1933 年的《法律解答》一文中，有人提问"试问现行法律，女子既有承继权，亲殁应否负殡葬之责"，律师答"依权利义务对等之原则，自当负担殡葬费用"。④ 均对女子义务予以肯定。至此，家庭结构发生了微妙转变，男方家庭不再是绝对中心，父系家族制得以稍稍松动。

其二为对配偶的责任。在夫妻二人的家庭支出中，民法亲属编规定"家庭生活费用，夫无支付能力时，由妻就其财产之全部负担之"。⑤《大公报》有文专门探讨夫妻的家常经费义务，质疑道："按其意似谓夫有力负担的时候，妻便可以不管了，男女权利平等，而义务不平等，这未免说不

---

① 景三：《提倡"贴娘家"》，《大公报》1929 年 3 月 21 日，第 15 版。
② 《谢瀛洲讲演女子继承权》，《大公报》1929 年 9 月 20 日，第 5 版。
③ 《女子继承权应该注意的几点》，《大公报》1929 年 10 月 19 日，第 9 版。
④ 《法律解答》，《大公报》1933 年 6 月 20 日，第 13 版。
⑤ 《民法亲属编（续）立法院三读通过（十二月三日第一百二十次大会）》，《大公报》1930 年 12 月 8 日，第 3 版。

过去。"而另一种完全对等的义务规定，如"《陕西暂行婚姻条例》第二十六条规定说'因婚姻而生之费用，由夫妻互负之'"也只是表面平等，实则妻子吃亏。作者较为赞同的是大理院推事郭闵畴主张的"家庭之一切费用及劳务由夫妻各视所能，均分负担"，因其按照"以生产收入为比"和"以对家庭贡献为例"划分义务，但作者仍觉宽泛，最终作者提出自己的看法："家庭一切费用，夫妻按照生产收入比例负担，一方不能负担时，他方代为负担。"① 按生产收入比例负担较为公允，但实际操作起来难免不便，民法亲属编未采用的原因也许在此。而一方无力负担，他方代为负担这样相互扶养的原则，其实在新民法中已有所体现，《大公报》刊载的一篇文章指出："夫妻互有赡养之义务，即夫妻一方不能自营生活时，互负赡养之责任也。"② 当家庭离散时，妻子的义务也发生了变化。过往离婚，男子需向女子支付一定抚养费。但女子有了继承权后，夫妻二人的财产在法律上独立。魏道明认为，如果双方诉讼离婚"曲在女子，男子亦可同样要求赔偿"。③

其三为对财产的责任。女子有了继承权后，"必须有管理财产之能力"。④ 郭家瑞在《有了继承权以后》一文中也建议女子利用所继承的财产作基本金，学会经营家业与谋生。"千万不要畏难苟安，请自己丈夫或家人作代庖。"⑤ 但若被继承人所留财产不足以偿还他的债务时，女子也应继承债务。《细则》颁布后，有人主张"应加但被承继人负债务及丧葬等费"，⑥ 令已嫁女子也承担债务。新民法继承编中也明确做出相应的规定："按第一千一百五十三条之规定，'继承人对于被继承人之债务，负连带责任。继承人相互间对于被继承人之债务，除另有约定外，按其应分比例负担之'。是女子固可继承财产，但亦可继承债务。"⑦

从《大公报》对于家庭义务的探讨中不难发现，西学东渐后的民国将

---

① 《民法继承编几个问题（续）》，《大公报》1930年5月24日，第4版。
② 孟华秾：《女子在法律上之地位》，《大公报》1931年4月13日，第11版。
③ 《魏道明谈法院改制与女子继承权　倘离婚责任曲在女子　男子可同样要求赔偿》，《大公报》1929年6月24日，第3版。
④ 《谢瀛洲讲演女子继承权》，《大公报》1929年9月20日，第5版。
⑤ 郭家瑞：《有了继承权以后》，《大公报》1929年8月22日，第13版。
⑥ 《女子继承权应该注意的几点》，《大公报》1929年10月19日，第9版。
⑦ 《民法亲属继承两编之要点》，《大公报》1930年12月14日，第2版。

权利与义务这两大法学核心概念一同建构起来。在女子最初享有继承权时，《大公报》从传承之习惯出发，倡导女子一并承担家庭责任。随着法制不断健全，朦胧的道德义务渐渐明确为清晰的法定义务。而城市家庭关系也被其义务影响，较前代发生了转变：既有现代的一面，又夹杂传统因素。一方面，女子与娘家的关系因为赡养义务联结得更加紧密，不以男方家庭为绝对中心，妻子由于财产权利的获取，在夫妇的小家庭中也介入经济领域；另一方面，新继承法中妻子的财产权利仍旧有限，在生活费用负担方面仍处于附属地位。这是政府修正了移植来的近代法律条文，与传统文化以及实际社会情形相适配的结果。

（二）社会义务

除法定家庭义务外，《大公报》还认为女子取得财产继承权后，需尽社会义务。首先便为增进知识。郭家瑞指出，"继承财产之后，正可得补习教育之机会；或入补习学校，或联合同志组织补习团，以共同研究补习一切普通学识"；[1] 马寅初也提出，"女子在智识上对于经济问题，还应加以深切的认识"。[2] 都期望女子在有继承权后获得教育。有了权利规定，可若没有关于法律的知识，也只是一纸空文。

其次为拥有生存和职业技能，积极从事生产。20世纪二三十年代，虽然商品经济与近代工业在天津有了长足发展，部分职业也向妇女开放，但由于长久以来与社会主要生产的脱节，拥有谋生技能的女性仍是少数。在1929年有人指出："妇女们不应只在争权上努力，应在工作上努力。"[3] 1931年的妇女节文章言："女子不应仅以继承财产为希望，且应努力于创造财产，以与男子分工合作于社会之生产事业，使本身之子女亦得均沾其惠。"[4] 无论是建议女子提高知识水平抑或是从事生产，均在肯定女子的独立人格，鼓励女子参与城市建设，真正获得自己应有的权利。

《大公报》不仅希望妇女享有财产继承权利，更希望女性能在享权的同时履行应尽义务。该报从家庭与社会两个方面对妇女提出建议：在家庭

---

① 郭家瑞：《有了继承权以后》，《大公报》1929年8月22日，第13版。
② 马寅初：《中国女子的地位问题》，《大公报》1929年6月27日，第13版。
③ 《提高女权的声中妇女应有的觉悟》，《大公报》1929年7月18日，第13版。
④ 《由国际妇女节说到中国今后的妇女运动》，《大公报》1931年3月8日，第7版。

方面，女子要承担对尊亲属的赡养、送葬之责，配偶相互支持营生之责，对财产理性规划及债务偿还之责；在社会方面，妇女要尽力提高自己的知识水平，积极投身生产，真切体现出男女平等之谛。这些建议中既包含法定义务，也包含对女子社会责任更进一步的期望。《大公报》推动妇女的权利与义务相一致，奏响了双重协奏曲。

结　语

民国的法律文化处于变革之中。有关女子财产继承权规定的更迭，从立法上废除身份继承制至保护私人财产权，体现了该时期家庭本位向权利本位转化的法治思想。然旧时制度的轰然倒塌却无法一并带走矗立在人们心中的封建礼教根基，超前进步的法律在施行过程中并未完全被大众所接受。从《大公报》所记载的实例可见，虽然这时民众有了一定的法治观念，但乏嗣、过继、房支中断等宗法习惯仍是大众所关心的问题，又或是女子争取继承权时，来自宗族的阻力并未减弱几分。从西方舶来新式道德的法律，与实际保有传统的司法实践，既相互排斥又相互妥协，使近代的法治文化在新旧并存中渐渐蜕变。

《大公报》的系列报道不单是一面反映时代的镜子，也深刻参与并影响着近代天津法治文化的转型。其一，该报在呼吁权利、认定主体、明确义务以确立完善女子财产继承权等方面做出了很大贡献，促进了近代法制的建立健全。其二，该报作为近代进步媒体，建构着平等法治的城市文化氛围，传播法治思想，更新现代观念。该报中常见守旧者与革新者对女子财产继承权的持续争论。其三，该报对原处边缘的女性赋予了话语权，同时社会服务板块提供的法律援助，拉近了立法者与市民的距离。女子自发的析产声明在《大公报》上共有18篇。《摩登》周刊中涉及女性财产继承权的问题共有30篇，天津版与上海版的公开法律顾问栏相关文章共有104篇，其中对已嫁女子继承权、财产处分权、母亲及妾的财产继承权、女子代位继承权、女子应尽义务等方面都有涉及，有时还将重点信息用醒目大字突出。"时常听人说，大公报的摩登栏，是现在青年的'一个明路星'。"① 这些

---

① 《介绍一篇有价值的论文〈摩登的妇女〉》，《大公报》1931年8月23日，第9版。

带有专业排版的进步专栏对读者群的影响力可见一斑。

同时亦可发现，女子拥有财产承继权后影响最大的是身处富裕阶层的太太小姐们，以及中等的有产阶级知识阶层。城市中广大的中下层妇女对继承权的疑问偶见于法律问答栏，但付诸实践的寥寥无几。1928~1930年天津"女子请求继承财产权者，则尚少见云"，① 遑论广大的农村地区，依旧以传统习俗为判绳，未激起一点水花。"法律上承认女子有财产继承权，虽有十多年的历史，可是在农村中的妇女，是绝对享受不到法律所赋予的权利。"② 女子对财产取得的范围也较为有限，大多为现金，股权、房宅略见报端，女子对田亩的继承则更鲜少。在此情况下《大公报》明确说明女子可继承田亩，"不论房屋田地，凡属遗产，令姊均有继承之权"，③ "（出嫁女子）被承继人之房子、田亩，在分割以内"，④ 也有王姓女子主张分析父兄的房屋田产，特登报声明。⑤ 1936年9月1日后，津、沪两版《大公报》合计印数逾十万，分销机关1300余处，成为全国性的大报，⑥《大公报》的法治进步思潮得以影响更多人。

胡政之在1917年元旦之时曾对《大公报》有着这样的期望，"一在报道真确公正之新闻，一在铸造稳健切实之舆论"。⑦ 后人可见，《大公报》确实通过这两种方式助推了女子财产继承权之确立。它一方面报道切实的国内外新闻，跟进最新的动态；另一方面作为民意的集合体，利用报刊之特性进行舆论呼吁，为民国时期的女子财产继承权确立做出了不可磨灭的贡献。

作者：王培利、王勤，天津师范大学历史文化学院

（编辑：熊亚平）

---

① 《离婚案件占民事诉讼十分之三　但要求继承权者尚少》，《大公报》1930年4月28日，第11版。
② 《乡村妇女生活　沛县妇女的生活　在经济和礼教两层束缚下　只知勤俭耐劳和严守妇道》，《大公报》1936年7月4日，第10版。
③ 《法律解答》，《大公报》1932年9月26日，第11版。
④ 《简单答复》，《大公报》1931年7月12日，第9版。
⑤ 《律师许日升代王姜树娴又名淑贞女士紧要声明》，《大公报》1947年1月8日，第1版。
⑥ 方蒙：《〈大公报〉与现代中国1926~1949年大事记实录》，重庆出版社，1993，第262页。
⑦ 冷观：《本报之新希望》，《大公报》1917年1月3日，第2版。

国家与家族视角下清代苏州慈善事业研究

——以苏州玄妙观为中心的考察

朱春阳

内容提要 清代,苏州地区商业竞争激烈,失业人口剧增,加上自然灾害频发对农耕生产的破坏,致使贫困人口大量出现,并在寺观等公共场所聚集。寺观不仅空间宽敞,且是帝王权力彰显之所,周边地方大族聚居,故而是慈善活动首选之地。苏州育婴堂即创办于玄妙观,在其规模扩大移建他处后,原址改建为育婴遗爱祠及专祠,以进一步弘扬慈善理念。此外,其他各类慈善活动相继在玄妙观开展,某种程度上这里成为孕育吴地慈善事业的摇篮。

关键词 清代 苏州慈善 玄妙观

传统时期,作为苏州最大的公共场所,苏州玄妙观在地方慈善体系构建过程中的重要性不容忽视。在以往的研究中,学界多以慈善救济为研讨热点并产生了丰富的成果,[①] 而玄妙观慈善研究则往往一笔带过。更有甚

---

① 王卫平《明清时期传统社会保障事业的发展及特点》(《江苏社会科学》2014 年第 4 期)认为明清社会保障事业表现出制度体系更加完备,以政府为主导、各种社会力量共同参与,层次较低且具有鲜明的恩惠色彩等特点。黄鸿山《晚清江南善堂田产的额租、实租与地租实收率》(《史林》2017 年第 1 期)认为善堂实征地租的多寡则与让租习惯、佃农抗欠地租及自然灾害等因素密切相关,与额租保持着一种"有弹性的差距"。这种"有弹性的差距"发挥着佃农负担"安全阀"的功能,使租佃制度得以延续和农业再生产能够正常进行。庄华峰、谭书龙《宋代江南地区慈善事业研究》(《安徽史学》2006 年第 6 期)认为宋代江南地区的慈善事业具有机构设置早、规模大、设施全、救助对象多、慈善活动制度化等特点。冯筱才、夏冰《民初江南慈善组织的新变化:苏城隐贫会研究》(《史学月刊》2003 年第 1 期)认为苏州隐贫会的发起、组织及其活动具有代表性;与苏州其他慈善团体的活动比较,民间慈善组织的变化可以反映出当时社会经济及文化道德的变迁。

者，人们对玄妙观相关的慈善事业还存在一定的误解。例如今人"在涉及苏州育婴堂的记载中，往往称之为元和县育婴堂，因为育婴堂坐落在元和县境内。其实，这种说法并不准确，在康熙十五年（1676）创建育婴堂时，尚无元和县的建置"。① 苏州育婴堂初创于玄妙观，隶属长洲县。可见，相关问题还有较大的研究空间。本文将以此为个案进行考察，从国家与家族双重视角重新审视清代地方慈善活动的缘起及影响。

一　清代玄妙观慈善事业开展的社会背景

清代农耕生产占据着主导地位，一旦遭遇天灾民不聊生，商业竞争带来的不稳定性因素致使社会问题更为凸显。苏州玄妙观是帝王仁政彰显之所，且周边底层民众聚集，故而为慈善救济提供了最为理想的空间。

（一）玄妙观周边贫困人口集聚

明代，苏州城西阊门一带商业繁荣并向城内扩展，城内传统手工业受到巨大冲击。② 当时玄妙观周边地区无业游民增多，亦伴有大批乞丐，明中期徐复祚在《花当阁丛谈》中记载道："见有群丐方聚元妙观③山门，饮马遽下，与攫其食食之，掇其酒饮之，群丐以马相公也，欲起避。"④ 关于玄妙观周边乞丐规模，万历年间曹时聘记载道："臣所睹记，染坊罢而染工散者数千人，机户罢而织工散者又数千人。"⑤ 入清后失业工匠人数不断攀升，康熙时无常雇主的匠人"十百为群，延颈而望，如流民相聚，粥后散归。若机房工作减，此辈衣食无所矣"。⑥ 极端天气使得底层民众更加难以生存，光绪十八年（1892），"冰雪之甚为数十年来所未有，元妙观前以

---

① 王卫平、黄鸿山：《中国古代传统社会保障与慈善事业——以明清时期为重点的考察》，群言出版社，2005，第265页。
② 朱春阳：《清代江南行业公所公共性探究》，《江苏大学学报》（社会科学版）2022年第1期。
③ 清代为避康熙皇帝名讳，改玄妙观为元妙观，又名圆妙观，民国时期恢复玄妙观旧称。
④ 徐复祚：《花当阁丛谈》卷4《三张》，中华书局，1991，第105页。
⑤ 《明神宗实录》卷361，万历二十九年七月丁未，台北：中研院历史语言研究所，1962，第6742页。
⑥ 康熙《苏州府志》卷21《风俗》，康熙三十二年刻本，第7页下。

及冷街僻巷之冻毙者不知凡几"。① 直至解放前夕，玄妙观周围乞丐聚集的现象一直存在。

明清之际，自然灾害频发，进一步导致民不聊生，贫困人口增加，民间溺婴现象严重，引起朝廷重视。万历年间，应天巡抚周孔教上奏，在《江南水患异常隐忧叵测恳乞大赐捐赈疏》中曰："为江南水患异常，隐忧叵测，恳乞圣明大赐捐恤，以救灾黎，以固根本。"② 顺治十六年（1659），都察院左都御史魏裔介条陈："福建、江南、江西等处，甚多溺女之风，忍心灭伦，莫此为甚，请敕行察禁，以广好生……得旨：溺女恶俗，殊可痛恨，着严行禁革。"③

玄妙观一带农田广袤，农耕生产对气候依赖较大。根据乾隆《姑苏城图》记载，苏州城内耕地面积约占 2/3，主要分布于玄妙观所在城东地区。一旦出现恶劣天气，直接影响传统农耕生产，玄妙观成为灾民难民集聚之所，也是民众表达意愿的平台。据清人褚人获《吟诗高士》记载，景泰中，吴郡大饥，有人题诗三清殿壁自缢，云："我年七十遇三荒，惟有今年荒得荒。我今吊死三清殿，知道来年荒不荒。"至今观中大醮必首荐《吟诗高士》。④

（二）玄妙观宽敞的建筑空间及浓厚的政治意涵

苏州玄妙观巍焕甲于郡城，为慈善活动提供了宽敞的场所。至清代最盛时玄妙观占地 5.5 万平方米，拥有殿阁 30 余座，规模居吴地建筑群之首。以单体建筑而论，即使与政权关系极为紧密的苏州府学，其主体建筑大成殿"在全市殿堂中，规模仅次于玄妙观"。⑤ 巍峨壮观的建筑群体经年不断修葺，修葺动因从碑记中可以略窥一二，如大学士金之俊在《苏州府元妙观重建雷祖殿记》中记载道："上圣之福民，往来兹地，亦遂云行雾止，水宿风餐，瑶席何陈，清酤无厌，其负神之爱我吴民也，贤士大夫戚

---

① 《善善恶恶说》，《申报》1893 年 2 月 11 日，第 1 版。
② 周孔教：《周中丞疏稿》江南疏稿卷 2《江南水患异常隐忧叵测恳乞大赐捐赈疏》，《续修四库全书》第 481 册，上海古籍出版社，2002，第 352 页。
③ 《清世祖实录》卷 125，顺治十六年闰三月，中华书局，1985 年影印本，第 967 页。
④ 褚人获：《坚瓠集》丁集卷 4《吟诗高士》，《续修四库全书》第 1260 册，第 732 页。
⑤ 廖志豪：《苏州的府学、书院、社学与义塾》，《铁道师院学报》1993 年第 2 期。

久矣。岁在单阏，亮生施师修理三清祝寿殿，大总戎张公瓣香入觐为天子祝万年。"① 这里的张公即张大治，字君平，号龙宇，顺治十七年（1660）任太仓州总兵，遍访民间疾苦，乐善好施，亦曾捐修文庙等。玄妙观修葺工程的开展源于地方官员"思国爱民愿力之所贻也……民庶被其泽"，② 故而倾力修缮，帝王意志在玄妙观有着充分体现，实际上清代苏州玄妙观还是苏城的政治高地，③ 在该观开展慈善活动更能够引起朝廷重视，产生一定的社会影响。

二 清代苏州玄妙观慈善活动的开展

苏州育婴堂最早成立于玄妙观，并很快发展壮大。此外，各类慈善活动亦在此开展。

（一） 苏州育婴堂在玄妙观的创设

关于育婴堂的创办，历来说法不一。此处略做梳理。

第一，关于创办人物身份及发起方式争论。一种是民间"呈请"创办之说，如清人张大纯《姑苏采风类记》记载："郡人蒋德俊、许定升、陈绍美悯遗弃子女，具呈郡侯高公晫详请各宪，即雷尊殿西设育婴堂，收养遗孩。"④ 乾隆《长洲县志》中载育婴堂由许定升创建。⑤ 顾沅在《元妙观志》中引用《邵泰北崖笔记》称，"元妙观育婴堂创于蒋氏工部郎中蒋公文溽"。⑥ 道光、同治《苏州府志》皆主张育婴堂由蒋德俊等通过禀请府衙创办，如同治《苏州府志》在介绍"育婴遗爱祠"时说"郡人蒋德俊等创育婴局于此"。⑦ 另外一种是官办之说，如乾隆《江南通志》记载"其

---

① 顾沅：《元妙观志》卷9《集文中》，道光十二年弥罗宝阁刻本，第14页上～下。
② 顾沅：《元妙观志》卷9《集文中》，第14页下～15页上。
③ 参见朱春阳《地方大族与城市政治中心的确认——以清代苏州玄妙观"康乾驻跸"说为中心》，《安徽史学》2017年第2期；《社会仪式与城市中心的确认——以清代苏州玄妙观"万寿庆典"中心的考察》，《历史教学》2017年第24期。
④ 张大纯：《姑苏采风类记》卷4《长洲县下》，清抄本，第76页下。
⑤ 乾隆《长洲县志》卷24《人物四》，乾隆三十一年刻本，第16页下。
⑥ 顾沅：《元妙观志》卷12《杂志下》，第8页上。
⑦ 同治《苏州府志》卷37《坛庙祠宇二》，光绪九年刻本，第27页下。

雷尊殿西为育婴堂,知府高晫所设也"。① 道光间梁章钜在玄妙观刘公祠重修碑记中亦说"殿衡首捐廉俸,创育婴堂",② 碑文中的"殿衡"即为江苏布政使刘殿衡。根据官办之说,吴地家族只是被动参与,且带有一定的行政强制性,如《元妙观志》中说:"十五年知府高晫悯穷民遗弃子女,请巡抚慕天颜、藩司丁思孔即雷尊殿西设育婴堂,收养遗婴,属诸绅衿许王俨、蒋德俊、许定升、张遇恩等月司其事。"③ 育婴堂事务参与者之一张遇恩在《苏郡育婴堂记》中说:"苏州士大夫、耆庶请于有司,因城中圆妙观雷尊殿之西,筑室数楹而堂嗣设,时太守平阳高公捐资倡焉。"④ 引文中郡绅的"请"与地方官员的"倡"就语义分析皆有一定的主动性。结合清代府学、寺观修葺情况综合考虑,育婴堂创办大体由民间禀请、地方官员主导,随着规模的扩大朝廷权力愈加渗透。

第二,关于创立的时间亦众说纷纭。乾隆《长洲县志》说育婴堂创建于康熙十三年(1674)。⑤ 而据《姑苏采风类记》,康熙乙卯即十四年郡人创办育婴堂。⑥ 乾隆、道光、同治《苏州府志》均载育婴堂创建于康熙十五年。此外,同治《苏州府志》在介绍育婴堂时亦加备注"《百城烟水》《长洲县志》皆作康熙十三年"。⑦ 张遇恩在《苏郡育婴堂记》中说育婴堂创建于"康熙十五年丙辰二月"。⑧ 至于创建时间亦可结合其他因素考虑,如高晫于康熙十三年七月任苏州知府,慕天颜于同年擢任江苏总理粮储提督军务巡抚。就家族而言,与玄妙观关系最为紧密的彭氏族人彭定求于康熙十五年中状元,彭氏族人与育婴堂创办成员多往来密切。那么诸多说辞的背后是否关联仕宦、家族的各自利益,以至于梁章钜说育婴堂创始人是刘殿衡,然而刘殿衡任职江苏布政使是康熙三十八年,时间相去甚远。限于行文需要,关于众多说辞背后的历史真相暂且不论。在国家与家族的共

---

① 乾隆《江南通志》卷44《舆地志》,《景印文渊阁四库全书》第508册,台北:台湾商务印书馆,1986,第405页。
② 顾沅:《元妙观志》卷2《归并外院》,第7页下。
③ 顾沅:《元妙观志》卷1《本志》,第5页下、6页下。
④ 乾隆《苏州府志》卷15《公署三》,乾隆十三年刻本,第27页下。
⑤ 乾隆《长洲县志》卷4《官署(附义局)》,第5页下。
⑥ 张大纯:《姑苏采风类记》卷4《长洲县下》,第76页下。
⑦ 同治《苏州府志》卷24《公署四》,第10页下。
⑧ 乾隆《苏州府志》卷15《公署三》,第27页下。

同推动下，玄妙观育婴堂初具规模。

（二）玄妙观育婴堂的运作

育婴堂设立后出现了朝廷与士绅群体共同经营的现象，如同治《苏州府志》记载在玄妙观育婴堂成立后，"乡先生与前后官兹土者经理其事，著有成效，又蒙恩拨入官产以给廪食之需，加惠盖尤渥矣"。① 此后，官方拨款和民间资本源源不断地注入，如乾隆二年（1737），"奉旨拨给没官房价银一万二千两有奇置产，又绅士助置田三顷七十亩有奇"。② 在各方力量参与下，育婴堂"规模渐备，科条务严"，③ 完备的规制为育婴堂的壮大奠定了基础。活动开展亦趋于稳定，"每月之望，同志毕集，先期传集城内外乳妇各抱婴以至，计婴授乳，计乳授资"。④ 地方官员充分认可育婴堂的运行模式，如张遇恩在《苏郡育婴堂记》中说行之既久，规条井井，"今大中丞楚中余公盛称本堂集事，区画周详"。⑤ "大中丞"余公是指康熙二十年到二十三年担任巡抚的余国柱，因官员和地方家族共同努力，育婴事业取得了显著成效，"迄癸亥（1683年——引者注）历有八年，前后收养全活几千百计，可谓善矣"。⑥ 至育婴堂成立十七年时，"所收遗孤凡五千六百有奇，内除离褓褓而人抚为嗣续及病殇者，岁所育犹不下四百口计"，⑦ 进一步凸显育婴堂取得的成效。随着育婴规模扩大，原本宽敞的空间显然不能满足慈善事业的需求，张渠《移建育婴堂记》中述"惟是堂中地势逼仄，宇舍可栖息者不满三十楹，所收婴儿率付各乳母携归哺养"。而携归哺养的方式容易导致人众势涣，如有乳母不尽心，亦很难稽查，其他弊端种种不可究诘。⑧ 地方官员深感其责，寻觅新址以扩大育婴堂规模，乾隆四年"巡抚张渠移建子城基天王堂之西"，⑨ 引文中的"子城"位于观前南侧。

---

① 同治《苏州府志》卷24《公署四》，第13页上。
② 乾隆《苏州府志》卷15《公署三》，第27页下。
③ 乾隆《苏州府志》卷15《公署三》，第27页下。
④ 顾沅：《元妙观志》卷10《集文下》，第1页下。
⑤ 顾沅：《元妙观志》卷10《集文下》，第2页上。
⑥ 顾沅：《元妙观志》卷10《集文下》，第1页下。
⑦ 顾汧：《凤池园诗文集》文集卷7《募田育婴疏引》，康熙刻本，第30页下。
⑧ 乾隆《苏州府志》卷15《公署三》，第28页下。
⑨ 同治《苏州府志》卷24《公署四》，第11页上。

(三) 玄妙观其他慈善活动的开展

有清一代，各类慈善救济活动在玄妙观开展，简单列举如下。

施舍济贫。鉴于玄妙观乞丐聚集，难炊破灶，半菽不饱，亟行补赈，清人金之俊心生怜悯，"择于本月（正月——引者注）十八日，许真正乞匄穷民，齐集圆妙观，听候本宅散筹验给，每名白米一升、白钱四十文。庶几有目无目，均沾一视之微仁，或后或前，总快元宵之令节耳"。[①]

医疗救助。每遇自然灾害，瘟疫横行，朝廷便在玄妙观开展救济活动，如乾隆二十年（1755），"吴下奇荒，丙子春复遭大疫，大户犹可，小户有合门待毙者。知府赵公酉设局于圆妙观，招名医二十五人，更番视病"，过夏至，病情虽有所减缓，但死者仍不可胜计。[②] 救助活动不仅在一定程度上缓解了社会矛盾，而且有利于朝廷对地方社会的统治。

施棺埋骨。玄妙观西、察院前有士绅刘润泉家族世居于此，曾入苏州府学，三十一岁时仍领乡荐未第，某日他看见无主骨殖四百余瓶，已百有余年，破裂者十有二三，倾而渍以水者亦间有一二。"润泉心恻，白之当事，愿领营葬。"巧合的是，当年秋闱刘润泉如愿金榜题名。[③] 记文中虽然赋予了"神助"的色彩，而揭开神秘的面纱清晰可见朝廷所宣扬的行善精神。光绪十八年（1892），面对观前大量冻死者，"善堂中闻之大发慈悲，饬人异棺为之收殓，弗令其暴露"。[④]

发起募捐。玄妙观周边知名商铺起到了表率和组织作用，光绪十五年"苏城元妙观前恒孚银楼交来桶捐，廉石山房静记四元，咏春馆主二元"。[⑤] 又如南浔富商庞莱臣在苏开设玄妙观前元顺等四典铺，定于宣统三年（1911）"十一月初一日起至十五日止，半个月内一律减免一半利息，以惠贫民，并将所取之半息悉数充助军饷"，[⑥] 此次商业捐资"由该四典总经理

---

① 金之俊：《金文通公集》卷19《元宵示赈有目乞丐》，《续修四库全书》第1393册，第268页。
② 同治《苏州府志》卷149《杂记六》，第7页上。
③ 顾沅：《元妙观志》卷12《杂志下》，第9页上、下。
④ 《善善恶恶说》，《申报》1893年2月11日，第1版。
⑤ 《上海四马路文报局山东赈捐收解处代收泸州火灾赈捐六月廿一日至七月初十日止细户另登清单》，《申报》1889年8月21日，第9版。
⑥ 《苏垣大事纪》，《申报》1911年12月14日，第1张后幅第4版。

庞蕭君报明参谋厅，俟截数之后即行缴解"。① 以上诸多记载反映了玄妙观慈善活动形式不一，时间持久。

三 苏州玄妙观慈善活动开展的原动力

（一）帝王权力在玄妙观彰显及政治高地的确立

西周以来，德行一直是评判王权的最高标准，在清代被进一步放大，并在玄妙观有着充分体现。如《育婴堂章程》开篇即言："周官大司徒以保息六养万民，一曰慈幼，古圣人体天地好生之心，扩少者怀之之志。幼吾幼以及人之幼。其所以广生成培元气者无所不至。此贤官绅之所当亟为取法也。"②顾沂《募田育婴疏引》亦说："尝读周礼大司徒以保息六养万民，首曰慈幼，其法郑康成引越语谓如产子三人与之母二人与之饩，是即今日育婴之本意也，后世有师其意以踵行之，而多未尽善，非格于事，势之难为即沮于物力之莫继，然则欲创制以期可久，人与法尽相辅而行者矣。"③《育婴堂章程》所阐释的要义迎合了清廷治理社会的理念，彰显了帝王的仁政及爱民之意，能够拉近君、民之间的关系。《元妙观志》即记录了当时较为严重的溺婴现象，受到帝王高度关注："当世祖皇帝讲筵之余，独严溺女之禁，禁立而育婴，始有婴者所以体穷民不得已之心，转溺为弃而予以生全也。虽在官无常饩，太皇太后首颁禄米，满汉诸臣相佽助，不数年由京师以逮都邑，俱有成效。于是弃者有所归而溺者顿息，诚所以宣皇泽于无穷也。"④可以看出育婴堂的创办顺应上意，体现帝王仁慈之心。康熙四十四年（1705），康熙帝南巡期间御书"广慈保赤"额赐玄妙观。地方官员同样不遗余力推动育婴事业，康熙十六年巡抚慕天颜捐资建门楼，题曰"保赤"，江苏布政使丁思孔复题曰："大德曰生。"随着育婴事业的开展，玄妙观政治内涵不断丰富。

---

① 《苏垣大事纪》，《申报》1911 年 12 月 14 日，第 1 张后幅第 4 版。
② 余治：《得一录》卷 3《育婴堂章程》，华文书局，1969，第 193 页。
③ 顾沂：《凤池园诗文集》文集卷 7《募田育婴疏引》，第 30 页上。
④ 顾沅：《元妙观志》卷 10《集文下》，第 2 页。

（二）地方势力在政治高地的渗入及利益获取

清代，各类祠堂广泛修建，以提高地方家族社会地位。玄妙观慈善活动即是典型表现，乾隆九年育婴堂旧址改建为育婴遗爱祠，所祀对象为：巡抚都御史慕天颜、宋荦，布政使丁思孔、刘殿衡、杨朝麟，知府高晫，郡人顾天朗、蒋维城、蒋德俊、许定升、许王俨、许虬、张遇恩、顾溥、黄璠、汪彬、吕垣、王炎午、周陈范、朱滢、施鏺兴、陈绍美、马守强、杜矿、于启礼。① 巡抚陈大受为育婴遗爱祠的修建作记。从祠堂祭祀对象的排序看，前六位皆为地方仕宦。随着慈善活动规模的扩大，越来越多的慈善人士被祀入玄妙观育婴遗爱祠，据《吴门表隐》记载："蒋珍，字潜士，长庠生，有文名，性至孝，偕张塾、顾栋礼、施浚文、张铸、张承益、顾廷煊、钱廷翔、蒋廷锜等复兴育婴堂，均祀遗爱祠。"② 可见，玄妙观在地方社会有着广泛影响。

除了被祀于育婴遗爱祠外，政绩显著者也有专祠。以刘殿衡为例，《吴门表隐》记载他康熙三十八年任江苏布政使时，"持身素俭，苞苴屏绝，肃清漕政，创始育婴堂，力劝绅士置产，以为久计，升湖广巡抚，吴人立专祠圆妙观内，崇祀遗爱、名贤等祠"。③ 道光十年（1830）吴郡绅士进行重修，梁章钜在碑记中载，刘公祠"在襄衣真人殿右，祀国朝江南布政使刘殿衡。先是，吴中户口蕃庶，每遇凶岁，小民往往抛弃子女，殿衡首捐廉俸，创育婴堂，又劝绅士置田生息，以为久计，民尤德之"。④ 可以看出，刘殿衡在玄妙观育婴事业的开展深得民心，人物形象在玄妙观不断被放大，进而影响乡里。此外，梁章钜在碑文中亦说："祠名宦于郡县之学所以劝贤也，而民有私祀亦例所不禁，盖其莅官行政实有一二功德及民者，则讴吟思慕历久而不忘，固其宜也，前江苏布政司满洲刘公旧有祠，在元妙观之东偏。"⑤ 刘殿衡参与育婴事业等系列善举还被载入《吴郡名贤

---

① 顾沅：《元妙观志》卷2《归并外院》，第7页上。
② 顾震涛：《吴门表隐》卷17，江苏古籍出版社，1999，第261页。
③ 顾震涛：《吴门表隐》卷17，第263页。
④ 顾沅：《元妙观志》卷2《归并外院》，第7页下。
⑤ 顾沅：《元妙观志》卷10《集文下》，第28页上。

图传赞》，赞曰："善政宜民，生息休养，建堂育婴，幼孤遂长。"①

玄妙观只是慈善据点之一，各类善举在城乡社会广泛开展。康熙十四年时逢饥荒严重，蒋德俊倾家赈济，救人无数，同时"施絮施棺埋瘗掩骼，每岁无算，临卒以腴田百三十亩为义庄以赡族"。② 里人皆感其大义，后人为其立祠祭祀，沈德潜作有《蒋公逊先生祠》曰："祠傍天随秪两楹，荒寒谁复念生平。陶镕坟典成经义，创建堂皇广育婴。大父母同忘物我，旧田庐尽合孤清。春秋倘有邦人荐，只向溪头采茈蘵。"③

以玄妙观为中心的慈善精神的弘扬在城乡社会形成巨大反响，推动了地方慈善事业体系的构建。

四　苏州玄妙观的慈善活动对城市慈善事业的影响

以帝王权力为核心，玄妙观慈善活动的开展为地方慈善事业体系的构建奠定了坚实的基础，且在国家与家族的共同作用下，玄妙观成为吴地慈善符号的象征。

慈善文化传播及地方社会风气引导。苏州玄妙观无疑是地方社会风尚的风向标，然而明代中晚期不少地方富户较为看重私利，慈善观念淡薄，并在玄妙观有集中反映。吴中有家大户矫公，积年开典获利，欲建一坛斋醮酬答，经清真观周道士推荐请玄妙观道士张皮雀主坛。此人"自开解库，为富不仁，轻兑出，重兑入，水丝出，足纹入，将解下的珠宝挑选好的以自用"。值钱之物想方设法不准赎取，刻剥贫户，以致肥饶。张皮雀让其五日内凡来赎典者免利，只收本钱，其余之物变卖之后修桥补路，广行善事，否则家将遭火。矫公将信将疑，不以为意，第五日解库里火起，前堂后厅均付之一炬。④ 此类记载极多，又如赵吉士《寄园寄所寄》记载，江阴旱，富民周氏请祷，道修往视，困廪甚侈，道修曰"彼为富不仁，请

---

① 顾沅：《吴郡名贤图传赞》卷19，道光九年刻本，第2页下。
② 乾隆《江南通志》卷157《人物志》，《景印文渊阁四库全书》第511册，第534页。
③ 沈德潜：《归愚诗钞余集》卷10《古今体诗七十四首》，《续修四库全书》第1424册，第525页。
④ 冯梦龙：《警世通言》卷15《金令史美婢酬秀童》，中华书局，2009，第128、129、130页。

焚其廪"。① 富族与玄妙观关系较为疏远，甚至对道士较为不屑，祝允明《祝子志怪录》记载："一巨族延张祷雨，张入室，其人亦自间亵，张忽起一雷先震一大树，既而火焚其廪，不留粒粟。"② 家族之举显然有悖传统儒学思想，这源于商业扩张和政权弱化的双重影响。入清后伴随着朝廷对江南社会控制加强，苏州玄妙观成为文人聚集的场所，这些文人创作了大量诗歌，其中不乏与育婴堂相关者，玄妙观成为传播慈善文化的重要平台和载体。陆阶曾作《同徐松之游玄妙观育婴堂》一诗云："堂构清幽掌籍齐，尽将施舍姓名题。书斋饭罢春光好，闲与高人一杖藜。"③ 该诗前两句重在突出育婴堂环境清幽，管理有序，捐赠者的姓名都登记在册，后两句描绘了诗人与管理者交游的情景。陆阶又曰："发发朱鱼水一泓，何知海阔与天空。可怜几许婴儿命，总在诸君始念中。"④ 诗文除了描绘育婴堂自然景观，还极力夸赞诸君常将婴儿记挂在心，是仁德之举。

苏州玄妙观慈善活动在地方社会具有示范性影响。清人张大纯《姑苏采风类记》记载玄妙观育婴堂时称："当道及好善者互相佽助，遂成吴中胜举。"⑤ 玄妙观育婴事业的开展起到了示范、倡导的效果，康熙年间吴人王维德在《林屋民风》中说，太湖边有"葛以位，字允弘，为人慷慨，家累千金，尽其有以振人不赡，诸所尝施，终不责偿。先是，山中人多溺女，会郡有育婴堂，以位捐资，设留婴堂于镇下里，复为文劝戒，人皆感化，全活子女无算"。⑥ 育婴堂在地方慈善事业中较具典型性，华希闵在《育婴堂劝捐引（代）》中即给予较高评价："吴郡规制为最备，然皆一二好义之士，鸠同志为之，其著为令，甲通于郡国，实自兹始，盖我国家深仁厚泽，沦肌浃髓，凡宽恤之政事，事超轶前代，而育婴其首也。"⑦ 育婴堂创建之初即已在吴地产生巨大的影响，有利于慈善之风的营造。

以玄妙观为中心形成了城市慈善空间。玄妙观周边寺观、祠堂较为密

---

① 赵吉士：《寄园寄所寄》卷10《驱睡寄》，《续修四库全书》第1197册，第108页。
② 祝允明：《祝子志怪录》卷2，《续修四库全书》第1266册，第596页。
③ 参见徐崧、张大纯纂辑《百城烟水》卷3《长洲》，江苏古籍出版社，1999，第199页。
④ 参见徐崧、张大纯纂辑《百城烟水》卷3《长洲》，第199页。
⑤ 张大纯：《姑苏采风类记》卷4《长洲县下》，第76页下。
⑥ 王维德：《林屋民风》卷9《人物二》，康熙五十二年王氏风梧楼刻本，第9页下。
⑦ 华希闵：《延绿阁集》卷11《育婴堂劝捐引（代）》，四库未收书编纂委员会编《四库未收书辑刊》第9辑第17册，北京出版社，2000，第752页。

集，帝王权力渗透背景下形成了庞大的政治核心区，慈善活动极为活跃。仍以金之俊为例，时值元宵，在他看来凡有目者，富贵则观灯，贫贱则看月，独念乞勾瞽目，灯光月色俱无所见，"大可怜悯，本宅特损微资，于本月十四日在城隍庙内每双瞽一名，舍白米一升、白钱五十文，令其发心念佛，回光内照，庶几皓月红灯，不以目见而以心见"。[1] 城隍庙紧邻苏州玄妙观，又有"广仁局在城隍庙右边"。[2] 慈善机构相继在该地带设立，乾隆《吴县志》记载："城中向有育婴堂，凡婴儿之不能自育者多送人焉。今更有普济堂、广仁堂，施棺椁，施医药。其建堂之处虽皆在长邑。"[3] 该记载适逢育婴堂从玄妙观迁出不久，引文中"长邑"即为玄妙观所属的长洲县。慈善机构不仅设于玄妙观，亦设立于玄妙观周边或其下属道院，"广仁堂"即"附育婴堂内，旧在清真观东偏，先是雍正十年（1732）费廷俞等举埋骼会"。[4] 当时，玄妙观一带是慈善活动密集区，又如《彭氏宗谱》记载："苏郡机户聚居城之东隅，岁饥多失业者。里中善士周君夔芳倡设济贫会，按户给钱米，或代觅生计，使无缺乏。值岁淫潦，费不能继，府君募捐相助，存活无算。"[5] 苏州玄妙观设有机业组织的机房殿，如前所述，其所在城东地区是苏城机匠聚集地，也是施舍救济的主要场所。彭氏家族掌管玄妙观田产，是清代苏州望族之首，有着较大的社会影响。清初以来大族群体性迁移至玄妙观周边，且在朝廷控制下以玄妙观为中心开展大规模慈善活动，从而开创了吴地慈善事业的新局面。

　　清代，玄妙观是地方慈善决策议事中心。光绪三年（1877），豫、晋两省饥荒严重，朝廷开铺筹款，玄妙观成为慈善议事的公共场所，"由藩宪备帖邀齐各业在元妙观斗姆阁议事，云夫方伯一视同仁，廑念疴癏，不分畛域，属在商贾敢不仰体宪怀，共效棉力"。[6] 此外，反映捐资收支情况的征信录亦刊刻、订购于玄妙观。以光绪三年的捐资为例，"如有经募善

---

① 金之俊：《金文通公集》卷19《元宵示赈有目乞丐》，《续修四库全书》第1393册，第268页。

② 同治《苏州府志》卷24《公署四》，第20页上。

③ 乾隆《吴县志》卷24《风俗》，乾隆十年刻本，第12页下。

④ 同治《苏州府志》卷24《公署四》，第13页下。

⑤ 彭钟岱：《彭氏宗谱》卷9《碑铭传述六》，彭氏衣言庄1922年刻本，第30页上。

⑥ 《开捐筹赈》，《申报》1877年11月15日，第2版。

士备资刷印者，请即函致苏城元妙观内得见斋书坊"。[①] 时隔不久，山东、河南、山西三省捐款编刊征信，需要者"向苏州元妙观内得见斋书坊购致，至铁泪图等板片亦存该坊"。[②] 夫马进提出，关于"征信录"的较早记载即见于康熙二十年前后的张遇恩《苏郡育婴堂记》。[③]

寺观在古代城市空间占据着重要的地位，对地方社会有着深层次持续影响。苏州育婴堂在玄妙观创建不久便极具规模，并非偶然。以苏州玄妙观育婴堂的创建为标志，苏州慈善活动规模不断扩大，种类日渐丰富，进而形成完整的慈善体系。与此同时，随着慈善理念在玄妙观传播、辐射，向善之风盛行城乡，深入人心。一定程度上，苏州玄妙观是孕育地方慈善事业的摇篮。

作者：朱春阳，苏州博物馆

（编辑：任云兰）

---

① 《征信录成》，《申报》1881 年 3 月 31 日，第 3 版。
② 《苏州桃花江浙败解赈歇公所停撤启》，《申报》1881 年 5 月 3 日，第 4 版。
③ 〔日〕夫马进：《中国善会善堂史研究》，伍跃、杨文信、张学锋译，商务印书馆，2005，第 712、713 页。

抗战胜利后北平市社会局
儿童救助研究[*]

付燕鸿　庞治法

内容提要　抗战胜利后北平市儿童问题严峻，贫困儿童数量激增，生存状况恶劣，待救方殷。北平市社会局作为官方救助的主要机构，承担着儿童救助的责任和义务，战后通过改组、扩充儿童救济机构和办理临时急赈等方式，在救助儿童方面发挥着一定的积极作用。然而社会局经费短缺，行政效率低下，加之国民党将主要精力放在与中共的角力上，造成局势的动荡和社会力量的式微，导致儿童救助的范围狭窄，救助整体水平低下，救助效果欠佳。

关键词　抗战后　北平市社会局　儿童救助

自 20 世纪 80 年代以来，社会史研究的勃兴，引发了学界对于底层社会问题的关注，而民国时期弱势群体的救助成为学界关注的重要课题之一，儿童救助亦备受重视。已有成果多集中于抗战时期，研究对象倾向于救助机构、救助措施、相关人物，战后儿童救助研究较为匮乏，而对于民国时期官方的重要救助机构——社会局救助的研究更是空白。[①]　本文以抗

---

* 本文为国家社会科学基金"民国时期社会局与城市救助研究（1928～1949）"（项目号：20BZS102）阶段性成果。

① 相关论文主要有孙艳魁《试论抗战时期国民政府的难民救济工作》，《抗日战争研究》1993 年第 1 期；冯敏《抗战时期难童救济教养工作概述》，《民国档案》1995 年第 3 期；孙艳魁《战时儿童保育会与难童救济》，《民国春秋》1996 年第 2 期；孙艳魁《战时儿童保育会的难童救济工作初探》，《江汉论坛》1997 年第 5 期；董根明《抗战时期国民政府的儿童福利政策述评》，《抗日战争研究》2006 年第 4 期；苏新有《抗战时期国民政府难童救济述论——以赈济委员会儿童教养院为例》，《贵州社会科学》2007 年第 7 期；周东华

战胜利后的北平市社会局为中心，在充分利用北平市社会局调查资料、档案资料以及华北地区报刊资料的基础上，从政府维度出发，对战后北平市社会局的儿童救助实践进行考察，分析其救助的成效及其时代困局，以期丰富社会局救助研究及民国时期社会救济事业研究，同时希冀对近代中国底层社会研究、儿童研究有所裨益。

一 战后北平儿童生存状况及社会关注

抗战胜利不久，国共战火燃起，东三省和周边难民大量涌入，导致北平市贫困儿童数量急剧增多，"苦儿童之流浪街头者，比比皆是"。① 难童成为战后北平市贫困儿童的重要组成部分。1946 年初，行政院善后救济总署派员调查东北局势及灾情，途中见冀热交界的青龙、滦平、兴隆与丰宁 4 县的窑洞中，"有父母尽遭无辜杀戮之难童一万四千名，饥寒交迫"。② 仅此 4 县便有如此数量的难童，战后难童问题之严重可见一斑。随着国共战火再起，北平难童问题愈发严重。

除了难童外，北平市民中贫困儿童数量也达到相当规模。据北平市政府统计，1946 年北平市人口总数为 169.3 万人，其中 14 岁及以下的婴幼儿和儿童 29.6 万人，占北平市人口总数的 17.5%。③ 同年 8 月，北平市社会局对各区贫民进行户口调查，其中极贫和次贫人口共计 23702 户，合计

《民国浙江基督教机构的慈幼公益教育初探》，《民国档案》2009 年第 3 期；许雪莲《抗战时期国民政府难童救济教养工作述论》，《中州学刊》2009 年第 3 期；丁戎《国内抗战时期难童救助研究综述》，《抗日战争研究》2011 年第 2 期；游海华《全面抗战时期中国东南区域的儿童救济机构考察》，《日本侵华南京大屠杀研究》2018 年第 3 期；等等。硕博学位论文主要有谢忠强《慈善与上海社会——以中国救济妇孺会为视角（1912~1937）》，硕士学位论文，上海师范大学，2006；丘淑娥《中国救济妇孺总会研究》，硕士学位论文，上海社会科学院历史研究所，2007；黄莉莉《中华慈幼协会研究（1928~1938）》，硕士学位论文，华中师范大学，2008；林佳桦《"战时儿童保育会"之研究（1938~1946）》，硕士学位论文，"中央"大学历史研究所，2005；徐萌萌《民国时期南京儿童救济事业转型研究（1912~1937）》，硕士学位论文，南京大学，2014；等等。

① 《孙罗毓凤热心慈善设贫儿收容机构》，《新中国报》1946 年 12 月 18 日，第 2 版。
② 《东北灾重》，《大公报》（上海版）1946 年 2 月 6 日，第 2 版。
③ 《北平市市民年龄》，《北平市政统计》创刊号，1946 年，第 36 页。

84337 人，① 约占北平总人口的 5%，以此可得出北平市贫困儿童数量为
14964 人。如此数量的贫困儿童连同如潮水般涌入北平的大量难童，在北平
形成了一个数量庞大的待救群体。1948 年 9 月，在北平市临时参议会上，
社会局局长温崇信指出，本年度北平儿童救济数将由 6900 余人扩至 8 万
人，② 这个数字一定程度上反映出战后北平贫困儿童数量飞速增长的事实。

然而战后物资匮乏以及战争对社会力量的打击，大大削弱了政府与社
会对儿童的救助能力，不少贫困儿童沦为街头流浪儿，靠乞食度日。1945
年 12 月，《大公报》报道北平第一个圣诞节期间，街上"贫儿如蚁，为千
元联钞之施舍迎跪不起，磕头如捣蒜"。③ 为了生存，这些贫儿没有尊严地
跪地乞讨。而他们在得不到救济的情况下，极易沦为街头饿殍和冻殍。北
平难民生活更是极端困难，食品供应严重不足。据《华北日报》报道，当
时难民每人每日发给玉米面 12 两 8 钱，仅足一餐而已，其余都要自己想办
法补足，"大人都壮志消尽，苟延残喘，幼少的就营养不足，无力成长"。④

营养严重不足，加上医疗条件差，导致战后北平婴童死亡率奇高。婴
儿死产数量不断增加，1945 年 51 人，1946 年 80 人，1947 年增至 124
人。⑤ 除婴儿死产数上升外，15 岁以下儿童的死亡数也十分惊人，1946 年
上半年有 3278 名儿童死亡，占北平市上半年人口死亡总数的 36.3%；
1948 年，仅第一季度内 15 岁以下儿童有 1649 人死亡，占该季度北平市人
口死亡总数的 33.3%。⑥ 医疗卫生条件恶劣，使得婴儿死亡数量居高不下，
而年龄稍大的儿童死亡数奇高，反映出战后儿童生存是首要问题。

贫困儿童数量的激增及其生存状况的恶化，引起了社会舆论的广泛关
注。北平等地各大报纸大量发文，呼吁政府和社会施以救助。1947 年，
《益世报》记者在走访了北平市救济院习艺所等地后，针对难童问题发出

---

① 北平市社会局统计室：《北平社政一年》，北平市社会局救济院习艺所印刷部，1946，第
　 20 页。
② 《平参议员重视粮荒》，《大公报》（天津版）1948 年 9 月 30 日，第 3 版。
③ 《昨天圣诞节　北平花絮》，《大公报》（天津版）1945 年 12 月 26 日，第 3 版。
④ 《难民生活极为困苦》，《华北日报》1948 年 8 月 2 日，第 4 版。
⑤ 《北平市历年出生死亡数及出生死亡率》，《北平市政统计》，1948 年 5 月，第 80 页。
⑥ 《北平市人口死亡：（二）死亡者年龄（1946 年 1 月至 6 月）》，《北平市政统计》创刊号，
　 1946 年，第 43 页；《北平市死亡人数：（1）年龄及死因（1948 年 1 月至 3 月）》，《北平
　 市政统计》，1948 年 5 月，第 81 页。

了"救救孩子们"的呼吁。① 媒体对战后儿童问题进行报道，并呼吁社会各界及政府发起救济，得到了社会各界的积极响应。1948年9月，北平妇女界成立"北平妇女教育促进会"，组织学龄儿童补习班2所，并联合行政院善后救济总署冀热平津分署，开展提高儿童营养水平等工作。② 此外，一些普通市民也积极参与到战后北平的儿童救助活动中，捐献钱物。

在媒体呼吁和社会各界救助浪潮的助推下，贫困儿童问题引起了官方的重视。1946年初，冀热平津分署即同北平市社会局在天桥下合办一模范儿童福利站，为儿童发放牛奶等。③ 1947年，联合国善后救济总署宣布解散后，行总也随之解散，其救济事业和物资转交北平市社会局。④ 由此，北平市社会局成为北平儿童救济的唯一官方机构。面对庞大的待救群体和经费短缺的局面，社会局发起了改组精简活动，以保证儿童救济事业的开展。

二　北平市社会局的改组与儿童救助机构的扩增

社会局作为北平市政府改善民生的专设机构，其运转好坏与民众生活息息相关，关系到国家、政府在民众心目中的形象。面对战后儿童问题空前严峻的现实，为适应战后社会救助的需要，北平市社会局进行改组，扩充原有的儿童救助机构，同时增设了新的儿童救助机构。

（一）改组社会局

1928年7月28日，北平特别市社会局成立，隶属于北平市政府，内设4科。其中，第四科掌慈善救济事宜，分慈善事业、救济、妇女职业、社会习俗4股。⑤ 1931年，北平特别市社会局增设第五科，掌公用事宜。1932年教育局并入社会局为第四科，其他部门相互合并。1933年，袁良任

---

① 《救救孩子们》，《益世报》（北京版）1947年7月6日，第2版。
② 《北平妇女界成立教育促进会》，《华北日报》1946年8月4日，第3版。
③ 《儿童福利站拟设三十五所》，《华北日报》1946年6月9日，第3版。
④ 《奉行政院令颁调整现行救济行政权责实施办法四项仰知照等因令仰知照由》，《北平市政府公报》第2卷第22期，1947年，第27页。
⑤ 《社会局组织职权一览表（1928年9月）》，《市政公报·法规》第4期，1928年，第61页。

北平市市长，改组社会局机构，内设秘书室、督学室及4科，其中第一科
置事务、文书和公益慈善3股，此后社会局组织架构基本稳定。1937年
起，伪政府设北京特别市公署社会局，内设秘书室及第一科、第二科和观
光科，其中第一科的公益救济股事务涵盖公益慈善组织审查、救济院考
察、贫民灾民救济和临时赈济等。① 抗战结束后，北平市社会局内设9室
和总务、工商、社会、农林4科，社会科下设有社会股、文化股及救济股，
为慈善救济事业主要机构。② 尽管社会局名称几经变更，职能多次调整，
但社会救助一直是其重要职能。

　　抗战结束北平复员伊始，北平市政府接收了日伪北京特别市社会局，
机构组织和人员达到新高。此时社会局内直属机构有总务、民政、工商、
社会、农林5科，秘书、技正、合作、视导、专员、人事、会计、统计、
监印9室，以及工作考核委员会、工作指导委员会，再加上救济院、托儿
所、平民食堂（3所）等附属机构，共计30余个。③ 复员初期，北平市政
府职雇员共计1518名，其中社会局直属职员有143人，占市府及各局职雇
员总数的9%。④ 1946年，北平市社会局直属机构连同附属机关员役共584
人，⑤ 社会局机构臃肿，职员工资与日常开支庞大。

　　战后通货膨胀、物价疯涨，为节省经费支出，北平市社会局对其组织
机构进行了改组，精简机构。1947年2月，北平市社会局将视导室、民政
科、专员室移交给了新成立的民政局。1948年，北平市社会局撤销了工作
考核委员会、工作指导委员会、技正室等部门，最终定型后社会局直属机
构包括农林、社会、工商、行政4科，以及秘书室、视导室、合作指导室、
会计室、统计室以及人事室6个部门。⑥ 此时，社会局及附属机构员役减
少到349人，⑦ 与1946年相比，减少了235人。与此同时，负责社会救济
尤其是儿童救济的机构非但没有裁减，反而得到了再次扩充和增设。

---

① 《北京特别市公署社会局组织规则》，《北京市政旬刊》第14期，1939年，第4版。
② 《北平社政一年》，第1页。
③ 《北平社政一年》，第1页。
④ 北平市政府：《光复一年之北平市政》，1946，第148页。
⑤ 《北平社政一年》，第4页。
⑥ 北平市社会局统计室：《北平社政三年》，北平市社会局救济院习艺所印刷部，
　　1948，第5页。
⑦ 《北平社政三年》，第10页。

（二）调整救济院

北平市社会局自成立以来，组织架构和相关职能多次变动。1934年，社会局局长蔡元谨认为社会局所辖救济机关"分院设所用人较多，经费较重，考其薪饷总额竟占全数经费十分之八有奇"，向市长请命将除精神病疗养院之外的机构改组为一个机构，定名为"北平市社会局救济院"，下辖事务股、工务股、营业股、收容部、第一习艺部、第二习艺部、儿童部7个部门，改组后每年可节省经费15360元，[①] 市长袁良批复准其照办。此后直至全面抗战爆发，北平市社会局救济院组织架构基本稳定。沦陷期间，在日伪政府的殖民统治下，救济院业务废弛，收容者每日仅食两餐，"疾病丛生，死亡相继"。[②]

抗战胜利后，1946年1月，社会部平津区特派员向北平市社会局发电，要求辅助充实原有的救济院所，"尽量收容失业老弱无依儿童"。[③] 由此可见，战后初期国民政府对救济事业较为重视，北平市社会局积极响应国民政府社会部指令，扩充救济院，同年的回电中称"已饬救济院扩大收容，并将该院教养设施次第积极改善"。[④]

救济院重新进行调整后，原先机构名称院本部、妇女部、儿童部、残老部分别更名为习艺所、妇女教养所、育幼所、安老所，[⑤] 原乞丐收容所改为平民习艺所，被并入救济院中。[⑥] 1947年以后，救济院共下辖平民习艺所、习艺所、安老所、育幼所、妇女教养所5个子机构，此后其组织架

---

① 在给市长的呈文中定名为"北平市社会局救济总所"，后在给市政府的呈文中改为"北平市社会局救济院"。见《北平市社会局拟具改组本局附属救济机关计划致市长呈文》（1934年5月），北京市档案馆，档案号：J2-6-88；《北平市社会局拟具改组本局附属救济机关实施计划草案致市政府呈文》（1934年5月），北京市档案馆，档案号：J2-6-88。

② 《光复一年之北平市政》，第7页。

③ 《社会部平津区特派员要求报送冬令救济等情形致北平市社会局长代电》（1946年1月10日），北京市档案馆，档案号：J2-7-592。

④ 《北平市社会局致社会部电（稿）》（1946年1月10日），北京市档案馆，档案号：J2-7-592。

⑤ 《特载社会局温局长崇信在市临参会报告》，《北平市政府公报》第1卷第6期，1946年，第4页。

⑥ 北平市社会局统计室：《北平社政二年》，北平市社会局救济院习艺所印刷部，1947，第1页。

构未有变动。① 其中，育幼所对收容儿童进一步予以规范，年龄上限制为5～13岁男女幼童，原有的小学改为6年制普通国民小学，并增设职业中学，开设家政、商业、工艺3科，令适龄儿童进入学艺；习艺所则主要挑选育幼所内对工艺有兴趣、年龄在12～16岁的男童，教授以印刷为主的手工艺，使其能自食其力。②

为提升儿童救助效能，救济院除调整原有机构外，还对其进行了扩充，各机构均开始进行儿童收容。此后，在北平市社会局救济院各类报表中，均有各机构收容难民和儿童的统计，1946年救济院收容人数一度从700人上升至1205人。③ 由此可见，救济院通过扩充，收容能力大为提升。

（三）增设市立托儿所

战后北平市物价持续上涨，一般家庭必须靠夫妻两人做工才能勉强维持生计，如此一来家中小孩便无人照顾。而北平市托儿机构多是私立，且收费较昂。因此，成立一个政府主导下的育儿机构成为当时社会的迫切需要。1946年，北平市第一次临时参议会提案称，"希望职业妇女于工作时，有一托儿所，以暂寄其幼小之子女者"，④ 获得支持。由于设立托儿所需要大量资金，也需要专门人才进行管理，因此由政府出面设立公立托儿所，便成了当时的最佳选择。1947年8月15日，北平市社会局以"便利职业妇女及一般清寒公教人员，俾能安心服务，并谋保障儿童健康"⑤ 为由，由其第三科社会科主持，成立一所托儿所，地址位于北海桑园三道门处，以方毓英女士为所长。⑥

1947年9月1日，社会局市立托儿所开始正式上课。生活条件上，所里孩子日常有两菜一汤，每天有鱼肝油精和半磅牛奶，所有人共住一间大屋，每人一张小床，且有保姆照看。⑦ 此外，院内预备有溜冰鞋，供孩子

---

① 《北平社政三年》，第5页。
② 《光复一年之北平市政》，第8页；《市临参会第七日》，《华北日报》1946年7月3日，第4版。
③ 《北平的穷与病》，《大公报》（天津版）1947年12月4日，第3版。
④ 《临参会中怨声沸腾》，《大公报》（天津版）1946年7月5日，第3版。
⑤ 《北平社政二年》，"总说明"。
⑥ 《幼吾幼以及人之幼》，《益世报》（北京版）1947年9月24日，第4版。
⑦ 《比下有余的托儿事业》，《大公报》（天津版）1947年12月4日，第4版。

们冬日嬉戏，还有专门的教室供其识字读书。随后社会局便在各大报刊上刊登广告，面向社会招收 4 岁至 6 岁的儿童，要求已经断乳，身体健康。[①] 经费方面，国民政府社会部部长谷正纲拨发 3000 万元补助费为前期经费，后续经常费及事业费向市政府申请核算，以期编入经常预算内。[②] 收费方式分为 3 种，即免费、半费和自费。其中，免费者以孤苦儿童及清寒抗战家属为限，名额占 30%；半费主要以子女众多、家庭生活困难者为限，收费减半，为 175000 元，名额占 40%；自费占 40%，只需缴费便可进入，每月伙食费 30 万元，杂费 5 万元，共计 35 万元。饮食方面，每日 3 次主食，包括米、面、肉及蔬菜等；2 次副食，包括牛奶、糕点等。这样的饮食供应，可谓十分丰盛。[③] 托儿所不仅提供营养充分的饮食，还为所内儿童提供一般幼稚园的课程，目的是使"幼童之营养及教育，均可至良好地步"。[④]

北平市社会局市立托儿所的设立，满足了北平市内普通工人和小职员的需要，在一定程度上缓解了社会压力，迎合了社会需求，少量的免费名额也使部分贫困儿童得以享受较好的福利待遇。而良好的生活与教育条件既符合儿童保育的要求，同时也顺应了当时社会化抚养的需求和风向。

三 北平市社会局的儿童救助工作

日本侵华战争和国共内战，使北平市各方面遭受重创，物价飞涨，民不聊生，大量儿童流离失所。面对战后日益严重的儿童问题，北平市社会局作为官方重要的救助机构，在改组和扩充原救助机构及增设新机构的基础上，推出收容、急赈等措施。此外，社会局"教养兼施"的理念在救助实践中也有一定体现。

（一）收容儿童

1. 救济院收容情况

战后，北平市社会局通过附设机构救济院、托儿所，以及临时设立的各

---

① 《社会局托儿所九月一日开办》，《华北日报》1947 年 8 月 23 日，第 4 版。
② 《设立托儿所》，《华北日报》1947 年 3 月 4 日，第 4 版。
③ 《北平社政二年》，"总说明"。
④ 《社会局托儿所九月一日开学》，《华北日报》1947 年 8 月 29 日，第 4 版。

种难民收容所，大量收容儿童，以图维持贫困儿童的生计。其中北平市社会局救济院通过改组，扩充原有的收容机构，收容能力大大提升，儿童的收容数一直居高不下。统计数字显示，1945 年 10 月，救济院实有收容人数 698 人，其后收容人数不断增加。1946 年 10 月收容人数为 710 人，1947 年 10 月达 895 人，至 1948 年 9 月收容人数高达 1005 人。在收容机构中，育幼院所收容人数最多，1946 年 10 月为 361 人，1947 年 10 月为 366 人，1948 年 9 月为 403 人，分别占当月救济院收容人数的 50.8%、40.9%、40.1%。[①] 不过这些数字并不能代表救济院内儿童的真实收容数量。实际上，自 1946 年起，救济院所辖的 5 个机构均开始大量收容儿童，因此需要对救济院各个机构收容情况做详细统计，以反映救济院儿童的真实收容情况。为反映儿童收容数量及其前后变化，现将 1945 年 10 月、1946 年 10 月、1947 年 10 月及 1948 年 9 月救济院各个机构所收容成人及儿童数制成表 1。

表 1　北平市社会局救济院各机构收容人数统计

单位：人

	1945 年 10 月		1946 年 10 月		1947 年 10 月		1948 年 9 月	
	成人	儿童	成人	儿童	成人	儿童	成人	儿童
安老所	*	*	137	16	155	5	169	8
育幼所	*	*	24	337	25	341	21	382
习艺所	*	*	20	112	21	120	18	118
妇女教养所	*	*	34	30	41	33	54	37
平民习艺所	*	*	*	*	83	71	71	127
共计	*	*	215	495	325	570	333	672
	698		710		895		1005	

注：＊表示无相关统计数据。

资料来源：《北平社政二年》，第 18～19 页；《北平社政三年》，第 23～24 页。

从表 1 大致可以看出救济院内 5 个机构的基本收容情况：安老所主要收容老年人，每月收容儿童 10 人左右；育幼所中收容儿童人数远大于成年人，每月收容数量一般在 300 人以上，最多时高达 382 人；习艺所每月收

---

① 《北平社政一年》，第 15 页；《北平社政二年》，第 18～19 页；《北平社政三年》，第 23～24 页。

容儿童数一般也在 100 余人；妇女教养所与平民习艺所内，收容的儿童与成人数量基本持平，其中妇女教养所内只收养女童，平民习艺所则主要面向年龄较大的儿童及成年人，目的是培养其一技之长，使其有一定生存能力。从总体变化来看，救济院收容人数呈上升趋势，同时各机构内所收容的儿童数量基本在增加，这充分显示北平市社会状况的恶化及儿童救助形势的严峻，也反映出社会局所承受的救助压力之大。

2. 北平市立托儿所收容情况

1947 年 9 月，北平市社会局为便利职业妇女及救助贫寒家庭，组织成立市立托儿所，分免费、半费和自费 3 种收费方式。免费对象以孤苦儿童及清寒抗战家属为主，半费对象主要为子女众多、家庭生活困难者，两者分配名额占收容总数的 70%，这无疑是家庭贫困者的福音。因此，托儿所自创办后广受欢迎，"各界申请入所之儿童极为踊跃"。①

由于所址面积狭小，加之政府经费预算尚未核定，因此社会局将托儿所名额限制为 100 人。托养方式分全托和日托两种，全托日夜皆在所内吃住，而日托要求父母每日清晨 6～7 点送达所内，晚间 6～7 点接回。② 1948 年第一季度人数不断上升，1 月份 25 人，2 月份 29 人，至 3 月份达到了 65 人。③ 但即使到 1948 年 9 月，托儿所的人数也仅为 55 人，④ 始终未能达到 7 成以上，离 100 人员额相去甚远。

托儿所的人数变化说明了两个问题。一方面，托儿所设立适应了战后的需要。战后北平社会千疮百孔，一般民众家中需要父母均出门工作，因此如何安置幼儿成为社会问题。社会局市立托儿所设立后，相对低廉的入所费用，无疑满足了一部分低收入家庭所需，故入所儿童人数不断上升。另一方面，经费短缺限制了托儿所的发展。托儿所作为公益性质的机构，所需经费需要政府拨付补贴，但在当时北平财政严重匮乏的情况下，托儿所无法获得稳定的政府经费补贴，因此制约着托儿所的收容工作，导致其收容人数一直未达收容目标。这一点北平市社会局在其工作报告中也有说明，"该所系新成立机构，预算迟未奉核准，经费不能按期领取，甚至职

---

① 《社会局托儿所尚有数名空额》，《华北日报》1947 年 9 月 15 日，第 5 版。
② 《社会局托儿所九月一日开学》，《华北日报》1947 年 8 月 29 日，第 4 版。
③ 《北平市社会局托儿所受托儿童人数动态》，《北平市社会行政统计》第 1 季，1948，第 13 页。
④ 《北平社政三年》，第 31 页。

员薪津都不能准时发给，一切设备深感不能达到预期计划"。①

3. 北平市救济福利事业审议委员会收容情况

国共内战爆发后，面对日益恶化的难民问题，北平市社会局于 1948 年 6 月 1 日组织成立了"北平市救济福利事业审议委员会"，由该委员会全权负责北平的难民救济和流亡学生救济工作。② 该委员会在救济院及妇女手工厂内附设了难民收容站，除此之外，又新设立了临时难民收容所、临时招待难民委员会等机构。③ 至 1948 年 9 月，更是在各大寺庙、棉厂等空旷场所设置难民收容所 19 处。④ 在这些机构中，收容有大量的难民儿童。现将各处难民收容机构收容人数及收容儿童数量制成表 2。

表 2　北平市社会局难民收容机构收容人数统计（1947～1948）

单位：人

收容时间	机构名称	收容对象		总计
		成人	儿童	
1947 年 9 月	社会局救济院附设站	155	202	357
1947 年 9 月	妇女手工厂难民收容站	58	0	58
1947 年 9 月	临时难民收容所	90	75	165
1947 年 9 月	临时招待难民委员会	1510	547	2057
1948 年 9 月	19 处难民收容所	5309	4267	9576
	合计	7122	5091	12213

注：19 处难民收容所分别为祝家坟难民收容所、双寺难民收容所、马家堡难民收容所、棍王府难民收容所、双贝子难民收容所、善家坟难民收容所、吕祖阁难民收容所、观音寺难民收容所、财神庙难民收容所、国子监难民收容所、公主坟难民收容所、地坛难民收容所、天宁寺难民收容所、瑞应寺难民收容所、西什库难民收容所、法源寺难民收容所、黄寺难民收容所、黄姑庵难民收容所、棉厂难民收容所。

资料来源：《北平社政二年》，第 21 页；《北平社政三年》，第 19～20 页。

从表 2 中可以看出，在诸多难民收容机构中，儿童是重要的收容对象。从 1947 年 9 月的统计数字来看，各机构收容难民中儿童总数达 824 人，占

---

① 《社会局工作报告（续昨）》，《华北日报》1948 年 3 月 20 日，第 5 版。
② 《北平社政三年》，第 2 页。
③ 《专载社会局温局长崇信在市参议会报告》，《北平市政府公报》第 3 卷第 3 期，1948 年，第 6 页。
④ 《北平社政三年》，第 6 页。

当时难民收容总数的 31%，而 1948 年 9 月设立的 19 处难民收容所中，收容儿童比例则高达 45%，儿童显然已成为战后北平各收容机构接收难民的主要群体之一。

除北平市救济福利事业审议委员会设立难民收容所外，社会局还于 1948 年设立了专门的难童招待所，"除供衣食住外，并施以适当的教育"。[①] 这部分被收容的儿童主要为街头乞儿，年龄多在 8~15 岁，他们生活条件相对较好，但也只是勉强温饱而已。尽管如此，1948 年 6 月，难童招待所收容的儿童数量已达 788 人。[②] 若加上各处难民收容所（包括救济院附设的站所）中的难童，社会局儿童收容总数超过 5000 人，儿童救助形势空前严峻。

综上所述，北平市社会局附设机构救济院、妇女手工厂、托儿所及临时设立的难民收容机构，收容了大量的贫困儿童，其在整体的收容人数中占近半数，反映了此间儿童问题的严重性，也昭示出政府对贫困儿童施以救助成为刻不容缓的职责。

（二）办理临时急赈

急赈为直接散放物资、临时赈救灾难民等方式的统称，它是一种治标的措施，历朝历代沿用已久。解放战争爆发后，随着北平市贫困人数的与日俱增，社会局及其附属的救济机关除收容救助外，还常采取临时施粥、施衣、发放补助等的急赈方式，对包括儿童在内的贫困群体施以救助。

冬赈，也称冬令救济，是北平市社会局的主要急赈方式之一，以设立粥暖厂、施放米谷为主要内容。冬赈时间一般从当年 11 月底到次年的 3 月初，历时 3 个月。为规范冬令救济事业，在国民政府社会部指示下，1946 年 1 月北平市社会局组织成立"冬令救济委员会"，以社会局局长为主任委员，并设事务、宣传、劝募、查放和监核 5 组，以劝募和政府拨助为主要经费来源。[③] 委员会成立后发布了议定的工作事项，包括设立粥暖厂、

---

① 《街头流浪乞儿有了甜蜜之家》，《华北日报》1948 年 6 月 18 日，第 5 版。
② 《街头流浪乞儿有了甜蜜之家》，《华北日报》1948 年 6 月 18 日，第 5 版。
③ 《北平市社会局致社会部电（稿）》（1946 年 2 月 12 日），北京市档案馆，档案号：J2-7-592。

发放救济金、发放冬衣、平粜粮食、改组私立慈善机构等。① 战后 3 年内的冬赈，基本是按照上述安排进行。据统计，1946 年仅粥暖厂一处，3 个月即消耗粮食 756000 斤，每日可救助贫民 28500 人。按照此前所计算的北平市民中儿童 17.5% 的占比来看，这项救助所救济的儿童为数不少。而发放的冬衣共计 19872 套，按照社会局优先救济老幼的政策来看，不少儿童都在救济之列。②

除此之外，针对儿童的专门救助中，奶粉是改善其营养状况的重要物资。战后初期，联合国善后救济总署向中国运送了大量的奶粉。在冀热平津分署解散后，北平市社会局即接收了其部分物资，开始进行救济。③ 实际配发过程中，奶粉时常供不应求，如北平市贫民最多的外 3 区共有人口 14 万，而奶粉只领了 2920 磅，根据调查，若每周每人发放 1 磅，仅够发放 3 个月。④ 到 1948 年 9 月的北平市临时参议会上，社会局局长温崇信提到当前配发的奶粉共有 109930 磅，而对应其提到的 8 万名难童，每人仅可得 1.37 磅。⑤ 尽管这些奶粉数量有限，人均获得数量偏低，但对于改善儿童营养状况无疑有一定的帮助。

（三）教养兼施

中国传统的儿童救济机构多注重收养，即为收容对象提供容身之所，极少授以谋生技能。近代以来，中西文化交流频仍，西方先进的救助理念不断传入中国，促使中国的施救理念由传统社会的"重养轻教"向近代的"教养兼施"转变。尤其是南京国民政府成立后，认识到"教养并重"在社会救济事业中的重要性，积极推出各类教养兼施的措施。

1929 年前后，各市社会局相继成立，在社会救助方面秉持新的救助理

---

① 《北平市社会局为报告扩大办理冬令救济情形致社会部电》（1946 年 1 月 10 日），北京市档案馆，档案号：J2 - 7 - 592；《北平市社会局致社会部电（稿）》（1946 年 2 月 12 日），北京市档案馆，档案号：J2 - 7 - 592。

② 《北平市社会局致社会部电（稿）》（1946 年 2 月 12 日），北京市档案馆，档案号：J2 - 7 - 592。

③ 《奉行政院令颁调整现行救济行政权责实施办法四项仰知照等因令仰知照由》，《北平市政府公报》第 2 卷第 22 期，1947 年，第 27 页。

④ 《看北平贫民领布》，《大公报》（天津版）1947 年 11 月 10 日，第 4 版。

⑤ 《平参议员重视粮荒》，《大公报》（天津版）1948 年 9 月 30 日，第 3 版。

念，注重救助者技能之培养。北平市社会局救济院自 1934 年改组后，一直将教养兼施作为其主要救济模式，时任社会局局长雷嗣尚更是将"教养兼施"四字题入救济院特刊内。① 救济院内依照年龄，将年幼儿童和妇女分配至妇女儿童部，其中设置有妇女常识组、家庭缝纫组、女童教授组、男童教授组和简易手工组。同时，设置第一习艺部，规定 13 岁以上男童入此部学艺，包含印刷、机织、手工和漂染 4 组，较为适合男子学习；第二习艺部则专为有工作能力的妇女设置，内设挑花、刺织、纺织、缝纫、烹饪和理发 6 组，相应地也考虑了妇女工作特点。② 北平市社会局对被救济的儿童授以技能，使其日后具有自我谋生的能力，更好地立足社会。

抗战胜利后，北平市社会局对救济院进行了扩充，新增了职业小学、育婴所和育幼所等机构，开办费用增至 49942000 元，经常费为国币 3471540 元。③ 此后，救济院又将原有儿童部改组为育幼所，习艺部改为习艺所，其中习艺所主要挑选育幼所内年纪较长、对工艺感兴趣的儿童，进入所内学习印刷、机织和手工艺等技能。育幼所内职业小学更改为普通国民小学，所内设立职业中学，毕业生可报考市立中学，或者接续至所内职业中学，分读家政、商业、工业 3 科。④ 除救济院内的职业学校外，社会局对难童失学问题也做了一些工作，如在东郊难民收容所附近开设临时教导所，收容难童达 124 人，国子监和地坛的难童识字班共收容难童 173 人。⑤ 另外，1947 年社会局于附设的第二、第三平民食堂中设置儿童识字班，定于是年 12 月 21 日开课。⑥ 除基本的识字外，社会局还欲尝试让难童接受更加全面的教育，1948 年 3 月，社会局在办理急赈时提出，成立一所完全免费的小学，收容失学难童进校学习，收容数目视学校大小而定。⑦

北平市社会局对儿童采取"教养兼施、工读并重"的救助措施，不仅使儿童获得了基本的文化知识，同时通过做工、服务使其获得了实践能

---

① 北平市社会局：《北平市社会局救济院特刊》，北平市社会局，1936，"插图"。
② 《北平市社会局救济院特刊》，"章则"。
③ 《北平市社会局致社会部电（稿）》（1946 年 2 月 12 日），北京市档案馆，档案号：J2 - 7 - 592。
④ 《光复一年之北平市政》，第 8 页。
⑤ 《冬令救济准备就绪》，《华北日报》1947 年 11 月 15 日，第 4 版。
⑥ 《平民食堂文化茶座定明年元旦日开幕》，《华北日报》1947 年 12 月 24 日，第 4 版。
⑦ 《救济工作展开》，《华北日报》1948 年 3 月 19 日，第 4 版。

力，为其日后自寻出路打下基础，也是社会局救助现代化的重要体现。然因国共战事，诸种措施并未见很好地贯彻实施。

四 儿童救助的成效及其制约因素分析

战后北平市社会局为救助儿童采取临时收容、急赈、教养兼施等措施，做了系列工作，使不少儿童从中受益，然而战后物资匮乏、救济经费不足、社会力量薄弱、政府行政效率低下，以及国共内战引起的政局不稳等因素，严重制约了社会局救助的整体成效。

（一）救助成效

战后，北平市社会局为救助贫困儿童而实施的诸种措施，在改善儿童生存境遇方面发挥了一定的积极作用。社会局尽可能地收容儿童入所，办理临时急赈，并试图贯彻教养兼施的理念，对贫困儿童进行积极救助。特别是北平市社会局办理的各种临时急赈，以每年的冬令救济为主，包括施衣施粥、发放救济金等，在救济儿童活命方面起了积极作用。据统计，1945 年至 1948 年，北平市社会局通过冬令救济发放物资、办理粥暖厂以及发放救济金等方式共救助贫民和难民达 10964200 人次，仅 1947 年动用经费便达 3813187500 元。[①] 依照前文所统计社会局各机构收容人数中儿童占比 40% 以上的情况来看，这一系列临时急赈中儿童受益匪浅。社会局救助的效果令当局津津乐道，1948 年 3 月北平市社会局局长温崇信在临时参议会第一次会议中宣称，1947 年待救人数虽然相比 1946 年增加了 1/3，但"未闻有因饥寒而死者"。[②] 此种言论显然有宣扬政绩的意味，但也反映出社会局所办理的急赈在救济活命中确实发挥着不可小觑的作用。

然而从总体来看，北平市社会局的儿童救助成效并不理想。从其各机构收容状况来看，虽然收容了众多儿童，但是由于物资和经费匮乏，难以保障儿童正常生长发育之需。社会局救济院实行所谓"细水长流"的政策，即全体人员每月上半月吃精制面粉馒头，下半月吃窝头。为维持一日

[①] 《冬令将届预储粮煤社会局长报告工作》，《华北日报》1947 年 9 月 16 日，第 4 版；《北平社政三年》，第 1 页；《冬令救济办法决定》，《华北日报》1947 年 9 月 5 日，第 4 版。

[②] 《平参议会第三日》，《大公报》（天津版）1948 年 3 月 18 日，第 3 版。

三餐，早上只提供干乳清和豆粉，或是提供小米稀饭。至于副食如牛肉罐头，为迎合细水长流的政策，定为每 10 人 1 罐，且仅在吃窝头的时候方能食用。菜蔬方面，除去全院每日 12000 元的菜钱外，仅有院内自种的 3 万多斤白菜，所发放的每人每日 10 元的副食费，在通货膨胀极其严重的情况下完全无济于事。而牛乳之类的营养品，也仅有身体瘦弱的儿童得以享用。① 救济机构物资匮乏至此，收容儿童的营养自然难以保证，仅能苟延残喘而已。

国共内战全面爆发后，大量难民涌入北平市内，迫使社会局设置了众多的难民收容所。然而这些难民生活极为困难，"食粮不够，住处狭隘，环境卫生不良"。② 1948 年北平市卫生局调查发现，难民收容所皆存在严重的卫生问题。居住方面，房间人数过多，地面潮湿生虫，屋顶漏雨，屋门损坏，且寝室内放置炭炉，炭气严重，极易中毒；供水与排污方面更是糟糕，难民所无储水能力，污水随地倾倒，污染水源，露天厕所林立，粪水横流，滋生蚊蝇，喷洒杀虫剂亦无太大成效。③ 因环境卫生极差，加之难民每日饮用生水，故患肠胃病者日渐增多，尤以儿童为甚。在后续的调查报告中，国子监收容所中 4 岁难童周小子与丁保应，于当年 7 月至 8 月因肠胃病及营养不良而死，而 15 岁以下儿童因营养不良和抵抗力差，患病者极多，死亡者也不在少数。为此卫生局在调查后提出改进意见，改善饮水，清除垃圾粪便，设置传染病隔离室，专请儿童医师，向有关机构请发维生素丸等，以改善儿童营养状况等。④

托儿所在管理方面也极不完善。1948 年 3 月，托儿所职员推举代表向社会局举报所长贪污舞弊情况，引起社会极大关注。后续报道中，根据检举人叙述，托儿所的财政支出、饮食状况等，均存在严重问题，儿童甚至难以饱腹。⑤ 而后社会局局长温崇信将所长方毓英调职，改派社会局原人

---

① 《细水长流　北平救济院一瞥》，《大公报》（天津版）1948 年 1 月 9 日，第 3 版；《儿童之家　记救济院育幼所》，《明报》1948 年 2 月 14 日，第 2 版。

② 《难民生活极为困苦》，《华北日报》1948 年 8 月 2 日，第 4 版。

③ 《北平市卫生局视察各难民收容所环境卫生状况改善计划》（1948 年 7 月 29 日），北京市档案馆，档案号：J5 - 1 - 1653。

④ 《调查国子监难民收容所卫生状况及改进意见》（1948 年 8 月 3 日），北京市档案馆，档案号：J5 - 1 - 1653。

⑤ 《市托儿所的孩子饥饿着》，《益世报》（北京版）1948 年 3 月 10 日，第 2 版。

事室主任叶德禄代理所长职务，并承诺"该所所长今后人选，一定要慎重考虑"。① 这件事情极大地打击了托儿所的社会信誉，《明报》更是在其报道标题直呼"如此托儿所，不必再办了"，② 这也是此后托儿所人数一直未达到预设名额的原因之一。

总之，抗战结束后北平市社会局及其附属机构推出的各项儿童救助措施，以救急活命的生存型救助为主，发展型措施多流于表面，难收实效。从各机构收容状况来看，虽然收容了大量儿童，但是由于物资和经费匮乏，难以保障儿童正常生长发育。新的救助机构托儿所管理的混乱不仅造成了所内儿童营养不良，还降低了其社会信誉，失去了普通市民的信任。难民收容所卫生条件的恶劣也造成了不少儿童的死亡。因此，战后社会局办理儿童救助的整体效果不彰，未能从根本上改善民生。

（二）制约因素

战后，影响北平市社会局儿童救助成效的因素有多方面，其中经费短缺是为重要原因。抗战结束后，国民政府倾注全力于应对国共内战上，而用于救助和改善民生的资金微乎其微。北平市社会局职能繁多，负责事务除社会福利与救济之外，还包括工商业登记调查、基层保甲编制、人民团体的训练与监察、合作事业调查等。北平市社会局拥有庞大的行政机构并肩负庞杂的职能，然政府拨付的经费却十分有限。1945 年 10 月至 1946 年 8 月，北平市政府各种支出达 13791927285.11 元，然而社会局的经费支出总额仅为 330752397.34 元，在市政府全年经费支出中仅占 2%，排第 7 名。③ 在社会局事务繁杂、人员众多的情况下，如此少的经费，严重制约着其救助活动的开展。另外，作为北平市社会局唯一常设救助机构的救济院，1945 年 10 月至 1946 年 9 月和 1946 年 10 月至 1947 年 9 月的经费支出分别为 31433392 元和 47132672 元，仅占社会局全部经费支出的 25.4% 和 6.9%。④ 如此少的经费投入，对于数量庞大、嗷嗷待哺的儿童而言，无疑

① 《市托儿所长贪污被控　温局长震怒令即撤职》，《益世报》（北京版）1948 年 3 月 11 日，第 2 版。
② 《如此托儿所，不必再办了》，《明报》1948 年 3 月 23 日，第 2 版。
③ 《北平市一年来经费支出》，《北平市政统计》创刊号，1946 年，第 74 页。
④ 《北平社政一年》，第 5～6 页；《北平社政二年》，第 9～10 页。

是杯水车薪。

为解决经费短缺问题，社会局不得不向社会发起募捐。如 1947 年冬赈，社会局向各行各业发起劝募，工会发起五千元捐款运动，商会根据经济能力向各商户劝募。① 然而此时的北平社会正处于衰退中，战争导致北平市经济损失严重，工商业萧条。据 1947 年 12 月统计，北平市现存民营与国营工厂共 446 家，工人 10024 人，尚不及 1932 年时 700 余工厂和 7 万余工人的规模。而商业方面，全市各业商店共计 23628 家，1945 年至 1946 年底，共计新报营业商店 7639 家，歇业商店 3634 家，歇业商店几占营业商店的一半。② 工厂与工人数量的大幅减少与歇业商店的剧增，反映出战后北平工商业之萧条。工商业不振，北平市社会局自难从社会上筹集到大量的救助经费。充足的经费保障是救助机构有效运转、各项救助事业得以顺利开展的必要保障。社会局因经费支绌，各项计划自难达到预期效果。新设立的社会局市立托儿所，即因经费不足严重影响工作的开展，1948 年社会局在报告中称托儿所"一切设备深感不能达到预期计划"。③

此外，国共战事造成的政局动荡，北平市贫困儿童数量的激增，从根本上影响着战后北平市社会局儿童救助实践的开展。一方面，国共内战导致北平市难童数量激增，这无疑加重了社会局的救助负担。从社会局收容难民的来源来看，主要来自东三省和周边省份。根据 1948 年 5 月北平市救济福利事业审议委员会第一次会议内容，东北等地来平的难民甚多，迫使北平市增加 15000 人的救济名额。④ 另据 1948 年 9 月救济院统计的收容人群籍贯数据来看，以河北省为最多，达 826 人，东三省为 33 人，其余省份合计 146 人。⑤ 同年，托儿所统计数据显示，已收容的 55 名儿童中，北平、河北及天津的共有 25 人，其余省份共计 30 人。⑥ 到 1948 年 9 月，北平市各难民收容所共收容难民 9576 人，其中河北籍达 9212 人之众，其余

① 《冬令救济准备就绪》，《华北日报》1947 年 11 月 15 日，第 4 版。
② 池泽汇：《北平市工商业概况》，北平市社会局，1932，"序"；北平市政府新闻处：《北平市》（1948 年 5 月），北京市档案馆，档案号：J1－7－1193。
③ 《社会局工作报告（续昨）》，《华北日报》1948 年 3 月 20 日，第 5 版。
④ 《逃平难胞有地安身　陪都救济二万人　设立收容所二十五处》，《华北日报》1948 年 5 月 28 日，第 4 版。
⑤ 《北平社政三年》，第 26 页。
⑥ 《北平社政三年》，第 31 页。

省份合计为 364 人。[①] 造成此种状况的原因，主要是当时政局变动，国共内战爆发初期东北动荡，大量难民逃入关内，1948 年 11 月辽沈战役结束后，东北解放已成定局，逃难人数下降。此后，河北籍难民不断增多，成为北平难民的重要来源。1948 年 12 月，社会局局长温崇信在市参议会的报告指出，难民的主要来源为周边各县，又以冀东地区逃避战乱的难民为多。[②] 如此庞大的待救群体，北平市社会局在经费不足、政局不稳的情况下，救助工作明显力不从心。

另一方面，随着国民党战事的失利，其在大陆的失败已成定局，无心也无力开展各项救助工作。1948 年 9 月，解放军攻克济南，切断了平津地区同东南沿海的陆上联系，北平物资供应陷入困难。此外，北平自身出产粮食不多，日常食用的粮食"多赖东北、西北产区供应"。[③] 而到 1948 年 9 月，东北地区的国民党军队已经被分割在长春、沈阳和锦州三大城市，北平失去了东北的粮食供应，粮食陷入危机。同年 8 月，为缓解发放巨量法币导致的通货膨胀，南京国民政府实行金圆券改革，但此举大大激化了社会矛盾，12 月 28 日金圆券崩盘，与此同时，东北局势定盘，北平完全被解放军包围，北平国民党政权接近崩溃，社会局儿童救助工作也随之结束。

余　论

北平市在全面抗战期间遭到巨大破坏，原本就不发达的工商业遭受重创，各种社会组织因受到剥削而陷入瘫痪。抗战胜利后不久，国共内战爆发，导致北平市物资运送通道受阻，加之通货膨胀，民不聊生，许多家庭无力抚养孩子。而国共内战导致东北及周边地区大量难民儿童涌入北平，致使战后北平贫困儿童数量激增，生存状况急剧恶化。

对贫困儿童施以积极救助是政府的责任和义务。面对抗战胜利后北平市日益严重的贫困儿童问题，北平市社会局作为改善民生的专设机构，承

---

① 《北平社政三年》，第 20 页。
② 《专载社会局温局长崇信在市参议会报告》，《北平市政府公报》第 3 卷第 3 期，1948 年，第 6 页。
③ 《社会局工作报告》，《北平市政府公报》第 2 卷第 14 期，1947 年，第 9 页。

担起儿童救助，改善儿童生存状况的责任。北平市社会局在接收日伪机构的基础上，成为职能机构组织庞大的政府机关，为应对严重的儿童问题，进行改组，扩充和增设儿童救助机构，举办急赈以解燃眉之急，并试图维持其教养兼施的儿童救助模式。诸种措施的推出，在救助北平儿童生存方面，发挥了一定的积极作用。然而，经费短缺、物资匮乏，及社会支持的缺乏，加之动荡不安的政局等系列因素相互交织，导致战后北平市社会局儿童救助的整体成效不彰，儿童生存问题日趋严重。从这一点看，战后南京国民政府在应对民生问题上无疑是失败的。

北平市社会局所进行的儿童救助，是战后南京国民政府统治区内儿童救助的一个缩影，同时也暴露了国民政府在改善民生问题上存在的诸多问题。稳定的社会环境是改善民生的前提。在此基础上，完善政府救助体系，建立现代化的儿童救助制度，培育和壮大民间力量，建立政府与社会的良性互动，才是解决和改善民生问题，构建和谐社会的必由之路。

作者：付燕鸿，河南大学历史文化学院暨中国近现代
社会转型研究中心、近代中国研究所
庞冶法，河南大学历史文化学院

（编辑：任云兰）

近代"化妆美"的传播与接受[*]

——兼论近代上海化妆品盛行缘由

张 鑫

内容提要 1843 年上海正式开埠通商后新鲜事物纷纷涌现,具有悠久历史沿革的传统香品也逐渐被近代化妆品所取代。近代化妆品主要分为两大类:一类是面向富家大户的奢侈类化妆品,另一类则是面向蓬门小户的日用生活品。这两类化妆品不仅舶来数量惊人,本国自制亦不在少数。化妆品在上海如此盛行,既是商业发展和新审美的要求,也是化妆品企业独出心裁的营销术的结果。本文即通过考察近代上海化妆品盛行缘由,分析近代上海女性的化妆心理,同时结合当时的社会文化,探索近代"化妆美"的传播与接受过程。

关键词 近代 化妆品 女性 消费 美丽

自开埠以来,上海在中国一直具有重要意义和价值,特别是 20 世纪上半叶,上海发展成为时尚、摩登、新潮的代名词和风向标,上海民众大开眼界的同时,也使社会风气发生了更新和嬗变。上海女性不仅成了公共活动的参与者,也成了时尚的追随者,化妆品一物,在上海日渐兴盛。这一历史现象,虽很早就引起学界的关注,但其研究多限于化工、贸易经济、药学、市场研究与信息等学科,考究其历史发展脉络的著作却寥寥可数,这不能不说是一大憾事。① 本文拟在历史学科下,对"近代上海

---

* 本文系教育部人文社会科学研究青年基金项目"'美丽经济'——近代上海化妆品业研究(1903~1949)"(项目号:18YJC770042)的阶段性成果。

① 历史学科研究化妆品的著作包括:周汛、高春明《中国历代妇女妆饰》,学林出版社、三联书店(香港)有限公司,1988;连仲元、庞玉坤《东方女性化妆美》,天津科技翻译出版

化妆品盛行"这一现象进行分析,不仅考察产生这一现象的时空环境,并且深入了解化妆品与上海女性,以及上海社会的互动过程,尽可能地把握这一现象的复杂面相。

一 近代化妆品的种类与盛行

近代上海的化妆品主要分为两类:一类是奢侈品,包括洋蜜、甘油、雪花膏、洋粉、香水、发油、护甲油等,多属舶来品,主要面向富家大户,突出的是产品的新颖、高贵特色,利用上海都市女性追求摩登的心理,售价较昂;另一类则定位为日用生活品,包括美容药粉、美容药膏、肥皂、牙粉、牙膏等品,多为日本或国内制造,主要面向蓬门小家,突出的是产品的实用性,售价较为便宜。

(一)奢侈化妆品类

在上海都市女性眼中,奢侈类化妆品意味着摩登。此类化妆品不仅仅是满足女性对美的需求,而且是她们身份和地位的体现。此类化妆品多为享受性消费品。

第一类:毛发类,发油、发蜡、生发香水、洗发香水、脱毛剂、眉笔等品均属此类。近代的毛发剂,以擦头的发油最为常见。舶来发油以茶油为主要原料,再加入桂皮、丁香、玫瑰等香料,以新式瓶装输入中国,敷用之后,不仅香味宜人,头发也光可鉴人。

第二类:口齿类,包含牙膏、漱口水、刷牙水、口红等品。牙膏等品的主要原料为碳酸镁,具有去垢的功能,再加以甘油、玫瑰油、薄荷等品,调和而成,用后牙齿清洁、口有余香。口红,则是依据颜色学理论制成,灰红或黝黑的嘴唇上,一旦擦了口红,和口腔里白皑皑的牙齿对应起来,更给人以魅惑的美感。

第三类:护肤美颜类,诸如雪花膏、冷香、面蜜、爽身粉、雪花粉

公司,1990;李秀莲《中国化妆史概说》,中国纺织出版社,2000;李芽《中国历代妆饰》,中国纺织出版社,2004;李芽《漫话中华妆容》,东华大学出版社,2014;〔美〕杰弗瑞·琼斯《美丽战争:化妆品巨头全球争霸史》,王苗、顾洁译,清华大学出版社,2011。

等。雪花粉类，虽名称不一，有雅霜、雪花精、白玉霜、香雪等称谓，但制造时使用的主要原料均为硬脂酸，调和甘油、橄榄油等副品。粉类亦同，虽包含爽身粉、白粉、香粉等，主要原料却都为滑石粉，配以适当香料制成，使用后，肌肤亮泽、明艳。

第四类：沐浴类用品，有香皂、香蜡、浴粉等品。香皂一物，历年输入最多，国产香皂制造不精，总不免有游离碱或游离脂肪夹杂其间，有损皮肤，因而国人多购买外货，品质优良的多来自欧美。"舶来香皂属于化妆皂，是以普通肥皂中的上品加以色泽香料，复制而成，如玫瑰皂为淡红色，紫罗兰皂则是紫蓝色，化妆皂种类亦甚多，如透明皂、浮皂、细研皂等。"[1]

第五类：美甲类，洁甲油、美指油、光泽粉、去膜水等物均属此类。去膜水能去除指甲上的皱膜，使指甲光滑整齐，再涂以光泽粉，使指甲粉润如玉，红白分明；洗甲水则能清除指甲油，以便重新再擦。芊芊玉手，尖尖春葱，无不令人爱慕。

第六类：芳香类，包含花露水、香水、香料等物。这类化妆品，以增加人体芳香气味为主要目的，并且花露水中因含有酒精原料，兼具止痒、杀菌功效。

对于购买者来说，奢侈化妆品不仅仅是一种物品，还象征着与商品相连的生活方式和所欲求的社会身份。此类消费可以被理解为一种对外物所具有的强烈的获取欲望。

（二）日用化妆品类

近代化妆品不仅可以作为女性妆饰之品，也可以作为日用品，用以改善生活质量，营造馥郁馨香的生活环境，如香皂、香粉、牙膏、牙粉等，不但为美容所需，同时也是保持日常卫生所不可缺之品。

肥皂、香皂作为日用化妆品，更多的是发挥保持健康的功效。皮肤上附有尘污油垢等不洁物时，若全用纯水洗濯，终不能使皮肤十分洁净，而"香皂中一部分的碱和皮肤上附着的油垢，发生化学作用而脱离，他一部分是不溶于水内的，就变成泡沫，能吸收尘垢和洗濯时新成的化合

---

[1] 《上海化妆品业调查录》（1931年），上海市档案馆藏，档案号：Q242-1-829。

物。……所以能使皮肤清洁，皮肤上排除废物，不致被污垢所阻，自然现出美容，又能保持健康。香皂中也有加入药料的，能限制皮肤的表皮剥离，和皮肤的分泌，且独有杀菌的能力"。[1]

牙粉、牙膏更是一般家庭日用必需品，民众公认牙齿的健全与否，与人生寿夭有着巨大关系，而 "欲保护齿牙，与促进口腔卫生，则牙粉、牙膏之使用，实为最便利经济而有效的办法"。[2] "食物入口后，其残渣留在牙齿的缝间，遇微生物就变成乳酸，来侵蚀牙齿的石灰质和珐琅质，久之，能使牙齿表层脱落，内层腐烂，细菌繁殖，和引起牙齿痛诸病，所以必须用牙粉、牙膏来刷牙，才能清除食物之残渣和糖分之堆积。"[3]

市井小民虽然消费不起名贵的化妆品，但随着化妆品产量的增加和品种的丰富，也有了自己的消费空间。此类日用化妆品多关系民众生计，对于改善生活质量有一定意义。

（三）近代化妆品在上海盛行

传统的化妆品，由古代的登峰造极至近代逐渐衰落，而近代化妆品却日盛一日，仅舶来化妆品一项，"1918 年，是四百三十九（单位关银），1919 年时已达九百三十二"。[4] 1920 年，"由美国出口到中国的香品、化妆品是三十八万五千四百零一元，而这一年美国出口到中国的货品总值才为八百七十三万九千五百九十三元"。[5] 1922 年，"中国对于香妆品之输入，有二百六十万九千三百七十二海关两之巨"。1923 年，"化妆品之输入有二百七十九万六千七百十海关两之巨"。[6] 上海中产之家，女子一年所消费的化妆品，"香水六十七元半，干粉五十八元，脂膏九元八角，肥皂二十六元，粉纸粉布十二元余，香蜡（女子不一定用）七元四角，若富室及名花优伶，更须数倍于此"。[7]

1925 年时，海关贸易总册记录，进口化妆品三百四十余万，1926 年

① 学文：《香水和香皂》，《健康生活》第 4 卷第 4 期，1935 年。
② 菊生：《米许林牙膏厂参观记》，《申报》1940 年 4 月 7 日，第 16 版。
③ 王庄：《牙膏牙粉与食盐之功用》，《田家半月报》第 8 卷第 12 期，1941 年。
④ 《今日进口之日货》，《申报》1919 年 11 月 21 日，第 10 版。
⑤ "Trade Notes," *The North – China Herald and Supreme Court（1879 – 1941），July 2, 1921.*
⑥ 《中国化装品之制造及消耗（三）》，《申报》1928 年 7 月 13 日，第 30 版。
⑦ 玉鲸：《闺秀化妆品之消耗》，《妇女杂志》（上海）第 9 卷第 5 期，1923 年。

"骤增至四百四十万之谱，以关平合通用银元近六百六十万元"。① 1930 年时，进口外洋化妆品竟"有四千三百余万元之多，其数足以惊人矣"。② 而这些化妆品主要销往上海，且多为奢侈妆饰品。

1933 年，据国际贸易局统计，"自一月至十月，各国进口之香水脂粉价格已达一百三十九万八千六百六十四元，其来自美国者最多，约占全数三分之一强，其次为法国、英国、日本，大半均销于本埠各大公司及商店"。③

1937 年时，化妆品输入值达 10684047 元，直到全面抗战爆发，化妆品的输入才渐见减少。1938 年上半年度，"奢侈品进口数值，雪花粉与雪花膏十万七千五百一十一元，牙粉牙膏十万四千六百九十元，香水脂粉二十五万三千八百三十二元，化妆器具九万四千九百四十元"。④

此类舶来化妆品作为人工美术的护容品，为上海女性广泛使用，"凡属女流，几无不用之，盖年龄较长之妇女而欲与少艾争妍，自非恃化妆品不可，徒以女性美色之争，遂使一切妇女皆知化妆之技巧矣"。⑤ 特别是"那些舞女、明星、交际花、姨太太，各种各类的妓女，每月所购更多于常人"。⑥

本国自制化妆品亦不在少数。自 1903 年广生行在黄浦江畔成立发行所，成为上海新化妆品业的鼻祖，此后中国化学工业社、家庭工业社、永和实业公司、香亚公司等，亦乘时而起。20 年代时，国产化妆品销路大增。"1930 年时，更是因各埠举办国货展览会，国货化妆品乘机销去不少，据统计此年全国化妆品营业额约值洋七百万元，上海居其四，与往年不相上下。"⑦ 上海国货化妆品使用之盛亦可见一斑。

西洋有一句流传极广泛的话，大意是说"女人可以不要吃饭，可以不要生命，可以不要所有的一切，但是在她的身上，永远不能少掉一只粉盒子"，⑧ 或在上海也适用。

---

① 《化妆品与印花特税》，《申报》1928 年 6 月 3 日，第 14 版。
② 《值得介绍的国货工厂（十）》，《申报》1932 年 7 月 30 日，第 17 版。
③ 《舶来化妆品数可惊》，《申报》1933 年 12 月 5 日，第 12 版。
④ 《奢侈品限制输入》，《申报》1938 年 12 月 8 日，第 9 版。
⑤ 《蝶霜可以解决失业问题》，《申报》1931 年 1 月 11 日，第 19 版。
⑥ 《谁在推销化装品?》，《申报》1934 年 8 月 26 日，第 17 版。
⑦ 《沪市化妆品业近况调查》（1935 年 3 月），上海市档案馆藏，档案号：Q275-1-1944。
⑧ 胡思源：《妇女与化妆品》，《益世报》1935 年 3 月 28 日，第 11 版。

二 上海女性对化妆品的新需求

近代化妆品在上海的出现和盛行，与这座城市工商业的繁荣是同步的，工商业贸易发展，城市基础设施完善，以及外来工业的生根，都是促使近代化妆品出现的优势资源。但更为重要的一点是，"上海于1842年由传统商埠跻身首批条约口岸，又于1860年代中期率先在国内步入都市化进程，这一过程在客观上促成了近代中国都市女性首先在上海的形成"。[①] 这些都市女性，已然不再是深居闺阁、足不出户的传统女性，她们走上社会，开展交际并且拥有相对自主的意识，因而对于化妆品也就有了新的要求。

（一）追求健康的"化妆美"

到了近代，卫生与健康的观念传入上海，妇女们日渐认识到传统化妆品的弊端。虽然在漫长的封建社会，粉、黛、脂、香四品，一直是女性化妆的主要用品，但与近代化妆品相比，其弊端明显，而近代女性思想观念的变化，也促使她们做出新的选择。

以粉为例，粉的出现，可归功于秦汉之际冶炼技术的发展。粉的原料离不开铅，而铅有黑、白、青三种，三者之中，只有白铅可在空气中直接燃烧、氧化，成锌氧粉，用于制作宫粉。青铅氧化后，会形成淡黄色的粉质，并不适合敷面。黑铅直接氧化，会产生淡红色的鳞状结晶，国人称为黄丹粉，亦不适合敷面。但若先将黑铅酸化，形成醋酸铅，再与碳酸化合，就会形成碳酸铅，色白质细，状糊如粉，能够冒充宫粉，以次充好。可惜此类白粉，遇汗会因硫化作用还原成黑铅，黑色的残留物会依附在皮肤上，逐渐加深，终成雀斑。况且铅内含毒，长久使用，会使肤色变青；继续使用，会致皮肤溃烂；过量使用，还可能危及生命。

再如，画眉时使用的石黛，需先将石黛放在石砚上磨碾，使之成为粉末后，以水调和，方可使用。"至南北朝时，陆续有铜黛、螺子黛、青雀头黛等画眉物品传入，这些黛石使用时，直接蘸水，更加方便，妇女们遂

---

① 罗苏文：《女性与近代中国社会》，上海人民出版社，1996，第86页。

逐渐淘汰了石黛。可惜这些黛石出产范围有限，而远途运输对于古代交通而言，又不失为一项巨大的挑战，因此，青黛一物，并无正式制造。"① 而螺子黛多出自波斯，价格昂贵，究非民间妇女所能使用。

民间女子则会选择廉价物品替代石黛，柳条、火柴成为备选物品。以柳尖画眉，虽采集简便，所费无几，且具有防腐杀菌功效，但柳条色彩稍淡，颜色显青，不能和眉色一致，效果不佳。选用燃烧后的火柴画眉，不仅无杀毒之功，于卫生、健康亦无益，颜色也不能持久，而且往往由于下笔力度、肤质柔韧度的差异，画出来的眉形并不均匀，要时时修正、添色，使用火柴画眉也绝非易事。

凡此种种，都迫使女子寻求新的美容之品，而近代上海城市文化的高度异质性，使得具有不同地域特色、不同历史传统的文化，能够在这里从容、平静、理智地交流，因而使女性思想发生转变，她们不仅要求美丽，还要求健康的美丽，而近代化妆品的出现，正为迷茫中的女子指出了新的"方向"。近代化妆品对化学、药物学、调查术均有深切之研究，旁若机械、美术，亦具有相当之智识，对女性追求的健康美大有裨益。

（二）妓家对"化妆美"的追求

化妆品的出现是社会经济发展到一定阶段的产物，同时也是人类生活文化的体现，化妆品的消费亦体现出女性追求"美"的态度，是女性对外在形象展示的要求。

在近代化妆品的传播过程中，妓女和姨娘有一定推动作用。上海作为一座移民城市，源源流入的女性"流民"，为妓业提供了庞大的从业人员。近代，妓女是一个较特殊的群体，她们最先进入都市消费市场，从单一的被买卖的商品，发展成为具有商品独立经营者身份和学做生意的女性。② 娼妓业的兴旺发展，使此行业成了职业化的行业，不仅从业人数众多，有档次之分，且妓女与嫖客之间买卖关系明确，商业色彩浓厚。妓女以色相诱人，为了吸引顾客，招揽生意，往往需要在穿着打扮上费尽心思，以献媚争妍为事，因而往往衣饰华丽，妆容妖艳，"红颜黛眉，高髻接格妆楼

---

① 《上海化妆品业调查录》（1931 年），上海市档案馆藏，档案号：Q242-1-829。
② 罗苏文：《女性与近代中国社会》，第 270 页。

外",头油、香皂、香水、扇子、镜子等,都是妓女率先使用的。"云鬓新编脑后托,时新衣服剪纱罗。倾瓶香水浑身洒,风送芳香扑鼻过""钻石深嵌约指空,黑油牙柄扇摇风。个人赠物分明在,排穗鲛绡出袖中",[1] 就是对她们装扮的真切描述。姨娘则由于长期身处妓家身旁,协助妓家料理生意,陪妓女出局,耳濡目染,也开始注重起装扮,"肩舆出局快非常,大脚姨娘贴轿旁。燕瘦环肥浑不辨,遥闻一阵麝兰香"。[2]

与妓女相类的还有舞女,其工作就是与买了门票进场的客人跳舞,还要劝说客人买昂贵的香槟酒,她们从中收取提成。她们与其他一些出卖色相的女郎一样,着装时髦,脚蹬高跟鞋,脸上施着脂粉唇膏。

此外,"茶室女招待、按摩女、向导女、脱衣舞女等,虽然从事这些新兴职业的女子穿着西式衣裙,迥异于旧时的名妓做派,但她们做的是'摩登'的娼妓业"。[3] 通过多种多样的方式,或明或暗地出卖其肉体,这些妇女"为获得生活资料,不得不堕入伤风败俗的颓废生活之中,用浓厚的脂粉,妖艳的服装,尽量美化自身,以博得顾客们垂青"。[4]

最感需要化妆品的,当推这些"营妓女式生活"的女子,"由大官阔人的姨太太,以至马路上拉客的'野鸡',中间要包括学校里的皇后,机关中的花瓶,商店中做招牌的女店员,专事伴人跳舞的交际明星……形形色色的女人在内。这一类的女人使用化装品可算最多了"。[5] 同时职业妇女为顾及雇主选择的标准及社会的估量,对于本身的漂亮,亦不得不稍加注意。

(三)闺秀对"化妆美"的追逐

上海中西仕女群集,商业的眼光也聚焦于此,多元开放、五方杂处的环境,直接、广泛、深入的文化交流,使女性养成了追逐流行与时尚的消费心理,崇洋风气不仅表现在对洋货的消费上,还表现在对西方审美的认

---

[1] 顾炳权编《上海洋场竹枝词》,上海书店出版社,1996,第409页。
[2] 潘超等编《中华竹枝词全编》(2),北京出版社,2007,第445页。
[3] 〔美〕贺萧:《危险的愉悦:20世纪上海的娼妓问题与现代性》,韩敏中、盛宁译,江苏人民出版社,2003,第59页。
[4] 《是谁的罪恶》,《申报》1935年9月8日,第19版。
[5] 云裳:《谁在推销化装品?》,《申报》1934年8月26日,第17版。

同上，推动着女性标新趋洋的消费潮流。

上海的"大家闺秀"和"小家碧玉"，分别追逐着时尚。要做一名大家闺秀，并没有那么容易，她们必须具备先天的条件，那就是祖传的门风。大家闺秀因衣食无忧的生活状态和虚荣心的作祟，也越发热心于跟风，"巴黎新近时兴一种什么衣装，伦敦新发明一种什么香水，她们早已关心到了，并且立即'东施效颦'起来！如羡慕欧洲人的黄发，也将黑发染黄，学习外国人，在自己的脸上涂上'黄胭脂'，尤其是在两眼旁画上一个巨大的'黑眼圈'"。①

"小家碧玉"指中等家庭尚未出嫁、年方妙龄的女子。她们的服饰虽不过分摩登，但也不甘落伍。她们虽不及"大家闺秀"系出名门，衣食无忧，但装扮起来也毫不逊色，"虽不如小姐派的奢华，但她们尽其可能学步时髦……连烫发的式样，画眉的方式，一切的一切，都得模仿个像腔才吧（罢）!"②

女学生也不甘落后，她们接受新思想，标榜自由，不拘旧俗，日趋奢侈攀比，她们视化妆品为生命，都成了花粉店的老主顾，司丹康和雪花粉，"比着教科书和教育用品尤为重要"。③

此外，电影女明星化妆手法已臻纯熟之境，涂脂程度为最高。"常见若辈囊中，贮有唇胶数管，色深浅俱备。于对小镜扑罢香粉时，即探怀出此累累小卷筒，微抵其塞，殷红一点，即注于筒端，漫敷嘴角，浓艳无似。"④

这类闺秀使用化妆品，多为追新逐异，化妆品多为妆饰之用，用于追逐时尚。对于她们来说，"化妆香品的功效也着实不小，从脂粉唇膏说起，直到头上喷的香水、指甲上涂的颜色为止，不下十数种之多。当对着镜子，仔细敷搽涂粉以后，开始走出大门，香风过处，姗姗而行，修眉入鬓，肌白似雪，灯前光下，自更见其美丽多姿了"。⑤

---

① 《上海特殊阶级之四：风头挺健的大家闺秀：醉心欧化，崇拜虚荣，习尚奢靡》，《上海生活（上海1937）》第4卷第10期，1940年。
② 《上海特殊阶级之三：一日数变的小家碧玉：粗做·细做·装阔·卖俏·都会!》，《上海生活（上海1937）》第4卷第9期，1940年。
③ 《花粉店老板的颂声》，《申报》1932年6月20日，第13版。
④ 《口脂艳话：妇人唇边敷脂》，《申报》1926年4月4日，第17版。
⑤ 《大上海的美人》，《上海生活（上海1937）》第1卷第4期，1937年。

（四）农妇对健康的期望

近代上海，世界性与地方性并存，摩登与传统并存。在这个现代都市里，又有传统乡村的诸多元素，贫富悬殊，高度分层，乡村女性因无多少余钱，所拥有的化妆品，更多是日用品，如肥皂、牙粉，以及美容药粉等，多用于改善卫生状况和生活质量。

如香皂的使用，就是从健康与美丽的双重需求出发，因为"我们的皮肤，不断地分泌出脂肪来，这些脂肪，能与尘埃等相结合，所以单用冷水或热汤，是不能将其洗得干净的，我们必须再用皂类才行。因为用了皂类洗，即能作用于皮肤，使皮肤最上层的表皮角质层膨胀剥离，这一方面既可以除去皮肤上的污秽油腻，另一方面又可使角质层不断的新陈代谢。此外，香皂之类多少总还有些消毒杀菌的效力，所以就一般情形而言，洗脸的时候用香皂，于皮肤和美容是有益的"。①

也是从卫生和美丽的要求出发，反对将肥皂用于洗头发，"秀美的头发并不是邀天之幸，自然生长出来的实在是由于人工的修理，而普通人洗发大多数都是用碱或是用肥皂（肥皂中大半也含有碱质），要晓得这种洗法非但无益于发，这碱质且能使发容易脆断，简直对发有害"。②

近代以来，人们于美容及健康观念认识渐深，渐至化妆品一物，不但为美容选择，也成为维持健康所不可或缺之品。化妆品作为一种特殊的商品，它的使用，不仅仅关乎上海女性的外在形象，也代表上海女性的一种生活态度，一种文明。

三 "化妆美"观念的传播

在上海开埠后，随着商品经济的飞速发展和西方文化在上海影响的日益深入，上海女性无论是在消费行为还是在消费意识上都发生了明显的变化，她们的消费，不再是满足基本的生活需求，而是被赋予了更多的意义。女性不再单纯地消费商品本身，而是追求商品附加的对身份和社会关

---

① 《香皂选择法》，《中外论坛》第 3 期，1935 年。
② 栖云：《洗发与护牙：洗发的简要》，《家庭》第 3 期，1922 年。

系的一种彰显，消费转变成一种具有象征意义的生活方式的文化认同。

（一）品牌符号定位女性社会身份

女性所需要和所能支付得起的化妆品并不一样，"人们通过消费显示经济地位、社会地位、文化地位等差别以及表达风格、品味、流行等象征意义的满足"。[1]

化妆品企业生产的商品，不仅仅满足女性对美的要求，同时也是女性身份和地位的体现。对于购买者来说，购买的不仅仅是一种物品，还包含有象征性的"身份"。此类消费可以被理解为对外物所具有的强烈的获取欲望。[2]

近代化妆品的销售，往往搭乘"卫生""摩登"之风，来体现其高级性。如永和实业公司表示，"所制造月里嫦娥牌牙粉、嫦娥霜……合于日用卫生及人民之需要"。[3] 培根生发香水就宣传，"此香水根据医学原理，几经研究而制成，为研究头发卫生与美观者所必备……常使发色光泽，芬芳馥郁永留发际"。[4] 珂路猗蓝腰香皂也宣称，"（使用后）不仅能使肌肤彻底之清洁，且能保持柔软皮肤之美观"。[5] 通过这样的定位来为品牌增添符号的价值意义，在广告当中体现化妆品的高级性，以此来引导女性群体的消费。

近代女性作为弱者，被迫从流行的社会生活方式中寻求庇护，容易随波逐流，即追求"一般化"与"平均化"；但女性为了凸显自我，在紧跟潮流的同时，亦须张扬个性或"非凡性"。而追求时尚，成为女性实现上述悖论性满足的最佳途径。

（二）美丽"神话"建构女性欲望象征

化妆品行业利用女性的爱美心理，在化妆品的销售过程中，以诱惑式的言说方式和符号化的传播手段，强化其美容效果，激起消费者的购买想

---

[1] 纪江明：《消费文化的社会意义及消费文化阶层结构的形成》，《四川行政学院学报》2010年第4期。

[2] 夏莹：《消费社会理论及其方法论导论》，中国社会科学出版社，2007，第189页。

[3] 《永和实业公司派员赴德考察》，《申报》1923年4月27日，第17版。

[4] 《培根生发香水》，《申报》1931年8月24日，第14版。

[5] 《珂路猗蓝腰香皂》，《申报》1930年6月14日，第17版。

象，进而加快了这一行业对日常生活的渗透。

化妆品广告塑造出来的女性一定是美的，容颜娇媚，肌肤软柔，肤色白皙，口齿清香，配以红唇，"是以女子无不以美为宝"。[①] 在广告中，化妆被塑造为变美的一种方法，"化妆就是把生成的美保持着罢了"，[②] "美容是在迎合本人肤色的条件，运用化妆品色彩的调和，以增加天然之美丽。换句话说，美容是一种技术的致美手段"。[③]

化妆品广告引诱女性使用化妆品，接受化妆品所塑造出的美。在广告的王国里，女性被各类化妆品簇拥着，幻想着达到她们认定的"美"。"人之皮肤感触最灵，如风吹则燥，日曝则痛，受猛物刺激则炎，敷油类滋润则柔，是则可知，皮肤之美恶与妆化品之优劣大有关系"，[④] 仿佛使用了广告中所推销的化妆品，就会像广告中的女性一般美丽。并且针对身体的不同部位，都可以找到相应的修饰化妆品：生发药、生发油、护发霜、美发霜等确保头发乌黑发亮；药水、牙膏、牙粉等保护牙齿洁白健康；玉容散、美颜水、雪花膏、美容散、白玉霜等护理脸部，保持美丽容颜；爽身粉、香粉、香皂则负责身体润滑；而古得克思以及蔻丹，可以使嫩甲生色；此外，各类花露水、香水则确保香气环绕。

当产品和美丽、时尚与都市建立起关联之后，化妆品的销量自然就迅速上升，这些关联能够让人们感受到自己与美好、与时尚之间的关联。虽然化妆品广告构建的女性美在现实中并不存在，却给每位女性一种通过使用化妆品变成美女的希望，并且使用化妆品能确保美艳绝世的说法也越来越深入人心，"观彼美人兮如凝脂者，无他，赖科学之化妆品耳"，[⑤] 时髦的女子最美，成为一种时尚风气，通过女性欲望引诱着有此期望的女性购买化妆品。

（三）为"美丽"创造市场

女性身体特征的发达，往往具有一种强烈的美感力吸引着男子，因

---

① 《一枝红艳露凝香》，《申报》1928年7月4日，第20版。
② 徐剑我：《化妆为妇人的生命》，《家庭》第8期，1922年。
③ 《美容和化妆》，《康乐世界》第2卷第11期，1940年。
④ 《商标夏士莲雪花》，《申报》1911年8月20日，第24版。
⑤ 《夏士莲雪花》，《申报》1913年7月14日，第7版。

此，女性身体常常被作为"消费品"。化妆品厂商引诱着女性使用化妆品，并且接受化妆品所塑造出的"美"。为了市场销行，化妆品广告界亦成功地塑造出一类被时尚气氛包围的"时髦"女子形象，她们头抹司丹康，脸搽雪花膏，眉毛要浓黑，嘴唇要大红，手指要纤细，出门喷香水，至于洗发用的洗发香水、刷牙用的擦牙粉以及洗浴用的香皂，更是一样也不能少。

化妆品制造商也依据女性的个性化美容观，生产出不同种类的产品。如1938年享乐化妆品公司就曾生产出两款新唇膏，属于"类型性唇膏"，一款适合倾向于涂浅色指甲油、穿精致素净的衣服和戴小串珍珠的女孩，另一款则适合喜爱刺激性的服装，在衣服上别一个像茶碟那么大的假钻石胸针，喜欢有那么一点点让人震惊的女孩。一款唇膏柔和无光泽，而另一款则会使嘴唇闪闪发光。1940年蜜丝佛陀亦推出六款不同颜色的滋润唇膏，宣称"可使樱唇鲜艳美丽，自然非常。而且质料优美，对于唇部有益无损"，[①] 女性可根据自身皮肤、头发等特征，自主选择。

"妖艳的女人，美丽的装饰，这一切蜜糖般的现象，总给人无限的诱惑，会使你目眩，使你心惊，使你肉跳，使你魂荡……女性每以富有诱惑为荣，男性投机，亦每以富有诱惑奖励女性，投其所好。"[②] 在化妆品的销售过程中，化妆品厂商一直在营造这种"美丽市场"，那就是，美丽与化妆品之间存在着密切关系，化妆品是妇女的美容妙剂，也是妇女的美容至宝，妇女要想使自己比天然美更美，就要用化妆品来实现，而且女性是可以掌控自己的容颜，提升自己的外貌、身体形态，甚至改变生活方式的。

四　女性对"化妆美"的接受

近代美丽和健康观念在上海的逐渐深入，不仅使化妆品使用人数不断增加，而且可供女性选择的化妆品种类也愈益多样化，女性对其展现美丽、增益精神的作用也持认可态度，而这也正是适应国人美容要求的结果。

（一）认可"化妆美"是权利

上海女性对于化妆美的支持，主要考虑的是化妆是辅助自己变美的工

---

① 《蜜丝佛陀》，《申报》1940年7月30日，第12版。
② 《诱惑：附漫画》，《精华》第2卷，1946年。

具，化妆是一门艺术，也是一门科学，不应被阻止。

"审美观念，基于人类的天性，尤其是女子，纵使丑如无盐，有人誉之，则衷心喜悦，认为无上荣幸，设或加以贬词，未有不忿然作色，衔恨刺骨者。所以凡是人类，没有一个不爱美容。"① 虽说化妆会消耗大量的时间和金钱，但对于妇女来说，化妆品和她的华丽衣帽、高跟皮鞋一样，具有不可否认的重要性。追求美丽是每个女性都应拥有的权利。

皮肤受到周围环境变化的影响，可能出现不适的情况，此时是需要采取一些办法的，化妆品便成了选择之一。妇女"固然不能得到所期望的皮肤健康，但经了胭脂、香粉、唇膏的妙用，她的精神上获得安慰，而且在揽镜自照的时候，还可以顾盼生姿。所以皮肤专家对于妇女的装饰，倒是乐予赞同"。② 并且"身体有它自己的权利——而且不单是权利，并且是它的义务，实际的义务。譬如说，在力量和美观上面，肉体应该尽量地去发展，这便是它的义务"。③ "我们在灵魂方面要求自由，同样在肉体方面也要求自由。"④ "真、美、善三者为人类的灵性，为人类不可或缺的，美是其中之一，而美容更是完成美之一部，重要之一部的工作。因此，我们得在这里歌颂，歌颂美容的神圣，歌颂美容的尊荣!"⑤

美貌究竟值多少钱，这是难以回答的，但美是一种力量，是一种权利，借着化妆品的作用，妇女们能掩饰一些缺点。

（二）使用化妆品促进健康

近代国人对于科学知识关注较少，医学卫生常识亦浅，因此对于化妆品，多知其美容化妆的一面，而忘却了其科学的、医学的一面。近代上海融通中西文化，传播近代意识，女性认识到化妆品与皮肤关系极为密切，真正的化妆品必须具有两重性质：既为美容化妆品，同时又是保护皮肤的药品。

---

① 恨石：《谈谈化妆品》，《申报》1939 年 1 月 2 日，第 24 版。
② 《化妆品之谜》，乐天译，《名著选译月刊》第 3 期，1939 年。
③ 《化妆品和女性美》，《新中华》第 3 卷第 15 期，1935 年。
④ 《化妆品和女性美》，《新中华》第 3 卷第 15 期，1935 年。
⑤ 水影：《美容颂》，《妇女世界》第 5 卷第 2 期，1944 年。

美丽只是表示健康的一个人造的影子，对于真正的美容原理来说，美容工作由健康和清洁两个必要部分组成，使用化妆品可以一定程度上促进健康。若要达到美容的真正效果，"第一步工作是使我们的皮肤毛孔中，一点也不存什么污秽，使我们皮肤的细胞，个个具有生气"，① 这一点也与我们身体的健康大有关系，"那末因为使用化妆品，实行美容而间接促进了身体的健康，所获的利益，就比所费的金钱更多"。②

并且使用化妆品所追求的这种求之不得的美化极致，"一部分是由于皮肤的营养，石蜡的注射，面孔受的整容术，全身受的泥浴和脂粉等，一部分是由于更进步的健康，而这进步的健康，又是由于更为合理化的生活而来的。丑成了一种疾病的征象美，成了健康的标识，那么，只要美化运动，同时也就是一个健康运动，要求更美，同时也就是要求更健康，则这种运动是可以赞美的，而且到某程度为止，也是真正地成功了"。③

再者自科学昌明，医药进步，一切美容方法，日新月异，不分男女，"如果面部上发生缺点，或障碍，在医药方面，不能治疗，更可用艺术的方法来解决"。④ "再退一步，离开美的观念而单就卫生方面说，以适宜的药品来保护皮肤，也是必要而不可缺的。"⑤

小　结

综上所述，近代上海正处在转型时期，在这个生活日渐异质化和多元化的时代里，社会的风气与人们的思想也呈现出开放性和多元化趋势。由海外传入近代文化场域里的健康、摩登的种种论述，以及相应的追求时尚的努力，在实践中被商家迅速攀附和挪用，而商家这样的行为，自然扩散及加强了近代关于化妆与美容关系的表达与想象，进而影响到人们的消费实践。事实上，正是"美丽经济"和"美容文化"的有效互动，使得近代

---

① 《化妆品是不是浪费》，《家庭良伴》第 3 期，1947 年。
② 《化妆品是不是浪费》，《家庭良伴》第 3 期，1947 年。
③ 《化妆品和女性美》，《新中华》第 3 卷第 15 期，1935 年。
④ 恨石：《谈谈化妆品》，《申报》1939 年 1 月 2 日，第 24 版。
⑤ 石霜湖医师：《生活的"真""善""美"与妇女化妆上对于美容品应有的认识》，《艺风》第 4 卷第 4 期，1936 年，第 59 页。

上海女性拥有了获得自主变美的机会,"美容文化"所形成的消费需求,是化妆品行业发展的土壤,而化妆品行业不断推陈出新,"美丽经济"持续增长,又在一定程度上形成了新的"美容文化",如此反复,化妆品工业得以持续发展。

作者:张鑫,山西财经大学文化旅游与新闻艺术学院

(编辑:王静)

国共内战时期上海自杀问题研究

——以《大公报》为中心的历史考察

谈 群 刘长林

内容提要 国共内战期间，上海市存在严重的自杀危机。《大公报》对此进行了持续关注，多聚焦于引发自杀问题的诸多社会因素，如生计困难、家庭矛盾和战争。同时对自杀问题展开讨论，自杀者被舆论塑造为"勇者"或"懦夫"两类形象，进而引导社会大众关注个体的精神健康和生存环境，彰显了媒体的社会责任。在社会舆情的影响下，南京国民政府和上海市地方政府针对自杀采取了一系列防治措施，如制定专门的法律，打击鸦片买卖，限制安眠药、来沙尔等药物的销售，努力构建从中央到地方的自杀防治网络，加强地方社会治理。借助报刊的媒体视角，可以直观地体会到自杀问题带来的社会压迫感，并看清国共内战时期上海的社会生态和民众生存状况。

关键词 《大公报》 自杀 舆情 社会生态 上海

近代以降，上海市一直是中国重要的经济中心，对于任何政权均有着举足轻重的地位。除了1937年发生的淞沪战役外，直到新中国成立为止，上海没有发生过大的战争，这一情况使得上海在抗战胜利后的地位更加重要。基本完好的工业设施，让上海在全国独领风骚。但是，光复后的上海，各种社会问题层出不穷，自杀即是其中之一。随着自杀现象的频现，自杀行为本身也成为时人关切的社会现象之一，自杀人数的多寡，甚至成了评价社会生态好坏的风向标。对此，国民政府与上海地方力量均积极进行干预，但效果不佳，始终未能阻止自杀现象的蔓延。目前关于近代上海地区自杀问题的研究，成果较为丰硕，① 但是关于国共内战时期的上海自杀问题研究却相对不足，有待加强。由于《大公报》② 对国共内战期间的自杀事件进行了大量报道，无论数量还是刊文质量，均为同时期的报刊之冠。本文即通过对国共内战时期《大公报》关于各类自杀事件的报道和评论进行分析研究，考察在媒体的视角下，自杀现象发生的原因以及政府、社会如何进行自杀的防治，进而了解战后上海真实的社会生态和民众的生存状况。

一 战后上海的社会失序与自杀现象的凸显

抗战胜利后，蒋介石主导的国民党悍然发动内战，再次将国家拖入战火，致使社会动荡，阶级矛盾尖锐对立，本就衰败的社会经济进一步被破坏。普通民众生存艰难，个人情感世界崩塌，致使"自杀"事件急剧增多，并演变成严重的社会问题，引起《大公报》等新闻媒体的关注。

不同于政府的统计数据，媒体报道自杀事件，需要考虑到新闻价值。以上海市为例，经市警察局统计，1946 年上海市全年自杀事件共 994 起，平均每月 82 起。③ 1947 年自杀者计 935 人，其中男性 477 人，女性 458 人。④ 但是，在上海图书馆研制和编辑的"全国报刊索引"中，以"自杀"为检索关键词，战后的四年间，《大公报》共有 387 条相关报道，涉及自杀者 333 人（不包括在华自杀的外国人），这一数据远不及市政府任意一年统计的自杀总人数的一半（见表 1）。

---

① 关于近代上海自杀问题研究的专著，比较重要的为侯艳兴《上海女性自杀问题研究（1927～1937）》，上海辞书出版社，2008。相关论文参见王合群《20 世纪二三十年代上海自杀问题的社会透视》，《史学月刊》2001 年第 5 期；侯艳兴《20 世纪二、三十年代上海女性自杀探析》，《妇女研究论丛》2006 年第 4 期；刘长林、彭小松《歧路与拯救：1928 年上海的自杀与政府应对》，《史学月刊》2013 年第 11 期。

② 《大公报》在天津创刊后，相继创设上海版、汉口版、香港版、重庆版和桂林版，影响遍及全国，本文主要以抗战胜利后复刊的上海版《大公报》为研究对象。

③ 《去年自杀案件》，《大公报》1947 年 1 月 19 日，第 4 版；《全年自杀统计》，《甦报》1947 年 1 月 19 日，第 1 版。

④ 《自杀！自杀！且看卅六年的统计账》，《中华时报》1948 年 1 月 26 日，第 4 版。

表1 1946～1949 年《大公报》报道中的自杀者情况

单位：人

自杀者身份	伶人	罪犯	军人	医护	学生	主妇	无业	教员	公务员	企业职员	小贩	舞女	记者	商人	学徒	帮佣	车夫	不明
人数	7	9	24	6	31	49	30	13	35	29	4	6	2	16	5	4	2	61

自杀原因	畏罪	家庭纠纷	婚姻情感	维护名誉	生计困难	疾病	内战	受刺激	受虐待	债务	不明
人数	22	51	37	18	118	16	13	11	2	2	43

自杀方式	服毒	投水	跳楼	自缢	吞异物	热武器	自戕	卧轨	车撞	撞碑	跳车	不明
人数	151	40	21	28	15	29	23	5	2	1	2	16

注：1. 本表根据《大公报》（上海）1946～1949 年关于自杀的新闻报道整理。

2. 投水包括投河、投江、投海、投井；吞异物包括吞金、吞针、吞玻璃；热武器包括枪械和手榴弹等。

3. 表中"不明"为报刊中未说明或警察未能调查出结果。

4. 由于《大公报》中的大量报道存在未说明男女性别的情况，因此未做男女两性统计，表中"人数"为总人数。

从《大公报》报道的 333 例样本看，引发自杀的社会因素主要有以下三方面。

（一）失业和恶性通货膨胀引发生存危机

在《大公报》涉及的 333 例自杀案中，因生计困难而自杀的人数达到 118 人，占总数的 1/3 多，如果加上"不明"项中可能存在的同因自杀者，这一数字应该会更高。

导致战后生计困难的原因，最主要的是失业和恶性通货膨胀。据上海劳动调查登记站统计，1946 年上海市有工厂 2600 多家，员工 21 万人左右，失业人数却超过 15 万人。① 而失业之所以容易导致自杀事件发生，与恶性通货膨胀不无关联。抗战胜利后，国民政府滥发纸币，引发恶性通货膨胀，致使物价飞涨，有学者认为国民党政权在大陆统治的最后几年（1945～1949）的恶性通货膨胀为人类历史上最大的两次通货膨胀之一。② 抗战结束时，法币发行量达到 5569 亿元。解放战争期间，法币发行量则增加 1206 倍，国民政府不得不承认"自 1945 年起，发行膨胀，速度比抗战时更快"，"1947 年 6 月增加额比 1937 年 6 月到 1945 年 12 月总增加额还多"，最后"印刷机已经跟不上它的速度"。③

恶性通货膨胀导致的直接后果是物价暴涨。如 1946 年 6 月，全国各地物价仍趋上涨，其中以食物、日用品增速尤快。④ 国民党官员陈克文感叹道："物价上涨不已……这是政府最大的威胁，比共产党的军事进攻还要可怕。"⑤ 1948 年金圆券改革失败，上海经济呈现雪崩式滑落，出现"一日十价的通货膨胀"。⑥ 至 1949 年 1 月，根据市政府第三次调查，物价较之前再次上涨三四成，如"米已涨百分之一百二十，油已涨百分之一百三十，纱已涨百分之一百，煤已涨百分之二百，水电已涨至倍半"。⑦ 对此有媒体写道："物价狂涨怎么办？自杀！自杀！！自杀！！！"⑧

失业问题与物价飞涨破坏了社会的良性发展，引发了社会恐慌。因此，自杀便被看作解脱方式之一。"孙钦和自杀案"即是上述原因造成的典型案件。孙钦和于 1940 年从浙大毕业后，服务于重庆经济部物炼油厂及兵工署二十工厂。抗战胜利后回到原籍浙江绍兴，不料返乡即遭失业之苦。为全家生计，独自到上海寻找工作机会，但久无结果。1946 年 10 月，孙钦和在交通大学工程馆内的厕所里自缢身死。⑨ 孙钦和因失业而自杀，

① 上海劳动调查登记站：《本市工厂统计》，《申报》1947 年 1 月 18 日，第 7 版。
② 贺水金：《论国民党政府恶性通货膨胀的特征与成因》，《上海经济研究》1999 年第 6 期，第 67 页。
③ 杨培新编著《旧中国的通货膨胀》，三联书店，1963，第 61、62、65 页。
④ 《各地物价》，《新闻报》1946 年 6 月 16 日，第 5 版。
⑤ 陈方正编辑校订《陈克文日记（1937～1952）》（下），社会科学文献出版社，2014，第 984 页。
⑥ 熊月之主编《上海通史》第 8 卷，上海人民出版社，1999，第 451 页。
⑦ 《当前的物价》，《申报》1949 年 1 月 12 日，第 2 版。
⑧ 《物价狂涨怎么办》，《立报》1947 年 5 月 9 日，第 3 版。
⑨ 《为工业建设担心》，《大公报》1946 年 10 月 3 日，第 9 版。

以致有人感叹这是"失业的大学生本身的悲哀，抑且是国家的社会的悲哀，同时也是毫无补偿的损失"。① 另有宁波人陈宝康在失业两年后，终在贫病交迫中自戕而亡。② 由此可见，失业已成为战后全国性的一大社会问题，也是造成战后自杀者剧增的重要原因之一。

除了失业人员，在职人员同样因为收入微薄面临生存压力。在《大公报》报道的自杀案中，时常出现军人、公务员、教员、医护人员、企业职员等字眼。表1显示，上述看似稳定的职业类别，恰是《大公报》报道最多的自杀群体，共计107例，占报道自杀总人数的近1/3。尤其是公教职业，不再是人们想象中的"金饭碗""铁饭碗"。在35名公务员自杀者中，有21人因生计困难选择自杀，15名教员自杀者中也有6人因生计困难自杀。如公务员闵宝善"因其每月薪津不足供养老母妻儿全家五口……近复被房主逼收历月所欠房租"，③ 将妻砍死后自杀。另有公务员田某由于"物价飞涨，生活困难"，在妻子临盆之际服毒，"并以钢笔尖刺入脐眼意图自戕"。④ 另外，教员同样因为薪金微薄而无法满足生活需要，不断暴涨的物价又将他们进一步推向自杀的边缘。⑤

在抗战胜利后的几年内，生计困难不仅直接导致自杀发生，还成为激化家庭矛盾的重要因素，引发自杀悲剧。如警员张朱氏与其丈夫同在沪市警局任职，但"夫妻俩收入菲薄，难以维持生活"，因此时常发生口角。在一次争吵后，张朱氏气愤中"吞服巨量鸦片自杀"；⑥ "董德华因遭失业，据括万状，生活苦度"，其妻子因而与之发生口角，气愤中背人吞服硝镪水自杀。⑦ 上述自杀案背后，反映的是公职人员收入微薄、物价不断上涨以及严重的失业问题。当这些问题同时出现在一个家庭时，严重的生存危

---

① 恩沛：《从交大学生孙钦和自杀说到大学生的出路问题》，《中华时报》1946年10月6日，第2版。

② 《上海市警察局调查陈宝康自杀案》（1948年2月20日），上海市档案馆藏，档案号：Q131-5-548。

③ 《经济生活不安定下，公务员一幕悲剧》，《大公报》1946年11月4日，第2版。

④ 《公务员的悲哀》，《大公报》1946年12月4日，第2版。

⑤ 《找不到房子，银行行员自杀》，《大公报》1946年11月19日，第5版；《失业教员充工役，贫病交逼跳楼死》，《大公报》1947年4月21日，第4版；《贵阳教师自杀，房东迫迁无法生活》，《大公报》1948年2月4日，第7版。

⑥ 《警局女职员，因贫与夫口角，竟因气愤自杀》，《大公报》1946年12月12日，第5版。

⑦ 《失业还要看戏，妻子怨恨服毒》，《大公报》1947年3月18日，第4版。

机将直接激化家庭矛盾，从而引发自杀行为。

（二）家庭纠纷引发自杀者众

在表 1 的自杀原因统计中，"家庭纠纷"是媒体关注的第二大自杀诱因。值得一提的是，在同时期上海市警察局的调查统计中，"家庭纠纷"是引发 1946~1947 年上海市自杀事件的首因（见表 2）。

表 2　战后（1946~1947）上海自杀原因统计

单位：人

年份	家庭纠纷	生计困难	婚姻不自由	失恋	营业失败	失业	疾病	畏罪	被虐待	赌负	不明	合计
1946	377	217	30	31	31	44	95	12	10	5	142	994
1947	287	255	15	33	28	61	117	13	5	6	115	935

资料来源：《上海市警察局统计年报》（1946 年），上海市档案馆藏，档案号：Y3 - 1 - 58 - 81；《自杀！他杀！且看卅六年的统计账》，《中华时报》1948 年 1 月 26 日，第 4 版。

由表 1 和表 2 可知，家庭矛盾与自杀行为的发生有着极大的关联性。关于家庭生活与自杀的关系，吴飞认为，"家庭生活首先是情感与政治的一种混合。一方面，家庭成员之间有相当密切的情感依赖；另一方面，家庭生活又是一种政治生活"。这种家庭政治可以理解为"一系列的权力游戏……围绕家庭生活中的某个事件，人们都希望自己有着更大的发言权，或至少得到更多的尊重"。在这个权力游戏中，"一方如果得不到所预期的尊重和对待，也会认为自己应有的权力受到了侵害。委屈，既可以理解为没有达到预期的亲密关系，也可以理解为没有达到预期的尊严和权力"。"在这一系列权力游戏中，我们就可以把委屈理解为权力游戏中的挫败；而自杀，就可以看做对这种委屈的一种报复或矫正手段。"[①]

基于吴飞的理论，可以判断由家庭矛盾导致的自杀事件，自杀者往往是家庭权力游戏中的挫败者，因而此类自杀主要源自家庭矛盾产生时的应激行为。如沪市居民傅兆荣与苏州女子徐林贞姘居，一日"徐因向傅索购菜钱，适傅无有，两人乃起口角。徐一时气愤……购来沙尔药水一瓶，吞

---

① 吴飞：《浮生取义——对华北某县自杀现象的文化解读》，中国人民大学出版社，2009，第 46~48 页。

服自杀。待傅发觉，徐已奄奄一息"。① "妇人张翠华，因与丈夫发生口角，其夫一怒出走，伊乃吞服大量之安眠药与鸦片，企图自杀，经人发觉，急送仁济医院，经灌治后，尚未脱离险境。"② 又有妇女刘高氏因晚间携子出游未归，被丈夫责令返家，刘高氏心生不平，生厌世之念，于一日晨服下砒霜自杀。被丈夫发现后，送仁济医院救治，因中毒过深，不治而死。根据警局在刘高氏去世前所做的笔录，可知其自杀前的心态："余想为小孩子常常为夫所责，实于心有愧，细想人生无味，不如一死了之。"③ 显然，从其本人的陈述中可以看出，刘高氏自杀仅因被丈夫责备，并无家庭暴力等，且事出有因，所以她才感到"于心有愧"而自杀。

因此，无论是徐林贞还是张翠华，通过对其自杀案情的解读可知，她们的自杀虽起于琐碎小事，但归根结底，是她们的依赖和预期的某种相互关系没有达到。比如在她们的日常生活中，夫妻恩爱是家庭权力游戏中的正常关系，丈夫的指责则是意料之外的，自杀则成了她们对抗和报复对方的方式。究其缘由，解放战争期间社会动荡，经济形势急剧恶化，使得具有一定经济实力的男子在家庭权力游戏中占据主导地位，而弱势一方的最大对抗资本只有生命。

（三）战争的催化

1946 年 6 月，国共内战全面爆发，上海地区看似免受战火破坏，实则深受战争的影响。首先，战争加剧了国民党对上海经济的剥削和压榨，导致自杀事件频发。为了筹措军费，国民党再次加大盘剥，"摊派"应运而生。"根据 1946 年的一份材料，通常是由商人承担军粮的 30%，农民承担 70%。像征购制度一样，为军粮所付出的报酬是永远不变的，其价格远远低于市价。"④ 一时之间，摊派成风，"摊派"一词也频现于各大报刊头条，以致"在农村，现在最怕见的两个字，就是'摊派'"。⑤

① 《一件自杀案》，《大公报》1947 年 3 月 18 日，第 4 版。
② 《安眠药与鸦片，少妇一齐吞》，《大公报》1947 年 4 月 16 日，第 4 版。
③ 《上海市警察局黄浦分局关于自杀》（1946 年），上海市档案馆藏，档案号：Q132 - 2 - 104。
④ 〔美〕易劳逸：《毁灭的种子：战争与革命中的国民党中国（1937～1949）》，王建朗等译，江苏人民出版社，2010，第 43 页。
⑤ 持一：《摊派》，《新闻报》1946 年 5 月 10 日，第 9 版。

蒋介石发动内战的代价最终落在普通营业者和农民身上，1946～1947年，上海市因营业失败而自杀的新闻报道屡见不鲜。现摘录两例如下。

宁波人张志强在沪经商失败后，服毒自杀身死。① 山东人成鸿宾经商失败后，多次自杀未遂，最后一次自杀时，被人发觉，送至上海公济医院治疗，当晚趁人不备，从五层楼阳台跳下，最终坠地身死。②

以上案例可见商人求死的意志非常坚定，而经济环境的恶化是造成这时期商人自杀的主要原因。上海市政府曾宣布要"取缔投机，鼓励生产，安定物价，提倡节约"，③ 甚至派出代表40余人到南京请求国民政府予以救济，表示"不达目的，誓不回沪"，④ 由此，上海商业环境之糟糕程度可见一斑。

其次，战争再起对军人的影响很大，是促使战后军人自杀的主要动因之一。在表1的333例自杀案件中，军人自杀人数多达24人。其原因正是战争的发生，加剧了社会动荡，即使是上海这样经济较好、未被战火破坏的城市，也因战争而经济凋零，失业严重，直接导致复员军人来沪谋生碰壁，选择自杀。⑤ 另一种情况则是厌战自杀。上海市工务局曾呈报多起军人在公园内自杀的案件。其中一件发生在1947年1月24日中午，中山公园有人以手榴弹自杀。经记者调查发现，自杀者王志远为现役军官，随身携带的七份委任状表明王志远正面临调动，并非因生计困难而自杀。再细读其遗书，王志远写道："内战杀死了我，多残酷。"在装遗书的信封上，也有一段话："情愿死，不愿参加各党派打内战的军队。杀鬼子杀过瘾，何必再杀我们的同胞呢。其（岂）有此理，劝我服务内战区的人民先生们，恕我古直（固执）不悟吧。对不起，永别了！"⑥

毫无疑问，王志远自杀，是在用生命反抗那七份委任状。作为亲历

---

① 《借款经商失败，无力偿债自杀》，《民国日报》1946年10月8日，第3版。
② 《营业失败亏累巨，屡萌短见死志坚》，《申报》1947年2月18日，第4版。
③ 《解救工商业危机》，《民国日报》1946年6月2日，第3版。
④ 《沪工商业代表日内晋京请救经济危机》，《中央日报》1946年7月20日，第4版。
⑤ 《贫病交迫，军人自杀》，《前线日报》1946年12月23日，第4版；《军人失业在浦口自杀》，《沪报（1946～1947）》1947年2月15日，第2版；《自杀两起》，《大公报》1947年11月11日，第4版；《退伍军人　企图自杀》，《大众夜报》1947年12月20日，第4版。
⑥ 《反内战自杀军人》，《大公报》1947年1月28日，第5版。

抗日战争的一名老兵和现役军人，他知道服从命令是军人的天职，但正如其遗书中所言，"杀鬼子杀过瘾，何必再杀我们的同胞呢"。王志远当时面临着是否执行军令和自我正义理念的冲突，自杀成了心理矛盾中的选择。

当然，王志远的悲剧并非个案。另有军人汪洋，年仅 24 岁，于 1946 年 6 月 28 日在广西路太平旅馆服毒自杀，被送往仁济医院后不治身亡。汪洋的死，媒体仅做了简短的报道，甚至连自杀原因都未提及，① 然而警察局的调查表明，汪洋的自杀正是厌战所致。

汪洋在死前曾留有一封遗书和一张便条，遗书中有一段话写道："在抗战时我房屋被炸毁，在内战时我父母被打死，前者我已报仇，后者使我感到无限的悲伤，不，我替全中国的同胞悲伤，你使我现在再去做情报工作，再去从军，这不是拿力量去（打）自己人吗？我觉得这牺牲太无聊了，于是我又徘徊着，现在我不能做一个打自己人的军人，又不能做一个寄生虫，只好自杀吧。最后，我希望全中国的军士同志一致放下枪杆，给中国同胞换（缓）一口气，过一些安乐的日子。现在我们是建国养军时期，在这个时候我们把全中国的物力人（力）集蓄起来，生产起来，抵抗将来侵略我们国家的敌人。劝中国的志士们，大家醒醒吧，现在抗战已经胜利了，我们需要好好的休息，如生产，不要盲从吧，我希望你们这样想，国家第一，人民第一。"便条则写道："发现我尸骸的先生们，请你们发现我尸骸的时候请不要救我，如果救活了我，我会杀害你们，让我安静的离开这污秽的世间吧，谢谢诸位先生，一个流亡者绝笔。"②

遗书中流露出汪洋对内战的厌恶和对中国未来的无限期许，便条内容更表明了其宁死不参加内战的决心。可见厌战已成为这一时期国民党军人群体的普遍心理特征，虽不情愿，却迫于命令，仍须参加"中国人杀中国人"的战争，由此形成的矛盾心理，成为这些抗日英雄无法去除的压力源，导致有人消极参战，更极端者如王志远、汪洋通过自杀来摆脱内心的不安。

综上可知，战后上海急剧萧条的经济和严重的失业问题给在沪民众带

① 《广西路太平洋旅馆，有军人汪洋服毒自尽》，《立报》1946 年 9 月 29 日，第 4 版。
② 《上海市警察局老闸分局关于刑事自杀案卷》（1946 年 6 月 11 日），上海市档案馆藏，档案号：Q133 - 2 - 426。

来了极大的生存压力，成为这一时期上海自杀案频发的重要因素。外部环境的恶化又成为家庭内部矛盾激化的诱因，而再次爆发的战争和动乱破坏了人们赖以生存的正常社会秩序，放大了所有正常情况下易诱发人们自杀的所有因素，尤其是对刚经历抗战的军人群体而言，内战打破了他们内心关于民族正义的信念及对美好未来的向往。于是，战后上海社会呈现出一种失序状态，自杀现象的凸显则是这种失序状态的极端反映。

二 媒体围绕自杀问题的讨论

面对上海日益严重的自杀问题，以《大公报》为代表的主流媒体开始予以关注。它们一方面积极介绍战后其他国家的自杀情形，为本国提供借鉴，同时向社会各界传达政府和民间的救助措施，宣传与防控自杀相关的知识，通过媒体掌握的话语力量，发表社评，刊登专家学者、普通民众，特别是有自杀意念和有亲属自杀者的评论性文章，发挥着正面的舆论导向作用。

二战结束后，世界各国大多面临自杀的难题。据美国人寿保险公司统计，"（美国）战时之自杀率则见降低。按第一次世界大战时自杀率亦降低，至两年后始剧增"。① 战败国也同样面临着自杀现象带来的巨大冲击。日本的自杀现象本就世界著名，甚至有人认为"自杀已经成了日本的国民性"。② 德国在战后出现了"自杀热"，从警察局的统计数据可知，仅柏林一地，1946 年共有 1809 人自杀，战后以来的自杀总人数已达到 2743 人。③ 对于二战后世界一些国家自杀率上升的情况，通过媒体报道，为中国政府和民众关注自杀问题，提高防控自杀的认识营造了舆论氛围。

关于如何看待自杀现象，即对"自杀"持何种态度，是人们讨论自杀话题的前提。对于自杀，不外乎"支持"和"反对"两种观点，各大报刊在刊登相关文章时，同样以这两种态度为主。下文以《大公报》为例，分析媒体对自杀这种社会病态现象的观点。

---

① 《美自杀率增高》，《大公报》1946 年 6 月 12 日，第 3 版。
② 虚人：《日本人的自杀》，《大公报》1947 年 1 月 6 日，第 12 版。
③ 《柏林自杀热》，《大众夜报》1947 年 1 月 21 日，第 1 版。

（一）"勇者"或"懦夫"：舆论下的自杀者形象

从媒体报道的评论性文章来看，支持自杀的人占少数。在《大公报》刊登出来的与自杀相关的评论文章中，仅有两篇持支持态度，他们并不认为自杀就是懦弱的或逃避现实的可耻行为，相反，认为"只有自杀的人，才佩称真正勇者，伟大者。当一个人动自杀的念头刹那间，是智慧高度表现；当人在进行自杀行为时，是最勇敢表现。一个人没有自杀而享寿天年，那人生意义就够平淡，如果一生连自杀的念头都没有起过的人，那更就是庸碌之辈了"，所以，"自杀不是一种事业，而是一种艺术。懂得自杀的人，方懂得人生"。① 笔名棘束者，认为自杀是人的天然权利，人们选择自杀是因为失去了生存的目标，所以不应责备自杀者。文章最后引用了德国文学家歌德在其自传里说的一句话，"自杀是本于人类的性情的一种事变。如果因他的视为性命的理想在尘世间消失了，而想在死后的世界寻求，这样的死，我们不会非议的"，② 为自己的观点寻求支持。

社会各界对自杀行为大多持批判态度。在工程师孙钦和自缢身死后第六天，《大公报》刊登上海交大学生陈四划的一篇评论文章，他先陈述了自己的经历，"胜利以后，家庭全部破产，弟妹失学，父兄受尽了人世的惨痛，经济来源断绝"，在此情形下他并没有绝望，想方设法维持学业，"目前我想个卑贱的办法，当我在课余的时候，在外滩或者在热闹的街头上去摆个地摊，卖点杂志报张，找几个血汗的钱来维持我念书最低的生活"。在陈四划看来，"社会给我们的苦痛，永远忘不掉的，有千百万的同胞正在饥饿线上挣扎着。是谁夺去了我们的饭碗？我们的生命操纵在那些人手里？孙君自缢死了，连我是一个穷光蛋都不怜恤他，何况是吃山珍海味住洋楼大厦的人们呢！"③ 这既是对当时反动统治的控诉，也是对孙钦和自杀的不屑，在他看来，自杀是毫无意义的懦夫行为。

陈四划的观点，代表了当时社会上相当一部分人对自杀行为的看法，即自杀是"毫无意义的懦夫行为"。就自杀本身而言，意味着放弃了做人

---

① 牛珊：《自杀小论》，《大公报》1946年11月12日，第12版。
② 棘束：《歌德谈自杀》，《大公报》1948年8月23日，第8版。
③ 陈四划：《懦夫才自杀！——一个交大工读的学生对孙钦和自杀的反响》，《大公报》1946年10月6日，第9版。

的基本权利——生命权，那么其他权利当然无从谈起，因而这部分群体反对自杀。这里，还应注意到一个细节，陈四划将自己摆地摊赚学费生活费的行为称为"卑贱的办法"，暗指孙钦和放不下身份去想方设法地赚钱，也许这也是这类群体轻易选择自杀的原因。孙钦和是个有专业知识技能的工程师，却在抗战胜利后失业潦倒而自杀，这与前文提及的闵宝善一类的公教人员类似，他们都有着较高的文化水平，本应是社会中的中产阶级，但是他们的全部生活来源，似乎仅仅源自工资收入，所以不管是孙钦和这类的失业者，还是闵宝善这类有工作但薪金微薄的公务员，在他们的抗争行为中，均未发现有摆地摊、卖报纸、做餐馆服务员等各种谋生手段的经历，好似一旦失业或者收入不能满足生存需要，便直接选择自杀。也许这类知识分子在思想认知中，和陈四划一样，将之视为"卑贱的办法"，耻于为谋生而放下身段。

时人郁夫也通过讲述祢衡①的故事，呼吁人们不要"死得糊里糊涂"，认为"他不知道他的愚庸的死，对于曹操的专权是无损的，对于刘表也无损的，只不过死了的腐儒自己太可惜而已"，"天下有至死不悟的昏君，也有至死不悟的才名家。祢衡的故事虽在古代，但于今人仍足够令人反省"。② 如军官王志远，本希望通过自己的死来呼吁停止内战，制止同胞自相残杀，但反动派是不会轻易退出历史舞台的，他的死，经过报刊媒体的传播，引发了广泛的社会同情，却未能阻止蒋介石集团继续发动更大规模的内战。

由此可见，媒体关于自杀者形象的讨论，不仅为社会公众提供了探讨自杀问题的空间，也是一种社会消极情绪的宣泄。同时从《大公报》所载关于自杀问题的评论文章亦可看出，《大公报》编辑部的态度更倾向于反对自杀，媒体对自杀者"懦夫"形象的营造，实则暗含了媒体人的社会关怀。然而，随着自杀事件的持续增多，媒体人也开始思考自杀行为产生的原因，以期从根源上减少自杀的发生。

---

① 祢衡（173~198年），汉末文学家，字正平，平原般（今山东乐陵西南）人。少有才辩，长于笔札。性刚傲物，不容于时。初入曹操幕，当众辱操，被遣送于刘表；复侮慢表，又转送江夏太守黄祖，终被杀。见张新科、尚永亮主编《先秦两汉文观止》，陕西人民教育出版社，2019，第491页。

② 郁夫：《腐儒的自杀》，《大公报》1946年11月17日，第12版。

（二）精神世界的崩塌与生存危机：媒体关注的自杀诱因

有读者每日关注各类报纸上的自杀新闻，"每天打开报纸，总有几段关于自杀的消息夹在其他新闻中，其他的新闻越黯澹越悲惨，自杀的新闻就夹得越多"，并且为很多新式的自杀方式所震惊，感叹这些"可怕的自杀手段的使用，除了国民经济恶劣不堪，被迫得走投无路的人，求死的勇气比求生的勇气大千万倍之外无他解释，这种花样万千的自杀，我记得是儿时闻所未闻，在书本里面也极少见到的"。于是，他进一步分析自杀原因，认为"除活不下去占一数外，苦闷死，因家庭细故小小的吵闹而毅然舍生的也多得可惊，可见除了经济生活，除了爱情等原因外，正有许多人精神苦恼万状，觉得社会世事一切悲观，正有许多人生活得无味、寂寞、厌烦，一点生活的波浪就引起他自杀的意念"。① 这位读者细致地察觉到生存环境的恶化已经给人的思想带来了极大的负面波动。另有读者楚风也认为，"自杀的人，因为受到特殊的刺激，心理上起了变态，所以走上这条末路——悲观主义者最后的一着。社会上有不少人，就是这样悄悄离开尘世，长眠地下，丧'志'以殁的"，② 同样将自杀的动因归于精神层面的变化。

正如少将张镜澄自杀后，有人发出警告："这个时代是可怕的，可怕到要人不能正直的、好好的活着！在内战炮火连天的今天，对于一个军人的自杀，对他的厌战心理，却是不容忽略的！好战者应该猛省了！"③ 战争创伤不易医治，内战的爆发，进一步撕裂了团结的民众，暴涨的物价、动荡的环境，则时刻蚕食着普通人的生机。

除关注上述自杀者个人精神层面的原因外，《大公报》十分善于挖掘每一个自杀事件背后的社会原因。如沪市财政局职员陆濠因收入微薄，无法为患病的妻子医治，不忍看到妻子咽下最后一口气的惨状，投江自尽。④ 通过《大公报》的披露，人们这才关注到以陆濠为代表的公教人员在战后的生存危机。在战后《大公报》报道的自杀类新闻中，公务员这一群体自

① 恪父：《论中国人的自杀》，《大公报》1947年2月20日，第8版。
② 楚风：《慢性的自杀》，《大公报》1947年6月23日，第7版。
③ 张晋之：《少将的自杀》，《大公报》1947年2月23日，第10版。
④ 《陆濠投江自杀身死，为了无法医治妻病》，《大公报》1948年2月27日，第4版。

杀人数达到 35 人，仅次于"主妇"，是媒体人重点关注的自杀人群。人人羡慕的"金饭碗"工作者，为什么会走上自杀这条绝路呢？有心人开始计算公教人员的薪金水平，发现"在物价指数超过了三十万倍，生活指数到了十五万倍的今天，身为知识份子的公教人员待遇，却还是照几个月前的指数八万五底薪三十元计算"。[1] 由此可知，当时公务员的薪资收入已完全不能满足家庭生存的需要，这一情况更是潜藏着国民政府的统治危机。有人敏锐地察觉到，"陆濠的自杀，决不是他自己的责任或他妻子的责任，而是整个中国社会潜在危机的一点微波，也可说是大火山上爆发前的一个火花，政府绝不容忽视"。[2]

综上，以《大公报》为代表的上海主流媒体，通过自身掌握的话语力量，充当了社会喉舌的角色。一方面，向社会民众传播防范自杀的知识，呼吁民众要敢于抗争，刷新政治，改善生活，不要轻易悲观自杀；另一方面，时刻关注社会时局，勇于揭露弊病，推动当局进行改革，彰显媒体力量。

三 政府与民间对自杀问题的因应

战后上海自杀现象的凸显与社会失序有着极大的关系，无论是内战的爆发，抑或是社会经济的混乱，都给民众带来了极大的家庭矛盾和生活压力，致使自杀问题日益严重。《大公报》等主流媒体在抗战胜利后对上海自杀现象的持续关注，既制造了舆论热点，也引发了国人深思：在经历战争摧残的国度，究竟该如何帮助有自杀意念的人们，从而减少自杀事件或从根本上减少自杀意念。为此，从政府到民间均积极参与，共同应对日渐严重的自杀问题。

针对各地自杀案件层出不穷的现象，国民政府以法律形式严禁民众自杀。早在 1947 年 8 月，国民政府社会部再次通令各省，要求对自杀现象"设法防范，严予禁止，并应经常派员巡视，如发现有可疑征兆，即设法使其觉悟。如有不听劝导者，依行政执行法第七条第八款'意图自

① 徐啸：《从陆濠的自杀说到公务员的待遇》，《大公报》1948 年 3 月 12 日，第 4 版。
② 野原：《从陆濠自杀说起》，《大众夜报》1948 年 3 月 6 日，第 2 版。

杀，非管束不能救援其生命'之规定，予以管束"。① 这个通令有两点值
得关注：一是要求地方政府安排警备力量在可能发生自杀的场所巡视，
加强防范；二是明文规定自杀行为犯法，可依据《行政执行法》相关条
文进行管束。这是近代以来又一次为自杀行为进行立法。相较于自杀的
刑事犯罪，大多数自杀者并未触犯刑法，这一条文可以保障意图自杀者
暂时性的生命安全，为警察在进行自杀救助时强行管束自杀者提供了法
律依据。

国民政府在宏观层面为减少自杀现象提供制度支持，地方社会在进行
自杀救助的策略上更具有灵活性。上海市作为近代中国第一大都市，自杀
现象尤为突出，所以，上海在自杀救助方面的举措具有一定的代表性。

对于触犯法律或过失致人自杀的案件，上海地方政府采取一系列措
施，维护自杀者权益。② 在《大公报》关于自杀的新闻报道中，有这样几
个案例。青浦黄渡乡沈伟的妻子突然自缢身死，经过两度检验，"均称自
缢身亡"，但沈伟"目睹其妻尸体，伤痕累累，心不甘服，泣告各界伸
验"，最终在舆论压力之下，市政当局组织法医重新检验，"断定生前被迫
奸淫，后因羞愤自缢而亡"，相关人员也因此受到法律严惩。③ 另有张荣贵
自杀案。虽然张荣贵自杀的起因为其与姘妇姚氏感情破裂，但因姚氏在争
吵中说了一句"你年纪这么大了，不如去死吧"，④ 在这一自杀事件中起到
了心理暗示的作用，姚氏因此被认定有教唆自杀的嫌疑，被依法移送地检
处讯办，为自己的言行付出了法律的代价。蓬莱警局第三股股长潘连璧因
烟毒嫌疑被新成分局拘讯时，在新成分局第一股的办公室内突然用手枪自
杀。在这个自杀案中，无论潘连璧是否吸毒，但警员疏忽致生意外，"负
责人将受相当处分"。⑤

---

① 《严禁自杀》，《大公报》1948 年 8 月 18 日，第 5 版。
② 关于自杀的立法情况，《中华民国刑法》第十六章"妨碍风化罪"中已有规定，对妇女
强暴、胁迫导致被害人因羞愤自杀或意图自杀而致重伤者处 7 年以上有期徒刑；第二十
二章"杀人罪"中规定，"教唆或帮助他人使之自杀或受其嘱托得其承诺而杀之者，处
一年以上七年以下有期徒刑"。见《中华民国法规大全》第 1 册，商务印书馆，1936，
第 148、151 页。
③ 《黄渡乡妇人暴毙案，复验断系被奸自杀》，《大公报》1948 年 9 月 4 日，第 6 版。
④ 《不堪姘妇遗弃，老人投浦自杀》，《大公报》1949 年 4 月 6 日，第 4 版。
⑤ 《潘连璧自杀，疏忽警员应受处分》，《大公报》1947 年 8 月 9 日，第 4 版。

通过这些案例，可见在与自杀相关的日常执法行动中，"对妇女强暴、胁迫导致被害人因羞愤自杀或意图自杀而致重伤者"[1] 将会被严肃追责。其他情况，如潘连璧案中，即使疏忽导致其自杀成功，相关人员也将被问责，体现了司法对自杀行为的约束，进而保护自杀者的生命权益不受侵犯。

上海市由市警察局每月进行自杀数据统计，《大公报》则对警察局公布的数据进行刊登，[2] 向社会各界传达最新的自杀情况，以便政府与社会了解自杀的严重程度，及时进行防控。在自杀方式上，由于服毒自杀是最多的一种，常见的有吞服鸦片、安眠药、来沙尔等，因此，管控常见的含毒物品，可以有效地减少自杀发生。早在 1929 年，上海市政府已意识到"严厉的禁烟，有减少自杀的可能"。[3] 抗战胜利后，上海市积极响应国民政府的禁烟政令，成立"肃清烟毒委员会"，掀起禁烟运动。1947 年 9 月 29 日，上海市肃清烟毒委员会进一步通过法案，决定"提高查缉烟毒奖金，扩充调验所，加强劝戒工作"，同时"积极成立各区保禁烟协会"。[4] 关于安眠药和来沙尔，当时已有市民表达关切，希望政府能够限制安眠药和来沙尔的出售。[5] "市警局以自杀案件中，服用安眠药品者甚多，特函社会局饬令市新药商业同业公会，转知各药房，对配售安眠药品，必须医师正式处方。且药房只能凭方配售一次，加盖戳记，不得再行续配"，[6] 对安眠药的售卖，进行严厉的管控。此外，为了防止出现自杀的传染，市政府对有关自杀题材的电影和戏剧进行审查，未通过审查者，一律停演。如越剧名伶筱丹桂自杀后，各大剧院排演出《筱丹桂自杀记》一类的剧目，被市社会局叫停。[7]

---

① 《中华民国法规大全》第 1 册，第 151 页。
② 此类报道较多，现节选几例：《上月自杀统计，青年占居多数，共八十五件》，《大公报》1946 年 12 月 15 日，第 5 版；《女性自杀，上月计有三十人，经济困难占多数》，《大公报》1947 年 3 月 16 日，第 4 版；《都市罪恶一瞥，上月自杀统计，七十六件家庭纠纷居多》，《大公报》1947 年 7 月 26 日，第 4 版；等等。
③ 《社会病态统计》，《社会月刊》第 1 卷第 6 期，1929 年，第 113 页。
④ 《加紧禁烟》，《大众夜报》1947 年 9 月 30 日，第 4 版。
⑤ 梁诚之：《自杀案件使人心寒》，《大公报》1947 年 10 月 31 日，第 8 版。
⑥ 《防止自杀，安眠药要凭方配售》，《大公报》1946 年 11 月 24 日，第 4 版。
⑦ 《上海市社会局关于停演〈筱丹桂自杀记〉文件》（1947 年 11 月 27 日），上海市档案馆藏，档案号：Q6－13－631。

对于已经发生自杀行为的民众，为了第一时间抢救成功，避免出现无钱拒诊的局面，市卫生部门在 1946 年 8 月 26 日发布公告，划定包括公济、仁济、宏仁和中国红十字会第一医院等四家市公立医院对"本市马路因交通事件及自杀受伤者"免费进行收治，并致函沪市各区警局，告知上述决定。部分私立医院也积极响应，上海南洋医院即致函距离最近的上海市警察局泰山路分局，表示由泰山路分局警士送来的交通受伤及自杀病人，"急诊医费药费果皆豁免，即夜间应诊医药等人员每次应贴一千元特别费，合计之下不在细数，其他军警公务人员来院诊治无不予以优待"。①

不仅地方政府积极进行自杀救助，社会相关人员也积极参与，为阻止自杀的发生贡献了一定的力量。如新婚的钱凤熙，去公园散步时，因丈夫陆福鑫"专看别人家的女人，而不理睬她，乃发生口角。她就负气，独自出园，想买毒药自杀"，到五角场明华药房去买来沙尔与安眠药片时，被药房的职员察觉，"看她面有愁色，料想她一定是买去服毒自杀，便报告岗警三○六三号把她带到长宁路分局去讯问"，② 成功阻止了这起自杀事件的发生。这在一定程度上说明，当时的药房职员接受过类似的职业培训或者了解药品的功用及自杀的相关情况，在遇到类似情况时，才可以敏锐地发现问题。江阴人吴国清，"因在苏州营业失败，来沪寻亲不遇，乃顿萌短见"，在一户人家的铁门上悬梁上吊，被该处住户王德新瞥见，"上前解下，当予训责一番，并给法币二万元，作为路费"。③ 这样的案例虽然不多，但在《大公报》众多的自杀报道中，也是一份社会温情的宣扬，有助于号召社会民众参与到自杀问题的防治中来。

纵观政府与地方社会对自杀的处置，表明沪上已经意识到自杀问题正在逐渐演变成又一严重的社会问题，并从预防自杀发生和已经发生两个层面，积极采取措施，进行有效应对，逐渐形成了一套从中央到地方的自杀预防与救助网络，并将自杀防范与救助法律化和制度化。

---

① 《为呈请转函上海南洋医院以继续收治交通受伤及自杀病人由》（1946 年 7 月 25 日），上海市档案馆藏，档案号：Q131 - 5 - 713。
② 《新郎仅看女人，新娘想要自杀》，《大公报》1947 年 11 月 18 日，第 5 版。
③ 《自杀未遂，得了两万元》，《大公报》1947 年 3 月 21 日，第 4 版。

结　语

解放战争期间，各种矛盾不断激化。与国内其他城市相比，这一时期的上海享受着短暂的和平，但自杀问题仍旧严重。当自杀演变成严重的社会问题时，充当社会喉舌的媒体理应承担起媒体责任。然而，关于自杀问题的报道，上海的报纸却呈现出不同的面相。经笔者梳理发现，蜚声沪上的《申报》和《新闻报》对于自杀问题的报道远远不及《大公报》。之所以出现这样的差异，与沪上报纸受到政府的新闻管控有关。[①] 对于自杀这类有损政府权威的新闻报道，自然受到政府的审查和管控，而尚未受到上海市政府严格管控的《大公报》报道了大量的自杀新闻，引发各界对自杀问题的关注和探讨，扮演了为社会发声的重要角色，为社会伸张公平正义发挥了一定作用。

面对媒体对自杀问题的持续报道和关注，上海市政当局采取的措施更多是为树立政府救国为民的良好形象，并无实质性举措。此外，上海市本身的自杀防治措施的效果，也值得怀疑。例如上海市卫生部门在战后不久发布对自杀者进行免费治疗的公告后，还是出现有医院因为自杀者付不出医药费而拒收，导致延误最佳抢救时间的情况。总之，抗战胜利后，虽然有着政府努力构建的自杀防治网络，但迫于各种原因，效果不佳。实际上，国民党发动内战，置民众于水深火热之中，这才是战后上海频频出现自杀现象的根源。在这种情况下，民众与政府离心离德，国民党进一步丧失民心，最终成为其不断走向溃败的关键原因。

作者：谈群，上海大学文学院历史系
　　　　刘长林，上海大学文学院历史系

（编辑：成淑君）

---

① 《上海市各报刊审核小组会议简则》（1946 年 12 月），上海市档案馆藏，档案号：Q143 - 1 - 341。

· 生态与环境 ·

民国时期北京传统水井的
粪秽污染及市政应对*

焦存超

内容提要 民国时期，北京市民仍以井水为主要食水来源。由于城内街道饱受人畜粪秽污染及旧式水井距离坑厕、污水沟太近等，北京城内的传统水井普遍受到粪秽的污染，井水多含有大肠杆菌，这威胁着北京市民的健康。历届北京市政机构对井水卫生多有重视，如夏秋季节对井水消毒，改建和取缔不符合卫生标准的水井，以及制定规则限制新水井开凿等。这些举措虽然有助于改善卫生环境，遏制肠胃传染性疾病的流行，但是也存在"头痛医头，脚痛医脚"的问题。北京市政机构的应对措施并没有彻底改变井水被粪秽污染的状况，这暴露出市政机构在由传统向近代的转变过程中，治理经验和实践存在不足。

关键词 传统水井 粪秽污染 大肠杆菌 消毒 市政治理

对传统时期的中国社会而言，井水和河水一直是人们赖以生存的食水来源。与人们日常生活息息相关的饮水史近年来成为国内众多学者频频探讨的话题，比如胡英泽对历史上北方居民的饮水情况有较为丰富的著述。①

---

* 本文系国家社会科学基金一般项目"多重视角下的晚清至民国中国城市粪秽处理变迁研究"（项目批准号：18BZS104）成果之一。

① 胡英泽：《水井与北方乡村社会——基于山西、陕西、河南省部分地区乡村水井的田野考察》，《近代史研究》2006 年第 1 期，第 55～78 页；《凿池而饮：明清时期北方地区的民生用水》，《中国历史地理论丛》2007 年第 2 期，第 63～77 页；《古代北方的水质与民生》，《中国历史地理论丛》2009 年第 2 期，第 53～70 页。

胡勇军①、张亮②分别对近代杭州及四川主要城市饮用水源的构成及空间差异性进行了历史梳理和建构。邱仲麟讨论了明至民国时期为北京市民提供井水输送服务的送水行业情况。③随着城市人口日益集中及环境恶化，井水和河水受到各种形式的污染，易引发流行性传染病，不少学者从医疗社会史、公共卫生史视角对饮水污染问题进行研究。余新忠呈现了清代江南主要城市的井水和河水污染状况及传统官府的应对举措。④李玉尚以霍乱为例，对清末以来江南大中小城市的井水和河水污染进行了专门的考证。⑤杜丽红较早注意到近代北京城内的井水和自来水污染问题，梳理了自来水的推广历程，并在此基础上着重探讨了北京市政机构如何介入饮水卫生的管理，但就井水如何受到粪秽污染以及北京市政机构如何处置等问题，杜文仍有进一步补充、细化的空间。⑥笔者在相关研究成果基础上，利用北京市⑦各卫生区事务所年报等史料，拟对民国时期北京城中传统水井井水受到粪秽污染的途径和原因，以及北京市政机构如何处理及治理成效等问题进行探讨。

一 井水：近代北京城市居民主要的食水来源

从朱棣营建京城起至清末自来水传入之前，井水一直是北京居民日常用水的主要来源，"京师未有自来水之先，以井水为饮"。⑧明万历十七年

① 胡勇军：《民国时期杭州饮用水源及其空间差异性研究》，《史林》2017年第1期，第31~41页。
② 张亮：《近代四川城市水源结构的空间差异性研究》，《云南大学学报》（社会科学版）2018年第2期，第93~101页。
③ 邱仲麟：《水窝子——北京的供水业者与民生用水（1368~1937）》，李孝悌编《中国的城市生活》，新星出版社，2006，第203~252页。
④ 余新忠：《清代江南的卫生观念与行为及其近代变迁初探——以环境和用水卫生为中心》，《清史研究》2006年第2期，第12~26页。
⑤ 李玉尚：《清末以来江南城市的生活用水与霍乱》，《社会科学》2010年第1期，第150~160页。
⑥ 杜丽红：《知识、权力与日常生活——近代北京饮水卫生制度与观念嬗变》，《华中师范大学学报》（人文社会科学版）2010年第4期，第58~67页。
⑦ 1928年，南京国民政府设立北平特别市，简称北平。1949年9月27日，北平市更名为北京市。为便于行文，除引文和当时专有名称外，统一以北京称之。
⑧ 林传甲总纂《大中华京师地理志》，中国地学会，1919，第31页。

（1589）的进士郑明选曾描绘当时京城居民络绎不绝汲取井水的日常图景："京师当天下西北，平沙千里，曼衍无水，其俗多穿井，盖地势然也。然大率地几一里而得一井，人民数十百家，挈者肩相轧于旁，辘轳累累，且暮不绝。"[1] 及至清季，仍是"京师井水……居人率饮之"。[2] 查慎行的诗歌亦云："京师饮汲井。"[3] 清末自来水公司的档案也指出，"窃维京师为首善之区，饮料乃卫生所重，地居北部，气候亢燥，雨泽稀少……内外城户口股阗，生齿繁衍，一切食用之水，胥仰给于土井"，[4] 又说："这京城地方，人口大约有二十五万多户，平常饮的、用的，都是靠着井水。"[5] 近代世居北京的陈鸿年亦说："北平市的饮水，都是井水。"[6] 这种状况导致了明清时期京师城内"食井太多……食井之多，几睹目皆是"。[7] 据统计，清末北京城内共有水井 1228 口。[8] 由于这些水井分布不均且水质优劣不一，为了方便市民将井水运至家中，北京城中存在专门为居民提供有偿运水服务的送水工。

1908 年 4 月 18 日，农工商部溥颋等三大臣鉴于"京师自来水一事，于卫生、消防关系最要"，奏请开办北京自来水业务，[9] 1910 年 2 月开始向市民供水。如果自来水普及，代替井水成为北京市民食水来源，对于降低由粪秽污染井水造成的健康威胁不啻为一大进步。然而，由于自来水价高或居民久已习惯饮用井水等，自来水在北京的普及一直进展缓慢，1928 年至 1937 年的 10 年间，北京城市中使用自来水者占城市总人口的比例不到

---

① 郑明选《郑侯升集》卷 21《涌金泉碑记》，《四库禁毁书丛刊·集部》第 75 册，北京出版社，2000，第 395 页。
② 震钧：《天咫偶闻》卷 10《琐记》，北京古籍出版社，1982，第 216 页。
③ 查慎行：《敬业堂诗集》卷 38《淘渠》，上海古籍出版社，1986，第 1052 页。
④ 《自来水公司招股启示（1908 年 7 月）》，北京市档案馆等编《北京自来水公司档案史料（1908 年～1949 年）》，北京燕山出版社，1986，第 15 页。
⑤ 《自来水公司售水广告有关文件（1910 年 1 月）》，《北京自来水公司档案史料（1908 年～1949 年）》，第 61 页。
⑥ 陈鸿年：《北平风物》，九州出版社，2016，第 340 页。
⑦ 《乔辛煐对自来水公司的整理计划（1934 年）》，《北京自来水公司档案史料（1908 年～1949 年）》，第 163 页。
⑧ 邱仲麟：《水窝子——北京的供水业者与民生用水（1368～1937）》，李孝悌编《中国的城市生活》，第 215 页。
⑨ 《农工商部溥颋等奏请筹办京师自来水调员董理以资提倡折》，《北京自来水公司档案史料（1908 年～1949 年）》，第 1 页。

10%，直到 1938 年才达到 10%，即便到 1945 年，食用自来水者比例亦只增长到约 37%（见表 1）。

表 1 1928~1945 年北京自来水给水统计

单位：人,%

年份	全市人口	给水人口	普及率
1928	900000	78200	8.7
1929	919000	82400	9.0
1930	935000	83500	8.9
1931	984000	89400	9.1
1932	1036000	95200	9.2
1933	1061000	97000	9.1
1934	1111000	100800	9.1
1935	1144000	102500	9.0
1936	1170000	105500	9.0
1937	1180000	103000	8.7
1938	1210000	121300	10.0
1939	1235000	245000	19.8
1940	1260000	323000	25.6
1941	1300000	399000	30.7
1942	1320000	431000	32.7
1943	1350000	464000	34.4
1944	1380000	501000	36.3
1945	1400000	520000	37.1

资料来源：根据《北平市给水统计表》改制，参见《自来水管理处关于北平自来水事业发展设想（1946 年)》,《北京自来水公司档案史料（1908 年~1949 年)》，第 296 页。

二 民国时期被粪秽污染的北京井水

1911 年，北京城市人口为 78.3 万人，至 1948 年，增长到 142.5 万人。[①]人口日益增长，给北京城市环境卫生带来了挑战，其中之一就是城内旧式

---

① 高寿仙：《北京人口史》，中国人民大学出版社，2014，第 383~388 页。

水井受到各种形式的污染，包括人畜粪秽污染。

（一）"大茅厕"：北京街道上的人畜粪秽污染

人口的增多意味着北京城内地面单位面积需要承载更多废弃物，其中包括牲畜活动以及居民不文明行为留下的粪秽。

北京城内街道满地牲畜粪溺之景早在明季就已存在。万历年间，谢肇淛就直陈："燕都高燥多烦暑，五六月则赫曦蕴隆，自旦彻夜，九衢之交，驴马与伫，肩摩踵击，污潢〔潢污〕粪秽，逆鼻不可耐。"[1] 及至近代，仍复如是，"平时在这种宽阔笔直的长街上，总是人、马、骆驼和骡子穿行不断"，[2] 牲畜随地排泄自然难以避免，而行人也随地便溺，"所有动物和人类的粪便被泼洒在街上，成千上万的挑夫、赶车的、赶骆驼的和赶驴的，每天都在大街上排泄"。[3] 明末陈龙正曾毫不讳言地指出，京师满城粪秽多是人们随地便溺造成的，"北地粪秽盈路，京师尤甚，白日掀裸，不避官长，体统亵越，小人相习而暗消敬惮之心"。[4] 及至近代，一位来华的日本僧人毫不客气地批评"中国人不知廉耻，白昼路上放屎"，即便在繁华的区域，街道上也不时出现一些粪污，"夫北京茶店、钱店、绸缎铺，皆涂金箔，金柱金窗、金额金墙，烂然炫目，而路上粪屎累累"。[5] 民国时期的档案显示，北京居民家中孩童在家门口胡同中大便也是造成北京满地人粪现象的一种恶习，"小儿户外沿路泄粪，为北平通俗最大之恶臭习惯，大街上因避警察之注意或不多见，但胡同中则处处泄粪"。[6] 再如，"北平人习惯各住户多令其儿童在门外大便，以致各胡同粪堆林立，既于卫生有碍，复于观不雅"。[7] 在来华的日本人看来，近代京城满地的人畜粪秽，让

---

[1] 谢肇淛：《小草斋集》上册卷10《莲花庵记》，江中柱点校，福建人民出版社，2009，第234页。

[2] 〔德〕艾林波、巴兰德等：《德语文献中晚清的北京》，王维江、吕澍辑译，福建教育出版社，2012，第134页。

[3] 〔德〕艾林波、巴兰德等：《德语文献中晚清的北京》，第320页。

[4] 陈龙正：《几亭全书》卷13《学言详记·政事上》，康熙云书阁刻本。

[5] 〔日〕小栗栖香顶：《北京纪事·北京纪游》，陈继东等整理，中华书局，2008，第130页。

[6] 《建设北平意见书》，陈乐人主编《二十世纪北京城市建设史料集》（上），新华出版社，2007，第18页。

[7] 《刘国增关于市政建设计划条陈》，陈乐人主编《二十世纪北京城市建设史料集》（上），第35页。

北京臭气熏天，如同一大茅厕，"大街和胡同的角落、胡同里的墙边，到处都是拉撒粪便的地方。所以走在北京的街上，总能闻到充溢在空气里的粪便的气味，整个北京城感觉就像是个大茅厕"。①

由于鲜少清除，北京街道上满地的人畜粪秽在天晴时极易快速风干碎化并随风扬尘四起，"天风粪土坌天"。②明末的俞彦对京师裹挟着风干了粪便的沙尘印象极为深刻："长安忆，最忆是灰尘，地有寸肤皆着粪，天无三日不焚轮，并作十分春。"③民国时期的史学家余协中也指出："百分之九十五的马道，都是污秽不堪。天晴时，风与车轮转动得尘土飞扬，顷刻之间，行人的脸上盖满了尘土。这些乌黑的尘土中，包含了不少的粪质，其有害于一般人之健康，自然是不言而喻的。"④若遇降雨，满地的人畜粪秽则随雨水四处流动，"天雨粪水涨路"，⑤或以粪水的形式缓慢渗入地下土壤中。

（二）被粪秽污染的井水

大肠杆菌是人畜肠道内常见的一种病菌，因其在粪便中数量极多，常被用作检查水源是否被粪便污染的指标。

1929 年夏，北京卫生机构对市内的井水进行检测，结果发现含有大肠杆菌的水井占比高达 63%，此意味着北京城内 60% 左右的水井都受到粪秽污染，"北平人口百分之八十尚用井水，故井水之卫生，尤为重要。去夏共检查井水五十四份，其中百分之六十三，皆含有大肠杆菌，换言之，即北平水井之大半皆含人之粪便"。⑥据《北平市公安局第一卫生区事务所第七年年报》统计，1932 年北平市公安局第一卫生区对辖区内 34 口水井进行了井水化验，结果显示，34 口水井全部含有大肠杆菌。⑦1933 年及 1936

---

① 〔日〕内藤湖南：《燕山楚水》，吴卫峰译，中华书局，2007，第 150 页。
② 〔日〕小栗栖香顶：《北京纪事·北京纪游》，第 130 页。
③ 俞彦：《俞少卿集》，《四库全书未收书辑刊·陆辑》第 23 册，北京出版社，1997，第 239 页。
④ 余协中：《北平的公共卫生》，《社会学界》第 3 卷，1929 年，第 63 页。
⑤ 〔日〕小栗栖香顶：《北京纪事·北京纪游》，第 130 页。
⑥ 姚寻源：《苍蝇、井水、冷饮与北平人肠胃症之关系》，《医学周刊集》第 3 卷，1930 年，第 58 页。
⑦ 《第二股工作报告·饮水检查》，《北平市公安局第一卫生区事务所第七年年报》第 7 期，1932 年，第 32～35 页。

年的调查同样显示，该区所有水井水中皆含有大肠杆菌。① 再以北平市第二卫生区为例，1935 年的检测数据显示，区内的 35 口水井，仅有一口不含有大肠杆菌，"区内 35 井井水，施行细菌检验，前后凡三个月，共 105 次，检查所得：除一机井外，其余均有大肠菌之含存，其水质之不纯良，可见一斑矣"。② 1935 年全市的调查显示，85% 的水井受到粪秽污染，"北平市饮水的来源，可别为井水与自来水二种，用井水者约占百分之八十，据历来卫生机关的检验，本市井水结果，含有大肠菌者即占百分之八五以上"。③

1941 年北京自来水公司在一份报告中指出，"查市民除饮用自来水者外，其他皆赖私营井水之供给，唯该项水质据化验结果，杂菌充斥，易受传染"，并指出"水井……兹经抽查十二所化验结果，有大肠菌者竟占半数"。④ 甚至到 1948 年，井水被污染的情况仍未得到彻底改善，根据当年北平市卫生局的报告，"全市用自来水的仅占百分之二十九，大部分都在依赖水井。井内的大肠杆菌已从百分之五十二减至百分之十二点六"。⑤ 虽然井水中含有大肠杆菌率已由原先的 52% 下降了近 40 个百分点，但仍有 12.6% 的含菌率。

北京水井被粪秽污染的情况如此严重，时人毫不隐讳地形容北京市民简直在饮"大便汤"，"说得再明白些，就是北平市民百分之八十所用的水，都被大便沾污了，或是说，北平的人多数的多数，乃是用冲淡的大便汤做饮料。这并不是骂人吃人中黄，这是千真万确的事实"。⑥

（三）井水被粪秽污染的原因

民国时期北京的水井主要有传统的旧式水井和新式水井之分。传统水

---

① 《环境卫生·饮水检查及消毒》，《北平市公安局第一卫生区事务所第八年年报》第 8 期，1933 年，第 43 页；《环境卫生·饮水管理》，《北平市卫生局第一卫生区事务所第十一年年报》第 11 期，1936 年，第 37 页。

② 黄万杰：《北平饮水井之污染来源与其改善方策》，《新医药》第 3 卷第 7～12 期，1935年，第 767 页。

③ 刘九如：《改良饮水井防止肠胃病》，《大众卫生》第 1 卷第 3 期，1935 年，第 11 页。

④ 《自来水局关于北京自来水状况概述（1941 年）》，《北京自来水公司档案史料（1908 年～1949 年）》，第 230 页。

⑤ 《北平的卫生工作：韩局长称最注意环境卫生，由菜场到粪厂皆力求清洁》，《益世报》1948 年 9 月 19 日，第 3 版。

⑥ 杨济时：《天字第一号的肠胃症问题》，《医学周刊集》第 3 卷，1930 年，第 39 页。

井多掘地一定深度后用砖瓦或石块一圈又一圈铺砌为井壁而成，为便于居民用辘轳和吊桶汲水，井口直径一般较大且多敞开。新式水井则钻地而成，井身直径较小，井口多封闭且其上安有轧机，居民利用轧机手动按压取水。在近代北京新旧两种水井中，广泛受到粪秽污染的多为传统旧式水井，污染途径及原因主要有二。

其一，旧式水井井口多无井台、井盖，致使地面含有粪秽的尘土、污水等通过井口落（流）入井水中。民国时期的"北平固然有许多井是有井台井栏高于地面的，但不〔也〕有不少没有井台升栏而与地面成水平状态的"，① 这些传统水井"井台构造不良"，极易导致"地面不洁之水渗入井内，或因中部凹低，台面污水，倒流入井"。② 再由于多数旧式水井"井盖则完全缺乏"，③ "街衢灰尘杂病菌可随风而落入井中"。④ 如前所述，北京路面满地人畜粪秽，天晴时扬尘四起，遇雨则会随水四处流动。如此一来，掺杂着粪秽的尘土及污水极易落（流）入井口无遮盖或井台构造不良的水井中，"京城地方，向来是用井水……都市地方住户是多的，人家的秽水跟街上的脏东西都是渗到地里头去的，又加上旧来的井淘的不得法，或是井口坏了不知道修理，到了大风大雨的时候，甚么脏水秽土一齐都流到井里去啦！"⑤ 1935 年北平市卫生局第一卫生区事务所的调查也证实，传统水井井口皆无遮盖设施，导致该区所有公用水井都受到粪秽污染，"公用饮水井……共计三十五口……惟因各井之构造不良，缺乏防止地下与地上沾污之适当设备，以致所有各井水质，皆含有大肠菌"。⑥ 第一卫生区的状况如此，整个北京城亦然。1934 年北平市卫生局对全城水井做过一次调查，发现大多数水井井口无遮盖，粪污等极易流入井内，导致全城水井几乎都受到粪秽污染，"关于饮水一项，据云全市百分之八十三的居民

---

① 杰：《井水消毒的意义》，《北平医刊》第 2 卷第 9 期，1934 年，第 36 页。

② 刘九如：《改良饮水井防止肠胃病》，《大众卫生》第 1 卷第 3 期，1935 年，第 11 页。

③ 黄万杰：《北平饮水井之污染来源与其改善方案》，《新医药》第 3 卷第 7～12 期，1935年，第 767 页。

④ 刘九如：《改良饮水井防止肠胃病》，《大众卫生》第 1 卷第 3 期，1935 年，第 11 页。

⑤ 《内外城巡警总厅劝食自来水白话浅说》，丁进军：《清末北京扩充自来水专管史料》，《历史档案》1992 年第 2 期，第 66 页。

⑥ 《环境卫生·饮水管理》，《北平市卫生局第一卫生区事务所第十年年报》第 10 期，1935年，第 29 页。

仍饮用井水，百分之十七饮用自来水，且又是很坏的井水，大多数之井俱无井栏，故污水、粪便等易于流入井内。据云，某年曾检查过一次全城的井水，结果，其中所含之杂菌多至五六百，且无一井无大肠菌"。①

其二，旧式水井距离坑厕和污水沟太近，导致坑厕和污水沟中秽水通过地下沙质土壤渗入井水中。"在中国北部各省，收容粪便，多用蹲坑……就土地面挖成，极为简陋，粪便很容易渗入地下，侵及地下水，离饮料水水源过近的地方，颇多危险。"② 在为数众多的北京传统公共水井中，有些位置极不恰当，紧挨着公共厕所，"北平有不少水井邻近公私厕坑"。③ 清末来华的甘博曾对北京进行过调查，其看到"有几处公用水井的旁边就是公共厕所"。④ 以第一卫生区为例，1932 年该区共有公共厕所 34 座，其中有 24 座公厕距离水井 300 尺（100 米）以内，占该区公厕总数的 70.6%（见表 2）。此外，近代北京城内存在不少污水沟和秽水坑，这些污水沟和秽水坑附近亦多有水井。加上"北平地质大半含沙，绝少粘土。故其吸水之能力甚大"，⑤ 如果坑厕和污水沟、秽水坑与水井距离过近，极易使厕所粪坑和污水沟、秽水坑中秽水通过这种具有较强渗水能力的沙质土壤渗入井水中，"井壁透水，以致患胃肠传染病者所排泄之物，

表2　1932 年北平市公安局第一卫生区公厕环境统计

单位：所,%

	公厕数量	百分比
与井距离 50 尺以内	3	8.8
与井距离 100 尺以内	5	14.7
与井距离 200 尺以内	7	20.6
与井距离 300 尺以内	9	26.5
总计	24	70.6

资料来源：根据《本区本年度与上年度各公厕环境卫生状况比较》一表改制，参见《环境卫生·粪便及秽水沟》，《北平市卫生处第一卫生区事务所第九年年报》第 9 期，1934 年，第 44 页。

① 许端庆：《北平之公共卫生一瞥》，《同济医学季刊》第 4 卷第 1 期，1934 年，第 73 页。
② 张子明：《粪便的收容与运输》，《大公报》（天津版）1936 年 2 月 18 日，第 8 版。
③ 杰：《井水消毒的意义》，《北平医刊》第 2 卷第 9 期，1934 年，第 36 页。
④ 〔美〕西德尼·D. 甘博：《北京的社会调查》，陈愉秉等译，中国书店，2010，第 113 页。
⑤ 华南圭、周玮：《北平旧城市下水道计划书》，北京市档案馆编《北京档案史料》第 4 辑，新华出版社，2012，第 14 页。

渗入地下，上层地下水挟病菌侵入井内"。总之，由于"污水沟或公私厕所距井过近，而沟身与粪坑又构造不良，故使井水污染之机会甚多"。①

1919～1924 年旅居北京的日本记者丸山昏迷指出，当时的北京井水多半受到厕所秽水的污染，"北京的厕所不分新旧，一律任由污物排到土里渗透，这种做法，自北京城建立以来一直沿袭，因而很多井水碱味越来越重"。② 民国时期历史学家余协中在 1929 年的《社会学界》发表了《北平的公共卫生》一文，对于当时北京城内厕所污染井水的现象亦有所指："北平的居民，有百分之八十是饮井水。那些井多无盖，且多有与公共厕所毗连的。经微菌学家的查验，此种井水多污秽不堪。"③ 1934 年，北平市卫生局局长方颐积在《平市十个月来的卫生状况》中报告了公厕污染井水的状况，"公厕本为便民便溺之用，乃以设施不良，转足为清洁观瞻障碍，甚且有接近水井，至粪便渗入地层，水质混合，杂菌为害之烈，殊非浅鲜"。④ 1936 年的调查也发现，北京水井构造较为简陋，且附近多有厕所和阴沟，极易受到粪秽污水的污染，"查本市水井构造向沿旧有方式，对于防止地上及地下沾污之设备殊多疏略，且水井位置多傍厕所阴沟，污秽尤易侵入，水质不良关系市民健康至巨"。⑤ 北京城内水井与厕所及秽水坑近在咫尺的景象让稍有卫生常识的人极为忧心：

> 安设水井的地方，要特别的清洁，附近不得有厕所及下水坑等等的害源。可是在北京的水井，就大相反了，有一次我曾在某巷经过，见有很大的一眼水井，并且多是汲去供饮料用的，对面就是一个极大的厕所，与水井相隔不过一丈有余，那旁还有一个臭而不可闻的泔水坑，地下的泔水、粪尿水、井水互相混合在一块儿，成了一片泥泞汪洋，汲水的，倒泔水的，出恭解手的，乱乱哄哄，挤在一齐，在表面上看起来，好像水是从井里边汲出来的，与厕所茅坑并无一些相关，可是要知道，附近既有害源，那泔水、粪尿在这一小块的

---

① 刘九如：《改良饮水井防止肠胃病》，《大众卫生》第 1 卷第 3 期，1935 年，第 11 页。
② 〔日〕丸山昏迷：《北京》，卢茂君译，北京联合出版公司，2016，第 182 页。
③ 余协中：《北平的公共卫生》，《社会学界》第 3 卷，1929 年，第 64 页。
④ 方颐积：《平市十个月来的卫生状况》，《卫生月刊》第 1 卷第 3 期，1934 年，第 91 页。
⑤ 秦德纯：《二十五年北平市卫生行政概略》，《市政评论》第 5 卷第 2 期，1937 年，第 19 页。

地方以内，是狠〔很〕容易渗透的，地层再疏松一些，岂不是等于直接交通了吗？并且在大雨倾盆的时候，粪尿、泔水简直的一些也不客气，从地面上就全都流到井里头去了，若是里头不含有病原菌（恐怕不容易），脏不脏的倒也没有大关系，倘若有伤寒、霍乱、赤痢、肠炎、肠寄生虫等，侵犯消化器传染病的人去大便，或是泔水里头含有这种病原体，一旦混在井水里头，那一带的人饮了，岂不全要受他的传染吗？①

除上述两条主要途径外，水夫自身不洁，在汲取井水时，手上"秽物，沿其所用之绳索及柳罐带入井中"等，② 也造成了对井水的污染。

三　由井水粪秽污染引发的传染性肠胃病

英国城市学者里德指出："尽管城市已经成为人类经济、社会和文化的策源地，但是在生物学意义上仍是一个坏的概念。在拥挤的条件下，疾病的危险在增长扩散。"③ 对民国时期的北京而言，人口日益增多无形中带来了某些传染性疾病暴发的潜在隐患，尤其是由受粪秽污染的井水引发的肠胃传染病更是直接威胁着市民的健康。

传统时期的中国人向来注重将水煮沸后饮用，此举无疑可将水中的病菌杀灭，避免肠胃传染性疾病的发生，"在中国，喝茶的普遍习惯迫使人们把饮用水煮沸，因此防止了很多肠道疾病"。④ 但在炎热的夏季，人们普遍喜好直接饮用刚从井中汲取出来的冷水，或者以之清洗瓜果和餐具，如此一来，如果井水被粪秽污染，水中含有的痢疾杆菌、霍乱弧菌等传染性病菌就可能借助井水进入人体，引发痢疾、霍乱等肠胃传染病。

---

① 林振纲：《水井的卫生》，《医事月刊》第4期，1924年，第18页。
② 《附录·本区公用饮水井改良问题之研究》，《北平市卫生局第一卫生区事务所第十年年报》第10期，1935年，第94~95页。
③ 〔英〕约翰·里德：《城市》，郝笑丛译，清华大学出版社，2010，第255页。
④ 〔美〕亨利·欧内斯特·西格里斯特：《疾病的文化史》，秦传安译，中央编译出版社，2009，第18页。

　　痢疾是一种肠胃传染病，传染源主要是含有痢疾细菌和原虫的粪便等，[①] 一旦某地饮水水源中含有痢疾杆菌，则极易发生痢疾流行，"痢疾之流行，尤其是杆菌痢疾，水更是他的媒介……无论何处，发现痢疾流行，大多因水中含有痢疾杆菌也"。[②] 在1916年3月12日颁布的《传染病预防条例》中，痢疾被北洋政府列为八种传染病之一。[③] 此后，痢疾一直是民国时期法定的传染病之一，[④] 也是北京常见的传染病。以第一卫生区为例，这一区每年有众多因为饮水卫生问题而死的痢疾患者，"胃肠传染病以饮水为主要之媒介，查本区内每年死亡于赤痢伤寒者，为数至巨"。[⑤] 1926~1933年的数据显示，该区每年都有市民罹患痢疾，且患者人数呈上升趋势（见表3）。该传染病多发于北京的夏秋季节，1949年的统计显示，5月至9月全市痢疾患者每月都在100人以上，此时期正是北京市民大量直接饮用、使用地下井水的时期。在患者病死率方面，当年全市共有患者986人，死亡273人，病死率高达28%（见表4），足见被粪秽污染的井水已严重威胁着北京市民的生命安全。时人杨济时对此忧心地评论道："以北平一市说，一年夏秋之季，死于肠热症痢疾的总要以数千计，得病后而不能从事生利的更是算不清。患病的多是青年壮年的国民，国家经济上的损失，民族上的健康，是何等危险。"[⑥]

表3　1926~1935年北平市第一卫生区罹患痢疾病例统计

单位：人

	1926	1927	1928	1929	1930	1931	1932	1933	1934	1935
病例数	12	18	24	241	154	181	418	453	270	192

　　资料来源：根据《本区历年法定传染病比较》一表改制，参见《传染病管理·传染病报告》，《北平市卫生局第一卫生区事务所第十一年年报》第11期，1936年，第20页。

[①] 朱宝忠：《怎样防治赤痢》，上海卫生出版社，1957，第20页。
[②] 刘九如：《改良饮水井防止肠胃病》，《大众卫生》第1卷第3期，1935年，第10~11页。
[③] 《传染病预防条例》，《司法公报》第56期，1916年，第59~64页。
[④] 张泰山：《民国时期的传染病与社会：以传染病防治与公共卫生建设为中心》，社会科学文献出版社，2008，第42~49页。
[⑤] 《第二股工作报告·饮水检查》，《北平市公安局第一卫生区事务所第七年年报》第7期，1932年，第30页。
[⑥] 杨济时：《天字第一号的肠胃症问题》，《医学周刊集》第3卷，1930年，第38页。

表4 1949年北京市痢疾患者病死统计

单位：人，%

	1月	2月	3月	4月	5月	6月	7月	8月	9月	10月	11月	12月	总计
患者	15	13	13	23	112	221	152	197	135	65	24	16	986
死亡	4	4	1	2	24	40	37	58	54	32	12	5	273
病死率	27	31	8	9	21	18	24	29	40	49	50	31	28

资料来源：根据《北京市一九四九年法定传染病统计表》改制，参见《北京市一九四九年法定传染病统计表》，《北京市政报》1949年第9期，第35页。

民国时期，北京肠胃传染病的死亡率高于同时期西方各国，时人将其归咎于苍蝇以及居民在夏季直接饮用或使用了被粪秽污染的井水，"北平肠胃症之死亡率，较他文明国有高数倍至数十倍者，皆因人民不讲求卫生之所致。散布肠胃症之媒介不一，在北平最要者，即苍蝇、井水及冷饮是也……北平有百数十万居民，其中百分之八十皆用井水，而此等井水之大半皆被粪便污染，北平夏日人民饮冷水或用冷水洗菜及杯盘为一通常习惯，故对于北平肠胃症之流行，井水实难辞其咎也"。[1] 被粪秽污染的井水，时人将其视为危害北京140万居民"幸福之大蟊贼"，"北平人口，约一百四十万，其中一百分之八十，皆用井水，惟北平水井，大多数与厕所相通，即不然，其水亦类皆污染不堪，实为吾人幸福之大蟊贼"。[2]

四 北京市政机构对井水污染的治理

近代以来，受西方影响，公用事业及公共卫生逐渐为中国市政机构重视。民国时期北京市政机构认识到，井水卫生攸关市民健康，"查夏令饮水关系市民健康至巨，如水质不洁，易为胃肠病之传染"。[3] 因此，北京历届市政机构日益重视市民的饮水安全问题。

如前所述，光绪三十四年（1908），北京城开始兴办自来水业务，但

---

[1] 姚寻源：《苍蝇、井水、冷饮与北平人肠胃症之关系》，《医学周刊集》第3卷，1930年，第58页。

[2] 钟惠兰：《水与健康》，《医学周刊集》第2卷，1929年，第153～154页。

[3] 《呈报今夏举行饮水井消毒工作经过情形连同统计表送请鉴核备案由》，《北平市市政公报》第270期，1934年，第34页。

是由于自来水的普及进程缓慢，地下井水一直是近代北京居民用水的主要来源。在自来水难以普及、市民习于使用井水的情况下，为改善井水水质，解决粪秽污染井水带来的公共卫生问题，北京市政机构主要采取了对井水消毒、加强对水井管理等应对举措。

（一）对井水消毒

1932 年，北平市公安局第一卫生区事务所率先对井水进行消毒，该所"自民国二十一年夏季起，乃采用漂白粉溶液消毒法，施之于本区各井"。[①]且该事务所将对井水消毒作为职责所在，"饮水消毒为环境卫生重要工作之一，然非有充分之财力与人力实难臻效，本所以职责所在，故不得不勉力进行。当本年夏秋二季，胃肠传染病最易蔓延之时，乃由本所督察稽查员等，择其已经化验而结果杂菌最多，并含有大肠菌之各水井，施以漂白粉消毒"。[②] 当年，第一卫生区事务所对区内 8 处污染最严重且含菌最多的公共水井进行了 63 次消毒（见表 5）。此举影响深远，开创了近代北京市

表5 1932 年北平市公安局第一卫生区事务所水井消毒统计

单位：次

水井位置	消毒次数
苏州胡同 104 号	7
毛厂大院 5 号	12
东裱褙胡同 37 号	7
东厂胡同西口外	4
朝阳门大街 282 号门前	6
东长安街东首	8
史家胡同 29 号甲	7
崇文门大街 298 号	12
总计	63

资料来源：根据《本年度本区各水井消毒次数》一表改制，参见《第二股工作报告·饮水检查》，《北平市公安局第一卫生区事务所第七年年报》第 7 期，1932 年，第 36 页。

---

① 《附录·本区公用饮水井改良问题之研究》，《北平市卫生局第一卫生区事务所第十年年报》第 10 期，1935 年，第 91 页。
② 《第二股工作报告·消毒井水》，《北平市公安局第一卫生区事务所第七年年报》第 7 期，1932 年，第 35 页。

政机构对公共水井消毒的先例。在北平市公安局第一卫生区的示范作用下，北平市卫生局从 1934 年 5 月 28 日开始，"派稽查十名，专司井水消毒"。① 统计数据显示，当年北平市卫生局共对全市 367 口公共水井进行了总计 27783 次的消毒工作（见表6）。

表 6　1934 年北平市卫生局水井消毒统计表

区别 ＼ 数目	井数	消毒次数	平均每个水井消毒次数
内一	34	3830	112.6
内二	35	2657	75.9
内三	49	3400	69.4
内四	38	3757	98.9
内五	40	3064	76.6
内六	26	2125	81.7
外一	19	1292	68
外二	13	819	63
外三	21	1671	79.6
外四	31	2418	78
外五	21	1814	86.4
东郊	8	45	5.6
西郊	16	768	48
南郊	6	39	6.5
北郊	10	84	8.4
总计	367	27783	75.7

注：原表中部分数据计算有误，笔者进行了订正。

资料来源：根据《北平市卫生局二十三年度水井消毒统计》一表改制，参见《呈市政府呈报今夏举行饮水井消毒工作经过情形连同统计表送请鉴核备案由》，《北平市市政公报》第 270 期，1934 年，第 35 页。

不仅如此，北京市政机构还将井水消毒工作形成规章制度，以确保此项工作能每年定期进行。1930 年 3 月 25 日，市政府公布了《北平特别市饮水井取缔规则》，该规则共 9 条，内容较为简略，并没有关于对井水消

---

① 《呈报今夏举行饮水井消毒工作经过情形连同统计表送请鉴核备案由》，《北平市市政公报》第 270 期，1934 年，第 34 页。

毒的规定。1934 年，市卫生处认为该规则虽行之有年，但已不合时宜，建议市政府重新修订，"案据本府卫生处呈以本市饮水井取缔规则施行已久，久闻有不尽适用之处，拟即修正"。① 该年 4 月 11 日，市政府第 218 次市政会议通过了修正案，即《修正北平市饮水井取缔规则》，该规则共 19 条，其中第 13 条规定："井主或使用者应遵照卫生局规定消毒办法使用消毒药剂。"② 按照条款要求，私人对其所有水井进行消毒并无多大困难，但要求众多使用公共水井的市民履行其对井水消毒之责，则困难重重。因此，公共水井消毒的职责只能由北京卫生机构履行，比如北平市卫生局第一卫生区事务所"每年夏季分派稽查警赴各井用漂白粉消毒……借免疾病之传染"。③ 消毒工作主要由事务所派专人在夏秋两季进行，每天每井消毒一次，"水井消毒工作仍照常举办，自六月一日起至九月底止，每日每井由本所稽查警消毒一次"。④ 后考虑到"惟井水消毒之有效时间，通常不能过三小时，每日每井消毒一次，似嫌不足"，⑤ 决定从 1935 年开始，每日每井消毒两次，"自本年度八月始，乃改为每日每井消毒二次"，其中"第一次于上午六时由本所稽查员警行之"，第二次则由私有水井井主在卫生事务所稽查员警监督下"于下午十二时半由井主自行消毒"。⑥

水质检验结果证明，北京市政机构对井水消毒的举措，有效改善了水井的水质和卫生情况，"根据细菌检验结果，本年度各井水质已较往昔稍好"。⑦ 公共水井井水卫生的改善，有助于遏制痢疾等肠胃传染性疾病的流行，故当时北平市卫生局局长方颐积在呈送市长的报告中指出，1934 年北京之所以没有暴发较大规模的肠胃传染病，主要归功于对全市公共水井井

① 《咨市参议会咨送修正北平市饮水井取缔规则请审议见复由》，《北平市市政公报》第 245 期，1934 年，第 19 页。
② 《卫生事项·附件三（甲）》，《北平市政府行政纪要》第 3 期，1934 年，第 72 页。
③ 《环境卫生·饮水管理》，《北平市卫生局第一卫生区事务所第十年年报》第 10 期，1935 年，第 29 页。
④ 《环境卫生·饮水检查及消毒》，《北平市卫生处第一卫生区事务所第九年年报》第 9 期，1934 年，第 42 页。
⑤ 《环境卫生·饮水管理》，《北平市卫生局第一卫生区事务所第十年年报》第 10 期，1935 年，第 29 页。
⑥ 《环境卫生·饮水管理》，《北平市卫生局第一卫生区事务所第十年年报》第 10 期，1935 年，第 29～30 页。
⑦ 《环境卫生·饮水管理》，《北平市卫生局第一卫生区事务所第十年年报》第 10 期，1935 年，第 30 页。

水的消毒，"默察本市今夏得无胃肠传染病之剧烈流行，似与井水消毒之施行不无关系"。① 1935 年，市卫生局在年度总结中也指出，这一年夏季全市罹患痢疾的患者减少，有赖于卫生局对井水的消毒工作，"按饮料与市民生命关系，至为密切，势在必须注意。本局每日派员四出，持氯气溶，按照定量，实行井水消毒工作。实行以来，颇见成效，今岁夏季，痢疫减少，不无与此有关"。②

（二）加强水井的管理

用漂白粉和氯液对公共水井消毒固然有一定成效，但在北京卫生机构看来，"此种消毒方法仅为消极之办法"。此项工作存在一些问题，最重要的一点就是"井水常时流动，加之不断汲取，氯液消毒其有效时间，殊难长久，通常不能过三小时"。如前所述，虽然卫生机构采取了每日消毒两次的补救措施，但两次消毒有效时长仅 6 小时，每日仍有较长时间使井水处于被污染的危险中，且"经检验之结果，各井水仍有大肠菌存在"。就此而言，"此种水井消毒方法……以之救急则可，以之管理水井则不可"。③因此，就连卫生机构也不得不承认，"井水消毒本非根本改善水质之办法"。④ 如前所述，虽然北京自来水公司早在 1910 年 2 月就向市民供水，但价格过高及"市民饮用井水已相沿成习"等，⑤ 致使自来水普及进程极为缓慢，绝大多数市民还是倾向于以井水为食水来源。在此情形下，为有效解决井水卫生问题，北京市政机构采取了改建、取缔不符合卫生标准的传统水井，以及加强对新凿水井的管理等举措。

1. 改建及取缔不符合卫生标准的传统水井

如前所述，北京旧式水井被粪秽污染的原因主要是距离坑厕太近或井

① 《呈报今夏举行饮水井消毒工作经过情形连同统计表送请鉴核备案由》，《北平市市政公报》第 270 期，1934 年，第 34 页。
② 《平市卫生一年来建设之纪要》，《市政评论》第 3 卷第 1~2 期，1935 年，第 19 页。
③ 《附录·本区公用饮水井改良问题之研究》，《北平市卫生局第一卫生区事务所第十年年报》第 10 期，1935 年，第 91 页。
④ 《环境卫生·饮水管理》，《北平市卫生局第一卫生区事务所第十年年报》第 10 期，1935 年，第 30 页。
⑤ 《附录·本区公用饮水井改良问题之研究》，《北平市卫生局第一卫生区事务所第十年年报》第 10 期，1935 年，第 91 页。

口多无井台、井盖设施。针对这种情况，在 1934 年修正饮水井取缔规则后，北平市卫生局针对全市"旧有营业水井，如现状构造不合，而其环境尚非过劣者，统一限定期间，督促改成标准水井。至低限度，亦须将防止地上治污之各项设备，如加做合法井台、井口加盖"。① 以第一卫生区为例，该区事务所从 1932 年开始对辖区内不符合卫生标准的水井进行改建，1933 年改建水井 1 座，② 1934 年改建 7 座，1935 年改建 11 座。③ 1935 年，北平市卫生局第二卫生区对改建后的井水进行检测，结果发现对旧式水井的改建确实可以有效改善井水中含大肠杆菌的状况，"市内二区全数旧式辘辘饮水井，经该市第二卫生区事务所完全改善为轧机饮水井，就屡次水质细菌检查之结果：已绝无大肠菌证明，而成为安全饮料水矣"。④

此外，针对不符合卫生标准之旧式水井，在经改建等措施仍无法有效改善水质的情况下，则采取封闭水井的措施。1930 年的《北平特别市饮水井取缔规则》第 6 条以及 1934 年的《修正北平市饮水井取缔规则》第 14 条皆规定，在经市政机构化验水质确定不符合卫生标准且无法改善时，须对水井进行封闭或改凿。1934 年修正饮水井取缔规则后，市卫生局对全市"旧有营业水井，查其环境绝对不良，无法改善，即以特制之盖加以封闭"。⑤ 以第一卫生区为例，该卫生区事务所在 1932 年"改建一处，添建二处，废弃二处"。⑥ 然检索民国时期北京相关文献，在取缔不符合卫生标准水井方面，工作进展不大。

2. 加强对新凿水井的管理

"北京用水大抵为硬水，多带咸味，非深挖井则难得优质之井水"，⑦

---

① 吴廷燮等纂《北京市志稿·民政志》，北京燕山出版社，1998，第 281 页。
② 《环境卫生·工作概论》，《北平市卫生局第一卫生区事务所第十年年报》第 10 期，1935 年，第 28 页。
③ 《环境卫生·卫生稽查工作》，《北平市卫生局第一卫生区事务所第十一年年报》第 11 期，1936 年，第 32 页。
④ 千佛：《感北平市内二区饮水井改善实验工作完成》，《北平医刊》第 3 卷第 4 期，1935 年，第 38 页。
⑤ 吴廷燮等纂《北京市志稿·民政志》，第 280 页。
⑥ 《第二股工作报告·井水检查》《北平市公安局第一卫生区事务所第七年年报》第 7 期，1932 年，第 32 页。
⑦ 《清末北京志资料》，张宗平、吕永和译，吕永和、汤重南校，北京燕山出版社，1994，第 375 页。

为获得较好口感的饮水水源，八国联军侵华期间有日本人在北京城内用新法凿井，井水水质较旧式水井更佳，一时影响颇大，"清光绪庚子年间，有一日本人在东四十二条西口用新法凿井，较天然之甜水井尤佳，且随处皆可开凿，于是洋井之风大开，日人包凿洋井，颇获厚利，而凿井新法亦遂流传于市内"。需要提及的是，日人引进的凿井法之所以新，主要是由于凿井者"凿穴安管以及考验地底之砂层、泥层诸方，无不深悉"。① 故用新法所凿之井井水的口感比旧井甘甜，比如采用新法开凿的"共和井"，为"第五派出所凿机器井，极甘洌"。② 由于日人用新法凿井获利颇丰，北京市内涌现了一批用新法凿井的商人，他们在市内为市民有偿广凿私有新井，"市内以新法凿井为业者渐盛，井商所开之井亦日多"。③ 在此情况下，市内新式水井数量渐趋增加，据北京自来水公司统计，1945 年北京城内共有各类水井 4500 余座，其中私人所属水井高达 3600 多座，"京市市民习用井水，城内计有营业井三百九十余座，私有井三千六百余座，官公井五百六十余座，三项合计四千五百余座之多"。④

无论是 1930 年市政府颁布的《北平特别市饮水井取缔规则》，还是 1934 年修正后的《修正北平市饮水井取缔规则》，虽冠以"饮水井取缔"之名，但实则只有一条条款明确对不符合卫生标准的水井进行取缔，其余条款多是对新凿水井的规定。以《修正北平市饮水井取缔规则》为例，该规则明确要求在北京市内开凿水井者必须按照规则办理，且凿井者在取得相关市政机构的批准后方能动工，尤其要求新凿水井必须远离厕所 50 米以上。此外，规则还对新开凿水井的位置和构造做了详细规定，比如要求井口或井台须高出地面至少半米，还要求井口要有坚固严密的井盖。新井竣工后，经工务局和卫生局检查并检测水质并无大肠杆菌后，方准使用。如此等等，不一而足。与其说这部规则是关于"饮水井取缔"的规则，倒不如说是关于"开凿新水井"的规则。大幅度修正后的规则表明，市政府充分认识到旧式水井带来的粪秽污染问题，希冀新井能杜绝此现象。

---

① 池泽汇等编《北平市工商业概况》，北平市社会局，1932，第 379 页。
② 林传甲总纂《大中华京师地理志》，第 31 页。
③ 池泽汇等编《北平市工商业概况》，第 379 页。
④ 《自来水局为提高水费事致伪华北政务委员会呈文》，《北京自来水公司档案史料（1908年~1949年）》，第 263 页。

但对欲开凿新水井的市民来说，若按照 1934 年修正后的规则办理，不仅开凿新井成本极大，且手续烦琐，限制极多。市政府为何对开凿新井做出如此严格的规定？1934 年市政府修正规则表面上看是为了加强对新凿水井的管理，实际上主要目的是限制开凿新井，以此减少水井的数量，进而普及自来水。在修正规则时，一份文件透露了市政府此举的真实目的：

> 查本市饮水井，率皆旧时穿打，陈陈相因，设备亦多不良，原有取缔规则，未能澈〔彻〕底施行，现经按照本市情形，重行修订，咨请内政部核准公布，其规则主要之点，除使水井构造适于本市环境外，并于新凿水井，加以限制，以便促进自来水之发展……意在营业水井逐渐减少，以冀自来水之供给，趋于普及。①

在当年的行政纪要中，市政府也直接道出了限制开凿新井的目的：

> 本市人口日繁，而自来水供给区及数量，迄未增加，推厥原因，不外自来水厂本身业务，未能努力随时进展，而城内私有水井任意添建，实为莫大障碍。除饬处会同社会局督促水厂改良，以期发展外，一面严格限制添建水井。诚以本市水井构造，向沿旧有方式，对于防止地上及地下沾污之设备，殊多疏略，且本市人烟稠密，厕所阴沟甚多，凿井地址，亦难获适宜处所，迭经卫生处检验本市水井，几无时不有大肠菌之存在，其影响市民健康，实非浅鲜，故对于新凿水井，不得不予以严格限制，如有损害市容与妨碍交通，及不合卫生条件者，即一律禁止开凿。②

如上文所述，1934 年北京城内共有水井 4500 余座，数量之多，北京自来水公司将之归"为北京自来水难以发展之主因"。③ 市政府此举虽立意良善，然而一个极为尴尬的问题是，民国时期，北京自来水水质亦一直存

---

① 《关于卫生事项·修正取缔饮水井规则及取缔不良水井》，《北平市政府行政纪要》第 3 期，1934 年，第 72 页。
② 《关于卫生事项·取缔城内水井》，《北平市政府行政纪要》第 2 期，1934 年，第 131 页。
③ 《自来水局为提高水费事致伪华北政务委员会呈文》，《北京自来水公司档案史料（1908 年～1949 年）》，第 263 页。

在大肠杆菌及其他污染问题，[①] "本市自来水……经历年化验水样结果统计，十之八九均含有大肠杆菌"，[②] 加上较高的水价，一直饱受市民诟病，"北京自来水危险至大，无怪市民攻击之也"。[③] 因此，市政府采取的诸如对井水消毒、改建及取缔不符合卫生标准的传统水井等举措虽在一定程度上改善了市民的饮水条件，但只能是治标不治本。北京市政机构寄希望于限制开凿新井以促使市民改用自来水，解决北京井水卫生问题，但是自来水本身也存在问题。如此顾此失彼，凸显了市政府对攸关市民饮水卫生的治理似乎是病急乱投医。

余　论

作为明清王朝的首善之区，北京城首先呈现给世人的无疑是街市繁华、人烟稠密之盛景，但满地人畜粪秽也是彼时北京一直存在的日常另类图景。由于传统旧式水井构造简单，距离厕所、污水沟及秽水坑位置太近，卫生防护不力等，人畜粪秽中的大肠杆菌通过灰尘、污水及地下水渗透，对北京的水井造成了广泛污染。然传统时期的中国"历朝卫生行政大抵趋重于内廷之供奉……州县虽设官医局仅施诊而已"，[④] 即便是贵为明清帝都的北京城，对于环境卫生的管理也仅由六部之一的工部街道厅及五城兵马司兼署，无专门管理机构，"工部之街道厅及五城禁兵，虽有清理街道之事，而于卫生相去甚远"，[⑤] 更遑论对井水卫生的关注和整治。

及至近代，北京满地粪秽之景依如昔日，井水依旧备受粪秽之污染。对以井水为主要饮水来源的北京市民而言，不仅面临着每日饮用含有大肠杆菌井水的危险，在健康方面也遭受着痢疾等肠胃传染性疾病的威胁。民

---

① 关于北京自来水水质卫生问题，可参见杜丽红《知识、权力与日常生活——近代北京饮水卫生制度与观念嬗变》，《华中师范大学学报》（人文社会科学版）2010 年第 4 期，第 58 ~ 67 页。

② 《环境卫生·饮水管理》，《北平市卫生局第一卫生区事务所第十一年年报》第 11 期，1936 年，第 34 页。

③ 《京师警察厅试办公共卫生事务所关于改良自来水水质意见书》，《北京自来水公司档案史料（1908 ~ 1949 年）》，第 130 页。

④ 方石珊：《中国卫生行政沿革》，《中华医学杂志》（上海）第 14 卷第 5 ~ 6 期，1928 年，第 36 页。

⑤ 吴廷燮等纂《北京市志稿·民政志》，第 253 页。

国时期的北京市政机构重视攸关市民饮水安全的井水卫生问题，并通过对水质进行科学检测，发现井水饱受粪秽污染之问题，采取对井水消毒、改建和取缔不符合卫生标准的旧式水井等诸多针对性举措。然而，在处置井水遭受粪秽污染问题的过程中，北京市政机构的举措也存在"头痛医头，脚痛医脚"的问题，尤其是煞费苦心地限制市民开凿新井以变相强制居民使用自来水，忽略了民国时期北京自来水亦一直饱受大肠杆菌污染的客观事实。民国北京市政机构为解决井水卫生问题的努力，反映出20世纪上半叶北京市政机构由传统向近代治理的转变，同时也暴露出在转变过程中市政机构治理经验和实践存在的不足，更折射出处在大变革时代中的北京市民在追求饮水卫生道路上步履蹒跚。

作者：焦存超，长江师范学院马克思主义学院

（编辑：龚宁）

上海城市生活垃圾抛弃黄浦江的协同治理研究[*]

——以江海关港警为中心（1927～1936）

姚永超

内容提要 近代上海开埠之后，黄浦江既是中外轮船运输的交通要道，也是城市居民的饮用水源地。随着上海城市的发展，生活垃圾的清运成为一个重要问题，特别是在 1927 年上海特别市成立（即大都会形成）以后，黄浦江垃圾丢弃的现象严重，直接威胁到航道安全和公共卫生，出现了"谁应是治理主体部门、治理界限如何划分、如何完善治理制度"等问题。作为中央政府直属的江海关港警，主动介入公共租界、法租界及上海特别市的公共治理，协调三个城区的生活垃圾抛弃之事，多次牵头组织会议并协商出源头疏导与运输过程严格执法相结合的方案。但因垃圾倾弃之事牵涉各方利益，市政府、工部局等均从自身出发而忽视经济投入等，江海关港警发挥的作用有限，垃圾抛弃黄浦江依然成为难以根治的痼疾。

关键词 江海关　港警　上海　城市垃圾　黄浦江

引言：近代黄浦江——交通要道与取水源地

上海是近代中国贸易航运中心城市，中外轮船运输主要依赖于黄浦江这一交通要道。1843 年开埠之后，从苏州河到洋泾浜段的浦西沿岸供洋船停泊、装卸货物。到 1900 年，码头又扩展至龙华到吴淞的广大区域，比最

---

* 本文系 2020 年度国家社科基金重大项目"7～20 世纪长江三角洲海岸带环境变迁史料的搜集、整理与研究"（项目批准号：20&ZD231）之阶段性成果。

初扩大了 40 多倍。上海开埠后以码头为中心的对外贸易繁荣，导致城市中心位移，城区面积扩大，从过去的城镇变成了大都市，但生活用水、垃圾污染等也成了重要问题。1874 年，公共租界工部局与清除垃圾的承包商订约，垃圾用船运出租界。19 世纪 90 年代，沿苏州河出现了垃圾场，虽然在合约中规定，承包商不许沿途丢弃垃圾，但因缺乏有效的监督措施，频繁发生垃圾弃河事件，苏州河变成充满泥水的大沟渠，河水不堪饮用。从 19 世纪 80 年代到 20 世纪 20 年代，黄浦江陆续成为很多新建水厂的取水源地。[①] 作为集交通要道和取水源地双重价值于一体的黄浦江，上海的"母亲河"这一称号可谓名副其实。随着黄浦江进出口船舶数量的显著增加，为加强和维持正常的航道秩序，海关外籍总税务司赫德决定仿照英国伦敦泰晤士河港警组织管理的模式，于 1868 年 5 月 4 日下令，在江海关设立水巡捕房（即港口警察）。港口警察是一支由外国人控制的港口水上武装力量，具体由江海关理船厅（港务长）管理。它的管辖范围，以黄浦江中段码头最为集中，浦西自十六铺到军工路周家嘴段，浦东自烂泥渡到东沟段。具体职责是执行港章，管理水上交通，维持港口治安，保护水上财产及防止窃盗等。

从辛亥革命到抗日战争全面爆发，是上海资本主义发展的黄金时期，黄浦江又像苏州河一样，倾倒垃圾之事越来越多，起初偶尔见诸报端，[②]

---

① 清光绪八年（1882），英商上海自来水公司成立，在杨树浦畔建厂，取黄浦江下游水源。法租界董家渡水厂（1897 年动工，1902 年供水）和上海第一家由中国人自办的水厂——内地自来水公司（1897 年建厂，1902 年供水）均位于上海城厢以南江畔，取黄浦江水源。宣统元年（1909），为建造闸北水厂，初选定苏州河广肇山庄北首谭子湾，但随着苏州河两岸工厂日多，污染趋重，水质变坏。至 1928 年，闸北水电公司弃用苏州河，选定黄浦江下游军工路剪淞桥（今闸殷路 66 号）建造新厂，改用黄浦江水源。1930 年 5 月，上海市公用局筹建浦东水厂，以烂泥渡桃园为厂址，从黄浦江取水。（《上海公用事业志》编纂委员会编《上海公用事业志》，上海社会科学院出版社，2000，第 158 页）

② 如 1924 年 2 月 14 日《申报》第 14 版载《取缔浦江倾弃垃圾》："浚浦总局总工程师海德生鉴于黄浦江上近来时有倒入泥石垃圾情事，报请局长特别注意。业经局长请河泊司，迅予出一海关布告，晓是项禁令以维护河工。"1925 年 11 月 10 日《申报》第 15 版载《垃圾倾倒浦江之拘究》："海关水巡捕房胡捕头，于前日午后四时许，在高昌庙附近浦江中，见有将垃圾倾倒该处浦心者，随即饬捕，当场拘获王吉瑞、纪江富等二人，带入捕房，讯据供认不讳。前日下午八时，新龙华湾浦心停有垃圾船四艘，正在倾倒垃圾之际，适海关水巡捕房三号包探沈元芳乘坐舢板经过，当获祁阿江、张阿三、张连成、左子高、夏云正等五人并垃圾船一只，带入捕房。胡捕头以航线卫生，均关重要，判饬押赴地方检察厅发落。"

1927 年上海特别市设立之后，划定浦东龙华嘴附近洼地为垃圾堆场，黄浦江被垃圾转运船夫倾倒垃圾之事日益频繁，《申报》等媒体屡次报道此类消息。上海城市垃圾倾弃于黄浦江，事涉航道交通安全及公共用水卫生，对仿照泰晤士河管理而设的江海关港警而言，是重大考验和挑战。近年来有些学者已关注到上海近代城市垃圾治理问题，研究成果主要集中于公共环境卫生方面，或者从上海市政府管理角度做出宏观性的评估和分析。①近代黄浦江垃圾倾倒的治理，并不仅仅局限于上海市政府一个主体，还牵涉公共租界、法租界、浚浦局以及受影响的航运商、垃圾承包商、城市居民等多方利益，颇为复杂。作为中央政府直属的近代海关，因负有航道管理职责，自我标榜"超然政治"，追求所谓"价值中立"等，借着特殊国际背景，一度成为黄浦江垃圾倾倒统一治理的首要牵头部门。海关设计的上海市垃圾运输监管方案，以及执行过程和成效等问题，目前仍缺乏深入探讨。本文拟通过细致爬梳江海关以及上海市有关档案，详细剖析上海城市垃圾倾弃于黄浦江的根源所在，并对江海关港警治理方案、运作情况及实际作为等予以评析。希望通过此个案研究，加深中央海关与地方历史互动研究，同时，为今天城市环境治理提供历史垂鉴。

一　江海关介入黄浦江垃圾倾倒治理及举措

近代开埠以后，上海港口形成了苏州河口以南、以北，浦东和内河四大部分，②它们互有侧重，互为联系，形成港岸线长、内外贸衔接、江海内河航运配套的基本态势，"浦中帆樯如织，烟突如林，江畔码头衔接，工人如蚁，上下货物之声不绝。南则帆船停泊，航行内地而纳税于常关；北则轮船下碇，往来长江一带及南北各埠，而纳税于新关。其巨者航外

---

① 如梁志平《水乡之渴：江南水质环境变迁与饮水改良（1840~1980）》，上海交通大学出版社，2014。以及有关论文：刘岸冰《近代上海城市环境卫生管理初探》，《史林》2006年第2期；蒋贤斌、彭善民《公共卫生与城市现代性：1898~1949年的上海》，《江西社会科学》2007年第3期；廖大伟、罗红《从华界垃圾治理看上海城市的近代化（1927~1937）》，《史林》2010年第2期；楚浩然《战后国民政府的城市治理困境——以上海垃圾治理工作为中心》，《乐山师范学院学报》2020年第6期。
② 戴鞍钢：《港口·城市·腹地：上海与长江流域经济关系的历史考察（1843~1937年）》，上海社会科学院出版社，2019，第40页。

洋，泊吴淞口外。苏杭有小轮通行，码头在美租界吴淞江之北岸"，[①] 展现了上海作为近代中国枢纽港的独特风采。至于黄浦江水质，19 世纪 70 年代，在上海居民眼中仍比较清洁，"租界地势旷阔，黄浦衰延，各码头停船有限，潮水较大，其延汲饮黄浦水者，用矾石搅清澄淳而后饮，则无异清水"。[②] 19 世纪末和 20 世纪初，上海工业发展和人口增长迅速，中小水体不断遭受污染，苏州河开始发黑发臭。拥有内河、沿海和跨国航运便利的上海，在 1920 ~ 1930 年承担了中国对外贸易量的 40% ~ 50%，[③] 不过同时期环境污染等城市病也更为显现，往黄浦江倾倒垃圾、堵塞航道、影响公共卫生之事也越来越多。

据江海关港警档案记载，1926 年 9 月之前，上海公共租界的垃圾原由一位中国驳运商负责，他因屡次向黄浦江倾倒垃圾而被罚款，但被处罚后仍无明显改进，公共租界当局决定取消与中国商人的垃圾承运合同，转而委托英商茂泰公司（Messrs Marden & Co.）负责。不料英商公司的几艘垃圾承运船，于该年 10 月 15 日也被发现往黄浦江中丢弃垃圾，这说明垃圾弃江之事，无关乎外国商人或中国商人。考虑到治理的公平正义，1927 年 2 月 9 日，江海关理船厅呈报税务司，说在该问题的处理上已经积累了一些经验，现请求税务司转呈总税务司署，授权理船厅向租界英国领事法庭起诉英商违法行为，否则在同样的情况下，英国公司却免于处罚，则对受到处罚的中国商人就太不公平。起诉的法律依据是上海港务规章第 37 条款，该条款规定，"压舱石、灰烬、垃圾和疏浚土方，以及其他杂物，不得倾入河道"。江海关理船厅信心满满地承诺，江海关港警若全力以赴地治理垃圾倾弃问题，会有良好的结果。[④] 两日之后，江海关税务司梅乐和将理船厅呈函转报到海关总税务司署，"理船厅的起诉费用为 100 上海两和 2.5 英镑，请予授权开支。黄浦江垃圾倾弃问题，对海关而言至关重要，

---

① 李维青：《上海乡土志·交通》，著易堂铅印本，1907。
② 《上海南城食水说》，《申报》1875 年 7 月 24 日，第 2 版。
③ 〔法〕白吉尔：《上海史：走向现代之路》，王菊、赵念国译，上海社会科学院出版社，2014，第 112 页。
④ "Correspondence from the Harbour Master Office to the Commissioner of Shanghai Customs," 9th February 1927，《防止上海地区的垃圾倾入黄浦江问题专卷》，上海海关档案室藏，档案号：（一）7 - 584。

因为它直接影响到航运利益，应该努力阻止"。① 2 月 16 日，海关总税务司署批准了江海关税务司动支起诉费用的请求。② 这意味着，在海关总税务司署和江海关税务司层面，都已认可了江海关理船厅港警可以监控垃圾抛弃这一违章行为，并进行相应的执法处罚活动。

取得海关总税务司署授权之后，江海关理船厅一方面严厉控制垃圾转运船夫的随意倾弃行为，另一方面也积极寻求从源头上彻底解决垃圾问题的方案，当然这就必然涉及海关与城市地方政权的交往合作。在 1927 年国民革命军到来前，控制上海的直系军阀孙传芳曾于 1926 年 5 月建立淞沪商埠督办公署，并自任督办。但因财政匮乏、地方资产阶级与之疏远等，该机构作用有限。③ 笔者目前没有查阅到江海关税务司与该机构接触商谈的有关资料。1927 年 7 月 7 日上海特别市政府成立之后，上海城市的统一协调管理开始加强，海关与上海市政各方联系增多。

根据浚浦局的调查，垃圾秽物的 80% ~ 90%，都被华界、法租界及公共租界所雇佣的船夫抛弃江中，贻害甚大。④ 1927 年 12 月 24 日，江海关理船厅主动致函江苏省交涉公署，召集上海特别市、法租界、公共租界等有关各方一起开会，专门讨论每日收集的生活垃圾的处置问题，重点征求是否有比向来惯用船只转运搬移更为适宜的办法。

江海关的垃圾处置倡议，得到上海市政府及租界方的积极回应。⑤ 1928 年 1 月 28 日，江海关理船厅的港务长赫俦（Hotson）主持召开了首次会议，公共租界和法租界工程处两位处长、上海特别市卫生局局长胡鸿基、工务局局长沈怡（Shen Yi）博士、浚浦局代理总工程师查德利（Chatley）、交涉公署秘书张似旭等出席。赫俦首先发言称，现今亟须请各

① "Despatches（No. 17663）from Commissioner of Shanghai Customs to Inspector General," 11th February 1927,《防止上海地区的垃圾倾入黄浦江问题专卷》，上海海关档案室藏，档案号：（一）7 – 584。

② "Replying Letter from Inspector General to Commissioner of Shanghai Customs," 16th February 1927,《防止上海地区的垃圾倾入黄浦江问题专卷》，上海海关档案室藏，档案号：（一）7 – 584。

③ 〔法〕安克强：《1927 ~ 1937 年的上海：市政权、地方性和现代化》，张培德、辛文锋、肖庆璋译，上海古籍出版社，2004，第 8 页。

④ 《浚浦局将会议处置垃圾问题》，《申报》1927 年 12 月 24 日，第 16 版。

⑤ 《江苏交涉公署郭泰祺致上海特别市工务局函》，上海市档案馆藏，档案号：Q215 – 1 – 8764。

当局选取公用垃圾堆场，如能采用火焚的计划，则河中垃圾船便可以减少，垃圾不再被船夫倾弃于江河之中。英租界工程处处长夏珀（Harpur）表示，垃圾处理是一个经济问题。据计算，上海各方每日所出垃圾为1000～1500吨，此外倾弃于河中的菜蔬等，殊属不少。焚化垃圾是最新办法，公共租界至少需设三处焚毁机，需上百万规银的资金，工作费用也需增加。相应的如垃圾分类、处置灰烬等问题，也须解决。他同意垃圾并非必须由水路装运，只是经济所迫。想要减少弊端，必须改善方法。法租界工程处的佛敌亚也称，如果用火焚机器，将投资不菲，但也在计划中。上海市卫生局局长胡鸿基认为，从公共卫生角度看，焚烧最为合适，可以减少苍蝇虫害。沈怡博士发言，垃圾处置有四个方案：焚化，抛置海中，在沿铁路泥塘内倾倒，或者改善垃圾倾置办法。前三项都因经济关系，难于实行。目前计划可行者，只有最后一项。张似旭秘书表态，上海市政府期望协力合作实际可行的计划，对于有益于市政三方当局的建议，愿意听从采纳。[①]

1928年3月29日，江海关的港务长赫俌在上海市卫生局的提议下，召集市政各方代表举行了第二次协商会议。赫俌仍率先表态，垃圾处置是涉及公共租界、法租界和上海市三方市政的公共治理问题，依赖于共同的友好协作。他的意见还是希望英、法租界当局效仿法国巴黎，增置焚烧机来处置垃圾。公共租界代表尼达姆（Needham）则讲添置焚烧机器至少需要规银上百万两，并且不便寻找地方设厂，运送到垃圾焚烧厂的垃圾仍得靠经济上成本低的水路运输，建议选取上海市龙华嘴的小河与水泥厂之间空地作为公共垃圾堆场。上海市卫生局局长胡鸿基的代表发言表示，和租界大多地方建设起高楼大厦不同，大上海市许多地方还在建设之中，很多乡村还有不少原始低洼池塘，可以用来填埋垃圾。垃圾转运商人如果往江中抛弃垃圾，卫生局打算派警察随船押送垃圾驳船，但该警察也可能会被贿赂。[②]

---

① 《中外市政当局讨论处置垃圾办法》，《申报》1928年1月28日，第14版。

② "Minutes of a Meeting Called at the Request of Dr. Hu Hou Chi, Commissioner of Public Health of the Municipality of Greater Shanghai, Further to Consider the Question of Garbage Disposal," 29th March 1928, 《防止上海地区的垃圾倾入黄浦江问题专卷》，上海海关档案室藏，档案号：（一）7-584。

1928 年 6 月 4 日，江海关第三次召集会议，公共租界的夏珀依然认为，目前正在运行的垃圾处置办法，即垃圾由船夫通过水路搬运依然是最为便宜的办法，重点是设法改进垃圾船的装卸装置，他的建议得到大家赞同。龙华嘴附近低洼地带正式设为公共垃圾堆场，公共租界和法租界每月支付上海市政府 16000 镑，可由垃圾承包商把城市垃圾转运此处堆放。[①]

江海关在近半年的时间内，牵头上海市政各方进行了三次协商会议。作为公共协商发起者，江海关理船厅每次都率先发言，积极呼吁上海垃圾处置要和巴黎等国际大都市最先进焚烧垃圾方法接轨，如此就可以从源头上解决垃圾转运船夫随意倾弃问题了，但公共租界和法租界代表都没有赞同江海关理船厅的建议，因为焚烧垃圾首先受到资金制约，无力购置焚烧机器，再者焚烧垃圾还有垃圾分类、灰烬处理等系列配套问题，因此他们仍愿继续沿用雇佣垃圾转运商将垃圾运出城区的办法。上海特别市在垃圾处置问题上，表示出与各方积极合作的意愿，也赞同沿用旧的船夫水运办法，并同意在其管辖的龙华嘴地方设置公共垃圾堆场，收取租金。设置龙华嘴公共垃圾堆场，继续用水路运出各城区垃圾，是海关牵头协商的最大推进成果。但其具体运转成效，仍有待实践观察。

二　江海关倡议的城市生活垃圾疏导方案的遇挫

1928 年 8 月，龙华嘴公共垃圾堆场运行不到两个月的时间，就被龙华嘴附近居民以没有征求民意，程序不正当，租金交易不公开，以及气味恶臭，容易酿疾等为由，投书到上海市政府。浦东杨思区公民代表马金坡等呈报张群市长，反映龙华嘴一带的江滩地，原本属于民有，缴纳田赋，不料未曾征求民意，就被有关土地业主出租为垃圾堆场，市政府公安局命令水巡队，每日押运倾倒垃圾。附近民众找土地业主问责，业主却又说未曾拿到租金，意见分歧，无法求证，但是"垃圾为物，万分污秽，蚊蝇麇集，虫蛆丛生，既易罹疾，复易酿疫"，[②] 暂且不论业主是否擅自租借，但对卫生有莫大妨碍，呈请市长快速收回成命，饬令禁止倾倒垃圾，重视公

[①] "Minutes of a Meeting Discussed the Question of Garbage Disposal," 13th June 1932,《防止上海地区的垃圾倾入黄浦江问题专卷》，上海海关档案室藏，档案号：（一）7 - 584。

[②] 《浦东公民呈请取缔垃圾船》，《申报》1928 年 8 月 15 日，第 16 版。

共卫生，造福公德。

龙华嘴居民的意见，并未得到上海市政府的回应。但有了公共垃圾堆场之后，垃圾倾弃问题是否有好转呢？为了解设置了公共垃圾堆场后的垃圾运输和处置效果，江海关理船厅随后派出水巡捕房的探员进行暗中调查，结果发现大多数垃圾被运送到了龙华铁路码头上游处的垃圾堆场，但仍有少量垃圾被丢弃黄浦江中，违章抛弃问题依然没有彻底解决。署理港务长蓝蔚（Longworth R.）专函报告税务司梅乐和，垃圾被丢弃的地点在军火库附近江面，该处军方戒备森严，超出了江海关港警的管辖范围。时间上船夫们大多选择在日落之后，因此港警无法逮捕船民，也不能施以重罚。他请求税务司，仍需与上海市卫生局等有关部门沟通联系，共同治理垃圾倾江问题。① 该函还提到了公共租界在 1928 年 5 月时，仍暂时选择杨子浦附近为垃圾堆场，还未出现垃圾倾江问题。

港务长对公共租界垃圾倾倒问题的结论为时过早。1929 年 6 月，公共租界垃圾承包商顾子清因倾弃垃圾被海关处罚而无利可图，遂向工部局退包。工部局无法处理这些垃圾，竟堆放到外滩公园门口，随后雇佣小工，在众目睽睽之下将垃圾搬运到外滩北京路码头，倾入江中。该事件的前后过程，当日《申报》如是记载：

> 外滩公园门首，昨晚突有堆积如山之垃圾大堆，秽气熏人，不可向迩。旋见小工七八十人，携箩荷铲，分别将垃圾搬运在外滩北京路十五号码头，倾入黄浦，一任潮水冲散江心。记者前往调查，第见工人数十，往来搬运，十分忙碌。且有中西巡捕四五人，在场保护。而倾浦江之垃圾，虽多被江水冲去，但沿码头一带，尚积滞甚多，苟有船只亦难舶岸。及经调查，始悉此项大批垃圾，均系公共租界各处搜集，由垃圾汽车装运而来。公共租界各地之垃圾，向由顾子清向工部局承包，由顾另雇小工二百人，每夜分赴各处搜集，然后在苏州河温州路码头，用垃圾驳船三四艘，装至吴淞口外，堆卸各乡，由农民搬去，作肥田之用。顾在工部局存保证金五千两，工部局则付顾包费每

① "Correspondence from the Harbour Master Office to the Commissioner of Shanghai Customs," 28th May 1928，《防止上海地区的垃圾倾入黄浦江问题专卷》，上海海关档案室藏，档案号：（一）7 - 584。

月八千六百四十两。讵知驳船运装垃圾，有时船工偷懒竟不将垃圾装至吴淞口外各乡起卸，即在淞口附近浦江，将垃圾卸入江中。时被海关水巡查见，致遭处罚。前日，垃圾驳船又将垃圾卸入浦江，海关水巡即将该船悉数扣留，而包头顾子清以一再罚钱，无利可图，向工部局表示不干。昨日各处搜集垃圾，既无驳船装运，顾子清又不负责，遂由工部局雇小工七八十人，将垃圾暂在北京路外滩十五号码头卸入浦江。①

而在 6 月 17 日，《时事新报》也做了本埠新闸垃圾倾入苏州河中的报道，称上午闸北水巡分队队长和水手等，"乘坐舢板沿苏州河一带巡查，巡至垃圾码头（即新闸路酱园弄），见该河南岸又许多小工，将巨量垃圾尽落倾入河中，禁阻不听。……据水工云，近因垃圾船之工人罢工，垃圾无处可运，故租界外人勒令我等将垃圾倾入河中"。②

工部局悍然违背上海港务规章，而令工人任意丢弃垃圾，这种行为遭到纳税华人会的强烈反对。6 月 21 日，纳税华人会致函工部局总办，称此种谬举有背市政原则，而市民对所有市政上之信仰，恐因有失堕之虞。③上海特别市港务局呈上海市政府并转函交涉公署，此种荒谬举动经派员调查属实。上海特别市卫生局随即公函工部局，"不顾全市数百万生命之危害，违背人群卫生原则"。④上海特别市政府和江海关监督致函交涉公署，提出严重抗议，⑤为维护公共卫生安全，希望工部局找到解决办法。8 月，领事答复市政府，倾弃是一时无奈之举，保证租界不再随意倾弃垃圾。⑥以上说明龙华或其他垃圾堆场，对公共租界垃圾疏散起到的作用有限，工部局对垃圾船夫随意倾弃行为听之任之，并不肯解决问题，或者直接成为帮凶。浚浦局工程师曾就垃圾舍弃水路转运、抛入长江吴淞口外的替代方案做过大致估算，公共租界每日清运 1500 吨垃圾，一年清运 438000 吨垃

---

① 《租界垃圾倾弃浦江》，《申报》1929 年 6 月 18 日，第 15 版。
② 《取缔公共租界工部局黄浦江倾倒垃圾卷》，上海市档案馆藏，档案号：Q211 - 1 - 15。
③ 《纳税会函工部局纠正垃圾倾河》，《申报》1929 年 6 月 21 日，第 13 版。
④ 《上海特别市政府卫生局第 1398 号公函》，《取缔公共租界工部局黄浦江倾倒垃圾卷》，上海市档案馆藏，档案号：Q211 - 1 - 15。
⑤ 《租界垃圾倾河之抗议》，《申报》1929 年 6 月 30 日，第 14 版。
⑥ 《上海特别市政府训令第 1406 号》（1929 年 8 月 16 日），上海市档案馆藏，档案号：Q211 - 1 - 15。

坂，需要 6 艘驳船，3 艘较大拖轮，费用 36 万海关两。而且，日常维持运转经费需 14.1 万两，平均每吨垃圾费银 0.4 两。另外，公共租界还得至少修建和维护 3 个专门垃圾装运码头，所有成本合计，按每日装运 3 次计算，1 次装运 400 吨垃圾的成本是 140 两，如此工部局一年得支出 153300 两。[①] 如果新建垃圾焚烧炉，花费上海规银上百万两以上，此外还要机器燃料和人力维持运转的费用，成本大为增加。在经济成本考量下，公共租界显然罔顾了城市居民的根本利益。

龙华公共垃圾堆场设置一年多后，因容载垃圾已超负荷问题，黄浦江丢弃垃圾现象反而更为严重。1930 年 10 月，航运商代表邢志刚等呈报上海市政府，反映"现该地沿滩一带业已堆满，摇船夫不肯扒上再堆，即在近垃圾堆浦面顺流倾弃"，这些垃圾在大汛时随潮流漂至夏家嘴浦面沉没，小汛时即停积在龙华嘴一带江底，影响船只的出行。而且垃圾再被砂石覆盖，日积月累，则河床变浅，两岸更易受到涨潮的侵蚀，后患不堪设想。航商行船到龙华嘴时，多次遇见却无法制止这种违章行为，恳请上海市政府有关部门迅速治理。[②]

从龙华嘴附近居民对垃圾堆场设置的不满，公共租界当局公开组织抛弃垃圾，以及航运商代表反映眼看抛弃垃圾却无法制止等问题综合来看，近代上海城市垃圾的清运监管和最终处置，是一个非常棘手的大问题。江海关提议的垃圾场定点疏导的方案，在实际运转中，虽对上海城市生活垃圾的处理暂时有益，但若想彻底解决垃圾丢弃黄浦江的问题，仍然面临着巨大困难和挑战。江海关港警的工作重点转向了对垃圾转运船夫的严格执法，不曾想会遇到更大的反弹。

三 江海关港警无法严控垃圾转运船夫的深层体制窘境

江海关港警日常对垃圾转运船夫抛弃违章行为，严格执法，据江海关

---

① "Memorandum on Garbage Removal to the Yangtze Estuary," September 30th, 1930,《防止上海地区的垃圾倾入黄浦江问题专卷》，上海海关档案室藏，档案号：（一）7-584。

② "Despatch from the Commissioner of Shanghai Custom to Inspector General," No. 23832, Sub-Appendix No. 1,《防止上海地区的垃圾倾入黄浦江问题专卷》，上海海关档案室藏，档案号：（一）7-584；《照录申报及新闻报所载航商代表呈上海市政府文》，1930 年 10 月 20 日。

水巡捕房送到上海市地方检察厅的单据案底，1930 年 1～6 月，共发生过五起船夫倾弃垃圾于黄浦江的案件，对案发时间、地点、人物等，江海关港警都做了详细登记。① 对这五起船夫倾弃垃圾行为，江海关水巡捕房和上海地方检察厅配合有序，上海检察厅认定其违反刑律第 204 条第 1 项，即导致上海公共饮料源流污染，承认江海关港警有起诉之权，裁判垃圾船夫等徒刑 6 个月。江海关港警严格执法的做法，随着矛盾的积累，竟然引发了垃圾船夫的暴力抵抗。1930 年 7 月底，发生了一起惊动国民政府财政部、上海市政府的江海关外籍港警彼格被垃圾船夫殴打案件，折射出江海关无法严格控制管理的深层体制窘境。

1930 年 7 月 29 日，江海关理船厅港口警察彼格执法时被船夫殴打。两日后，江海关港警侦探到上海市公安局、卫生局询问该事处理情况，却被敷衍搪塞，殴伤港警彼格的船夫并未被拘捕在押。② 8 月 9 日，江海关税务司梅维亮据水巡警长起草的事件概要，转报海关总税务司梅乐和，③ "该日（29 日）上午十时半，本关港口警察彼格见浦江内流有垃圾，乃乘保海巡船，逆流察勘。直至龙华，见有东华小轮，拖带垃圾船四艘，有夫役将垃圾倾弃浦江，当即亲至垃圾船，告以垃圾倾弃浦江，违反港口管理章程。讵该夫役等不服，肆行殴击，致该警察身受重伤"，④ 并通报江海关监督与上海市政府交涉，请上海市政府查明案情，依法严惩动手殴击之人，严禁在黄浦江内倾倒垃圾。

8 月 13 日，总税务司梅乐和上报财务部关务署，"警士以其显违本埠港口管理疏浚及防护染疫等章程，拟将该夫役等获交地方官厅惩办。讵料其蛮横抵抗，用船钩及其他器具，肆意殴击，致该警士身受重伤，右臂戳破，胸部打伤，面部被击，脱唇裂须"，然后重点落在了江海关港警与上海市公安局水巡队之间的权力矛盾上，"查该夫役等殴击，实由东华小轮

---

① 《上海海关水巡房送地检厅案单》第 2、16、22、60、79 号，《防止上海地区的垃圾倾入黄浦江问题专卷》，上海海关档案室藏，档案号：（一）7 - 584。

② 《江海关水巡捕房第五号探员 Huang Chen Ling 呈报》（1930 年 7 月 31 日），《防止上海地区的垃圾倾入黄浦江问题专卷》，上海海关档案室藏，档案号：（一）7 - 584。

③ "Despatches from the Commissioner to Inspector General," 9th August 1930，《防止上海地区的垃圾倾入黄浦江问题专卷》，上海海关档案室藏，档案号：（一）7 - 584。

④ 《上海公安局长袁良、卫生局长胡鸿基呈上海市政府张群市长函》，《防止上海地区的垃圾倾入黄浦江问题专卷》，上海海关档案室藏，档案号：（一）7 - 584。

内身穿上海市公安局水巡制服、持有武装之人鼓励所致。卫生局主管人员对于港口警察职权，尚有疑义。江中垃圾依然日有倾倒，市公安局水巡近益目无法纪，屡向中央政府所辖海关警察强加威吓，并宣言管辖黄浦江为其专有特权，关警如再干涉，必将置之死地。如不速将管理上海港口之权限划清，将来势必愈形纠纷"。① 当时上海港界内，有江海关港口警察、上海市公安局水巡队、江苏省水上警察队及淞沪司令部水上警察队等几个机关，存在同时巡查、职务权限混淆的问题。梅乐和建议财政部关务署，将稽查及管理上海港口界内水面一切职务，完全责成江海关港口警察办理。8月26日，海关总税务司接到财政部关务署转饬上海市政府已依法惩办的复文，②却回避了总税务司关于上海港口水面统一授权江海关港警管理的请求。

然而逮捕凶手之事，上海市公安局、卫生局答复市政府的报告中的说法与海关总税务司截然不同，卫生局认为海关水巡捕房措置失当，难辞其咎：

（一）本市运输垃圾船只，夜间向由公安局水巡队派警押运，日间由卫生局派卫生巡长押运，惟恐包商工人私将垃圾倾入浦江，妨害饮料清洁，防范极为周到，且事属本市行政范围，该水巡捕房越权干涉，殊属不当。

（二）查龙华垃圾堆场，除堆积本市垃圾外，并有法租界垃圾运往该处堆积。且查该租界垃圾运船，前曾有将垃圾倾入浦江情事。如为维持浦江水源清洁，遇有垃圾船倾弃垃圾入浦，尽可抄录该船号码，正式通知以便究办。该捕房既已越权干涉，复不依照正当手续办理。

（三）出事后该港警并未即时来局报告，仅据该捕房派一侦探来局请求追究，又未备具正式公文，其手续亦属未合。③

卫生、公安两局公函强调江海关港警彼格越权干涉和先行殴人，实为

① 《总税务司梅乐和呈财政部关务署署长张福运文》第 1292 号（1930 年 8 月 13 日），《防止上海地区的垃圾倾入黄浦江问题专卷》，上海海关档案室藏，档案号：（一）7-584。
② 《财政部关务署署长张福运致海关总税务司梅乐和指令》第 3343 号（1930 年 8 月 26 日），《防止上海地区的垃圾倾入黄浦江问题专卷》，上海海关档案室藏，档案号：（一）7-584。
③ 《财政部关务署署长张福运致总税务司梅乐和训令》第 3460 号（1930 年 9 月 16 日），《防止上海地区的垃圾倾入黄浦江问题专卷》，上海海关档案室藏，档案号：（一）7-584。

发生该案的起因，尤应负此案责任。还请上海市政府函告江海关监督，饬知水巡捕房，以后不得越权行动，倘若查见倾弃垃圾入浦，需先发函通知，以免再次冲突。

江海关税务司随即致函海关总税务司，做了三条回应，辩驳上海市卫生局、公安局。辩驳函强调江海关港警登船制止，是尽巡士之职责，具备垃圾转运船夫管理执法的正当性和重要性，不料该船有身穿制服之人，立即喝令夫役动手殴打，卫生局、公安局函文"该垃圾船未装满一节，尤非事实"，其报告不可为信。该辩驳函用以往案件惯例来证明江海关港警有处理垃圾违章倾倒的权力，但对于上海市卫生局质疑的江海关港警是否越界执法，避重就轻，含糊其词。辩驳函最后言道，"更查在本口经政府划定海关区域内，关于水上警察权，迄来屡起无谓之纷争。其争点之所在，即系此项警权，究应属于省政府警察，或市政府警察，抑应属诸中央所辖海关之港口警察。然此问题，亦惟中央政府方可核定，税务司毋庸置喙。此权限冲突之问题，应请政府用明文规定，庶可以永息争端"。辩驳函呼吁中央政府对港警予以更大授权，"办理水上警察最要之点，在办事敏捷，纪律严明，实心尽职。举凡巡查水面，保护税收，以及切实实行管理港口水道、河工、卫生各种章程，并于必要时保护水面上所有生命财产等事，若均能切实办理，而后此种机关，实足为政府所信倚，而畀以办理以上各要务之全权"。[①]

上述可见，一条黄浦江分属于海关水巡队、上海市水巡队及江苏省水巡队等数个机构分段管理，诚如江海关税务司评论上海市政管理那样，"上海市区分属四个不同的市政管理机构。由于没有统一的管理，任何人几乎都可以随心所欲地出入本港。警察局、航运公司和铁路局都没有具体的措施来登记进出上海的中外人员"，[②] 两者弊病如出一辙。从 19 世纪 60 年代开始，介于中西之间的海关的权力处于不断扩张之中，"有用性"成为海关信奉和行为做事的价值标准。[③] 至 20 世纪二三十年代，中国民族主

---

① 《江海关税务司梅维亮呈总税务司梅乐和函》第 23811 号（1930 年 10 月 15 日），《防止上海地区的垃圾倾入黄浦江问题专卷》，上海海关档案室藏，档案号：（一）7 - 584。

② 徐雪筠等译编《上海近代社会经济发展概况（1882～1931）——〈海关十年报告〉译编》，张仲礼校订，上海社会科学院出版社，1985，第 228 页。

③ 〔英〕方德万：《潮来潮去：海关与中国现代性的全球起源》，姚永超、蔡维屏译，山西人民出版社，2017。

义思潮高涨，伴随着关税自主的呼声，政府开始从海关手中逐渐收回各项利权。例如 1929 年 7 月的第二次收回租界运动和 1930 年 1 月要求废除治外法权的示威游行，恶化了上海市政府同外国当局的关系。[①] 江海关港警介入和深度参与治理垃圾违章倾倒黄浦江之时，恰逢海关权力的收缩时期。上海市卫生局、公安局等，均期待收回江海关港警航政管理权力和统一上海港务管理机构，对权力正当性与执法边界等都极为重视。在这种背景下，黄浦江上各机构之间权力争夺乃至冲突摩擦，是江海关对垃圾倾倒问题难以进行全面行政执法的体制原因。

四 江海关再次组织上海市政各方协商生活垃圾处置问题

黄浦江垃圾倾弃问题，必须依赖上海市政各方的通力合作，江海关港警彼格被上海市卫生局转运船夫殴伤案，却反映出市政各方的分歧和权力争斗。1930 年牵涉黄浦江治理的各方围绕权力的边界而争论不休，1931 年上海卷入抵制日货运动，1932 年爆发了"一·二八"淞沪抗战，持续到 5 月 5 日签署中日停战协定。战火刚刚平息不久，在江海关税务司的批准下，1932 年 6 月 13 日，江海关港务长谷利恩（Green E. B.）又召集公共租界工部局工程处夏珀、法租界工程师卢齐耶（Louzier）、浚浦局署理工程师福塞特（Fawcett），以及上海市政府工程处沈怡博士、卫生局江博士（Dr. Kiang）等人开会，再次商讨如何共同做好上海城市垃圾的处置。

会议先是讨论改进龙华嘴垃圾场的管理，夏珀提出开挖一条新的沟渠以便于垃圾船进出，浚浦局工程师则认为不如构筑一条堤坝以防垃圾被潮水冲走。接着延伸到垃圾堆场的使用期限和可继续利用空间问题，沈怡博士说上海市政府不能设定垃圾堆场可继续使用的明确年限，否则会引起周边居民的控诉。然后讨论如何从技术上设计新式垃圾驳船，运用机械化动力装卸，以便减少人力。夏珀插言公共租界已安装了两个垃圾焚烧炉的进展情况，指出燃烧 100 吨垃圾要消耗 2 吨的煤炭，还有灰渣清理问题。先试验运行两年，到 1934 年之后，工部局再考虑是否继续增置新的垃圾焚烧

---

① 〔法〕安克强：《1927～1937 年的上海：市政权、地方性和现代化》，第 30 页。

炉。会议最后的讨论重点，仍是如何防止船夫大多在夜间向黄浦江抛弃垃圾的老问题。江海关港务长提议公共租界市政当局不要再通过垃圾承包商转手，而是自己用这些经费直接处理垃圾。夏珀认为这样做恐怕会引起很多人的反对。如果晚上7点以后禁止船夫转运垃圾，费用将会增加，建议工部局警察也加强对船夫的管理。法租界代表也表示尝试安排警察监押垃圾转运船只。卫生局江博士称，上海市卫生局已有押运制度安排，并且去年还开始在垃圾船上覆盖油布，待垃圾装满船只后，即将油布用两旁铁圈封固加锁，并由水上巡警或卫生警押运到指定垃圾堆场后，方可开锁起卸垃圾，船夫如果偷弃垃圾，就会受到惩处。此次会议显然是一次务虚会议，除租界当局在口头上表态推广上海市卫生局港警随船押运办法外，上海市政三方并无合作协议和实质性推进举措。

自江海关港警彼格被殴一案，海关要求的扩大水面执法权和惩办施暴船夫等均未实现。两三年间，虽然多次起诉转运垃圾的苦力船夫，但很少对其实施真正逮捕，黄浦江上垃圾抛弃的现象并没有减少，[①] 矛盾指向了垃圾承包商。于是江海关港警决定如发现新的案件，会将市政当局的垃圾承包商与搬运船夫一并诉之法庭，共同惩处。

江海关港警也曾采取这样的办法，但仍没有实效。1934年5月11日，顾金福、邵汉根、刘老五、邵老四等四艘垃圾驳船由泰隆轮船拖带开往上海市政府指定的龙华嘴垃圾滩，但半途即将垃圾倒入江中。江海关港警获悉，这些驳船和轮船是由租界垃圾承包商马鸿根所转包。该承包商每月收到工部局的垃圾处理费用高达18685英镑，却认为船户苦力抛弃垃圾行为与他无关。[②] 于是，江海关港警将船夫苦力和承包商一起起诉。[③] 6月30日，江苏省地方法院审理此案，对负责监押垃圾的轮船主和倾弃垃圾的船

---

① "The Letter from Customs River Police to Chief Procurator of Shanghai District Court," 14th May 1934，《防止上海地区的垃圾倾入黄浦江问题专卷》，上海海关档案室藏，档案号：（一）7-584。

② "The Letter from Customs River Police to Chief Procurator of Shanghai District Court," 14th May 1934，《防止上海地区的垃圾倾入黄浦江问题专卷》，上海海关档案室藏，档案号：（一）7-584。

③ "Supplementary to Complaint Against Garbage Contractor of Mo Oong Kung," "The Letter from Customs River Police to Chief Procurator of Shanghai District Court," 14th May 1934，《防止上海地区的垃圾倾入黄浦江问题专卷》，上海海关档案室藏，档案号：（一）7-584。

夫共四人依法判刑；① 至于公共租界的垃圾承包商马鸿根，转包了各船户，其监督虽有疏懈，但既未在船，不负刑事责任，不予起诉。② 半年之后江海关港警再次查询此事时，江苏省上海市地方法院检察官复函，"该被告等不服判决，提起上诉，经江苏高等法院判决无罪"。③ 12 月 12 日，署理港务长无奈地向江海关税务司报告了这一案件处理结果。④

1936 年 6 月，江海关对公共租界、法租界和上海市垃圾运转数量、驳船和运输路线等做了详尽调查，公共租界每日需向龙华嘴运送 600 余吨垃圾，数家垃圾承包商经营着 23 艘垃圾驳运船，从 6 条道路上的不同码头出发，距离 7~9 海里，把垃圾卸到岸上之后原路返回。上海市有 5 艘驳船，法租界有 9 艘驳船，运送距离分别为 4 海里和 6 海里，还有些驳船没有计入在内。鉴于江海关港警的船只和人手有限，不可能对长距离、持续性的垃圾驳船进行有效监管，署理港务长向税务司提出一个改进监管、形成闭环式管理的大胆计划。该方案是让浚浦局改造一艘船屋，常泊在垃圾堆场附近锚地，雇用中外雇员各 3 名，驾驶船只全天候监视驳船卸运垃圾，以保证垃圾的正常卸运。不同市政当局的垃圾承包商及转包船户的驳船两侧，都要订上牌号，否则被处以重罚。江海关港警的工作是登记牌号、每天巡视垃圾场一次，并与浚浦局驻点监管人员通报核对。经测算，浚浦局垃圾监视点的运营费用，将少于投入疏浚黄浦江航道中垃圾的费用。⑤

虽然浚浦局向来与海关在黄浦江垃圾倾弃治理上有着共同利益，积极配合，但是对港务长的加强监管计划的效果却并不乐观。浚浦局复函意见

① 《江苏省地方法院检察官张梓对被告顾金福、刘老五、邵汉根、邵老四起诉书》（1934 年 6 月 30 日），《防止上海地区的垃圾倾入黄浦江问题专卷》，上海海关档案室藏，档案号：（一）7-584。
② 《江苏省地方法院检察官张梓对被告马鸿根不予起诉书》（1934 年 6 月 30 日），《防止上海地区的垃圾倾入黄浦江问题专卷》，上海海关档案室藏，档案号：（一）7-584。
③ 《江苏地方法院检察官钟尚斌致江海关水捕房公函》第 1858 号（1934 年 12 月 8 日），《防止上海地区的垃圾倾入黄浦江问题专卷》，上海海关档案室藏，档案号：（一）7-584。
④ "Correspondence from the Harbour Master Office to the Commissioner of Shanghai Customs," 12th December 1934，《防止上海地区的垃圾倾入黄浦江问题专卷》，上海海关档案室藏，档案号：（一）7-584。
⑤ "Correspondence from the Harbour Master Office to the Commissioner of Shanghai Customs," 26th June 1936，《防止上海地区的垃圾倾入黄浦江问题专卷》，上海海关档案室藏，档案号：（一）7-584。

认为，这个办法会让市政各方的垃圾承包商重视起来，按照规范要求装卸垃圾，但他们的处置费用也必然会大为增加。租界当局和上海市政府在垃圾倾弃问题上，未必认真对待，仅是敷衍了事，如此严格管治，反而会增加城市垃圾转运的困难。浚浦局工程师最后建议，因为过去港警与船夫苦力之间经常发生冲突，此监视点也必然会引起苦力们的仇恨，该计划的垃圾场监视点常驻类似准警察的人员，最好仍是海关的雇员。他们及船屋的费用，可以由浚浦局资助开支。① 浚浦局除答应资金协助外，最后把日常监管的难题又踢回了海关。

余论：城市生活垃圾倾倒黄浦江沉疴顽疾的根治

海关在近代中国是一个中外混合机构，在税收方面贡献良多。海关在外籍总税务司的管理之下，扩张和兼管了许多业务。例如仿照英国伦敦对泰晤士河的管理而设立江海关港警，管理黄浦江航道，因此才出现了出面治理黄浦江上垃圾丢弃这样的新问题。20 世纪 20 年代初，江海关水巡警长抱有很大信心，后来却出现了难以掌控的局面。通过江海关港警的视角，我们发现涉及"谁应是治理主体、治理边界如何划分、治理制度如何完善"这些深层次问题。

黄浦江垃圾倾倒，涉及公共租界、法租界和上海市三方市政当局，以及海关、浚浦局、航运商、承包商、船工水手、城市居民等多方利益，它们之间存在复杂纷繁的关系。海关仅依据《上海港务规章》有关条款内涵和外延的扩大解释，通过总税务司授权介入此事，在执行过程中遇到上海市政当局的"合法性"质疑，甚至发生江海关港警与上海市卫生局执法水警暴力冲突。它们反映了近代黄浦江的治理主体、治理事务范围及执法地域边界等，已远远超出海关一个部门范围，需要多部门的协同治理，相互配合，不断完善治理制度，才能取得良好效果。

此时期的上海有三个不同属性的市政当局，以及中央政府直属的海关等机构，但从管理体制机制、司法行政等角度看，实属难以协同治理，因

---

① "The Letter from Engineer in Chief's Office of Whangpoo Conservancy Board to Commissioner of Shanghai Customs," 29th June 1936，《防止上海地区的垃圾倾入黄浦江问题专卷》，上海海关档案室藏，档案号：（一）7 - 584。

此该问题始终没有得到解决。如 1947 年，上海的《大公报》仍有江海关港警、上海市卫生局港警查缉垃圾抛弃案的报道，"江海关水巡队，在龙华浦面巡逻时，发现有垃圾船多艘，正将垃圾倾入江中，并将实情报告总队，对各垃圾船将予严厉处罚"。[1] 再如上海市卫生局港警缉查到，"垃圾驳运包商偷工减料，每于垃圾未抵达指定堆积地等，中途即倾于黄浦江中"。市卫生局派员前往查实后，除照章处以罚金外，重行招商承包。[2] 从以上两份新闻报道可见，在江海关召集各方垃圾处置会议 20 年之后，黄浦江上的船夫和港警之间，依旧重复着类似"老鼠和猫"之间的游戏故事，上海黄浦江在交通要道、取水源地与防止被生活垃圾污染、堵塞的治理上，一直存在没有被破解的矛盾和张力。

1949 年新中国成立后，旧上海日常所熟悉的摇橹、撑篙、拉纤的场景，以及垃圾清运的船员们驾着一艘艘木驳船，穿梭在苏州河和黄浦江上，将上海的生活垃圾运往市郊堆场及江浙农村的画面，逐渐成了历史图景。20 世纪 60 年代后，政府开始治理黄浦江水污染；1980 年初上海市政府成立治理黄浦江规划委员会，拟订综合治理方案；至 2000 年底，苏州河干流黑臭问题基本解决，黄浦江两岸也开始由生产性岸线向公共开放空间转型。随着黄浦江和苏州河两岸公共空间的贯通，今天的"一江一河"正在变为上海城市的项链、发展的名片和游憩的宝地，是可以与伦敦泰晤士河、巴黎塞纳河相媲美的世界级旅游精品。

作者：姚永超，上海海关学院

（编辑：熊亚平）

① 《垃圾抛江中，水巡队缉获数船》，《大公报》（上海版）1947 年 4 月 17 日，第 4 版。
② 《驳运垃圾，半途倾入江中》，《大公报》（上海版）1947 年 5 月 22 日，第 5 版。

近代上海美租界区域城市空间拓展与河流环境演变（1848～1911）[*]

余　静

内容提要　城市地产业是近代上海城市空间拓展的重要驱动因素，然而城市空间的扩展往往伴随着原本河浜系统的破坏。本文以1848～1911年上海美租界区域的河流环境演变与地块交易过程为切入点，系统探讨这两种分别具有乡村与城市特征的要素在近代城市化过程中的此消彼长的关系，并揭示其驱动因素。通过还原河浜和道契的空间分布情况可以发现，在这一时期地块交易范围从外虹口不断向北、东、西三个方向扩大，随着地块交易的日益频繁，区域内河流不断淤塞，水质变差，并产生了卫生问题，最终致使河流被填埋。

关键词　美租界区域　城市空间　水环境　上海

近代以来，上海城市空间的拓展改变了传统水乡景观，其中，河浜不论是在形态上，还是在所承担的职能上，都发生了显著的变化，城市空间拓展与河浜体系演变两者之间相互作用，贯穿于上海地区从水乡向都市蜕变的整个过程。[1] 关于开埠后城市空间拓展对河浜的影响，学者多以"填浜筑路"为切入点，探讨道路等市政工程开展致使河浜逐渐消失的过程，[2] 这

---

* 本文系国家社科基金重大项目"7～20世纪长江三角洲海岸带环境变迁史料的搜集、整理与研究"（项目批准号：20&ZD231）的阶段性成果。

① 吴俊范：《1900～1949年间上海水乡景观蜕变的复原与分析》，《中国历史地理论丛》2010年第1期。

② 牟振宇通过对法租界内填浜筑路的案例分析，认为河浜体系的退化与市政建设的完善以及地产开发的需要密切相关，参见牟振宇《近代上海法租界城市化空间过程研究（1849～1930)》，博士学位论文，复旦大学，2010，第122～167页。

一过程是近代上海城市空间演变中比较直观的案例，其最主要推动因素是地块交易。在对上海地块交易的空间分布研究中，陈俐通过整理《上海道契》英册前 300 号道契内的自然、人文景观信息，复原出开埠前上海北关外乡保、人口、坟墓、河道等景观要素的分布，揭示了开埠初期至 1861 年城市景观从沿外滩一线逐步向西扩张的历史进程；[①] 牟振宇则复原出 1860～1914 年道契在上海法租界的时空分布，并从道契的空间分布与越界筑路的分布特征中，发现了筑路与洋商地产之间的紧密联系。[②]

1845 年，美国圣公会主教文惠廉在虹口地带设立教堂和建造房屋，并于 1848 年取得上海道台的同意，将这一带划作美国人租地造屋的居留地。为与英租界合并，1863 年正式划定了美租界，其范围为"西面从护界河（即泥城浜）对岸之点起（西藏路南端）向东沿苏州河及黄浦江到杨树浦；沿杨树浦向北三里，从此向西划一直线，回到护界河对岸的起点"。[③] 此后，美租界[④]又在 1893 年和 1899 年经历了两次扩张，使美租界所在区域面积分别达到 7856 亩和 19233 亩。伴随着租界的扩张，美租界区域内纵横交错的河浜逐渐转化为各式各样的城市用地，这一变化不仅蕴含着传统江南水乡景观向现代城市景观转变的深厚内涵，也是上海近代化过程中自然环境向社会环境的转型。与英、法租界的研究相比，对美租界区域内城市空间变化的研究相对薄弱，主要是对道路与聚落的个案研究。[⑤] 本文所使

---

① 陈俐：《上海道契所保存的历史记忆——以〈上海道契〉英册 1～300 号道契为例》，《史林》2007 年第 2 期。

② 牟振宇：《近代上海城市边缘区土地利用方式转变过程研究——基于 GIS 的近代上海法租界个案研究（1898～1914）》，《复旦学报》（社会科学版）2010 年第 4 期。

③ 《列强在中国的租界》编辑委员会编《列强在中国的租界》，中国文史出版社，1992，第 7 页。

④ 从历史过程来看，虽然 1863 年之前并未划定美租界，但自 1848 年文惠廉取得上海道台的口头约定，美租界"虽无名但实存"。1863 年美租界正式划定，之后与英租界合并为公共租界并经历了两次扩张。而本文研究的区域范围是指 1899 年第二次扩张后的美租界所在区域范围，为行文方便，下文统一以"美租界区域"称之，特此说明。

⑤ 吴俊范：《从英、美租界道路网的形成看近代上海城市空间的早期拓展》，中国地理学会历史地理专业委员会《历史地理》编委会编《历史地理》第 21 辑，上海人民出版社，2006；张晓虹、罗婧：《开埠早期上海虹口地区城市化进程研究——兼论英美租界合并的土地经济动力》，《苏州大学学报》（哲学社会科学版）2021 年第 1 期；张晓虹、牟振宇：《城市化与乡村聚落的空间过程——开埠后上海东北部地区聚落变迁》，《复旦学报》（社会科学版）2008 年第 6 期。前两篇文章讨论了港口区位因素对早期美租界道路网形成的影响，后者讨论了租界城市化和道路网络形成对上海地区聚落空间结构的影响。

用资料及所做研究包括：（1）基于《上海道契》中美租界区域内的 1200 余份道契资料，复原 1848～1911 年地块交易分布情况；（2）从 Virtual Shanghai 网站以及《上海城市地图集成》等地图资料中，摘取美租界区域内的河浜信息；（3）根据上海县志及虹口、杨浦、闸北区志等资料收集整理 1848～1911 年存在的河浜及其名称；（4）通过《工部局董事会会议录》等租界档案资料揭示美租界区域河流环境的演变。基于以上研究，本文将利用 ArcGIS 软件呈现河流环境与地块交易之间此消彼长的关系，并据此讨论城市空间的扩张方向及其驱动机制。①

一 1848 年前的河流水系格局

"城市的发展很大程度上是在已有框架或已有平面基础上的城市发展经历。它通过地块结构的变化以及地块之上实物尺度和实物规模的变化体现出来。"② 因此，城市化研究的基础就是厘清研究区域在城市化之前的肌理，并在此基础上进一步分析区域内的环境景观发生了哪些变化。河浜作为上海传统塘浦圩田系统的主要形式，不仅承担着农田灌溉、提供饮用水以及生活排污等职能，还是重要的交通载体，与上海乡村居民的日常生活息息相关。开埠后，随着私人地产商不断地开发地产，上海境内纵横交错的河浜逐渐转化为各式各样的城市用地，为厘清这一过程，本文基于《上海城市地图集成》以及上海各区地名志等资料中所记载的河浜信息，初步复原了美租界区域内 1848 年之前的河浜分布情况，结果如下。

从复原图上可以清晰地看出，1848 年以前，美租界区域内河浜河网密布，其所呈现出的纵横交错的分布格局，源自吴越时期中国官府在太湖流域建立的"五里七里一纵浦，七里十里一横塘"③ 的圩田系统。从图 1 中还可发现东西向的河浜多以姓氏命名，如朱家浜、蔡家浜等，这

---

① 本文所制图片底图均采用 2018 年上海天地图，https：//www.shanghaimap.net/shtdt/main.html。

② 〔美〕斯皮罗·科斯托夫：《城市的形成——历史进程中的城市模式和城市意义》，单皓译，中国建筑工业出版社，2005，第 25～26 页。

③ 范成大：《吴郡志》卷 19《水利》，钦定四库全书本，第 6～7 页。

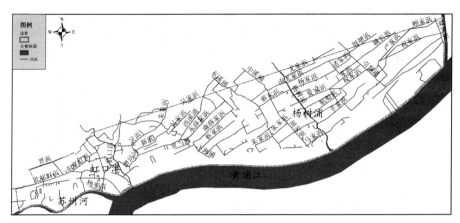

图1　1848年前美租界区域河浜分布

　　资料来源：由2018年上海天地图改绘而成，图中河浜数据来源于《上海城市地图集成》以及上海各区地名志等资料。

与当地"浜村相依"的水系结构有关，河浜名称往往以当时开浚河浜的家族或邻近家族的姓氏命名，"浜村相依即有村必有浜，有浜必有村，是城市化以前太湖以东平原聚落的基本形态"。① 根据南宋范成大《吴郡志》记载，"为民者，因利其浦之阔，攘其旁以为田，又利用行舟、安舟之便，决其堤以为泾……有半里或一里、二里而为小泾，命之为某家泾、某家浜者……"② 清代以降，越来越多的人散居于各处大小圩岸上，③ 为方便获取生活用水，他们会开挖通往自家房屋的宅河，亦称为某家浜。

　　1848年前，美租界区域作为郊区，其境内如外国人对早期上海郊区的记载一般，"在一片广无边际的稻田平原里，密布着无数的小河浜，赶路就只能用船只……"④ 河流水系格局并未发生太大变化。1848年后，随着文惠廉取得上海道台的承诺，以及区域内人口的增加和工商业发展，原本维持着传统江南水乡式的社会、经济、环境的上海在适应冲击的过程中不断演变形成新的城市形态。

---

①　吴俊范：《水乡聚落：太湖以东家园生态史研究》，上海古籍出版社，2016，第25页。

②　范成大：《吴郡志》卷19《水利》，第6页左。

③　王建革：《华阳桥乡：水、肥、土与江南乡村生态（1800～1960）》，《近代史研究》2009年第1期。

④　〔法〕史式微：《江南传教史》第1卷，天主教上海教区史料译写组译，上海译文出版社，1983，第7页。

二 上海美租界区域河流环境演变
及其特征（1848～1911）

在传统的江南水乡社会中，河浜作为农田水利、交通资源，以及特殊的土地资源，其社会经济价值、外在景观形态以及河流环境在城市化进程中发生了显著变化，而要复原出这种变化过程离不开充足的史料支撑。近年来，随着学界对近代上海城市研究的深入，以及租界档案和近代上海地图的更新与出版，复原美租界区域水网系统有了可能。

《上海道契》分英、美册两部分，收录了自 1842 年上海开埠后上海政府签发给英国人和美国人的土地契约凭证，每份道契中均记有租赁人双方姓名、地块面积、四至、年租价格、立契时间等内容，有些道契中还附有地块图以及地块转让、地块买卖、界址勘察等记录。以"美册 36 号"为例，此地由瞿学成、瞿和尚、瞿义观、石齐观、林金观等人于咸丰五年（1855）永租给度斯纳，四至记为"北至全路三百六十九尺长，南至黄浦三百二十七尺长，东至克灵恒、华顿地，西至英商地四百六十四尺长"，从这些信息中可知该地位于黄浦江北岸。在之后附加的第五条记录中，还出现了"此地利益名下十亩现于同治十二年十一月七日分出另立新契三百一十一号、三百一十二号……"的记录，[①] 其中"美册 311 号"的四至为"北至黄浦路，南至黄浦河，东至闽巷路，西至武昌路"，[②] "美册 312 号"的四至为"北至虹口路，南至黄浦路，东至闽巷路，西至武昌路"。[③] 通过以上道路信息，就可以复原出地块所在的大致位置。[④]

根据以上思路，笔者利用 ArcGIS 软件复原了上海美租界区域内各册道契所涉及的地块。其中，已知时间最早的道契号为"美册 26 号"，签订时间为咸丰五年。通过比照河浜系统与道契交易的时空变化（见图 2），可以将 1855～1911 年河流环境演变分为三个阶段。

---

① 蔡育天：《上海道契》卷 26，上海古籍出版社，2005，第 18 页。
② 蔡育天：《上海道契》卷 26，第 229 页。
③ 蔡育天：《上海道契》卷 26，第 230 页。
④ 租界道路在铺设之后虽有变化，但是位置变动不大，通过对照"古今地名对照表"以及各区地名志可以发现，"美册 311 号"和"美册 312 号"中所记载的"闽巷路"即今闽行路。

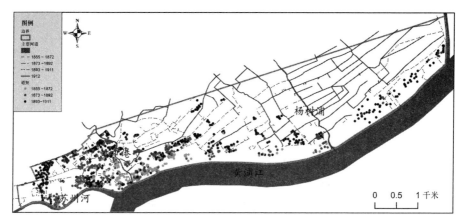

图2　1855～1911年美租界区域河流环境与道契交易时空分布

资料来源：由2018年上海天地图改绘而成，图中道契数据来源于蔡育天《上海道契》英册、美册。

（1）1855～1872年是美租界区域城市空间的萌芽期。这一时期的道契包括美册91份、英册131份，地块交易主要集中于汉璧礼路（今汉阳路）以南、乍浦路以东、下海浦以西一带，河浜整体上没有出现太大变化，但在地块交易频繁的地区，小河浜开始消退。特别是在1862～1872年十年间，围绕外虹桥（今大名路桥）以南两侧的地块交易呈现出明显的增长趋势，这是早期美租界区域内市政建设与商业相互促进的结果。如"咸丰五年，洋商巴塔于虹口浜西侧，沿黄浦江处购进面积为四十三亩的地块，之后几年间此处建设了赫特码头、虹口码头"；同年，"美国圣公会主教文惠廉于虹口浜西侧、近今大名路处购进面积为三十八亩零四厘五毫的地块"用于修筑圣公会教堂。[①] 这些地块交易的发生也意味着美租界区域内市政建设的开始与商业萌芽的出现，并由此产生了对商人投资的吸引力。

（2）1873～1892年是美租界区域城市空间的初步扩张期。这一时期的道契包括美册新增的179份、英册新增的223份，地块交易开始沿虹口浜两侧向东、西推进，其中沈家湾、老闸桥附近成为新的地块交易聚集区，北河南路（今河南北路）至虹口浜的地块得到全面开发。与此同时，在这些地块开发程度较高的地区，河浜密度开始明显下降，如南穿虹浜被填没，取而代之的是蓬路（今七浦路）。新的地块交易主要集中在美租界开埠之前

———————————

① 蔡育天：《上海道契》卷26，第26～28页。

或开埠早期形成的村落与市集，这一方面是因为这些区域内交通条件优越，另一方面是由于区域内人口较为集中，这些地块具有较高的开发价值。

（3）1893～1911年是美租界区域城市空间快速扩张期。这一时期的道契包括美册新增的135份、英册新增的204份，地块交易范围更加广阔，由北河南路向西扩展到北浙江路（今浙江北路），穿虹浜以北至界河一带与下海浦附近的地块交易也明显增多，此外杨树浦以东黄浦江沿岸开始出现大片的地块交易信息，杨浦区以北也开始出现零零散散的地块交易信息。这一阶段的河浜退化更加明显，穿虹浜、下海浦等大河浜被填埋。

综上所述，美租界区域在1848～1911年，地块交易的范围不断扩大，与之相伴的是小河浜不断淤塞、填埋、退化、消失，这充分说明频繁的地块交易与河流环境退化具有一定的相关性，并最终导致城市空间的演变以及自然环境的变化。

三　上海美租界区域河流环境演变的驱动机制

近代上海美租界区域河流环境演变贯穿于境内城市空间拓展的整个过程，其不仅受私人地产商无序开发的影响，还受到现代市政建设、人口增长以及卫生意识提高等因素的共同作用。然而河浜的填埋并不是最终的结局，河浜消失后又产生了新的卫生和环境问题。

（一）私人地产商的无序开发

城市地产业的兴起和发展是近代上海城市建设的一个重要基础。① 然而，私人地产商的投资主要是受利益驱使，并不会考虑开发的后果，如洋商所说："我的职责是尽可能不失时机地赚钱发财……我希望至多在两三年内发一笔财，然后就滚蛋，以后上海是被火烧掉还是被水淹没，跟我有什么关系呢？"② 故在进行投资与开发时，私人地产商往往会尽可能地压缩

---

① 张仲礼主编《近代上海城市研究》，上海人民出版社，1990，第436页。
② Rutherford Alcock, *The Capital of the Tycoon: A Narrative of A Three Years' Residence in Japan* 1, London: Greenwood Press, 1968, pp. 37 - 38.〔英〕阿礼国：《大君之都》第1卷，第37～38页，参见〔法〕梅朋、傅立德《上海法租界史》，倪静兰译，上海社会科学院出版社，2007，第146～147页。

成本，如在开发土地时采取"跨浜筑路"的方式，然而这一举措将加重租界河道淤塞，最终致使区域内水网大面积消失。[1]

以穿虹浜为例，穿虹浜原为一条横跨虹口地区的河浜，在《上海市虹口区地名志》中，仅在介绍"海宁路"前身时提及此浜："海宁路原主要是穿虹浜，河畔有民房、农田。"[2] 穿虹浜是一条规模较大的河浜，可细分为东、西、南、北四个河段，另外还有大大小小像沈家湾这样的支流。[3] 在《上海道契》中，也多次提到这条河浜，如"英册977号"（1873），该地北至穿虹浜半浜；"英册1055号"（1874），该地北至北穿虹浜，南至南穿虹浜；"美册620号"（1892），该地南至浜（东穿虹浜）岸；"美册729号"（1896），该地北至浜（东穿虹浜）岸；等等。[4] 然而，到19世纪末，在道契附件信息中，出现了"穿虹浜的消失"的相关记载，如"英册2958号"中记载，该道契于光绪二十五年（1899）签订，北至浜（穿虹浜），至光绪二十七年，北界变为"已填穿虹浜"；再比如"英册3868号"中记载，该道契于光绪二十七年签订，四至的东、南两面均至"已填穿虹浜现即马路"。[5]

穿虹浜消失的原因从表面来看，与业主对卫生情况的不满有关，但是最根本的原因是地产商压缩成本。在1899年5月10日工部局董事会会议上，"宣读了海先生和其他人提出的申请，请求工部局将邻近他们住宅的该河浜（穿虹浜）的这一段河道填平或改善其不卫生的状况"；[6] 1900年5月23日工部局董事会会议上，"请求工部局为建造一条40英尺道路恢复谈判，这项谈判去年曾因当地业主对于这条浜（穿虹浜）的一部分变成一个涵洞抱有阻扰的态度而告终"。[7] 业广公司在信中提到穿虹浜的一部分已经

---

① 吴俊范：《水乡聚落：太湖以东家园生态史研究》，第212～220页。
② 上海市虹口区人民政府编《上海市虹口区地名志》，百家出版社，1989，第306页。
③ "Map of Hongkew or the American Settlement at Shanghai,"参见孙逊、钟翀主编《上海城市地图集成》上册，上海书画出版社，2017，第61页；"沈家湾示意图"，参见《上海市虹口区地名志》，第152页。
④ 蔡育天：《上海道契》卷26，第436页；卷27，第81页；卷3，第333页；卷4，第72页。
⑤ 蔡育天：《上海道契》卷10，第141页；卷13，第317页。
⑥ 上海市档案馆编《工部局董事会会议录》第14册，上海古籍出版社，2001，第484～485页。
⑦ 《工部局董事会会议录》第14册，第544页。

变成涵洞。涵洞是地产商在进行地产开发时，为压缩成本而变相实施的河浜填埋工程，即在筑路过程中，如遇到河浜则将马路横跨的这一段河道缩窄或填断，中间仅留61厘米左右的小孔道（即涵洞）供潮汐流通。① 其结果是降低了河网潮汐流通能力，加上穿虹浜本就是不利排水的感潮河浜，因此河道淤塞和水质下降等卫生问题势必日益加剧。"1885年6月1日，会议收到住在附近的Y.J.林乐知牧师等人的来函，他们对乍浦路尽头一些池塘的脏乱状况表示不满，并请示工部局采取措施加以改善。会上提出了卫生稽查员在1876年、1877年和1883年所写的报告。从这些报告中看出，这些池塘的水是随着潮汐涨落的，因此会审公堂谳员拒绝命令华人业主将其填平，而填平池塘却是唯一能消除大家所抱怨的不卫生状况的有效办法。"② 最终工部局为了维护公众利益，减少疏浚成本，认定填浜为最佳选择。私人地产为压缩成本而采取的"跨浜筑路"方式，影响了河浜的通潮性，并导致河浜淤塞，进而引发水质下降等卫生问题，最终致使河浜被填埋。

（二）租界内的市政建设

早期美租界区域内的道路多为私人地产商为连接自身地产所铺设，1863年英、美租界合并后，则由工部局统一规划。工部局力图将租界营造成一个干净整洁、平坦高亢、便于从事贸易与居住的区域，因此合并后，工部局即刻命令道路委员会在虹口修筑堤岸，平整马路。③ 如上所述，针对早期马路铺筑过程中频繁出现的"跨浜筑路"及其产生的卫生问题，工部局为维护城市环境卫生，加强对不卫生河浜的整治，最简便的方法就是将河浜填没。

随着租界内自来水厂的创办和新型消防设施的设立，河浜原本承担的供应生活用水、消防用水等职能逐渐被市政工程替代。早期居民的用水习惯是在涨潮时汲取河浜之水，大多数西人也是雇佣挑夫在涨潮时到黄浦江或苏州河挑水，再用明矾净化并适当消毒后使用。对于河浜供水，"不论是侨

---

① 吴俊范：《水乡聚落：太湖以东家园生态史研究》，第212~220页。
② 《工部局董事会会议录》第8册，第621~654页。
③ "1863年10月2日，会议命令着手进行下列公共工程——虹口堤岸，先平整马路"，《工部局董事会会议录》第1册，第692页。

民还是本地居民都抱怨水源脏、不卫生，加上租界内很多医生强烈表示："各种病菌都潜伏在河水里"。[1] 1883 年 8 月 1 日，英商上海自来水公司杨树浦水厂正式开始供水，其所供应的清洁生活用水很快取代了河浜供水。

随着租界内房屋建筑的增加和人口居住密度的提高，城市消防问题也引起租界当局的重视。河浜因通潮性，低潮时水量往往不足，甚至出现干涸的情况，1856 年工部局提出通过设置消防水箱解决城市消防用水问题，但消防水箱易出现"水箱干柜"的情况，一旦突发火灾，恐难以为继。1863 年工部局提出修建消防井，由于消防井不受潮汐涨落限制，一旦发生火灾，救火队可就近汲水灭火，极大节省了时间。1866 年公共租界内有 9口消防井，至 1879 年已增至 61 口。1883 年英商上海自来水公司应工部局要求安装消防栓，至 1900 年美租界区域内的消防栓数量已经达到 29 个，消防井和消防栓逐渐取代了河浜提供消防用水的功能（见表 1）。

表 1　1900 年上海美租界区域消防栓分布情况

单位：个

地点	数量	地点	数量
余杭路	1	北苏州路	5
邓脱路	1	北河南路	5
元芳路	1	密勒路	1
汉璧礼路	2	蓬路	2
熙华德路	2	伯顿路	1
杨树浦路	6	北浙江路	2

资料来源：《上海公共租界工部局工作年报》（1900 年），上海市档案馆藏，档案号：U1 - 1 - 913。

（三）人口增多与卫生意识增强

在租界开辟初期，实行"华洋分居"，1854 年上海小刀会起义以及1860 年太平天国攻打上海时，华人为躲避战乱纷纷涌入上海租界，"致使租界成为……巨大的避难所"。[2] 据统计，1853 年在租界居住的中国人共

[1] 严娜：《以"卫生"之名的扩张——上海公共租界近代卫生体系的形成》，《复旦学报》（社会科学版）2019 年第 5 期，第 90 页。
[2] 上海社会科学院历史研究所编译《太平军在上海——〈北华捷报〉选译》，上海人民出版社，1983，第 442 页。

500 人，1854 年上海小刀会起义期间增至 2 万余人，1860 年太平军第一次攻打上海时增至 30 万人，到 1862 年又达 50 万人。之后随着太平天国被镇压，原本逃至上海的人口部分返乡谋生，到 1870 年，公共租界内总人数仍有 7 万余人，1900 年总人数达到 35 万人。[①] 人口剧增致使租界内的生活垃圾大量增加，由此产生乱扔垃圾致使水体污染的事件。

早在公共租界合并前期，英国所协领的工部局就非常重视城市环境卫生问题，1845 年《上海租界土地章程》中规定："在租界内禁止堆积秽物，任沟洫满流路面。"[②] 至 1870 年前后，西方公共卫生领域已经进入"细菌学时代"，疾病致病原因相继被发现，[③] 这使西方人意识到"污染的河水将在租界内播下疾病的种子"，[④] 为维护自身健康，向工部局申诉卫生问题的事件不断增加，如：

> 1872 年 2 月 26 日，这些小河的泥泞岸边堆满了随水飘来的腐烂动物尸体与烂菜叶子，结果是臭气熏天。我们的目标是要减少而不是增加这种小河流。在这个问题上，断然不能以少数当地人的利益而牺牲公众的利益。[⑤]
>
> 1883 年 8 月 20 日稽查员的报告，乍浦路和北四川路上的一些池塘，现在都成为附近居民抛扔污物的场所。[⑥]
>
> 1885 年 6 月 1 日，会议收到住在附近的 Y. J. 林乐知牧师等人的来函，他们对乍浦路尽头一些池塘的脏乱状况表示不满，并请示工部局采取措施加以改善。[⑦]
>
> 1892 年 3 月 15 日，奥斯本·米德尔顿先生和 13 名虹口居民递交的信件中提到位于邓脱路、公平路和熙华德路华人村庄内池塘的污秽与危险状况。这一状况主要是由于居民向池塘扔垃圾而使水面积滞污

---

① 邹依仁：《旧上海人口变迁的研究》，上海人民出版社，1979，第 90 页。
② 王铁崖：《中外旧约章汇编》第 1 册，三联书店，1957，第 9 页。
③ George Roson, *A History of Public Health*, Baltimore: The John Hopkins University Press, 1910, p. 290.
④ 《工部局董事会会议录》第 4 册，第 754~755 页。
⑤ 《工部局董事会会议录》第 5 册，第 535~537 页。
⑥ 《工部局董事会会议录》第 8 册，第 527 页。
⑦ 《工部局董事会会议录》第 8 册，第 621~654 页。

物所造成的。天气一热，其臭难闻。它不仅使大量的华人生病，并且危害西人健康。为此他们要求工部局采取必要步骤强制池塘或水沟的当地业主将其填平，并在夏季前予以排干。①

可见，水质下降，以及池塘内污泥所散发出的恶臭，已经严重影响了周围居民的生活质量，工部局"为界内之居民谋公共卫生游乐及休养之幸福"，② 最终选择填埋这些"散发出恶臭的黑色河浜"。

综上所述，受私人地产商的无序开发、租界内市政建设的开展以及租界人口增多和卫生意识增强等因素影响，美租界区域内河浜不断被填埋消失。河浜的退化，一方面是近代上海租界社会、经济以及城市建设发展的结果；另一方面，河浜的衰减对于整个生态系统而言，又是一场环境灾难。填埋污秽河浜并没有彻底解决租界的环境卫生问题，在河网体系逐渐崩溃之后，租界遭遇了更加严重的积水问题，滋生大量蚊虫与病菌，导致城市空间陷入"对河浜的填埋、恶化再填埋的恶性循环，从而在城市空间扩展时进一步破坏了区域内的河流生态环境，使城市空间对周边生态环境的压力加大"。③ 崩坏的生态环境也开始反作用于城市空间，1940～1942 年的卫生处年报中频频指出，"租界内的积水问题因为河浜的淤塞日益加重"，具有讽刺意味的是，当局认为解决这个问题最好的方法便是"全面疏浚所有淤塞的河浜并设法维持下去"。④

余　论

近代江南城市在开发时，境内河流环境普遍经历了一个退化过程，随之传统的水乡景观被现代化的城市景观取代，这种转变虽然推动了早期租界社会、经济以及城市建设的发展，却以破坏整个生态系统的平衡为代

---

① 《工部局董事会会议录》第 10 册，第 800 页。
② 全文见《上海土地章程》1898 年修改草案第六条，参见《列强在中国的租界》编辑委员会编《列强在中国的租界》，中国文史出版社，1992，第 14 页。
③ 高璟：《近代以来黄浦江城市空间演进的形态特征与规律研究》，《上海城市规划》2013 年第 5 期，第 118 页。
④ 《工部局卫生处年报》（1940 年、1942 年），上海市档案馆藏，档案号：U1-16-4657、U1-16-4661。

价。如上文所述，人们一味追求当下的利益是造成近代上海美租界区域河流环境退化的主要因素，无论是私人地产商为追求利益最大化不断压缩建筑成本，还是居民为高质量的生活环境不断申诉卫生问题，抑或租界工部局为营造更好的投资环境选择填埋河浜，都是为满足人们当下的利益与需求，但是最终导致区域内河流环境不断恶化，并致使城市空间面临着更大、更严重的环境问题。

近代上海美租界区域河流环境的恶化，使境内人文景观与自然环境的和谐状态被打破，并对城市生态环境造成严重的负面影响，为实现可持续发展，在后续区域开发过程中，又不得不修复河流环境，以便城市景观再一次趋向与自然环境和谐发展。在城市规划和开发中如何维持城市发展与生态系统之间的平衡，规避因短视行为而采取的无效行动，是实现城市可持续发展的关键。

作者：余静，上海师范大学历史地理研究中心

（编辑：任云兰）

重塑文明："市政管家"芝加哥女性俱乐部的城市环境改革实践（1876～1920）[*]

杨　洁

内容提要　19 世纪中后期，中产阶级白人女性进行有规模的结社，她们秉承"市政管家"之理念，从私人领域走向公共领域，视治理城市如管理家庭的延伸。芝加哥女性俱乐部是其中的重要力量，女性改革者们为确保美好环境与维护城市正义，通过清洁街道、清理垃圾和减轻烟煤污染等措施来净化城市。女性组织在城市环境改革中的早期实践对改善城市环境、提升公众环保意识及推动女性进入政治领域具有深远影响。

关键词　芝加哥　女性俱乐部　城市环境改革　"市政管家"

城市史学者曾言，"经验研究已经揭示自愿协会、土地信托机构、宗教团体和工会都在城市环境治理中发挥着重要作用"。[①] 恰如 19 世纪中后期的女性社团，它们在环境改革运动史上留下浓墨重彩的一笔。1884 年 12 月，《纽约时报》陆续报道了比克曼山区的 15 名白人女性组建纽约女性健康保护协会（Ladies' Health Protective Association），成功抗议沿河倾倒粪便之行为的事迹。[②] 作为第一个专门为清洁城市环境而成立的女性

---

[*]　本文系教育部人文社会科学重点研究基地重大项目"移民、流动性与美利坚文明研究"（项目编号：20JJD770002）的阶段性成果。

[①]　〔英〕肖恩·埃文：《什么是城市史》，熊芳芳译，北京大学出版社，2020，第 61 页。
[②]　"Dangers to Public Health: How the Ladies of Beekman Hill Intend to Fight Them," *New York Times*, December 17, 1884; "Fighting Bad Odors," *New York Times*, December 20, 1884; "What the Ladies Have Done," *New York Times*, January 7, 1885.

组织，① 她们将女性传统持家职责扩展到公共卫生领域，起到良好的表率作用。这一时期类似进入城市公共空间、致力于城市环境改革的女性组织如雨后春笋般成长，这些女性被誉为"市政管家"（Municipal Housekeepers）。

20世纪80年代以来，美国学者关注进步主义时期的城市环境改革，从城市治理、公共卫生、城市空间、城市景观、社会政治、性别比较等角度切入，探究全国性女性组织的深远影响，② 但对其源头和基础的地方性女性组织叙述略显零散而琐碎。近年来，环境转向为国内美国城市史的研究增添新的活力，然而在城市环境史的视域下书写女性运动的尚为少数，研究对象较为宏观，③ 缺少城市的独特性。本文基于芝加哥女性俱乐部的原始材料，溯源"市政管家"理念的兴起，梳理芝加哥女性俱乐部城市环境改革实践，评述其改革的影响和局限，以期丰富国内城市史的研究视域，扩展进步主义运动的中观研究，敬请方家不吝指正。

一 创造空间："市政管家"理念兴起的历史背景

美国女性俱乐部运动的发起人简·坎宁安·克罗利（Jane Cunningham Croly）最先提出"市政管家"的概念。1869年，在纽约女性俱乐部（Sorosis）成立的第二年年会上，克罗利指出"女性俱乐部应该成为一个普遍

① Edith Parker Thomson, "What Women Have Done for the Public Health," *The Forum*, September, 1897, p. 47.
② 参见 Martin V. Melosi, ed., *Pollution and Reform in American Cities, 1870 - 1930*, Austin and London: University of Texas Press, 1980, pp. 173 - 198; Suellen M. Hoy, *Chasing Dirt: The American Pursuit of Cleanliness*, New York: Oxford University Press, 1995; Anne Firor Scott, *Natural Allies: Women's Associations in American History*, Urbana: University of Illinois Press, 1991; Daphne Spain, *How Women Saved the City*, Minnesota: University of Minnesota Press, 2001; Maureen A. Flanagan, *Seeing with Their Hearts: Chicago Women and the Vision of the Good City, 1871 - 1933*, Princeton: Princeton University Press, 2002; Nancy C. Unger, *Beyond Nature's Housekeepers: American Women in Environmental History*, Oxford: Oxford University Press, 2012.
③ 国内史学界将城市环境问题与女性相结合的相关研究有金莉、李英桃等《社会性别视角下的全球环境问题研究》，中国社会科学出版社，2011；祖国霞《美国进步主义时期环境运动中的女性》，《学术研究》2013年第4期；李婷《美国进步主义时期的女性与环境保护研究》，博士学位论文，南开大学，2017；李婷《美国进步主义时期城市公共卫生改革中的女性——以城市环境卫生为视角》，《四川师范大学学报》（社会科学版）2020年第2期。

而团结的女性领域的基础"。① 1890年，克罗利完善早年想法，将女性领域的价值观念应用于美国的城市问题，倡导成立全国女性俱乐部总联合会，提及"市政管家"理念，要求俱乐部寻求激发其成员和其他人的公民意识。1894年，全国市政联盟会议达成一致观念："好的城市政府即好的家政管理，在城市的美化工作中，绝不应忽视女性的责任。"② 随着"市政管家"内涵的丰富，至1910年，约有80万女性加入各地俱乐部并进行改革运动，芝加哥女性俱乐部即其中典型的一例。

1876年2月，其创始人卡罗琳·布朗汇聚一批志趣相投的女性，为了"齐心协力实现人类更高文明"而组建女性俱乐部，以笔为器，关注社会问题。芝加哥女性共同体初具雏形，她们来自各个行业，也包括女大学生和家庭主妇，发展迅速。1876～1883年这七年间，其成员基本从事研究工作，就家庭教育、男女同教、服装改革、监狱改革、女性与慈善、公共卫生等问题撰写建设性文章和组织公益演讲。通过互相交流和讨论，女性不甘于纸上谈兵，进而把关注点转向社会运动。1883年12月3日，主席茱莉娅·史密斯召集讨论"女性俱乐部是否需要从事实际工作"这一议题，得到广泛认同，决定转型为一个积极实践的、具有社会性质的组织，并提出诸多措施建议。本着关心城市的立场，1898～1900年，该俱乐部挑选六个部门的成员，组成一个联合学习班，开展关于"一个大城市的需要"的研究项目，内容包括公共精神培养、城市清洁和公共卫生改革。③ 女性成员的眼界得到拓展，能力得到提升。

从研究工作转向参与社会运动，女性已不愿只坐而论道，而对街道堆满垃圾的场景视若无睹，渐而意识到自己应在家内外都有作为。④ 为了理解芝加哥女性俱乐部为什么能在19世纪中后期建立，以及其成员的工作重

---

① Jane Cunningham Croly, *Sorosis: Its Origin and History*, New York: Press of J. J. Little & Company, 1886, p. 28.

② National Municipal League, *Proceedings of the National Conference for Good City Government*, Philadelphia: The Municipal League, 1894, p. 37.

③ Henriette Greenebaum Frank, Amalie Hofer Jerome, *Annals of the Chicago Woman's Club for the First Forty Years of Its Organization, 1876 - 1916*, Chicago: Chicago Woman's Club, 1916, p. 40, pp. 183 - 184.

④ Mary I. Woods, "Civic Activities of Women's Clubs," *Annals of the American Academy of Political and Social Science*, Vol. 56, Philadelphia: American Academy of Political and Social Science, 1914, p. 79.

心为什么从文学活动转向城市环境改革，有必要阐明这一时期推动女性成为"市政管家"的主客观因素。

（一）主观因素

首先是女性自我意识的觉醒。女性具备的传统责任感，接受的良好教育及思想境界的提升给予她们战胜社会恶疾的信心。1870～1890 年，进入美国高等院校的女性由 1.1 万人上升至 56 万人，至 1920 年将近一半的就读学生为女性。[①] 受过教育的女性开始在公共事务中拥有更多发言权，关心城市问题，将私人领域扩展至公共领域。

其次是城市卫生理念的发展。清洁和家庭从根本上受到性别因素的影响，家务劳动被视为属于女性传统领域。[②] 女性有义务和责任维持家庭健康与整洁，她们必然与城市污染作斗争，这些斗争亦是在疾病与卫生知识的指导下进行的。19 世纪 70 年代之后，细菌致病理论通过大众科学杂志、公共卫生杂志的介绍和传播，得到美国人的普遍接受。随着医学教育的改善、日益科学化的医学观念的发展，公众被普及许多细菌学、病毒学和免疫学方面的知识。[③] 公众对城市卫生的重视程度得以提升，女性参与环境改革运动的力度有所加强。

再次，社会福音运动的推动。该思潮主张将基督教伦理贯彻于社会问题中，尤其关切社会正义。基督教徒有责任关心底层群体的福祉，而不是漠视贫穷与落后之景。社会福音传道者致力于建设完备的公共卫生体系，提高教育水平和改善工作环境。[④] 该理念启迪了许多中产阶级白人女性，她们融合传统的女性责任和专业职能，从事家庭生活以外的事业。比如，1889 年简·亚当斯与艾伦·斯塔尔于芝加哥共同创建赫尔之家，1893 年莉莲·沃尔德于纽约创立亨利街安置会所等，皆是效仿 1884 年英国建立的汤

---

① Mabel Newcomer, *A Century of Higher Education for American Women*, New York: Harper & Brothers Publishers, 1959, p. 46, table 2.

② Mrs. Frank A. Pattison, "The Relations of the Woman's Club to the American City," *The American City*, November 1909, p. 129.

③ Phyllis Allen Richmond, "American Attitudes toward the Germ Theory of Disease (1860 – 1880)," *Journal of the History of Medicine and Allied Sciences*, Vol. IX, No. 4, 1954, p. 454.

④ Susan Curtis, *A Consuming Faith: The Social Gospel and Modern American Culture*, Baltimore: Johns Hopkins University Press, 1991, p. 7.

因比馆。诚如丹尼尔·罗杰斯指出的，"社会安置运动是跨越大西洋的社会新教主义最著名的成果之一"。①

最后，19世纪末跨国科学与经验的学习。1892年，美国环境化学家艾伦·斯沃洛·理查兹（Ellen Swallow Richards）将德国生物学家恩斯特·海克尔创造的"生态学"（Oekology）一词引入美国，使其发展为一门研究环境质量的科学，改称为"生态学"（Ecology）。② 1907年，理查兹又提出"人类生态学"（Human Ecology）的概念，表示其关注点有两方面：一是市政管理，即确保街道清洁、抑制滋扰、提供充足水源、检查市场等行为；二是家庭管理，即提高身体素质。③ 理查兹等专家提供一系列培训，鼓励这一时期受过良好教育的中产阶级女性献身于城市环境改革。④ 1911年，玛丽·麦克道尔（Mary McDowell）在芝加哥女性俱乐部的资助下前往欧洲学习垃圾清理技术，她进一步明确观念：垃圾清理中首先考虑的必须是卫生，而不仅仅是经济。⑤ 可见，芝加哥的女性，乃至美国女性具备跨国视野，她们并不局限于一座城市、一个国家的城市改革，而是借鉴众多国家的经验，来更好地建设自己的城市。

（二）客观因素

首先，19世纪末期是美国的"改革时代"，黑幕揭发运动、平民党运动、反垄断运动等纷繁呈现，这股改革潮流为女性参与城市环境改革运动提供动力。这一时期女性亦成立许多组织，从慈善社团发展为改革组织，女性群体关切与她们处境相似的社会边缘群体。在城市化的浪潮下，至19世纪90年代中期，女性俱乐部已成为城市改革运动的主要推动者，在改善城市环境方面发挥了重要作用。

---

① 〔美〕丹尼尔·T. 罗杰斯：《大西洋的跨越：进步时代的社会政治》，吴万伟译，译林出版社，2011，第60页。

② Carolyn Merchant, *Earthcare: Women and the Environment*, New York: Routledge, 1996, p. 139.

③ Ellen Swallow Richards, *Sanitation in Daily Life*, Boston: Whitcomb & Barrows, 1907, p. V.

④ Mildred Chadsey, "Municipal Housekeeping," *The Journal of Home Economics*, Vol. 7, No. 2, 1915, p. 54.

⑤ Mary McDowell, "City Waste," in Caroline Miles Hill, ed., *Mary McDowell and Municipal Housekeeping: A Symposium*, Chicago: Lithographed by Millar Publish Company, 1938, p. 4.

其次，19 世纪中后期，伴随着工业化的进程，家庭生产系统转变为工厂生产系统，工业发明极大减轻了家庭主妇的劳作负担，全球兴起一场家庭革命（Domestic Revolution）。在美国，家庭革命使中产阶级女性摆脱烦琐家务劳动的束缚，部分州的已婚女性也被赋予独立的财产权，空闲时间的增多和地位的提高为女性参与改革实践提供保障。

最后，19、20 世纪之交是一个"乌烟瘴气"的时代，主张净化社会的积极分子与改良达尔文主义者认为，这些文明的威胁只能通过具有理性精神的"女性"的领导或影响才能避免。① 女性改革者以一种更为自信和自我觉醒的力量进入公共空间，纠正"城市病"，创造后世学者所称的"母性政治"（Maternal Politics），② 这种政治并不仅限于争夺投票权，而是希冀社会改革时能采纳女性建议。③ 在美国城市中，芝加哥快速工业发展形势下引发的社会危机和环境问题尤其显著。

1833 年，芝加哥镇建立时仅 400 余人，至 1890 年，芝加哥已跃为美国仅次于纽约的第二大人口城市，人口逾百万。④ 与人口激增同步的是，芝加哥及其周边地区工业化的飞速发展，至 1900 年，芝加哥拥有超过 26 万工人，成为美国仅次于纽约的第二大制造业城市。1870～1890 年，该市的女性劳动力数量增长迅速，其中 41% 从事家政服务，31% 从事制造业。⑤ 这惊人的增速归因于它位于五大湖西南端平坦开阔处的优越地理位置和有利的发展时机，欧洲移民大量涌入该市。外来贫困移民大多聚居在工厂和畜牧场附近，其住房和卫生问题为女性组织所关注。高速发展的城市面临许多挑战。一是自然灾害。1871 年 10 月芝加哥遭受"一场骇人听闻的世纪火灾"，⑥ 城市 30 万居民中 1/3 流离失所，近 300 人丧生，损失时价约

---

① 赵辉兵：《美国进步主义政治思潮与实践研究》，中国社会科学出版社，2013，第 210 页。

② Harold L. Platt, "Invisible Gases: Smoke, Gender, and the Redefinition of Environmental Policy in Chicago, 1900 – 1920," *Planning Perspectives*, Vol. 10, No. 1, 1995, p. 70.

③ Mrs. Frank A. Pattison, "The Relations of the Woman's Club to the American City," *The American City*, November, 1909, p. 130.

④ Howard B. Furer, ed., *Chicago: A Chronological and Documentary History, 1784 – 1970*, New York: Oceana Publications, 1974, pp. 1, 3, 27.

⑤ Robyn Muncy, *Creating a Female Dominion in American Reform, 1890 – 1935*, New York: Oxford University Press, 1991, p. 12.

⑥ "Chicago in Flames: An All – Night Carnival of the Fire Fiend," *Chicago Evening Journal*, October 10, 1871.

2 亿美元的财产，产生许多卫生隐患。二为社会矛盾。19 世纪后期资本和劳动力之间围绕谁控制工资、工作时长和生产管理问题展开激烈斗争。1886 年无政府主义者阿尔伯特·帕森斯领导芝加哥罢工运动，发生流血事件，造成 12 名警察及众多平民死伤。[①] 秣市惨案引发公众对社会稳定的深切担忧，芝加哥成为全国工会和社会改革运动的中心。三乃城市环境。芝加哥面临众多市政改善问题，有识之士指出，"若不建立卫生、经济和现代化的垃圾处理系统，改革烟雾污染和净化空气的方式，修缮湖滨公园等，该市将止步不前"。[②]

在这种环境中，芝加哥女性改革者认为，创造干净整洁的城市环境并改善住房条件，可以提高公众道德素养和减少犯罪事件的发生。她们的愿景呈现出对城市弊病独特的性别理解，其改革实践能够创造社会参与的新空间。随着对肮脏城市进行改革的需要，20 世纪早期女性作为一股进步的环保力量，开始活跃于公共舞台上。

二　走出家庭：芝加哥女性俱乐部的环境改革实践

19 世纪中后期，女性走出由四面墙（four square walls）包围的家庭，她们通过建立组织来为公共服务。[③] 简·亚当斯（Jane Addams）表示："女性为了更好地照顾家庭和抚养后代，而尽责任来处理家庭之外的公共事务。"[④] 如"把清洁卫生，纯净食物，净化空气和水列入自己的特殊领域"。[⑤] 对此，美国历史学家玛丽·里特·比尔德（Mary Ritter Beard）指出，"女性的历史职能是清洁，其本能是关注公共卫生情况"。自城市化以

① "Bloodshed in Chicago," *New York Times*, May 4, 1886; "Anarchy's Red Hand – Rioting and Bloodshed in the Streets of Chicago," *New York Times*, May 6, 1886.

② Mary Louise Childs, *Actual Government in Illinois*, New York: Century, 1914, p. 50.

③ Barclay Hazard, *How Women Can Best Serve the State: An Address Before the State Federation of Women's Clubs, Troy, N. Y., October 30, 1907*, Chicago: Illinois Association Opposed to the Extension of Suffrage to Women, 1907, p. 3.

④ Jane Addams, "Why Women Should Vote," *The Ladies Home Journal*, Vol. 27, Iss. 2, January 1910, p. 21.

⑤ Margaret J. Evans, "The Woman Citizen a Woman First of All," in Shailer Mathews, ed., *The Woman Citizen's Library: A Systematic Course of Reading in Preparation for the Larger Citizenship*, Vol. XII, Chicago: The Civics Society, 1914, p. 2990.

来，"她们一直与尘土和垃圾作斗争，并且逐渐对市政府指派给男性的城市清洁工作产生兴趣，意欲承担起街道清洁任务"。① 可见，因城市污染问题丛生，女性秉持"市政管家"理念，将保持屋内清洁的观念扩展至屋外。在此，笔者以芝加哥女性俱乐部主导或推动的两个具体改革实践为例，阐述女性组织在改善公共卫生和城市面貌中所承担的社会职能。

（一）改善公共卫生：清洁街道运动

1890 年国会决定在芝加哥举办世界哥伦比亚纪念博览会，以丹尼尔·伯纳姆为首的规划者将杰克逊公园的新古典主义建筑物外观漆成白色，将其塑造成一个清洁、宏伟、美丽和井然有序的"白城"（White City）。芝加哥女性俱乐部也极为关注 1893 年世界博览会的召开。1891 年 6 月 17 日，该组织提议建立一个市政秩序委员会，目的是争取所有住户和市民的合作，在世博会期间维护和确保城市的清洁、秩序和卫生健康。② 女性俱乐部许可之后，将其命名为市政秩序联盟（Municipal Order League），原因在于：一个令人向往的宜居城市首先必须是干净、安全、有秩序的。

为正式成立这一组织，1892 年 3 月 27 日，芝加哥女性举办了一场大规模的群众会议，表示市政秩序联盟在各个方面倡导清洁：街道小巷、电车交通和政治环境。③ 会上，联盟主席艾达·塞莱斯特·斯威特（Ada Celeste Sweet）对清洁街道的决心进行表态，并制定城市新条例。在女性的认知中，家庭不仅包括屋内，而且包括屋外的环境，这种思想构成了她们在城市承担社会公共责任的逻辑基础。市政秩序联盟组织各处街道清洁援助协会，以在全市范围内改善卫生情况，志愿者们报名担任检查员，她们定期巡察附近的街道和小巷。7 月 15 日，芝加哥市议会通过了一项法令，设立新的街道清洁部门和监督办公室。④ 同时，市政秩序联盟对城市垃圾处

① Mary Ritter Beard, *Woman's Work in Municipalities*, New York: D. Appleton and Company, 1915, p. 84.
② Henriette Greenebaum Frank, Amalie Hofer Jerome, *Annals of the Chicago Woman's Club for the First Forty Years of Its Organization, 1876 – 1916*, p. 103.
③ "Chicago Ladies Organize a Municipal Order League to Reform Things," *Omaha Daily Bee*, March 29, 1892.
④ Suellen M. Hoy, *Chasing Dirt: The American Pursuit of Cleanliness*, p. 76.

理情况进行详细调查，她们在垃圾焚化场检验城市使用新型垃圾销毁系统的可行性——从城市街道上收集到的垃圾，转化为轻如泡沫且无味的灰烬。在走访之后，斯威特希望市政府试行垃圾焚烧系统并将此提案向市政官员报告。女性在解决这一令人讨厌但重要的问题时所表现出的勇气表明，她们甚至有能力应对"肮脏的政治环境"。① 如保罗夫人是芝加哥的垃圾督查员，市政秩序联盟为她支付工资。保罗夫人戴着普通警察的星形徽章，表明她身披权威的外衣，与市政府的清洁和正义同心同德。② 通过激发芝加哥女性对家庭的爱、对周围环境的关注，汇聚具有"市政管家"理念的女性，联盟宗旨是避免一切党派的复杂性，专心做好市政事务。③ 斯威特在致信《女性》期刊的编辑时表示，清洁街道问题引发全国各地的极大关注，她感受到公众舆论对公共卫生事业的支持。④

1893年世博会召开前夕，民众对于传染病在世博会期间传播感到担忧。斯威特在联盟会议上表示："人们对于霍乱不需要恐慌。保持个人和周围环境的清洁，保障充足的食物，饮用煮熟的水，节制饮食，这些都是每个家庭能做到的预防措施。在任何时候，特别是在流行病时期，女性对社区的健康负有一半以上的责任，她们的管理妥善与否在很大程度上影响其居住的家庭环境。"⑤ 对此，人们赞赏芝加哥的女性："她们甚至解决了清洁城市街道的难题……芝加哥是一个十分年轻的城市，女性讨论市政建设、公共教育和慈善事业的热情与透彻程度不亚于她们的丈夫和兄弟。"⑥ 1893年10月，美国公共卫生协会第21届年会在芝加哥召开。芝加哥女性俱乐部主席莎拉·哈克特·史蒂文森（Sarah Hackett Stevenson）就市政卫生设施提出建议，她认为现有街道和房屋的清扫方式是错误的，灰尘没有被完全清除，而流行病以及其他疾病的传播源都是灰尘，她相信女性在清

---

① "Women Versus Garbage," *The Woman's Journal*, Vol. 23, Iss. 30, July 23, 1892, p. 236.

② "Woman's World in Paragraphs," *Gloucester County Democrat*, January 3, 1894.

③ William Howe Tolman, *Municipal Reform Movements in the United States*, New York, Chicago, Toronto: Fleming H. Revell Company, 1895, p. 172.

④ "Women and Street Cleaning," *The Woman's Journal*, Vol. 24, Iss. 33, August 19, 1893, p. 257.

⑤ "General Notes," *The Opelousas Courier*, October 1, 1892.

⑥ Mrs. M. P. Handy, "The Women of the World's Fair City," *Munsey's Magazine*, Vol. 8, No. 6, March, 1893, p. 608.

城市史研究（第46辑）

洁城市领域能大有作为。① 斯威特提出引进便携式焚化炉、清洁城市卫生、加强组织间合作等改革措施。通过向市议会发出呼吁，市政秩序联盟在拥挤的街道上放置了垃圾桶，用来容纳丢弃的废物；走访公立学校，仔细检查其卫生状况，并将情况向有关部门报告。② 斯威特和市政秩序联盟的行动取得部分成功，公众清洁城市意识显著提升。

在世博会展出期间，虽然外围的街道和小巷仍然杂乱无章，但展览中心干净有序，街道每晚都有专人清扫。以 19 世纪 90 年代的卫生标准来说，形成这样清洁的环境已属不易，③ 鲜明反差也引起了市政府的关注与反思。当时的城市研究者约翰·科尔曼·亚当斯（John Coleman Adams）曾提出："'白城'是一个经过精心安排的系统，这里井然有序、干净整洁，那为什么不能用同样的方式处理市政事务？为什么不能对城市进行日常清洁？"④ 他呼吁城市切实注重公民的利益，让'白城'的理想规划在波士顿、纽约和布鲁克林等大城市得以实现。'白城'的成功令进步主义者开始思考市政管理的模式，学界熟悉的城市美化运动由此兴起，该运动的目的是在全国推行类似于芝加哥的秩序和对称，改变城市生活中杂乱无序的状况，倡导美化城市的理念。

总而言之，清洁成为文明的标志，市政秩序联盟的清洁街道运动对外给 1893 年世博会期间的外来游客留下芝加哥城市洁净和文明的好印象，对内促使政府完善公共基础设施，改善公共卫生环境。女性的城市环境改革运动因此崭露头角。

（二）减轻烟煤污染：反烟雾运动

芝加哥位于伊利诺伊州的东北处，其日常耗能来自伊利诺伊州和印第安纳州丰富的煤炭资源。软煤是制造蒸汽动力的优良燃料，在芝加哥

---

① Sarah Hackett Stevenson, "Municipal Sanitation," in American Public Health Association, ed., *Public Health Papers and Reports*, Vol. 19, Boston: Franklin Press, 1893, pp. 243 – 245.

② Ada Celeste Sweet, "Voluntary Public Health and Sanitary Organizations," in American Public Health Association, ed., *Public Health Papers and Reports*, Vol. 19, Boston: Franklin Press, 1893, p. 177.

③ Suellen M. Hoy, *Chasing Dirt: The American Pursuit of Cleanliness*, p. 78.

④ John Coleman Adams, "What a Great City Might Be: A Lesson from The White City," *The New England Magazine*, 1896, pp. 3 – 13.

352

价格低廉，使用度高。煤炭中挥发性物质含量高，除非在设计合理的工厂里充分燃烧，否则会产生大量烟雾。[①] 燃烧时，软煤会释放大量碳氢化合物，以及二氧化硫、一氧化碳、二氧化碳和其他气体。19世纪末期芝加哥浓烟弥漫，"几乎每栋建筑的供暖设备、工厂的蒸汽机、公共设施的热水系统、河上的拖船和汽船的烟煤排放都造成了浓厚的阴云，使得能见度降低"，[②] 并侵蚀建筑物，损害植物景观。虽然彼时对于烟雾污染如何危害人体健康和自然生态系统尚未有科学解释，但不洁净的空气对公众身心健康必然造成一定伤害。[③] 并且，浓烟的腐蚀性也会对家庭乃至社会造成经济损失。而且，烟雾缭绕的环境下，白天阴暗，额外的照明成本也十分高昂。鉴于此，城市中产阶级改革者意识到在合理范围内减少烟雾的必要性。

芝加哥女性俱乐部亦致力于消除城市烟雾污染。1901年该俱乐部联合学习班的主题是"女性俱乐部应该为芝加哥做些什么？"她们认识到，除非烟雾消散，否则美化芝加哥毫无价值，因此迫切要求增加成员来与烟雾公害作斗争。[④] 1906年，女性俱乐部委员会主席约翰·布莱组织一个特别委员会，重点关注反烟雾运动，[⑤] 并与消除烟雾委员会主席托马斯·唐纳利合作。在芝加哥女性眼中，烟雾与文明、美观、清洁密切相关，烟雾滋生不洁，消除烟雾能够保护家庭健康和维护社会道德。1908年，在安妮·塞格尔（Annie Sergel）领导下，女性俱乐部的部分成员组成反烟雾联盟（Anti-Smoke League），专门负责这一工作。

在工业城市，公众较为关注城市整体的清洁程度和交通设施建设，在芝加哥，虽然铁路交通发展使出行十分便利，但蒸汽铁路也产生大量烟雾污染。20世纪初期，铁路电气化被认为是最有效的治理手段。经过试用，

---

① Department of Smoke Inspection, *Report of the Department of Smoke Inspection*, *City of Chicago*, Chicago, 1911, p. 27.

② Harold L. Platt, *The Electric City: Energy and the Growth of the Chicago Area, 1880-1930*, Chicago: University of Chicago Press, 1991, p. 28.

③ 据芝加哥卫生局发表的声明，1903~1907年，由于空气不纯净，平均每年每10万人中有21.7人患病。参见"The Smoke Nuisance in Chicago," *Good Health*, Vol. 14, No. 1, 1909, p. 29。

④ Henriette Greenebaum Frank, Amalie Hofer Jerome, *Annals of the Chicago Woman's Club for the First Forty Years of Its Organization, 1876-1916*, p. 225.

⑤ Amalie Hofer, *Neighborhood Improvement in and about Chicago*, Chicago: Neighborhood Center Committee of the Chicago Woman's Club, 1909, p. 11.

公众发现电气化的街道铁路安全、干净、舒适、快捷、经济。由于烟雾污染日益严重，芝加哥公民非常关切蒸汽铁路电气化情况。然而因为高昂的金钱成本，伊利诺伊中央铁路公司迟迟未用电力取代蒸汽。铁路公司的总裁认为，"蒸汽铁路电气化的技术尚不成熟，如果没有补偿回报，就不可能有大量的金钱支出。并且烟雾问题并不完全在于铁路，即使用蒸汽机车消除烟雾，也只能减少小部分污染"。[1] 实际情况却是伊利诺伊中央铁路公司存在巨额贪污现象。[2] 10月19日，安妮·塞格尔和其支持者向市议会提交反烟雾联盟的请愿书。因为铁路排放的废气损害湖滨公园的景观，时任芝加哥市长弗雷德·巴斯鼎力支持芝加哥减少燃煤设备废气排放的规划，女性组织在其中也做出许多贡献。1909年初，安妮·塞格尔在一周内联合40个组织来反对伊利诺伊州中部地区的烟雾排放；之后一周，她动员妇女征集4万个签名，要求芝加哥议会采取有效行动。由于她的行动，减轻伊利诺伊州中央铁路沿线的烟雾污染已成为芝加哥的头等大事。[3] 对此，历史学家哈罗德·普拉特（Harold L. Platt）评价道："1908年开始的女性运动标志着人们对城市环境认识的一个重大转折，塞格尔夫人反烟雾运动的历史意义源于其成功地重新定义有关保护城市及其居民免受工业化负面影响的政策辩论的术语。"[4]

1909年11月3日，安妮·塞格尔安排反烟雾联盟成员在城市各个地区举行一系列会议。彼时她刚从柏林回到美国，宣称几乎所有欧洲城市的空气质量都远优于烟雾弥漫的美国城市。[5] 会议上，市议员伯纳德·斯诺认为："大量烟雾污染芝加哥的空气，以致婴儿的死亡率惊人之高。"[6]

---

[1] Milton J. Foreman, ed., *The Electrification of Railway Terminals*, Chicago: R. R. Donnelley & Sons Company, 1908, p. 45.

[2] "So Under New Administration Chicago Wants Improvements from I. C.," *The Topeka State Journal*, January 14, 1911.

[3] Clinton Rogers Woodruff, "Woman and Her Larger Home: Marvels of Improvement Wrought by Womankind in American Cities and Towns," *Good Housekeeping*, Vol. 48, Iss. 1, January, 1909, p. 10.

[4] Harold L. Platt, "Invisible Gases: Smoke, Gender, and the Redefinition of Environmental Policy in Chicago, 1900 – 1920," *Planning Perspectives*, Vol. 10, No. 1, 1995, p. 70.

[5] "The Chicago Smoke Question," *The Iron Trade Review*, Vol. 47, Iss. 6, August 11, 1910, p. 284.

[6] "Smoke or Babies Must Go, Says Chicago Alderman," *Los Angeles Herald*, November 5, 1909. 关于此事，各类媒体竞相报道，据笔者计算，不下数十种。

斯诺提议为铁路终端电气化拟定条例，女性亦认为铁路电气化是减少铁路烟雾长期有效的措施。然而从蒸汽转向电气需要投入大量资金，对铁路运营造成巨大财务风险，直至1926年芝加哥铁路才实现了电气化。

1910年，芝加哥女性呼吁采取市政行动和公众集体努力消除烟煤污染，她们敦促市政府制定严格的禁烟条例，并雇用烟雾检查员来执行这些条例。当年4月的反烟雾联盟报告显示，该联盟成员持续监控烟囱，举报违法者，向违法者证明了守法是必要的。芝加哥每位女性都致力于城市的洁净。通过该联盟的努力，该市各地区女性都在监控工厂、学校、洗衣店和公寓的烟囱，并向首席烟雾检查员报告违反法令的行为。[1] 当年12月，一名烟雾检查员在芝加哥城外8个不同的城镇进行调查，发现芝加哥周边城镇的火车头产生的平均烟雾密度约为41%。相较工厂、火车头、烟囱中排放的烟雾，芝加哥比中西部的其他城市更为干净。[2] 可见烟雾状况得到较大改善。

女性俱乐部致力于城市环境改善的反烟雾运动，为本来政治影响力有限的女性提供了一种赋权形式，[3] 她们的实践引起公众对空气污染问题的关注。中产阶级白人女性寻求通过技术改善城市环境，她们的措施使城市空气状况有所好转，但是包括女性在内的反烟雾改革者很少对工厂提出彻底批评，尚未认识到产业发展、经济增长带来环境污染的根源在工业。所以这一时期的反烟雾运动并不彻底，侧重于对呼吸干净空气权利的诉求。

三 事业未竟：参与城市环境改革
运动中的进步与遗憾

芝加哥女性俱乐部是该市历史最悠久的女性组织，其部门型组织结构

---

① Henriette Greenebaum Frank, Amalie Hofer Jerome, *Annals of the Chicago Woman's Club for the First Forty Years of Its Organization*, *1876 - 1916*, p. 270.

② Paul P. Bird, "Locomotive Smoke in Chicago," *Railway Age Gazette*, February 17, 1911, pp. 323 - 324.

③ Andrew Hurley, ed., *Common Fields*: *An Environmental History of St. Louis*, St. Louis: Missouri Historical Society Press, 1997, p. 202.

架设了芝加哥女性改革网络。其成员认为，最高等的服务不只是缓解穷困者的处境，而是创造一种社会责任意识，唤起公众参与的积极性，使公众主动清洁城市。[1] 她们通过结社来传播思想，把彼时文化上归属于女性的"家庭领域"的价值关怀渗入公民生活和公共政策的制定。其中，有些改革实践因适应城市发展在短期内能取得显著成效，也有些影响，为长期的城市环保运动奠定良好基础，其独特之处有三点。

（一）行动主义

芝加哥女性俱乐部运动的参与面广，实践性强，对其他州市女性俱乐部产生激励作用。如丹佛、纽约的女性俱乐部都曾向芝加哥女性俱乐部寻求灵感和学习理念。这批极具领导力的女性把对家庭健康的守护提升为对市政秩序的维护，简·亚当斯曾批评过美国狭隘的民主观，认为民主在"社会事务"中是缺席的，社会秩序处于混乱状态。[2] 她将女性纳入其中，提倡女性应该在社会事务中实践民主，履行"好公民"的责任，唤醒社会活力。[3] 面对市政问题，芝加哥女性俱乐部游说地方官员和州议员，进行清洁街道、系统化处理垃圾、减少烟雾污染等城市改革运动，发起社会安置运动，推动儿童游戏场建设，促成 1899 年《伊利诺伊州少年法庭法》颁布进而创建美国第一个少年法庭。这些工作都是由私人承担的，最后将它们移交给市政府运营。[4] 芝加哥发行最为广泛的报纸赞赏道："芝加哥拥有较多女性，其国际声誉比世界上任何大城市都高。她们愈加被承认为城市的主要资产之一，是处理城市事务的中流砥柱。"[5] 美国政治学学者西德尼·塔罗曾言，"所有社会运动、抗议和革命在根本上都离不开斗争性集

---

① Helen Wooster Cooley, *Statement of the Civic Achievements of the Chicago Woman's Club*, Chicago: Chicago Woman's Club, 1915, p. 1.

② Jane Addams, "The Subjective Necessity for Social Settlements," in *Philanthropy and Social Progress*, New York: T. Y. Crowell & Company, 1893, p. 2.

③ Jane Addams, "The Subjective Necessity for Social Settlements," in *Philanthropy and Social Progress*, p. 23; Louise W. Knight, *Citizen: Jane Addams and the Struggle for Democracy*, Chicago: The University of Chicago Press, 2005, p. 220.

④ Zona Gale, "How Women's Clubs Can Co-Operate with the City Officials," *The American City*, Vol. 10, Iss. 6, 1914, p. 537.

⑤ Mrs. Harlan Ward Cooley, Excerpts from "*Report of the President*, April 25, 1914," Chicago History Museum, Chicago Woman's Club Records, Box 23, Folder 3.

体行动"，而且"斗争性集体行动需要建立组织，阐明思想，联络和动员支持者，加强成员的自我发展和构建集体认同等"。① 这鲜明地体现了女性俱乐部运动的特征，即团结性、斗争性与追求性。

（二）城市正义

芝加哥女性俱乐部秉持"关切人类所有的事"② 的态度，致力于架起不同阶层与城市公正之间的桥梁。其1895年5月的年度报告指出："回顾过去8个月的历史，有一件事非常引人注目，即通过了一项决议，任何女性都不能因为她的种族或肤色而被排除在俱乐部成员之外。"③ 这项决议在当时具有一定的进步性质。此外，女性成员组织帕金镇的移民女性反抗不公正的对待，驳斥女性和移民应该生活在被剥削和不人道的环境中的观点。在1913年关于城市垃圾问题的讨论会上，"垃圾清洁女士"玛丽·麦克道尔为外来移民发声："我所代表的这些被遗忘的社区和城市的后院，不得不拥有这种肮脏的垃圾场。公众对其深有偏见……在我看来，我们必须改变公民的观念，必须让人们懂得处理垃圾及美化城市的重要性。"④ 资本主义引发空间发展的不平等，底层民众遭受不公正的环境对待，麦克道尔始终支持处于城市环境困境中的底层女性和移民，为非裔美国人争取权利，为他们争取健康的社区环境奔走，直至1936年10月14日去世，不愧为"芝加哥环境正义运动之祖母"。⑤ 作为20世纪初城市和生态管家，她们摒弃对移民、底层民众和不同族裔的偏见，提倡包容与合作、追求社会正义和创造公众舆论来进行大众教育，这些抗争充分证明其参与社会政治工作的能力，对八九十年代兴起的环境正义运动亦具有启发意义。

---

① 〔美〕西德尼·塔罗：《运动中的力量：社会运动与斗争政治》，吴庆宏译，译林出版社，2005，第4页。

② "我关切人类所有的事"为芝加哥女性俱乐部的座右铭，它源自古罗马著名戏剧家普布利乌斯·泰伦提乌斯·阿非尔（Publius Terentius Afer）的喜剧《自我惩罚者》（*Heautontimorumenos*）。

③ Henriette Greenebaum Frank, Amalie Hofer Jerome, *Annals of the Chicago Woman's Club for the First Forty Years of Its Organization*, *1876 - 1916*, p. 145.

④ "Chicago's Garbage Problem," *The City Club Bulletin*, Chicago, December 20, 1913, p. 336.

⑤ Sylvia Hood Washington, *Packing Them in: An Archaeology of Environmental Racism in Chicago*, *1865 - 1954*, Lanham: Lexington Books, 2005, p. 89.

（三）渐进主义

19 世纪的女性研究存在一个悖论：一方面，这一时期女性政治权利缺失，性别不平等的观念根深蒂固；另一方面，众多女性组织兴起并进行社会革新。诚然女性对环境改革运动的倡导与支持并未突破家庭与身份政治的约束，而是将对家庭的传统责任感延展至社会。她们倡导的改革内容都有利于家庭与孩童的安全与健康。① 因而这一时期女性的贡献总是被大众忽视，她们对于造福公众所做的努力都是间接的，没有投票权，也不能参与立法。故而时有记者认为女性俱乐部并没有为穷困阶层服务，而只是上层白人阶级聚会的产物。② 但不可否认的是，女性的辅助行动在客观上提升了公众的环保意识："在'市政管家'的旗号下，数以千计的女性被吸引到与家庭有关的事务上，如保证家人享有安全的空气、食物和水，或保护资源以美化生活。"③

所以，19 世纪末期女性通过环境改革这一媒介将自己的职责公共化，她们不断突破私人领域与公共领域、社会与国家的界限。这种改革并非毕其功于一役，而是通过累积的量变达成质变，并将主流话语为己所用。1909 年，芝加哥女性俱乐部将女性的市政选举权提上议程，在多个组织联合努力下，1913 年 6 月，伊利诺伊州立法机关赋予女性有限的选举权。④其他州的许多立法机构也紧随其后效仿，推动全国女性获得选举权的胜利。1914 年，《女性杂志和选举权新闻》时评："女性选票的影响从伊利诺伊州这个小小的起点向东和向南传播，女性作为'市政管家'将根除政治寄生虫及其主人的一切恶习和污秽。"⑤ 经过多年抗争，美国女性于 1920

---

① Rheta Childe Dorr, *What Eight Million Women Want*, Boston: Small, Maynard and Company, 1910, p. 321.

② Josephine Woodward, "Woman's Clubs from a Reporter's Point of View," *The Club Woman*, Vol. 3, December 1898, in William L. O'Neill, *The Woman Movement: Feminism in the United States and England*, New York: Barnes and Noble Inc. , 1969, p. 147.

③ Susan A. Mann, "Pioneers of U. S. Ecofeminism and Environmental Justice," *Feminist Formations*, Vol. 23, No. 2, 2011.

④ Henriette Greenebaum Frank, Amalie Hofer Jerome, *Annals of the Chicago Woman's Club for the First Forty Years of Its Organization*, *1876 - 1916*, pp. 270, 316.

⑤ "Author Tells of Vote in Chicago," *Woman's Journal and Suffrage News*, Vol. 45, Iss. 40, October 3, 1914, p. 266.

年因宪法第 19 条修正案的生效获得了选举权。

1920 年 2 月 14 日，全美女性选举权协会创建女性选民联盟作为其继承者。女性选民联盟在实践和思想上呈温和态度，在党派政治方面缺乏经验，渐趋保守。因为选举权给予女性更多实际的政治机会，新成长的年轻女性不再愿意从事基层的志愿活动。芝加哥女性俱乐部大规模的城市环境改革运动亦停留在 20 世纪 20 年代。进步主义时代落幕之时，快速城市化带来的问题部分被解决了，部分则无法从根本上撼动，因为社会发展引起社会观念的变化是渐进的。20 世纪中后期，随着声势浩大的环境保护运动的兴起，人们延续世纪之交的"市政管家"理念，与环境保护运动中的不公正现象作斗争，继续未竟的事业。①

余论：女性城市环境改革实践的历史遗产

城市史学家马丁·麦乐西（Martin V. Melosi）曾言："对世纪之交的城市环保主义做出最公平的评价是，它为现代环境正义活动家提供了部分遗产。"② 正如芝加哥女性俱乐部成员这群具有实践主义的"市政管家"，从家庭的私人领域迈向城市的公共领域，在城市环境改革实践中获取社会权利，进一步重塑城市文明和推动早期环境保护运动。女性改革家们的环境改革措施大多带有教育性质，如调研考察、卫生教育、监督工作、舆论宣传、政治游说，更为深远的影响是使公众认识到保护城市环境的重要性，这些思想最后促成了 20 世纪 60 年代以后的环保运动和环境正义运动。

美国环境史学家罗伯特·戈特利布（Robert Gottlieb）提出，"19 世纪末女性环保者创立了一种基于性别、以家庭为基础的新型环境改善运动"。③ 这里主要指的是中产阶级白人女性。诚然，非裔美国女性在城市环

---

① 参见 Nadia Y. Kim, *Refusing Death: Immigrant Women and the Fight for Environmental Justice in LA*, Stanford: Stanford University Press, 2021。

② Martin V. Melosi, "Environmental Justice, Political Agenda Setting, and the Myths of History," *Journal of Policy History*, Vol. 12, No. 1, 2000, p. 55.

③ Robert Gottlieb, *Forcing the Spring: The Transformation of the American Environmental Movement*, Washington D. C.: Island Press, 1993.

境保护中也贡献良多，但她们自身也处于污染严重的贫民区中，所以其社会运动更为艰难。关于性别、阶级、族裔、公民身份在美国早期城市环境运动中的交叉性问题仍待研究。

作者：杨洁，东北师范大学美国研究所

（编辑：任云兰）

亨德森与上海工部局的卫生治理研究
（1868～1898）*

郭淇斌

内容提要 1868 年，亨德森来到上海，成为上海工部局医药承包商科克希尔"百医生诊所"的合伙人和继承人。次年，上海工部局改组市政卫生机构，将医官、肉类稽查和卫生稽查统一置于卫生处管辖，由亨德森博士担任首届医官，直至1899 年退休。亨德森在任期间，出台了一系列防治霍乱、牛瘟和性病等恶性传染病的政策，并引入西方的"死亡医学证明书"，对传染病做病源调查。亨德森丰富的专业医学知识，推进了上海工部局公共卫生治理模式由承包商"市场委托"向"市政治理"转变，为20 世纪初工部局市政卫生治理现代化奠定了基础。

关键词 亨德森 上海工部局 传染病 治理能力

1854 年，上海英租界成立工部局董事会，董事会聘用巡捕维持租界秩序并稽查道路、码头，还聘任租界开业医生为工部局兼职医官，为工部局雇员提供医疗服务。19 世纪 60 年代，华人难民大量涌入租界，给租界带来经济繁荣的同时，也无形增加了租界市政管理压力，尤其是华人卫生问题，日益成为工部局关注的焦点。1862 年，上海工部局为改善虹口地区混乱不堪的局面，提出大规模改善租界下水道计划，试图清洁租界。1869 年，上海工部局颁布新的《土地章程》及附则，租界卫生治理成为上海工部局日常城市管理的重中之重。工部局医官的职责和制度也悄然发生改变。

---

* 本文是江汉大学城市研究中心 2020 年开放课题"汉口租界海外史料整理与研究"（项目号：IWHS20201009）阶段性成果之一。

目前学界对上海公共租界的卫生管理已有丰硕的研究成果。有学者从上海工部局公共卫生词源、卫生制度、医院和卫生教育等方面论述上海工部局卫生模式的发展路径，并特别关注 1898 年卫生处成立后，上海工部局的卫生行政和模式。① 有学者则从"公济医院"的个案出发，探究上海工部局公共卫生的辅助体系局属医院的现代作用。② 前人研究从不同视角梳理了上海工部局公共卫生发展的制度演变。然而，公共卫生政策从制定到执行，不仅是职能部门社会价值的体现，也是一次次大规模的公众参与，考验着上海工部局的城市治理水平和政治能力。本文聚焦上海工部局卫生官爱德华·亨德森（Edward Henderson）及其实施的卫生防疫措施，着重考察上海工部局卫生官的职责和个人素养对上海工部局公共卫生治理方式转化产生的影响，探讨上海工部局公共卫生治理走向现代化的过程。

一 引路人：科克希尔医官

外国从业医师自上海开埠便存在。1843 年 11 月，传教士雒魏林（Lockhart W.）抵达上海，次年，他在上海县城东大门外设"雒氏诊所"，即后来的仁济医院。雒魏林因医术高超且免费为华人治病而受到华人的赞赏和追捧。③ 英国首任驻沪领事巴富尔初到上海时，随行有助理兼外科医生海尔（Hale F. H.），在租界初期，除雒魏林外，仅有海尔医师为租界外国人提供医疗服务，雒魏林在此期间与海尔密切合作，共同为上海英国领事监狱提供医疗服务。④ 此时除雒魏林外，还有 2 家开业诊所和 3 位医师，分别是太全诊所（Hall Murray）⑤、上海诊所（Shanghai Dispensary），

---

① 严娜：《上海公共租界卫生模式研究》，博士学位论文，复旦大学，2012；严娜：《以"卫生"之名的扩张——上海公共租界近代卫生体系的形成》，《复旦学报》（社会科学版）2019 年第 5 期。

② 罗振宇：《私营到公用：工部局对上海公济医院的管理》，《史林》2015 年第 4 期。

③ 严娜：《上海公共租界卫生模式研究》，博士学位论文，复旦大学，2012，第 81 页。

④ E. S. Elliston, *Ninety - Five Years: A Shanghai Hospital (1844 - 1938)*, For Private Circulation Only, p. 8.

⑤ 董事会会议录中将 Hall Murray 直译成了霍尔·默里（参见上海市档案馆编《工部局董事会会议录》第 1 册，上海古籍出版社，2001，第 571 页），据 1852 年《上海年鉴》记载，Hall Murray 是太全诊所的全名，由 Hall G. R.、Murray J. I. 和 Saragosa J. M. R. 三人共同经营，此处译成太全诊所更为合适。

开业医师墨特里 (Mottley G.)、长脚医师科克 (Kirk T.) 和开业医师艾伦 (Irons J.)。① 另据 1854 年的《上海年鉴》记载,这些医生多有英国皇家外科医师协会会员头衔,"伴随着外国人的逐年增加,医疗事业愈发分工细化;与此同时,一些具有较高水平的医生也逐渐进入上海从事相关营生"。②

1854 年 9 月,工部局仅仅成立两个月后,董事会便收到了来自太全诊所的竞标书,希望能够承办全体巡捕的护理业务并提供药物,必要时提供病房,投标书中说明每年所需金额以银元支付。与此同时,董事会也收到了长脚医师科克的类似投标书,董事会决议接受两份投标书中出价较低的那家。③ 最终,上海工部局以年薪 400 元雇用太全诊所医师为工部局第一任医官,④ 诊所为工部局雇员提供日常医疗服务。1857 年,工部局委托贝尔医生 (Dr. Bell) 为巡捕房人员提供诊疗和药品,每年薪金 800 元,贝尔不仅要在诊所内为巡捕房人员看病,有时还需提供上门服务。1862 年 4 月,贝尔医生认为目前巡捕房人员大增,并且 3 个巡捕房驻地相隔有一段距离,要求工部局增加薪金,董事会考虑到实情,同意将年金增至 1000 元。

上海工部局初期,除上海工部局董事会董事、工部局高级雇员、巡捕、收税员、测量员等市政人员外,其所聘用的编外人员,大多采用合同承包制。承包人以洋行或私商为主,承包商须提供担保人或担保银两,并参与竞标,方能获得工部局委托。上海工部局医官,早期也属于私人承包业务,私人诊所或者洋行须提供全年全套医疗服务。合同承包制使上海工部局省时省力,不用自己培训医师、购买医疗器械和建设医院。然而,随着上海工部局市政机构日益庞大,城市公共卫生管理需求日渐增多,私人医官在提供医疗服务时往往力不从心。上海租界华洋人口遽增,医疗市场前景广阔,也使私人医师无法兼顾"官医"的职责。

---

① 北华捷报馆编《上海年鉴 (1852)》,上海市地方志办公室整理,周育民译,上海书店出版社,2019,第 76、78 页。

② 罗婧:《开埠初期的上海租地及洋行——基于 1854 年〈上海年鉴〉的研究》,《史林》2016 年第 3 期,第 15 页。

③ 《工部局董事会会议录》第 1 册,第 571 页。

④ 严娜:《上海公共租界卫生模式研究》,博士学位论文,复旦大学,2012,第 138 页。

贝尔医生之后，科克希尔（J. G. S. Coghill）接任工部局医官之职。目前的史料尚无法说明科克希尔何时受聘为工部局医官，但应不晚于 1864 年 2 月。① 科克希尔医生在公共租界颇有声望，也有丰厚的产业，且时常陷入争讼。② 1868 年，亨德森到上海后，便加入了工部局医官科克希尔的"百医生诊所"③，成为科克希尔的得力助手。1866 年，科克希尔受到工部局巡捕房督察长严厉的"渎职"指控，虽未受到责罚，但声望受损，加上科克希尔时常外出，无法顾及工部局医疗卫生事务，亨德森逐渐接替科克希尔，成为工部局医官代理人。

1866 年 9 月，工部局巡捕房向董事会提交了一份报告，称由于工部局医官科克希尔的渎职行为，巡捕布莱克（Mr. Black）和威廉·史密斯（William Smith）一死一伤。巡捕房督察长彭福尔德（C. E. Penfield）在报告中称，9 月 8 日，他发现巡捕布莱克病情严重。布莱克在生病期间曾去科克希尔的诊所看病，但科克希尔不在，后来病情加重，巡捕房数次向科克希尔通报布莱克的病情，布莱克还曾托人去医院希望将科克希尔请到巡捕房问诊，但未见到科克希尔，遂留下便条给医院秘书，希望能够将其收治入院。18 日，布莱克因病去世。威廉·史密斯是工部局道路检查员，他控诉科克希尔不给他提供必要的治疗药物，只因这种药物价格昂贵，并且数次去请科克希尔都请不到，上门问诊又等待了一个小时，科克希尔也只是用几句话把他"打发"回去了。④ 彭福尔德称巡捕房对科克希尔玩忽职守的行为普遍存在不满情绪，要求董事会调查科克希尔在问诊过程中是否有渎职行为。

上海工部局分别将双方证人（包括科克希尔的秘书、巡捕房的苦力以及受委托去延请科克希尔的巡捕）和双方当事人带到董事会对质。科克希

---

① 工部局总办古尔德曾于当年 2 月 24 日致函工部局医官科克希尔询问巡捕房病员名单一事，参见《工部局董事会会议录》第 2 册，第 575 页。

② "St. Andrew's Festival," *The North - China Herald*（*1850 - 1867*），Dec. 8，1866，p. 195；"Law Reports：H. M. 's Supreme Court," *The North - China Herald and Supreme Court & Consular Gazette*（*1870 - 1941*），Jul. 6，1878，p. 14.

③ "百医生诊所"的英文名字多次更改，都是随着合伙人的变化而变化，诸如 Drs. Macleod, Mills, Marshall & Marsh 和 Marshall, Marsh, Murray, Bolton, Gauntlett & Borton, Drs. ，而亨德森成为合伙人之后，公司名字改为 Henderson, Macleod & Mills。

④ 《工部局董事会会议录》第 2 册，第 575 页。

尔认为他曾给布莱克看病，而且尽到了职责，给他开了药，但布莱克酗酒并拒绝服药，才导致病情恶化。科克希尔又指出史密斯并不是作为巡捕房成员出现在病员名单上的，不属于他提供医疗服务的范围，并称："我对工部局其他工作人员的治疗是我出于礼貌的一种好意。"① 董事会通过此案调查得出结论：科克希尔有明显的渎职行为，在医疗上马马虎虎，但工部局目前的医官制度造成的后果更加严重，而且工部局在一定程度上支持了这种松垮的制度，因此也有责任。工部局应着重修改目前的医疗管理制度，并对警备委员会提出要求：第一，拟定更有效的办法，对工部局医官的职责做出更明确的规定；第二，尽早停止执行巡捕房用药支付"包干费"制度；第三，发布命令，如有病号，不得给医官留口信，而应用便条写明给谁看病；第四，各部门主管的周报中要说明下属中得病的是谁，是否有人对医官照料不周提出抱怨；第五，关于科克希尔医生所提增加报酬之事，请警备委员会以适当的方式处理。②

1869 年 7 月，警备委员会建议在科克希尔离开上海期间，暂由亨德森代替科克希尔担任工部局医官，作为科克希尔的继承人。③ 1870 年，鉴于租界的不断发展，警备委员会向工部局建议，设立卫生机关（Sanitary Department），统一"管理关于医药、菜场及粪秽等项事宜"。④ 亨德森由于具有公共卫生知识和代理医官的经历，曾提出改善租界公厕和肉类牲畜的检疫建议，于 1871 年 5 月 2 日，⑤ 被正式任命为"工部局医官和卫生官"。此后，工部局医官职责发生重大改变。

二　转向：亨德森医官和卫生处

上海地处长江入海口，每年夏季长江泛滥时，都会携带"高达 4 英

---

① 《工部局董事会会议录》第 2 册，第 579 页。
② 《工部局董事会会议录》第 2 册，第 583 页。
③ 《工部局董事会会议录》第 3 册，第 713 页。
④ "Growth of Shanghai's P. H. D.: Steady Progress from 'Nuisance Department' Present Efficient Organization," *The North - China Herald and Supreme Court & Consular Gazette* (1870 - 1941), Oct. 10, 1934, p. 56.
⑤ 严娜：《以"卫生"之名的扩张——上海公共租界近代卫生体系的形成》，《复旦学报》（社会科学版）2019 年第 5 期，第 86 页。

尺的淤泥夜以继日地滚滚而下"，黄浦江两岸的河滩"正以 15 个月 1 英尺的速率垂直增高"。① 上海开埠初期，阴雨连绵，每月平均降水时间为 6 ~ 17 天，尤其是 6 月雨季，1849 年曾有连续下雨 19 天的记录，② 造成污水积滞、道路泥泞、建筑潮湿，地面接近沼泽化。由于天气和居住环境，外国人在上海容易患热感冒和伤寒，尤其在台风和暴雨天气过后，船上的海员偶尔也会感染霍乱、痢疾等恶性疾病。③ 上海工部局须着重保持路面干净，清理房屋外堆积的污秽，防止因天气冷热急剧变化而发生疾疫。

上海公共租界初期，工部局将破坏租界公共卫生事宜统归于"轻罪"（petty misdemeanors）案件，此类"轻罪"也称行为不端。有学者统计了 1856 年、1858 年和 1859 年上海工部局逮捕"轻罪"人数，分别占当年总逮捕人数的 14.67%、15.68%、11.04%，④ 比例并不高。随着定居在租界的华人数量迅速增长，此类"轻罪"比例也在提高，如 1866 年达到 24.75%，而在 1865 年某些月份高达 44.24%。⑤ 外侨经常抱怨华人将垃圾随意倒在房屋的某个角落或者公共街道上。⑥ 在上海公共租界的每条街道都可以闻到腐烂的蔬菜散发的恶臭，而华人将脏乱的杂物随意丢在家门口，完全不注意这种肮脏习惯的后果，似乎对华人而言，这种影响很小。⑦

太平天国运动被平息后，大量华人居民重返故籍，但亦有 9 万余难民留在租界，这给上海工部局公共卫生治理带来极大压力。在租界颇有威望的英国驻华高等法院首席法官霍恩比（Sir Edmund Hornby）曾致函工部局董事会，提请董事会密切注意租界街道上难以容忍的污秽肮脏公害，并指

---

① 〔美〕朗格等：《上海故事》，高俊等译，三联书店，2017，第 25 ~ 26 页。
② 《上海年鉴（1852）》，第 11 页。
③ 《上海年鉴（1852）》，第 8 ~ 9 页。
④ 张彬：《上海英租界巡捕房制度及其运作研究（1854 ~ 1863）》，上海人民出版社，2013，第 126 页。
⑤ 依据《工部局董事会会议录》第 2 册，第 519、524、530、540、546、553、558、562、572、602 页之数据统计而成。
⑥ "Land Renters' Meeting," *The North - China Herald and Market Report*（*1867 - 1869*），Jun. 5，1869，p. 260.
⑦ "The Sanatory Condition of the Settlement," *The North - China Herald*（*1850 - 1867*），Aug. 10，1861，p. 127.

出董事会有权力和责任为了租界居民的健康和良好秩序消除这些现象。[①]
19 世纪 60～70 年代，上海接连发生严重的霍乱、疟疾、牛瘟以及白喉病
疫情。如 1863 年的霍乱，詹美生医生（Dr. James Henderson）的《本地医
院报告》（Native Hospital Report）指出，6 月中旬，三周内华人死亡率非
常高，几乎每天都有 700～1200 人重症或者死亡，曾有在 24 小时内死亡
1500 人的高纪录，1862～1863 年是霍乱极度疯狂的时段。[②] 传染病危机，
促使上海工部局认识到维护公共卫生健康的重要性，改革工部局卫生治理
模式势在必行。

　　"不受控制的妓院、劣等的酒馆，散发出屎溺恶臭的周边的土地，污
染了空气和水源的肮脏县城，供水的短缺和不洁，以及迟迟不掩埋的尸
体"，[③] 加剧了租界不卫生的状况。自 1866 年开始，上海工部局医官职责
开始悄然发生变化。上海工部局提高了科克希尔的待遇，他不仅需要关注
巡捕房成员的身体健康、居住环境，还需要向工部局汇报租界内妨碍公共
卫生的事情。1868 年 4 月，科克希尔向工部局提出，在夏季到来之前，工
部局需迅速填平充满积水的死水池，并将公共厕所用篱笆围起来，设置更
好的小便排水设备。同时他提议工部局用罚款的手段禁止华人居民向大
街、人行道倒脏水和垃圾，并尽快关闭山东路老公墓，防止发生瘟疫。[④]
工部局医官职责明显扩向公共卫生领域。

　　1869 年，亨德森代理工部局医官，开始将目光更多地集中在公共卫
生领域，而不是租界巡捕房的私人问诊。1871 年，亨德森正式任职卫生
官后，依靠科学防治手段，如信息搜集、公开，建立隔离医院，进行病
理解剖，提供最新解决方案等，推动工部局出台一系列防治天花、霍乱、
牛瘟和性病的政策，并安抚公众的恐惧情绪，止息谣言，维护公共卫生
安全。

　　亨德森出生于 19 世纪 40 年代，曾在爱丁堡大学接受高等教育，于
1864 年获得医学博士学位（Doctor of Medicine），1879 年成为爱丁堡皇家

---

① 《工部局董事会会议录》第 3 册，第 670 页。

② "The Plague," *The North - China Herald and Supreme Court & Consular Gazette (1870 - 1941)*, May 25, 1894, p. 793.

③ 〔英〕库寿龄：《上海史》第 2 卷，朱华译，上海书店出版社，2020，第 261～262 页。

④ 《工部局董事会会议录》第 3 册，第 655 页。

外科学会会员。① 加入百医生诊所后，由于亨德森在租界公共卫生领域声望日隆，他开始寻找新的合伙人。1876年，同为爱丁堡大学毕业生的麦克劳德博士（Dr. Neil Macleod）来到上海，结识了亨德森，并在亨德森的劝说下，于1877年辞去爱丁堡大学职务返回上海，与亨德森共同成为百医生诊所合伙人，亨德森正式获得公司合伙人头衔，百医生诊所也被简称为"M公司"。②

亨德森兴趣广泛，酷爱马术，被称为马术大师，在科克希尔和百医生诊所的帮助下，他一直是工部局医官和卫生官，直到1896年卸任卫生官，此后三年负责工部局巡捕的医疗服务，1899年，亨德森出于健康原因而退休。在上海期间，他曾在《柳叶刀》《英国医学杂志》《爱丁堡医学杂志》发表学术论文，是名副其实的学术和技术官僚。③

1870年，亨德森领导的新部门卫生处融合了工部局医官、粪秽股和卫生稽查员的职责，将维护上海公共卫生健康作为主要职责，此时的医官（health officer）不再只是为巡捕房和工部局编制内人员提供医疗服务的承包商（medical officer），而是转变为市政公共卫生治理的主管。严娜认为，早期医官并不是真正的卫生官，只是负责提供医疗服务的承包商，而亨德森的"医官"却是真正的卫生官，属于工部局市政卫生部门，并且亨德森此时仍然兼职带领一小组工作，直到1898年卫生处（Department of Public Health）成立，卫生官才成为其全职工作。④ 卫生处是为回应公众关切而成立的机构，其整合了工部局分散的卫生稽查和检疫人员，但仍然保留着医官兼职的习惯，这表明上海公共租界公共卫生管理机构在1898年以前，仍处于雏形阶段：人员设置简单，人员分工不甚明确，经费也相对不足。⑤

---

① "Obituary: Dr. E. Henderson," *The North - China Herald and Supreme Court & Consular Gazette (1870 - 1941)*, Mar. 8, 1913, p. 682.

② "Death of Dr. Macleod," *The North - China Herald and Supreme Court & Consular Gazette (1870 - 1941)*, May 28, 1921, p. 591.

③ "Obituary: Dr. E. Henderson," *The North - China Herald and Supreme Court & Consular Gazette (1870 - 1941)*, Mar. 8, 1913, p. 682.

④ 严娜：《以"卫生"之名的扩张——上海公共租界近代卫生体系的形成》，《复旦学报》（社会科学版）2019年第5期，第83~85页。

⑤ 马长林、黎霞、石磊：《上海公共租界城市管理研究》，中西书局，2011，第82页。

三　牛瘟、性病及白喉病：亨德森的传染病防治策略

传染病的病理分析，是亨德森查清传染源的关键措施。解剖数个动物病体，探查传染病所影响的部位和程度，并以此为据，探究防治方法和根除传染病之手段，成为亨德森遏制上海公共租界牛瘟扩散的有效策略。1868 年，亨德森刚来上海，便关注到上海的牛瘟，在科克希尔的帮助下，亨德森获得了工部局的支持，为其采购病牛以供研究。为了进一步拓展关于上海牛瘟的研究，他将自己的病例观察数据发表在《北华捷报》，通过观察三个病牛案例（第一头棕牛最早出现症状，三日内死亡，又先后购置了两头牛置于同场地，第二头棕牛 14 天后死亡，第三头水牛 19 天后死亡），亨德森发现它们都出现了虚弱无力、眼睛流泪、厌食、腹泻、呼吸困难、腹部疼痛等症状。①

亨德森认为任何理论都需要足够数量的观察数据做支撑，他认为此类症状在其他非传染性疾病中也会出现，于是他对病牛做了进一步的尸检和血液检查，得出初步结论：这种病牛应该是感染了一种特定的血液疾病，通过三个病例完全不能得出公众普遍认为的传染性瘟疫的结论，毫无疑问，应该谴责所有出售劣质肉的商贩，但将所有劣质肉都归因于一种疾病是不科学的。为打消公众的疑虑和恐惧，亨德森提出需要工部局提供更多支持，以进行长期观察。②

1872 年，菜场稽查员基尔（O. K. Keele）再次向董事会提交了牛瘟报告，指出一些华人商贩偏好售卖臭肉，被稽查的风险很小，而利润却可以达到600%，当时租界有 11 家屠宰场，都非常脏乱，没有排水和供水系统，污血水横流，到处都有死、病牲畜，③ 以致牛瘟横行。

当时租界居民普遍认为这种牛瘟是从法国或者英国传入的，亨德森认为这种病此前在俄国和中国都早已存在。经过检验，他发现上海这种牛瘟

---

① Edward Henderson, "Cattle Disease," *The North - China and Market Report* (*1867 - 1869*), Dec. 12, 1868, p. 613.

② Edward Henderson, "Cattle Disease," *The North - China and Market Report* (*1867 - 1869*), Dec. 12, 1868, p. 613.

③ 〔英〕库寿龄：《上海史》第 2 卷，第 256 页。

与英国不同，上海病牛出现腹泻症状，说明肠道受到了影响。此次牛瘟的潜伏期不超过 10 天，死亡不超过 4 天，虽然尚无法确定此病的传染源，但亨德森确认工部局将尽一切可能的努力，防止这些病牛和劣质肉流入公众市场，他将对菜场肉类和牲畜进行仔细检查。① 这年，工部局从菜场收缴劣质肉类总计 5027 磅。②

隔离传染源、阻断传染途径，也是亨德森防治传染病的惯用方法。这种方法被重点用于防治性病，他极力推崇建立隔离医院和病房。上海租界从"华洋杂居"伊始，妓院便已存在，并不断发展。远赴重洋来到租界的水手、船员和公私雇员经常出入租界妓院。1869 年 8 月，巡捕房督察长彭福尔德向董事会建议，筹备一个"收容所"，专门管理患病的妓女。③ 亨德森收到彭福尔德的报告后，非常支持，并且提出要建立专门的性病医院，收治这些妓女，防止性病传染。

1872 年，工部局董事会指令亨德森确定院址，制定性病医院运作方案，尽快隔离收治患有性病的妓女和外侨。④ 囿于资金以及与法租界的合作未敲定，性病医院迟迟未能建立。为了有效阻止性病传播，亨德森专门印制并分发宣传册，使董事会认识到性病的危害。⑤ 1876 年，性病医院历经曲折最终建立。⑥

需要指出的是，1886 年，亨德森致函工部局总办索伯恩（R. F. Thorburn），认为性病医院失败了，因为性病医院每周提供的检查和五年前一样十分有限。本地妓院（尤其是日本妓院）数量却大大增加，当发现性病时，治疗效果不是很理想，因此他建议停止经营性病医院，将款项返还捐赠者。⑦ 亨德森的建议受到同行法国医学博士毕顺（Pichon L. M. D.）的批

---

① "Shanghai Municipal Council," *The North - China Herald and Supreme Court & Consular Gazette* (*1870 - 1941*)，Jul. 6，1872，p. 11.

② 〔英〕库寿龄：《上海史》第 2 卷，第 256 页。

③ 《工部局董事会会议录》第 3 册，第 723 页。

④ "Shanghai Municipal Council," *The North - China Herald and Supreme Court & Consular Gazette* (*1870 - 1941*)，Jul. 6，1872，p. 11.

⑤ 《工部局董事会会议录》第 4 册，第 790 页。

⑥ 性病医院详细建立过程参见马长林、黎霞、石磊《上海公共租界城市管理研究》，第 96 ~ 98 页。

⑦ "Meetings：Municipal Council," *The North - China Herald and Supreme Court & Consular Gazette* (*1870 - 1941*)，Feb. 10，1886，p. 151.

评，毕顺认为应该设法克服困难，加强对日本妓女的检查，而不是直接取
缔艰难建立的性病医院。① 经过权衡，上海工部局最终并未直接取缔性病
医院，而是为进入性病医院的患者安置床铺，提供免费膳宿，直到痊愈。
虽然亨德森对性病医院感到失望，但隔离传染病患的治疗方式却在工部局
市政中一直贯彻下来，也被应用在 1895 年治疗霍乱上。

搜集信息以及宣传公共卫生护理知识，也是亨德森推行公共卫生健康
措施的重要方法。1872 年 6 月，亨德森提出要为所有死亡事件出具"死亡
医学证明书"，② 该证明书不仅包含逝者的个人身份信息，而且更为重要的
是须填写逝者因何死亡，生前有何主要疾病、次要疾病，以及疾病持续时
长。③ 这不仅为逝者家属理赔提供方便，而且可以统计因病死亡人数，收
集到更值得信赖的流行病信息。该信息是非常有价值且必不可少的，④ 尤
其是在 19 世纪 70 年代传染病盛行时期。

1881 年，亨德森发布了一份市政卫生报告，提醒上海租界居民要注意
预防白喉病。这份报告被人们要求翻译成中文，尤其是需要引起华人以及
有孩子家庭的重视。外侨认为公布和翻译的亨德森卫生报告，在华人群体
中宣传，有利于他们认识到设立自来水公司和保持庭院、街巷清洁卫生的
必要性，必须让华人在所有预防措施上与外国人合作，促使他们这样做的
最佳办法就是让他们了解租界卫生需求，并提出解决方案。⑤ 亨德森在报
告中指出，应敦促居民将所有饮用水都充分煮沸或者过滤后使用，并建议
居民家中普遍安装一种成本不高的小型蒸馏设备，这种设备已经在一些家
庭中成为厨房用具。

---

① 实际上亨德森对华人娼妓的卫生习惯是有偏见的，他认为外国妓女比华人娼妓更加注重
个人卫生，更愿意接受检查，所以没有强制要求外国娼妓做检查。亨德森在发现性病医
院的检查率低、治疗效果不理想时，提出直接取缔，没有充分认识到外国娼妓数量增长
及特权所带来的卫生隐患。参见《工部局董事会会议录》第 6 册，第 759 页。关于性病
医院登记检查的历年娼妓人数可参见〔法〕安克强《上海妓女：19～20 世纪中国的卖淫
与性》，袁燮铭、夏俊霞译，上海古籍出版社，2004，第 309 页。
② 《工部局董事会会议录》第 5 册，第 550 页。
③ "Shanghai Municipal Council," *The North - China Herald and Supreme Court & Consular Gazette* (*1870 - 1941*)，Jul. 6，1872，p. 11.
④ "Dr. Henderson's Health Report," *The North - China Herald and Supreme Court & Consular Gazette* (*1870 - 1941*)，Mar. 1，1882，p. 211.
⑤ "Dr. Henderson's Health Report," *The North - China Herald and Supreme Court & Consular Gazette* (*1870 - 1941*)，Mar. 1，1882，p. 211.

亨德森"让公众参与"的观念，曾受到当时市政官员的反对，他们普遍认为让医学专业领域的事务付诸公论，会影响防治传染病的决策。亨德森则认为应该进行无限制的讨论，公众才能满意地获取他们所要的信息，而不致被片面消息误导，没有人希望董事会拂民意。① 正是在这种理念的驱动下，工部局倡导全民参与，利用新闻媒介、公告和奖励等措施来提高防治传染病的信息透明度，如工部局防治天花的种痘方案。②

余　论

近代上海从满是泥泞道路、积滞污水的村庄发展成国际性大都市，吸引着华人和外侨纷纷前往定居，这与上海工部局注重改善租界宜居环境，努力治理公共卫生问题不无关系。有学者认为，1898 年以前，上海工部局的卫生体系处于混沌和初成阶段，"这个阶段，公共租界的卫生管理出现了从人到机构的质变"。③ 这是从机构（卫生官）演变视角考察，若从"人事"角度分析，上海工部局公共卫生治理则依然处于"市场委托"状态。上海工部局在成立初期，通过招投标的方式处理租界区域内的公共卫生问题，此时有大量受担保的华人承包商竞标，他们需自备器具，在清理租界垃圾时，有着严格的"委托"要求。

1869 年《土地章程》附则中的卫生条款，标志着市场委托的规范化和行政化。上海工部局并没有花大力气去成立新的公共卫生管理机构，而是在市场委托出现无序状态时，方才设置常规性"官"角色，比如市场上频繁出现劣质肉，肉贩通过出售劣质肉牟取暴利，且追查困难，无法通过市场委托的方式进行管理，上海工部局遂设置"肉类稽查员""卫生稽查员"等市政官进行专项管理。市场委托治理并不充分有效，在区域狭小、受众较少时，委托治理简洁、高效，市政机构无须承担太多的社会责任，然

---

① "Public Meeting: Special Meeting of Ratepayers," *The North - China Herald and Supreme Court & Consular Gazette*（1870 - 1941），Sep. 11, 1875, p. 257.

② 肖梅华、孙文钟、张丛：《一则牛痘接种广告的解读》，《中医药文化》2007 年第 6 期，第 38 页；陈蔚琳：《晚清上海租界公共卫生管理探析（1854～1910）》，硕士学位论文，华东师范大学，2005，第 29～31 页。

③ 严娜：《以"卫生"之名的扩张——上海公共租界近代卫生体系的形成》，《复旦学报》（社会科学版）2019 年第 5 期，第 91 页。

而，一旦居民对公共卫生需求迅速增长，市场委托就有很大的局限，科克希尔渎职案便是例证之一。

上海工部局医官到卫生官的演变，实质是卫生"专项"管理到"公共卫生"治理的转变，即公共卫生职权统一，发出市政卫生命令和建议，以及采取措施平息社会舆论和恐慌等。上海工部局公共卫生治理体系逐渐形成，科学公共卫生治理能力逐渐显现。在上海工部局公共卫生治理从"市场委托"转向"行政管理"的过程中，仍时刻有"市场委托"的身影。从科克希尔到亨德森，以及各项卫生措施的建议，都离不开百医生诊所这个私人机构。科克希尔是百医生诊所的创始人，而亨德森加入科克希尔队伍不久便成为合伙人，并且在百医生诊所的支持下，一直担任工部局卫生官。正如库寿龄所言："亨德森本人或者在他后来的合伙人麦克劳德、米勒斯协助下持续担任此职，仅有非常短暂的中断，直到现在（1921 年）担任此职的斯坦利医生的到来；所以，上海五十多年来只有两名卫生官。"① 1898 年，上海工部局正式成立卫生处，并任用斯坦利（Arthur Stanley）为第一任卫生处处长，不再聘任私人医师兼顾公共卫生管理，上海工部局公共卫生治理走向专职化和行政化。在斯坦利的强力组织和改革下，上海工部局卫生处下设生命统计、传染病、病理实验室、市政医院、兽医、公墓、市场稽查等部门，② 上海工部局公共卫生治理体系逐步走向现代化。③

上海工部局在公共卫生治理过程中，由于重视医学家的意见，推出了一系列行之有效的防疫措施，如上海港口检疫、隔离，牛瘟病理化验，自来水过滤防治白喉病以及死亡病因统计登记等。亨德森本身具有丰富的医学知识，他并未完全照搬西式经验，而是将西式防疫办法"本土化"，即结合本地的病情以及观念进行有效引导，缓和公共卫生治理中的抵触情绪。"让公众参与"成为亨德森说服大众切实践行防疫措施的常用话语，

---

① 〔英〕库寿龄：《上海史》第 2 卷，第 268 页。
② "Growth of Shanghai's P. H. D. : Steady Progress from 'Nuisance Department' Present Efficient Organization," *The North - China Herald and Supreme Court & Consular Gazette（1870 - 1941）*, Oct. 10, 1934, p. 56.
③ "Dr. Arthur Stanley," *The North - China Herald and Supreme Court & Consular Gazette（1870 - 1941）*, Apr. 21, 1931, p. 88.

在牛痘接种、防治白喉病以及牛瘟来源解析上，宣传，即信息公开，成为亨德森消除公众恐慌的有效方式，这也是上海工部局公共卫生治理体系的重要组成部分。虽然因观念差异和制度差异，华洋双方在区域内的公共卫生合作迟缓、有限，但在大规模跨区域的传染病防治问题上，双方放下成见，紧密合作，推出有效的检疫、隔离措施，达成了共同的政治目标。

作者：郭淇斌，江西师范大学历史文化与旅游学院

（编辑：任云兰）

稿　约

《城市史研究》创刊于1988年，是目前国内最早的城市史研究专业刊物，由天津社会科学院历史研究所主办，现为中国城市史研究会会刊，一年两期，由社会科学文献出版社出版发行。

一、本刊欢迎具有学术性、前沿性、思想性的有关中外城市史研究的稿件，涉及的内容包括城市政治、经济、社会、文化、环境及与之相关的地理、建筑、规划等多学科和跨学科研究成果。对选题独特、视角新颖、有创见的文稿尤为重视。

二、文章字数一般应控制在15000字，优秀稿件可放宽至3万字，译稿在本刊须首发，并附原文及原作者的授权证明，由投稿人自行解决版权问题。

三、来稿除文章正文外，请附上：

（一）作者简介：姓名、所在单位、职称、学位、研究方向、邮编、联系电话、电子邮箱；

（二）中文摘要：字数控制在150~200字；

（三）中文关键词：限制在3~5个；

（四）文章的英文译名；

（五）注释：一律采用脚注，每页编号，自为起止。具体格式请参见《社会科学文献出版社2012年学术著作出版规范》第17~25页，下载地址：http：//www. ssap. com. cn/pic/Upload/Files/PDF/F6349319343783532395883. pdf。

四、本刊有修改删节文章的权力，凡投本刊者视为认同这一规则。不同意删改者，请务必在文中声明。

五、本刊已加入中国学术期刊（光盘版）全文数据库，并许可其以数字化方式在中国知网发行传播本刊全文，相关作者著作权使用费与稿酬不再另行支付，作者向本刊提交文章发表的行为即视为同意我刊上述声明。

六、为方便编辑印刷，来稿一律采用电子文本，请径寄本刊编辑部电子邮箱：chengshishiyanjiu@163.com。来稿一经采用，即付样刊两册。未用稿件，一律不退，三个月内未接到用稿通知，可自行处理。文稿如有不允许删改和做技术处理的特殊事宜，请加说明。

请与《城市史研究》编辑部联系。联系方式：电子邮箱 chengshishiy-anjiu@163.com。

本刊地址：天津市南开区迎水道 7 号天津社会科学院历史研究所

邮编：300191；电话：022 - 23075336

更多咨讯欢迎搜索关注城市史研究公众号。

《城市史研究》编辑部

图书在版编目（CIP）数据

城市史研究 . 第 46 辑 / 任吉东主编 . --北京：社
会科学文献出版社，2022.12
ISBN 978 - 7 - 5228 - 1231 - 1

Ⅰ . ①城… Ⅱ . ①任… Ⅲ . ①城市史 – 文集 Ⅳ .
①C912.81 – 53

中国版本图书馆 CIP 数据核字（2022）第 240150 号

城市史研究（第 46 辑）

主　　编 / 任吉东

出 版 人 / 王利民
责任编辑 / 李丽丽
文稿编辑 / 李蓉蓉　徐　花　贾全胜
责任印制 / 王京美

出　　版 / 社会科学文献出版社 · 历史学分社（010）59367256
　　　　　　地址：北京市北三环中路甲 29 号院华龙大厦　邮编：100029
　　　　　　网址：www.ssap.com.cn
发　　行 / 社会科学文献出版社（010）59367028
印　　装 / 唐山玺诚印务有限公司

规　　格 / 开　本：787mm × 1092mm　1/16
　　　　　　印　张：24.25　字　数：395 千字
版　　次 / 2022 年 12 月第 1 版　2022 年 12 月第 1 次印刷
书　　号 / ISBN 978 - 7 - 5228 - 1231 - 1
定　　价 / 128.00 元

读者服务电话：4008918866